DIREITO AMBIENTAL

COLEÇÃO
sinopses
PARA CONCURSOS

Coordenação
Leonardo Garcia

30

Frederico Amado

DIREITO AMBIENTAL

9ª edição

Revista, atualizada e ampliada

2021

EDITORA JusPODIVM
www.editorajuspodivm.com.br

EDITORA
*Jus*PODIVM
www.editorajuspodivm.com.br

Rua Território Rio Branco, 87 – Pituba – CEP: 41830-530 – Salvador – Bahia
Tel: (71) 3045.9051
• Contato: https://www.editorajuspodivm.com.br/sac

Diagramação: Lupe Comunicação e Design *(lupecomunicacao@gmail.com)*

Capa: Ana Caquetti

S617 Sinopses para Concursos - v.30 - Direito Ambiental / Frederico Amado – Salvador: Editora JusPodivm, 2021.

352 p. (Sinopses para Concursos / coordenador Leonardo Garcia)

Inclui bibliografia.

ISBN: 978-65-5680-379-1.

1. Direito Ambiental. 2. Sinopse. I. Amado, Frederico. II. Garcia, Leonardo. III. Título.

CDD 341.347

Coleção Sinopses para Concursos

A *Coleção Sinopses para Concursos* tem por finalidade a preparação para concursos públicos de modo prático, sistematizado e objetivo.

Foram separadas as principais matérias constantes nos editais, e chamados professores especializados em preparação de concursos a fim de elaborar, de forma didática, o material necessário para a aprovação em concursos.

Diferentemente de outras sinopses/resumos, preocupamo-nos em apresentar ao leitor o entendimento do STF e do STJ sobre os principais pontos, além de abordar temas tratados em manuais e livros mais densos. Assim, ao mesmo tempo que o leitor encontrará um livro sistematizado e objetivo, também terá acesso a temas atuais e entendimentos jurisprudenciais.

Dentro da metodologia que entendemos ser a mais apropriada para a preparação nas provas, demos destaques (em outra cor) às palavras-chave, de modo a facilitar não somente a visualização, mas sobretudo a compreensão do que é mais importante dentro de cada matéria.

Quadros sinóticos, tabelas comparativas, esquemas e gráficos são uma constante da coleção, aumentando a compreensão e a memorização do leitor.

Contemplamos também questões das principais organizadoras de concursos do país, como forma de mostrar ao leitor como o assunto foi cobrado em provas. Atualmente, essa "casadinha" é fundamental: conhecimento sistematizado da matéria e como foi sua abordagem nos concursos.

Esperamos que goste de mais esta inovação que a Editora Juspodivm apresenta.

Nosso objetivo é sempre o mesmo: otimizar o estudo para que você consiga a aprovação desejada.

Bons estudos!

Leonardo Garcia
leonardo@leonardogarcia.com.br
www.leonardogarcia.com.br

Guia de leitura da Coleção

A Coleção foi elaborada com a metodologia que entendemos ser a mais apropriada para a preparação de concursos.

Neste contexto, a Coleção contempla:

- **DOUTRINA OTIMIZADA PARA CONCURSOS**

Além de cada autor abordar, de maneira sistematizada, os assuntos triviais sobre cada matéria, são contemplados temas atuais, de suma importância para uma boa preparação para as provas.

> Não obstante, boa parcela da doutrina, há tempos, sustentava a inconstitucionalidade da execução provisória, sob o argumento de que ela violaria princípios como a presunção de inocência e a dignidade da pessoa humana.
>
> Nesse prisma, reconhecendo a pertinência deste argumento, o Pleno do STF, em julgamento histórico proferido no HC nº 84078/MG, sob a relatoria do então Ministro Eros Grau, na data de 5/2/2009, por 7 (sete) votos a 4 (quatro), resolveu por bem encerrar qualquer polêmica decidindo que **a execução provisória é inconstitucional**, eis que afronta o princípio da não culpabilidade (art. 5º, inciso LVII, do Texto Constitucional).

- **ENTENDIMENTOS DO STF E STJ SOBRE OS PRINCIPAIS PONTOS**

> ▸ **Qual o entendimento do STF sobre o assunto?**
>
> O STF, no julgamento da ADIN nº 1.570-2, decidiu pela **inconstitucionalidade do art. 3º da Lei nº 9.034/95** (no que se refere aos dados "fiscais" e "eleitorais"), que previa a figura do **juiz inquisidor**, juiz que poderia adotar direta e pessoalmente as diligências previstas no art. 2º, inciso III, do mesmo diploma legal ("o acesso a dados, documentos e informações fiscais, bancárias, financeiras e eleitorais").

- **PALAVRAS-CHAVES EM OUTRA COR**

As palavras mais importantes (palavras-chaves) são colocadas em outra cor para que o leitor consiga visualizá-las e memorizá-las mais facilmente.

> Conforme entendimento doutrinário prevalecente, o **impedimento do juiz** é causa de **nulidade absoluta** do ato processual. De se registrar que parcela minoritária, mas respeitável, da doutrina entende que o ato praticado por juiz impedido é inexistente, já que falta jurisdição (NUCCI, 2008, p. 833-834). Já a **suspeição** é causa de **nulidade relativa** (NUCCI, 2008, p. 833-834).

- **QUADROS, TABELAS COMPARATIVAS, ESQUEMAS E DESENHOS**

Com esta técnica, o leitor sintetiza e memoriza mais facilmente os principais assuntos tratados no livro.

Ato inexistente: sequer ingressa no mundo jurídico, não produzindo efeitos. → **Ato nulo:** ingressa no mundo jurídico, podendo ou não produzir efeitos. → **Ato irregular:** ingressa no mundo jurídico e produz efeitos.

- **QUESTÕES DE CONCURSOS NO DECORRER DO TEXTO**

Através da seção *"Como esse assunto foi cobrado em concurso?"* é apresentado ao leitor como as principais organizadoras de concurso do país cobram o assunto nas provas.

> ▸ **Como esse assunto foi cobrado em concurso?**
>
> No concurso de Analista do Tribunal de Justiça do Estado do Espírito Santo, promovido pelo Cespe/Unb, em 2011, questionou-se sobre os critérios de definição dos procedimentos ordinário e sumário: *"O procedimento comum será ordinário, quando tiver por objeto crime cuja sanção máxima cominada seja igual ou superior a quatro anos de pena privativa de liberdade; ou sumário, quando tiver por objeto crime cuja sanção máxima cominada seja inferior a quatro anos de pena privativa de liberdade."*. A assertiva foi considerada correta.

Nota do Autor — 9ª edição

Esta obra já havia sido publicada em quatro edições pela Editora Método, com o nome "Resumo do Direito Ambiental Esquematizado", tendo sido remodelada e atualizada para ingressar na Coleção Sinopses para Concursos, da Editora Juspodivm, a partir de 2017.

A *Sinopse de Direito Ambiental* busca abordar os temas mais cobrados do Direito Ambiental brasileiro nos concursos públicos. Depois de acompanhar as mais diversas provas de Direito Ambiental, verifiquei que a grande maioria das questões foi elaborada com fulcro nos seguintes assuntos:

1. Meio ambiente e Direito Ambiental;
2. Disposições constitucionais sobre o meio ambiente;
3. Princípios ambientais;
4. Política Nacional do Meio Ambiente e Sistema Nacional do Meio Ambiente;
5. Poder de polícia, licenciamento e estudos ambientais;
6. Espaços territoriais especialmente protegidos pelo Poder Público em razão de características ambientais diferenciadas;
7. Recursos hídricos;
8. Patrimônio cultural brasileiro;
9. Responsabilidade civil por danos ambientais;
10. Infrações administrativas ambientais;
11. Crimes ambientais.

Dessa forma, apresentamos a *Sinopse de Direito Ambiental* em 11 capítulos, de acordo com a divisão anteriormente posta, **destacando que em todos os temas foi indicado ou transcrito o principal posicionamento do Supremo Tribunal Federal e do Superior Tribunal de Justiça**.

Após a exposição dos principais temas, com o desiderato de demonstrar a forma de cobrança nos concursos, será colacionado um enunciado com a mensagem "**como esse assunto foi cobrado em concurso?**".

Ademais, foram inseridos quadros de **"Atenção"** nos pontos mais importantes em termos de cobrança nos concursos públicos.

Bons estudos!

Sumário

Abreviaturas

ADCT - Ato das Disposições Constitucionais Transitórias
ADI - Ação Direta de Inconstitucionalidade
ADPF - Arguição de Descumprimento de Preceito Fundamental
AIA - Avaliação de Impactos Ambientais
ANA - Agência Nacional de Águas
APA - Área de Proteção Ambiental
APP - Área de Preservação Permanente
ARIE - Área de Relevante Interesse Ecológico
CC - Código Civil
CDC - Código de Defesa do Consumidor
CGen - Conselho de Gestão do Patrimônio Genético
CFlo - Código Florestal
CIBio - Comissão Interna de Biossegurança
CIM - Comitê Interministerial sobre Mudança do Clima
CM - Código de Mineração
CMCH - Comissão de Coordenação das Atividades de Meteorologia, Climatologia e Hidrologia
CNBS - Conselho Nacional de Biossegurança
CNRH - Conselho Nacional de Recursos Hídricos
CNUMAD - Conferência das Nações Unidas sobre Meio Ambiente e Desenvolvimento
CONAMA - Conselho Nacional do Meio Ambiente
Concea - Conselho Nacional de Controle de Experimentação Animal
CRFB - Constituição da República Federativa do Brasil
CTNBio - Comissão Técnica Nacional de Biossegurança
CTN - Código Tributário Nacional
DNPM - Departamento Nacional de Produção Mineral
EIA/RIMA - Estudo de Impacto Ambiental e Relatório
EIV - Estudo de Impacto de Vizinhança

ESEC – Estação Ecológica
Flona – Floresta Nacional
FNDF – Fundo Nacional de Desenvolvimento Florestal
Funai – Fundação Nacional do Índio
Ibama – Instituto Brasileiro do Meio Ambiente e dos Recursos Naturais Renováveis
ICMBio – Instituto Chico Mendes de Conservação da Biodiversidade
ICMS – Imposto Sobre Circulação de Mercadorias e Serviços
Iphan – Instituto do Patrimônio Histórico e Artístico Nacional
ITR – Imposto Territorial Rural
LACP – Lei da Ação Civil Pública
LAP – Lei da Ação Popular
LB – Lei de Biossegurança
LBMA – Lei do Bioma Mata Atlântica
LI – Licença de Instalação
LO – Licença de Operação
LP – Licença Prévia
MBRE – Mercado Brasileiro de Redução de Emissões
MMA – Ministério do Meio Ambiente
MONAT – Monumento Natural
OGM – Organismo Geneticamente Modificado
PAOF – Plano Anual de Concessão Florestal
PMFS – Plano de Manejo Florestal Sustentável
PN – Parque Nacional
PNB – Política Nacional de Biossegurança
PNEA – Política Nacional de Educação Ambiental
PNMA – Política Nacional do Meio Ambiente
PNMC – Política Nacional sobre Mudança do Clima
PNRH – Política Nacional de Recursos Hídricos
PNUMA – Programa das Nações Unidas para o Meio Ambiente
RDS – Reserva de Desenvolvimento Sustentável
REBIO – Reserva Biológica
REFAU – Reserva da Fauna
RESEX – Reserva Extrativista

RPPN	-	Reserva Particular do Patrimônio Natural
RL	-	Reserva Legal
RVS	-	Refúgio da Vida Silvestre
SFB	-	Serviço Florestal Brasileiro
SIB	-	Sistema de Informações em Biossegurança
Sinima	-	Sistema Nacional de Informações sobre o Meio Ambiente
SNUC	-	Sistema Nacional das Unidades de Conservação
SNVS	-	Sistema Nacional de Vigilância Sanitária
STF	-	Supremo Tribunal Federal
STJ	-	Superior Tribunal de Justiça
TAC	-	Termo de Ajustamento de Conduta
TRF	-	Tribunal Regional Federal
UC	-	Unidade de Conservação
ZEE	-	Zoneamento Ecológico-Econômico

Capítulo 1

Meio Ambiente e Direito Ambiental

1. A QUESTÃO AMBIENTAL E OS REFUGIADOS CLIMÁTICOS

Na medida em que cresce a degradação irracional ao meio ambiente, em especial o natural, afetando negativamente a qualidade de vida das pessoas e colocando em risco as futuras gerações, torna-se curial a maior e eficaz tutela dos recursos ambientais pelo Poder Público e por toda a coletividade.

Nesse sentido, em especial a partir dos anos 60 do século passado, os países começaram a editar normas jurídicas mais rígidas para a proteção do meio ambiente. No Brasil, pode-se citar, por exemplo, a promulgação do antigo Código Florestal, editado por meio da **Lei 4.771/1965**, substituído pelo novo Código Florestal (Lei 12.651/2012), assim como a **Lei 6.938/1981**, que aprovou a Política Nacional do Meio Ambiente.

Mundialmente, o marco foi a **Conferência de Estocolmo** (Suécia), ocorrida em **1972**, promovida pela ONU, com a participação de 113 países, onde se deu um alerta mundial sobre os riscos à existência humana trazidos pela degradação excessiva, em que pese à postura retrógrada do Brasil à época, que buscava o desenvolvimento econômico de todo modo, pois de maneira irresponsável se pregava a preferência por um desenvolvimento econômico a qualquer custo ambiental ("riqueza suja") do que uma "pobreza limpa".

Em 1992, realizou-se no Rio de Janeiro a Conferência das Nações Unidas sobre Meio Ambiente e Desenvolvimento – CNUMAD, conhecida como ECO-92 ou RIO-92, oportunidade em que se aprovou a **Declaração do Rio**, documento contendo 27 princípios ambientais, bem como a **Agenda 21**, instrumento não vinculante com metas mundiais para a redução da poluição e alcance de um desenvolvimento sustentável.

Note-se que tais documentos não têm a natureza jurídica de tratados internacionais, pois não integram formalmente o ordenamento jurídico brasileiro, mas gozam de forte autoridade ética local e mundial. Por ocasião da ECO-92 ainda foram aprovados importantes tratados internacionais, como a Convenção do Clima e a Convenção da Diversidade Biológica.

Entrementes, apesar do crescente esforço de alguns visionários, apenas existem vestígios de uma **nova visão ético-ambiental**, que precisa ser implantada progressivamente.

Com efeito, embora queira, felizmente o homem não tem o poder de ditar as regras da natureza, contudo tem o dever de respeitá-las, sob pena de o meio ambiente ser compelido a promover a extinção da raça humana como instrumento de legítima defesa natural, pois é inegável que o bicho-homem é parte do todo natural, mas o egoísmo humano (visão antropocêntrica pura) cria propositadamente uma miopia transindividual, em que poucos possuem lentes para superá-la.

É preciso compreender que o crescimento econômico não poderá ser ilimitado, pois depende diretamente da disponibilidade dos recursos ambientais naturais, que são limitados, já podendo, inclusive, ter ultrapassado os lindes globais da sustentabilidade.

A única saída será a adoção progressiva de métodos de produção menos agressivos ao meio ambiente, por meio de pesados investimentos na pesquisa e utilização das tecnologias "limpas". É crescente em todo o Planeta Terra o número de pessoas que são forçadas a emigrar das zonas que habitam em razão de alterações do ambiente, quer dentro do seu país ou mesmo para outro, sendo chamados de **refugiados ambientais ou climáticos**.

As secas, a escassez de alimentos, a desertificação, a elevação do nível de mares e rios, a alteração de ventos climáticos e o desmatamento são apenas alguns fatores ambientais que vêm gerando a migração territorial de povos em todo o mundo em busca de melhores condições de vida ou mesmo para sobreviver.

De acordo com informação publicada no *site* da Revista Veja em março de 2011, "embora a figura do refugiado ambiental ainda não seja reconhecida pela Organização das Nações Unidas, calcula-se que existam hoje 50 milhões de pessoas obrigadas a deixar suas casas por problemas decorrentes de desastres naturais ou mudanças climáticas. Enquanto alguns especialistas propõem que o termo seja aplicado a todos que perderam seus lares devido a alterações do meio ambiente, outros acreditam que o melhor é fazer a distinção entre quem se desloca dentro do próprio país e os que são obrigados a cruzar fronteiras internacionais. Caso se concretizem as previsões de elevação do nível dos oceanos, também há o risco de algumas nações desaparecerem. Estimativas da ONU indicam que, em 2050, o número de refugiados ambientais estará entre 250 milhões e 1 bilhão de seres humanos"[1].

2. DEFINIÇÃO E ESPÉCIES DE MEIO AMBIENTE

Para o *Dicionário Aurélio da língua portuguesa*, **ambiente** é o "que cerca ou envolve os seres vivos ou as coisas, por todos os lados". Por isso, alguns entendem que a expressão "meio ambiente" é redundante, podendo se referir a ambiente.

1. Disponível em: ‹http://veja.abril.com.br/multimidia/infograficos/migrantes-deslo cados-e-refugiados-ambientais›.

> **Importante!**
>
> A **definição legal do meio ambiente** se encontra insculpida no **artigo 3.º, I, da Lei 6.938/1981**, que pontifica que o meio ambiente é **"o conjunto de condições, leis, influências e interações de ordem física, química e biológica, que permite, abriga e rege a vida em todas as suas formas"**.

> **Como esse assunto foi cobrado em concurso?**
>
> No concurso do CESPE para Promotor de Justiça em 2008, foi considerado certo o seguinte enunciado: Até o advento da lei que instituiu a Política Nacional do Meio Ambiente, não existia uma definição legal e (ou) regular de meio ambiente. A partir de então, conceituou-se meio ambiente como o conjunto de condições, leis, influências e interações de ordem física, química e biológica que permite, abriga e rege a vida em todas as suas formas.
>
> No concurso do CESPE para Juiz Federal da 5ª Região em 2011, foi considerado errado o seguinte enunciado: Ao conceber o meio ambiente como o conjunto de condições, leis, influências e interações de ordem física, química e biológica que permite, abriga e rege a vida humana, o direito ambiental ostenta índole antropocêntrica, considerando o ser humano o seu único destinatário.

Entretanto, entende-se que a definição legal não é suficiente para abarcar todas as modalidades de meio ambiente, pois foca apenas nos elementos bióticos (com vida) da natureza, não tratando das criações humanas que compõem o ambiente.

De efeito, prevalece que existem as seguintes *espécies de meio ambiente*:

- **Natural** – Formado pelos elementos da natureza com vida ou sem vida (abióticos), a exemplo da atmosfera, das águas interiores, superficiais e subterrâneas, dos estuários, do mar territorial, do solo, do subsolo, dos elementos da biosfera, da fauna e da flora, que independem da ação antrópica para existir;
- **Cultural** – Composto por criações tangíveis ou intangíveis do homem sobre os elementos naturais, a exemplo de uma casa tombada e das formas de expressão integrantes do patrimônio cultural, como o Samba de Roda do Recôncavo baiano;
- **Artificial** – Também formado por bens fruto de criação humana, mas que por exclusão não integram o patrimônio cultural brasileiro, por lhes carecer valor histórico, paisagístico, artístico, arqueológico, paleontológico, ecológico ou científico que possam enquadrá-los no acervo cultural;
- **Laboral (ou do trabalho)** – É realizado quando as empresas cumprem as normas de segurança e medicina do trabalho, proporcionando ao obreiro condições dignas e seguras para o desenvolvimento de sua atividade laborativa remunerada, a exemplo da disponibilização dos equipamentos de proteção individual, a fim de preservar a sua incolumidade física e

psicológica. De acordo com o artigo 200, inciso VIII, da Constituição, compete ao Sistema Único de Saúde colaborar na proteção do meio ambiente, nele compreendido o do trabalho.

> **Qual o entendimento do STF sobre o assunto?**
>
> "A incolumidade do meio ambiente não pode ser comprometida por interesses empresariais nem ficar dependente de motivações de índole meramente econômica, ainda mais se se tiver presente que a atividade econômica, considerada a disciplina constitucional que a rege, está subordinada, dentre outros princípios gerais, àquele que privilegia a "defesa do meio ambiente" (CF, art. 170, VI), que traduz conceito amplo e abrangente das noções de **meio ambiente natural, de meio ambiente cultural, de meio ambiente artificial (espaço urbano) e de meio ambiente laboral"**. (ADI-MC 3540, de 1/9/2005).

De efeito, o artigo 2.º, inciso I, da Lei 6.938/1981, considera o **meio ambiente** como um **patrimônio público** a ser necessariamente assegurado e protegido, tendo em vista o uso coletivo, sendo a expressão utilizada não no sentido de bem de pessoa jurídica pública, e sim expressando o interesse de toda a coletividade na preservação ambiental.

> **Como esse assunto foi cobrado em concurso?**
>
> No concurso do CESPE para Procurador Federal em 2010, foi considerado errado o seguinte enunciado: O meio ambiente é um direito difuso, direito humano fundamental de terceira geração, mas não é classificado como patrimônio público.

3. DIREITO AMBIENTAL

É possível defini-lo como **ramo do direito público composto por princípios e regras que regulam as condutas humanas que afetem, potencial ou efetivamente, direta ou indiretamente, o meio ambiente em todas as suas modalidades.**

Objetiva o Direito Ambiental no Brasil especialmente o controle da poluição, a fim de mantê-la dentro dos padrões toleráveis, para instituir um desenvolvimento econômico sustentável, atendendo às necessidades das presentes gerações sem privar as futuras da sua dignidade ambiental, pois um dos **princípios** que lastreiam a **Ordem Econômica** é a **Defesa do Meio Ambiente**, inclusive mediante tratamento diferenciado conforme o impacto ambiental dos produtos e serviços e de seus processos de elaboração e prestação (Artigo 170, VI, da Constituição).

É certa a autonomia didática deste novo ramo jurídico, uma vez que goza de princípios peculiares não aplicáveis aos demais, que serão estudados em capítulo próprio.

Definição de meio ambiente	é o conjunto de condições, leis, influências e interações de ordem física, química e biológica, que permite, abriga e rege a vida em todas as suas formas.
Espécies de meio ambiente	natural, cultural, artificial e do trabalho.
Direito Ambiental	é o ramo do direito público composto por princípios e regras que regulam as condutas humanas que afetem, potencial ou efetivamente, direta ou indiretamente, o meio ambiente em todas as suas modalidades, objetivando o controle da poluição, a fim de mantê-la dentro dos padrões toleráveis, para instituir um desenvolvimento econômico sustentável, atendendo às necessidades das presentes gerações sem privar as futuras da sua dignidade ambiental.

Conquanto já existissem leis ambientais anteriores, a exemplo do Código de Águas (Decreto 24.643/1934), do antigo Código Florestal (Lei 4.771/1965), de Pesca (Decreto-lei 221/1967) e da Lei de Proteção à Fauna (Lei 5.197/1967), **entende-se que a "certidão de nascimento" do Direito Ambiental no Brasil foi à edição da Lei 6.938/1981**, pois se trata do primeiro diploma normativo nacional que regula o meio ambiente como um todo, e não em partes, ao aprovar a Política Nacional do Meio Ambiente, seus objetivos e instrumentos, assim como o Sistema Nacional do Meio Ambiente – SINAMA, composto por órgãos e entidades que tem a missão de implementá-la.

Antes, apenas existiam normas jurídicas ambientais setoriais, mas não um Direito Ambiental propriamente dito, formado por um sistema harmônico de regras e princípios.

> **▸ Como esse assunto foi cobrado em concurso?**
>
> No concurso do CESPE para Promotor de Justiça em 2008, foi considerado certo o seguinte enunciado: O direito ambiental é um direito sistematizador, que faz a articulação da legislação, da doutrina e da jurisprudência concernentes aos elementos que integram o ambiente.

Capítulo 2

Disposições Constitucionais sobre o Meio Ambiente

1. NOTAS INTRODUTÓRIAS

Há uma crescente tendência mundial na positivação constitucional das normas protetivas do meio ambiente, notadamente após a realização da CNUMA – Conferência das Nações Unidas sobre o Meio Ambiente (Estocolmo, 1972) pela ONU.

Esse recente fenômeno político decorre do caráter cada vez mais analítico da maioria das constituições sociais, assim como da importância da elevação das regras e princípios do meio ambiente ao ápice dos ordenamentos, a fim de conferir maior segurança jurídico-ambiental.

Logo, começaram a nascer as constituições "verdes" **(Estado Democrático Social de Direito Ambiental)**, a exemplo da portuguesa (1976) e da espanhola (1978), que tiveram influência direta na elaboração da Constituição da República Federativa do Brasil de 1988, notadamente na redação do artigo 225, principal fonte legal do patrimônio ambiental natural no nosso país.

Hoje, no Brasil, toda a base do Direito Ambiental se encontra cristalizada na Lei Maior: **competências legislativas** (artigo 22, IV, XII e XVI; artigo 24, VI, VII e VIII; artigo 30, I e II); **competências administrativas** (artigo 23, III, IV, VI, VII e XI); **Ordem Econômica Ambiental** (artigo 170, VI); **meio ambiente artificial** (artigo 182); **meio ambiente cultural** (artigos 215, 216 e 216-A); **meio ambiente natural** (artigo 225), dentre outras disposições esparsas não menos importantes (a exemplo dos artigos 176, 177 e 231), formando o denominado **Direito Constitucional Ambiental**.

Após a constitucionalização do Direito Ambiental, busca-se agora a realização da tarefa mais árdua, consistente na efetivação das normas protetoras do meio ambiente, com uma regulamentação infraconstitucional cada vez mais rígida, que progressivamente vem sendo observada pelo próprio Poder Público e por toda a coletividade, cônscios de que o desenvolvimento econômico não mais poderá ser dar a qualquer custo, devendo ser sustentável, ou seja, observar a capacidade de suporte de poluição pelos ecossistemas a fim de manter a perenidade dos recursos naturais.

A interpretação das regras e princípios ambientais é tão peculiar que justifica o desenvolvimento de uma hermenêutica especial, a exemplo da adoção da máxima ***in dubio pro ambiente***, sendo defensável que o intérprete, sempre que possível, privilegie o significado do enunciado normativo que mais seja favorável ao meio ambiente.

> **▸ Qual o entendimento do STJ sobre o assunto?**
>
> De acordo com o STJ, "as normas ambientais devem atender aos fins sociais a que se destinam, ou seja, necessária a interpretação e a integração de acordo com o princípio hermenêutico ***in dubio pro natura***" (REsp 1.367.923, de 27.08.2013).

2. COMPETÊNCIAS MATERIAIS

A todas as entidades políticas compete proteger o meio ambiente, sendo esta atribuição administrativa comum, conforme disciplinado de maneira detalhada no artigo 23, incisos III, IV, VI, VII e XI, da Constituição Federal:

> **Art. 23. É competência comum da União, dos Estados, do Distrito Federal e dos Municípios:**
>
> [...]
>
> III – proteger os documentos, as obras e outros bens de valor histórico, artístico e cultural, os monumentos, as paisagens naturais notáveis e os sítios arqueológicos;
>
> IV – impedir a evasão, a destruição e a descaracterização de obras de arte e de outros bens de valor histórico, artístico ou cultural;
>
> [...]
>
> VI – proteger o meio ambiente e combater a poluição em qualquer de suas formas;
>
> VII – preservar as florestas, a fauna e a flora;
>
> [...]
>
> XI – registrar, acompanhar e fiscalizar as concessões de direitos de pesquisa e exploração de recursos hídricos e minerais em seus territórios.

> **▸ Como esse assunto foi cobrado em concurso?**
>
> No concurso do CESPE para Juiz Federal da 5ª Região 2007, foi considerado errado o seguinte enunciado: A União, os estados, o Distrito Federal e os municípios exercem cumulativamente a competência para proteger o meio ambiente, especialmente no que se refere ao combate à poluição e à proteção das florestas, cabendo, porém, somente à União a competência administrativa para a tutela da fauna.
>
> Na prova do CESPE em 2018 para Juiz do Ceará, foi considerada correta a letra C: Considerando a disciplina constitucional sobre proteção e repartição de competências em matéria ambiental, assinale a opção correta.

A) A competência para legislar sobre responsabilidade por dano ao meio ambiente pertence, privativamente, à União.

B) A alteração e a supressão de espaços territoriais devem ser feitas por ato administrativo dos órgãos da administração pública responsáveis pela gestão e pelo controle das áreas de preservação permanente e de reserva legal.

C) O combate a qualquer forma de poluição faz parte da competência administrativa comum da União, dos estados, do Distrito Federal e dos municípios.

D) A localização de usina que irá operar com reator nuclear deve ser aprovada pelo Poder Executivo do estado onde será instalada, de acordo com os ditames estabelecidos por lei estadual.

E) A defesa do meio ambiente é princípio que rege a ordem econômica, sendo vedado tratamento diferenciado quanto ao impacto ambiental de produtos e serviços e de seus processos de elaboração e prestação.

Na prática, em alguns casos, a cooperação das entidades políticas na esfera ambiental é meramente retórica, sendo é comum o litígio entre tais entes para o exercício da competência material comum, especialmente no que concerne ao licenciamento ambiental de atividades lesivas ao meio ambiente.

Inexistia lei complementar para regulamentar o tema, conforme determina o parágrafo único, do artigo 23, da Lei Maior. Contudo, finalmente o Congresso Nacional aprovou uma lei complementar para regular as competências ambientais comuns entre a União, os Estados, o Distrito Federal e os Municípios, conforme determina o artigo 23, parágrafo único, da Constituição.

Trata-se da **Lei Complementar 140, de 8 de dezembro de 2011**, que fixa normas, nos termos dos incisos III, VI e VII do *caput* e do parágrafo único do artigo 23 da Constituição Federal, para a cooperação entre a União, os Estados, o Distrito Federal e os Municípios nas ações administrativas decorrentes do exercício da competência comum relativas à proteção das paisagens naturais notáveis, à proteção do meio ambiente, ao combate à poluição em qualquer de suas formas e à preservação das florestas, da fauna e da flora.

No exercício das suas competências administrativas comuns na esfera ambiental, as entidades políticas deverão observar os seguintes objetivos fundamentais (art. 3.º da LC 140/2011):

> I – proteger, defender e conservar o meio ambiente ecologicamente equilibrado, promovendo gestão descentralizada, democrática e eficiente;
>
> II – garantir o equilíbrio do desenvolvimento socioeconômico com a proteção do meio ambiente, observando a dignidade da pessoa humana, a erradicação da pobreza e a redução das desigualdades sociais e regionais;
>
> III – harmonizar as políticas e ações administrativas para evitar a sobreposição de atuação entre os entes federativos, de forma a evitar conflitos de atribuições e garantir uma atuação administrativa eficiente;

> IV – garantir a uniformidade da política ambiental para todo o País, respeitadas as peculiaridades regionais e locais.

A gestão ambiental deverá envolver todas as esferas de governo e toda a sociedade brasileira, devendo ainda ser eficiente (extrair o mais com o menos). Nesse sentido, há várias formas das pessoas físicas e jurídicas privadas atuarem na seara ambiental, a exemplo da existência de assentos para membros da sociedade civil organizada no Conselho Nacional do Meio Ambiente e da ação popular ambiental que poderá ser proposta por qualquer cidadão.

Demais disso, o desenvolvimento da economia deverá observar a proteção ambiental, a fim de promover um desenvolvimento sustentável que também objetive reduzir a pobreza e as desigualdades regionais, realizando a dignidade ambiental da pessoa humana.

O que mais se espera com a promulgação da Lei Complementar 140/2011 é que finalmente se concretize uma atuação harmônica e de cooperação das três esferas de governo na proteção do meio ambiente, com a redução dos conflitos negativos e positivos de competências ambientais, especialmente no que concerne ao licenciamento ambiental, garantindo-se uma política ambiental uniforme (Política Nacional do Meio Ambiente; Políticas Estaduais do Meio Ambiente; Política do Meio Ambiente do Distrito Federal e Políticas Municipais de Meio Ambiente).

As entidades políticas poderão se valer dos instrumentos de cooperação administrativa previstos na LC 140/2011 para atuar conjuntamente na proteção ambiental, como os **consórcios públicos**, os **convênios** e os **acordos de cooperação técnica**, que podem ser firmados por **prazo indeterminado**, dentre outros previstos na legislação ambiental.

Os *consórcios públicos* são contratos administrativos que podem ser celebrados pelas entidades políticas, a fim de realizar os seus objetivos de interesse comum, como a preservação do meio ambiente e o desenvolvimento sustentável, sendo constituída uma associação pública ou pessoa jurídica de direito privado para geri-lo, nos termos da regulação dada pela Lei 11.107/2005.

Já os *convênios* são ajustes celebrados entre pessoas jurídicas de direito público ou entre estas e particulares, visando realizar o interesse público, por meio de interesses convergentes dos convenentes, não criando novas pessoas jurídicas, sendo bastante similares aos *acordos de cooperação técnica*.

Os **fundos públicos e privados** também figuram como importantes instrumentos de cooperação ambiental entre as três esferas de governo, podendo ser citado o Fundo Nacional do Meio Ambiente, criado pela Lei 7.797/1989, objetivando desenvolver os projetos que visem ao uso racional e sustentável de recursos naturais, incluindo a manutenção, melhoria ou recuperação da qualidade ambiental no sentido de elevar a qualidade de vida da população brasileira.

De seu turno, como regra geral, as pessoas políticas poderão ainda **delegar as suas atribuições ambientais a outras, ou a mera execução de ações administrativas**, o que normalmente se opera pela celebração de convênios.

> **Importante!**
>
> Nesse sentido, de acordo com o artigo 5.º, da LC 140/2011, o ente federativo poderá delegar, mediante convênio, a execução de ações administrativas a ele atribuídas, desde que o ente destinatário da delegação disponha de órgão ambiental capacitado a executar as ações administrativas a serem delegadas e de conselho de meio ambiente, assim considerado aquele que possui técnicos próprios ou em consórcio, devidamente habilitados e em número compatível com a demanda das ações administrativas a serem delegadas.

Vale registrar que a celebração desses convênios se situa dentro da autonomia do Poder Executivo, afrontando o Princípio da Separação de Poderes a submissão dessa competência executiva à autorização legal.

Essa "pérola" existiu no Estado de Roraima, em que lei complementar daquele ente condicionou à aprovação prévia pela Assembleia Legislativa os termos de cooperação e similares firmados naquele estado entre os componentes do Sistema Nacional do Meio Ambiente. Obviamente, o dispositivo foi declarado inconstitucional pelo STF.

> **Qual o entendimento do STF sobre o assunto?**
>
> Informativo 919 STF - Proteção do meio ambiente: instrumentos de cooperação e competência do Poder Executivo
>
> O Plenário julgou procedente pedido formulado em ação direta para declarar a inconstitucionalidade dos arts. 26 e 28, caput e parágrafo único, da Lei Complementar estadual 149 do estado de Roraima. Esses dispositivos condicionam à aprovação prévia pela Assembleia Legislativa os termos de cooperação e similares firmados naquele estado entre os componentes do Sistema Nacional do Meio Ambiente (SISNAMA).
>
> O Tribunal entendeu ser inconstitucional, por violar o princípio da separação dos poderes, a aprovação prévia pelo Poder Legislativo estadual dos instrumentos de cooperação firmados pelos órgãos componentes do Sisnama.
>
> A proteção ambiental é matéria de índole administrativa por envolver a execução de política pública, cuja competência é privativa do Poder Executivo, no nosso federalismo cooperativo, em que há o entrelaçamento entre as ações dos órgãos federais, estaduais e municipais para a proteção do meio ambiente.
>
> Do mesmo modo, a transferência de responsabilidades ou atribuições de órgãos componentes do Sisnama é, igualmente, competência privativa do Executivo. Dessa forma, não pode ficar condicionada à aprovação prévia da casa legislativa local.

> Por fim, o Colegiado asseverou que o Legislativo estadual poderá exercer a fiscalização dos atos praticados pelo Executivo, inclusive com o auxílio do Tribunal de Contas local, a posteriori, se houver alguma irregularidade. **ADI 4348/RR, rel. Min. Ricardo Lewandowski, julgamento em 10.10.2018. (ADI-4348).**

Vale salientar a previsão de **Comissões** que possuem poderes para deliberar sobre a competência para a promoção do licenciamento ambiental, em hipóteses previstas na LC 140/2011, também arroladas como instrumentos de cooperação institucional.

Foram previstas as seguintes Comissões:

COMISSÃO TRIPARTITE NACIONAL	Será formada, paritariamente, por representantes dos Poderes Executivos da União, dos Estados, do Distrito Federal e dos Municípios, com o objetivo de fomentar a gestão ambiental compartilhada e descentralizada entre os entes federativos.
COMISSÕES TRIPARTITES ESTADUAIS	Serão formadas, paritariamente, por representantes dos Poderes Executivos da União, dos Estados e dos Municípios, com o objetivo de fomentar a gestão ambiental compartilhada e descentralizada entre os entes federativos.
COMISSÃO BIPARTITE DO DISTRITO FEDERAL	Será formada, paritariamente, por representantes dos Poderes Executivos da União e do Distrito Federal, com o objetivo de fomentar a gestão ambiental compartilhada e descentralizada entre esses entes federativos.

Contudo, o detalhamento da composição das Comissões será definido em ato regulamentar, cabendo a esses órgãos definir o seu funcionamento e organização por meio da aprovação dos respectivos regimentos internos.

A adoção das referidas Comissões já existia mesmo antes da LC 140/2011. A I Conferência Nacional do Meio Ambiente, realizada em novembro de 2003, deliberou como uma estratégia de fortalecimento do Sistema Nacional de Meio Ambiente – SISNAMA a criação das Comissões Técnicas Tripartites Estaduais e da Comissão Técnica Bipartite do Distrito Federal, as quais foram instituídas pela Portaria MMA n.º 473, de 09 de dezembro de 2003.

Já a Comissão Tripartite Nacional já havia sido instituída pela Portaria MMA 189, de 25 de maio de 2001. O objetivo das Comissões é constituir um espaço institucional de diálogo entre os entes federados com vistas a uma gestão compartilhada e descentralizada entre União, Estados e Municípios, bem como o fortalecimento e a estruturação do Sistema Nacional de Meio Ambiente – SISNAMA.

Contam com a seguinte composição:

COMISSÃO TRIPARTITE NACIONAL	I – três representantes do Ministério do Meio Ambiente; II – três representantes da Associação Brasileira de Entidades de Meio Ambiente; III – três representantes da Associação Nacional de Municípios e Meio Ambiente.
COMISSÕES TRIPARTITES ESTADUAIS	I – dois representantes do Ministério do Meio Ambiente; II – dois representantes do(s) órgão(s) estadual(is) de meio ambiente; e III – dois representantes dos órgãos municipais de meio ambiente, sendo pelo menos um indicado pela Associação Nacional de Municípios e Meio Ambiente.
COMISSÃO BIPARTITE DO DISTRITO FEDERAL	No caso do Distrito Federal, a Comissão será composta por representantes do Governo Federal e do Governo do Distrito Federal.

A Lei Complementar 140/2011 listou as competências ambientais da União no seu artigo 7.º; as dos Estados no artigo 8.º e as dos Municípios no artigo 9.º, cabendo ao Distrito Federal exercer cumulativamente as competências estaduais e municipais, pois neste ente político inexistem municípios.

Impende frisar que as disposições da LC 140/2011 apenas aplicar-se-ão aos processos de licenciamento e autorização ambiental iniciados a partir de sua vigência, não tendo eficácia retroativa.

▸ Como esse assunto foi cobrado em concurso?

No concurso do CESPE para Advogado da União em 2015, foi considerado errado o seguinte enunciado: Dada a competência privativa da União para exercer controle e fiscalização ambiental, é exclusiva da União a competência para instituir taxa de fiscalização e controle do meio ambiente, cujo fundamento seja o exercício regular do poder de polícia.

Por outro lado, excepcionalmente, **determinadas competências materiais restaram reservadas exclusivamente à União**, por força do artigo 21, incisos IX, XVIII, XIX, XX e XXIII, da CRFB:

> **Art. 21. Compete à União:**
>
> [...]
>
> IX – elaborar e executar planos nacionais e regionais de ordenação do território e de desenvolvimento econômico e social;
>
> [...]
>
> XVIII – planejar e promover a defesa permanente contra as calamidades públicas, especialmente as secas e as inundações;
>
> XIX – instituir sistema nacional de gerenciamento de recursos hídricos e definir critérios de outorga de direitos de seu uso;
>
> XX – instituir diretrizes para o desenvolvimento urbano, inclusive habitação, saneamento básico e transportes urbanos;
>
> [...]

> XXIII – explorar os serviços e instalações nucleares de qualquer natureza e exercer monopólio estatal sobre a pesquisa, a lavra, o enriquecimento e reprocessamento, a industrialização e o comércio de minérios nucleares e seus derivados, atendidos os seguintes princípios e condições:
>
> a) toda atividade nuclear em território nacional somente será admitida para fins pacíficos e mediante aprovação do Congresso Nacional;
>
> b) sob regime de permissão, são autorizadas a comercialização e a utilização de radioisótopos para a pesquisa e usos médicos, agrícolas e industriais;
>
> c) sob regime de permissão, são autorizadas a produção, comercialização e utilização de radioisótopos de meia-vida igual ou inferior a duas horas;
>
> d) a responsabilidade civil por danos nucleares independe da existência de culpa.

Mais adiante, no artigo 30, VIII, da Constituição, restou reservada aos **municípios** a competência material de promover, no que couber, o adequado ordenamento territorial, mediante planejamento e controle do uso, do parcelamento e da ocupação do solo urbano.

Ademais, também competirá aos municípios promover a proteção do patrimônio histórico-cultural local, observada a legislação e a ação fiscalizadora federal e estadual, nos moldes do artigo 30, IX, da Constituição.

▸ Como esse assunto foi cobrado em concurso?

No concurso do CESPE para Juiz do Amazonas em 2016, foi considerada correta a letra C: No que se refere à proteção conferida pela CF ao meio ambiente, assinale a opção correta.

A) Sob o monopólio da União são permitidas atividades nucleares de qualquer natureza, mediante a aprovação do Congresso Nacional, o que gera a responsabilização objetiva por eventuais danos.

B) É da competência concorrente da União, dos estados e do DF proteger o meio ambiente e combater a poluição em qualquer de suas formas.

C) Compete aos municípios a promoção do adequado ordenamento territorial, mediante planejamento e controle do uso, do parcelamento e da ocupação do solo urbano.

D) Com o objetivo de defender o meio ambiente, o poder público pode impor várias restrições e penas aos particulares, salvo a desapropriação de imóveis, pois o direito de propriedade é direito fundamental.

E) No caso de atividade de extração de minério, advém das conclusões do EPIA a necessidade, ou não, de impor-se ao explorador a obrigação de recuperar o meio ambiente degradado.

3. COMPETÊNCIAS LEGISLATIVAS

Especificamente na área ambiental, em face do interesse comum na preservação dos recursos ambientais e no seu uso sustentável, **a regra é que todas**

as entidades políticas têm competência para legislar concorrentemente sobre meio ambiente, cabendo à União editar normas gerais, a serem especificadas pelos estados, Distrito Federal e municípios, de acordo com o interesse regional e local, respectivamente.

Nesse sentido, pontifica passagem do artigo 24, da Constituição Federal de 1988:

> **Art. 24. Compete à União, aos Estados e ao Distrito Federal legislar concorrentemente sobre:**
>
> (...)
>
> VI – florestas, caça, pesca, fauna, conservação da natureza, defesa do solo e dos recursos naturais, proteção do meio ambiente e controle da poluição;
>
> VII – proteção ao patrimônio histórico, cultural, artístico, turístico e paisagístico;
>
> VIII – responsabilidade por dano ao meio ambiente, ao consumidor, a bens e direitos de valor artístico, estético, histórico, turístico e paisagístico.

▸ Como esse assunto foi cobrado em concurso?

No concurso do CESPE para Advogado da União em 2012, foi considerado errado o seguinte enunciado: Compete privativamente à União legislar sobre florestas, conservação da natureza, defesa do solo e dos recursos naturais.

Curial ressaltar que se a União quedar-se inerte em editar normas gerais, os estados (e o Distrito Federal, analogicamente – ADI 1.575, de 07.04.2010) poderão fazê-lo de maneira suplementar, exercendo competência legislativa plena para atender às suas peculiaridades, por expressa autorização do § 3.º, do artigo 24, da CRFB, sendo que a ulterior edição de norma geral pela União terá o condão de suspender a eficácia (não invalidará) da lei estadual no que lhe for contrária.

A competência municipal decorre do artigo 30, incisos I e II, da CRFB, pois aos mesmos cabe legislar sobre assuntos ambientais de interesse local e suplementar à legislação estadual e federal no que couber.

▸ Qual o entendimento do STJ sobre o assunto?

De acordo com o STJ, "a teor do disposto nos arts. 24 e 30 da Constituição Federal, aos Municípios, no âmbito do exercício da competência legislativa, cumpre a observância das normas editadas pela União e pelos Estados, como as referentes à proteção das paisagens naturais notáveis e ao meio ambiente, não podendo contrariá-las, mas tão somente legislar em circunstâncias remanescentes" (AR 756, 1.ª Seção, de 27.02.2008).

▸ Qual o entendimento do STF sobre o assunto?

De acordo com o STF (RE 607940/DF, rel. Min. Teori Zavascki, 29.10.2015), "os Municípios com mais de 20 mil habitantes e o Distrito Federal podem legislar sobre programas e projetos específicos de ordenamento do espaço urbano por meio de leis que sejam compatíveis com as diretrizes fixadas no plano diretor. Mencionou que a Constituição prevê competência concorrente aos entes federativos para fixar normas gerais de urbanismo (arts. 24, I e § 1.º, e 30, II) e que, a par dessa competência, aos Municípios fora atribuída posição de preponderância a respeito de matérias urbanísticas. Asseverou, ainda, que nem toda matéria urbanística relativa às formas de parcelamento, ao uso ou à ocupação do solo deveria estar inteiramente regrada no plano diretor. Enfatizou que determinados modos de aproveitamento do solo urbano, pelas suas singularidades, poderiam receber disciplina jurídica autônoma, desde que compatível com o plano diretor" (Informativo 805).

O Município é competente para legislar sobre meio ambiente com União e Estado, no limite de seu interesse local e desde que tal regramento seja e harmônico com a disciplina estabelecida pelos demais entes federados (art. 24, VI c/c 30, I e II da CRFB). [RE 586.224, rel. min. Luiz Fux, j. 5-3-2015, P, *DJE* de 8-5-2015, com repercussão geral.]

▸ Importante!

Excepcionalmente, no caso de legislação sobre águas, energias, jazidas, minas e outros recursos minerais, bem como atividades nucleares de qualquer natureza, *caberá privativamente à União legislar sobre o assunto*, por força do artigo 22, incisos IV, XII e XXVI, da Constituição.

▸ Como esse assunto foi cobrado em concurso?

(2019/CESPE/PGM CAMPO GRANDE/PROCURADOR) À União compete legislar privativamente sobre águas, jazidas e outros recursos minerais; porém, é competência concorrente da União, dos estados e do Distrito Federal legislar acerca de florestas, caça, conservação da natureza e defesa dos recursos naturais.

Gabarito: certo

▸ Qual o entendimento do STF sobre o assunto?

ENERGIA NUCLEAR. COMPETÊNCIA LEGISLATIVA DA UNIÃO. ART. 22, XXVI, DA CONSTITUIÇÃO FEDERAL. É inconstitucional norma estadual que dispõe sobre atividades relacionadas ao setor nuclear no âmbito regional, por violação da competência da União para legislar sobre atividades nucleares, na qual se inclui a competência para fiscalizar a execução dessas atividades e legislar sobre a referida fiscalização. Ação direta julgada procedente. ADI 1.575, de 07.04.2010.

É inconstitucional norma estadual que dispõe sobre a implantação de instalações industriais destinadas à produção de energia nuclear no âmbito espacial do território estadual. ADI 330/RS, rel. min. Celso de Mello, julgamento virtual em 9.10.2020. (ADI-3030).

▸ **Qual o entendimento do STF sobre o assunto?**

A exploração do amianto foi banida pelo STF em 24 de agosto de 2017, através de pronúncia de inconstitucionalidade do artigo 2º da Lei 9.055/95. No entanto, a **declaração de invalidade** do artigo 2º da Lei 9.055/95 se deu de **modo incidental**, pois a ADI 3.937 foi intentada contra a Lei 12.687/2007, do Estado de São Paulo, que proíbe o uso de produtos, materiais ou artefatos que contenham quaisquer tipos de amianto no território estadual.

No mesmo dia 24 de agosto de 2017, conforme noticiado no site do STF, a Corte julgou a ADI 4066, que pedia a invalidade de dispositivo da Lei 9.055/1995, que autoriza e disciplina a extração, industrialização, utilização e comercialização do amianto crisotila (asbesto branco) e dos produtos que o contenham. Cinco ministros votaram pela procedência do pedido – Rosa Weber (relatora), Edson Fachin, Ricardo Lewandowski, Celso de Mello e Cármen Lúcia (presidente) – e quatro pela improcedência – Alexandre de Moraes, Luiz Fux, Gilmar Mendes e Marco Aurélio.

De acordo com o próprio STF, como não foi atingida a maioria necessária, por não se ter atingido o quórum (seis votos) exigido pelo artigo 97 da Constituição, não foi declarada a inconstitucionalidade do artigo 2º da Lei 9.095/1995, sendo o julgamento destituído de eficácia vinculante, própria das ADIs. Os ministros Dias Toffoli e Luís Roberto Barroso se declararam impedidos e não votaram nesse caso.

Conforme destacou o Ministro Ayres Britto, "hoje, o que se observa é um consenso em torno da natureza altamente cancerígena do mineral e da inviabilidade de seu uso de forma efetivamente segura, sendo esse o entendimento oficial dos órgãos nacionais e internacionais que detêm autoridade no tema da saúde em geral e da saúde do trabalhador", destacou o ministro na ocasião.

Ele ressaltou ainda que, reconhecida a invalidade da norma geral federal, os estados-membros passam a ter competência legislativa plena sobre a matéria, nos termos do artigo 24, parágrafo 3º, da Constituição Federal, até que sobrevenha eventual nova legislação federal acerca do tema.

Posteriormente, no **dia 29 de novembro de 2017** (ADI 3406 e 3470), por maioria de votos, o Plenário do Supremo Tribunal Federal (STF) reafirmou a declaração de inconstitucionalidade do artigo 2º da Lei federal 9.055/1995 que permitia a extração, industrialização, comercialização e a distribuição do uso do amianto na variedade crisotila no país. A inconstitucionalidade do dispositivo já havia sido incidentalmente declarada no julgamento da ADI 3937, **mas na sessão desta quarta-feira (29) os ministros deram efeito vinculante e *erga omnes* (para todos) à decisão.**

A decisão ocorreu no julgamento das Ações Diretas de Inconstitucionalidade (ADIs) 3406 e 3470, ambas propostas pela Confederação Nacional dos Trabalhadores da Indústria (CNTI) contra a Lei 3.579/2001, do Estado do Rio de Janeiro, que dispõe sobre a substituição progressiva dos produtos contendo a variedade asbesto (amianto branco).

Segundo a CNTI, a lei ofenderia os princípios da livre iniciativa e invadiria a competência privativa da União.

Desta forma, finalmente a decisão sobre a inconstitucionalidade da exploração do amianto no Brasil teve **eficácia geral e vinculante**

▸ **Como esse assunto foi cobrado em concurso?**

No concurso do CESPE para Procurador do Estado de Pernambuco em 2009, foi considerada correta a letra C: O Brasil, como República Federativa, possui forma de Estado que prevê a descentralização do poder. Essa configuração constitucional reflete nas competências legislativas e administrativas ambientais. Com relação a essas informações, assinale a opção correta.

A) Com fulcro no princípio da predominância do interesse, compete privativamente à União legislar sobre florestas, caça e pesca.

B) Mesmo que exista atuação normativa por parte da União, o estado-membro pode tratar das normas gerais.

C) O município não está elencado no artigo constitucional que trata da competência concorrente, mas pode legislar acerca do tema meio ambiente.

D) O DF não pode legislar concorrentemente com a União na matéria ambiental, por ser a sede da República brasileira.

E) Os estados podem legislar concorrentemente sobre jazidas e minas encontradas em seus territórios.

4. ORDEM ECONÔMICA AMBIENTAL (ARTIGO 170, INCISO VI, CRFB)

A Ordem Econômica brasileira fundamenta-se na valorização do trabalho humano e na livre iniciativa, tendo por fim assegurar a todos existência digna, conforme os ditames da justiça social, a teor do artigo 170, da Constituição Federal.

Entretanto, a livre iniciativa não é absoluta, pois nos casos previstos em lei o exercício do trabalho dependerá de autorização dos órgãos públicos, na forma do parágrafo único, do citado dispositivo constitucional.

De efeito, essa restrição foi posta para as atividades humanas aptas a gerar degradação ambiental, que pressupõem o prévio licenciamento ambiental do Poder Público, consoante determina o artigo 10, da Lei 6.938/1981, apenas se tolerando a poluição licenciada e dentro dos padrões permitidos pela legislação ambiental.

Ademais, **um dos princípios da Ordem Econômica é a Defesa do Meio Ambiente**, inclusive mediante tratamento diferenciado conforme o impacto ambiental dos produtos e serviços e de seus processos de elaboração e prestação (inciso VI), razão pela qual é possível afirmar que foi inaugurada no Brasil a **Ordem Econômica Ambiental.**

▸ **Qual o entendimento do STF sobre o assunto?**

A incolumidade do meio ambiente não pode ser comprometida por interesses empresariais nem ficar dependente de motivações de índole meramente econômica, ainda mais se tiver presente que a atividade econômica, considerada a disciplina constitucional que a rege, está subordinada, dentre outros princípios gerais, àquele que privilegia a 'defesa do meio ambiente' (CF, art. 170, VI), que traduz conceito amplo e abrangente das noções de meio ambiente natural, de meio ambiente cultural, de meio ambiente artificial (espaço urbano) e de meio ambiente laboral. Doutrina (ADI-MC 3.540, em 01.09.2005).

▸ **Como esse assunto foi cobrado em concurso?**

No concurso do CESPE para Procurador Federal em 2010, foi considerado certo o seguinte enunciado: A proteção ao meio ambiente é um princípio da ordem econômica, o que limita as atividades da iniciativa privada.

No concurso da FCC para Procurador Municipal de Cuiabá em 2014, foi considerada correta a letra D: A ordem econômica tem por princípio a defesa do meio ambiente, a qual será concretizada

A) Pela implementação técnica dos processos produtivos.

B) De forma igualitária, independentemente da atividade exercida.

C) Por meio de ações sociais voltadas ao desenvolvimento econômico da população.

D) Mediante tratamento diferenciado conforme o impacto ambiental dos produtos e serviços e de seus processos de elaboração e prestação.

E) Mediante plano de ação econômica com diretrizes estabelecidas para a utilização de recursos naturais segundo a demanda do mercado consumidor.

5. MEIO AMBIENTE CULTURAL/PATRIMÔNIO CULTURAL BRASILEIRO (ARTIGOS 215, 216 E 216-A, CRFB)

De seu turno, no que concerne ao **meio ambiente cultural**, na formulação do *artigo 215, da Constituição*, o constituinte criou o dever estatal de garantir o pleno exercício dos direitos culturais e o acesso às fontes da cultura nacional, se comprometendo a apoiar e incentivar a valorização e a difusão das manifestações culturais. Regulamentando a norma constitucional, tivemos o estabelecimento do **Plano Nacional de Cultura** (Inovação da Emenda 48/2005) por lei ordinária (Lei 12.343, de 2 de dezembro de 2010).

No *artigo 216* optou-se em definir a composição do **patrimônio cultural brasileiro** na cabeça do dispositivo, incluindo-se, além dos bens tangíveis, os imateriais, constando um rol exemplificativo de bens integrantes de acervo nos respectivos incisos:

> I – as formas de expressão;
>
> II – os modos de criar, fazer e viver;
>
> III – as criações científicas, artísticas e tecnológicas;
>
> IV – as obras, objetos, documentos, edificações e demais espaços destinados às manifestações artístico-culturais;
>
> V – os conjuntos urbanos e sítios de valor histórico, paisagístico, artístico, arqueológico, paleontológico, ecológico e científico.

No *§ 1.º* restou arrolada uma lista exemplificativa de **instrumentos de proteção ao patrimônio cultural brasileiro** (inventários, registros, vigilância, tombamento e desapropriação).

▸ **Como esse assunto foi cobrado em concurso?**

No concurso da FCC para Juiz do Amapá em 2014, foi considerada correta a letra C: Segundo a Constituição Federal, são meios de promoção e proteção do patrimônio cultural brasileiro:

A) Tombamento, registro e descoberta.

B) Apenas o tombamento e o registro.

C) Inventário, registro, vigilância, tombamento e desapropriação.

D) Tombamento, registro e *ad corpus*.

E) Apenas o tombamento e a desapropriação.

No *artigo 216-A*, inserido pela EC 71/2012, foi previsto o Sistema Nacional de Cultura, organizado em regime de colaboração, de forma descentralizada e participativa, instituindo um processo de gestão e promoção conjunta de políticas públicas de cultura, democráticas e permanentes, pactuadas entre os entes da Federação e da sociedade, tendo por objetivo promover o desenvolvimento humano, social e econômico com pleno exercício dos direitos culturais.

6. MEIO AMBIENTE NATURAL (ARTIGO 225, CRFB)

O legislador constituinte reconheceu expressamente o **direito fundamental ao meio ambiente ecologicamente equilibrado** (artigo 225, *caput*, Constituição), imaterial, de terceira dimensão (coletivo), transindividual e com aplicabilidade imediata, vez que sua incidência independe de regulamentação, reconhecimento pelo STF como direito fundamental (nesse sentido, o reconhecimento do STF, no julgamento da ADI/MC 3.540, em 01.09.2005.)

Impende frisar que é possível a criação de deveres ambientais por simples ato regulamentar, desde que a norma secundária tenha fundamento de validade diretamente na Constituição, na aplicação direta do direito fundamental ao meio ambiente equilibrado ecologicamente ou em outro dispositivo da Lei Maior.

▸ **Qual o entendimento do STF sobre o assunto?**

Nesse sentido, no julgamento da ADPF 101, em 24.06.2009, o STF validou vedação de importação de pneus usados de países que não integram o MERCOSUL, feita através de atos regulamentares do CONAMA e da Secretaria do Comércio Exterior, aplicando diretamente o direito fundamental ao meio ambiente ecologicamente equilibrado e à saúde.

Esse direito fundamental será realizado por ações positivas ou negativas do Poder Público e de toda a coletividade, através da implementação do desenvolvimento sustentável, que compatibilize a necessidade de crescimento econômico com a preservação ambiental, atendendo às necessidades das presentes gerações sem privar as futuras das suas parcelas dos recursos ambientais, a fim de manter a sua perenidade.

Todos têm o dever constitucional de realizar o direito fundamental ao meio ambiente ecologicamente equilibrado, por meio de condutas comissivas (a exemplo da recuperação de áreas degradadas) e omissivas (como não poluir sem licença ambiental), inexistindo primazia da obrigação de não fazer sobre a de fazer, e vice-versa.

> ▸ **Como esse assunto foi cobrado em concurso?**
>
> No concurso do CESPE para Juiz Federal da 1ª Região em 2011, foi considerado errado o seguinte enunciado: Em razão do tratamento dispensado ao meio ambiente pelo texto constitucional, depreende-se que é exigido dos cidadãos, predominantemente, um *non facere* em relação ao meio ambiente.

Não é fácil definir o sentido e o alcance da expressão "meio ambiente ecologicamente equilibrado", cuja exegese variará no tempo e no espaço, sendo tema também afeto às ciências ambientais extrajurídicas.

Decerto, ele será alcançado com o controle eficaz estatal da poluição, mantendo-a em padrões aceitáveis, através do uso de instrumentos como o licenciamento e os estudos ambientais; com medidas específicas para prevenir a extinção das espécies ameaçadas; com a preservação dos espaços territoriais especialmente protegidos e a criação de novos; com a manutenção da biodiversidade etc.

Bastante interessante foi a técnica adotada pelo legislador constituinte na elaboração do texto do artigo 225, da Constituição Federal, sob forte inspiração do artigo 66, da Constituição portuguesa de 1976.

Inicialmente, conforme dito, a *cabeça do artigo 225* instituiu o **direito difuso ao meio ambiente ecologicamente equilibrado**, criando um **dever genérico** *para o Poder Público e para a coletividade em defendê-lo e preservá-lo para as presentes e futuras gerações*, que se realizará com ações comissivas (a exemplo da recuperação de áreas degradadas) e omissivas (como a obrigação de não degradar fora dos permissivos legais, ou seja, dentro dos padrões de poluição, após regular licenciamento ambiental).

Por sua vez, no *§ 1.º, em seus sete incisos*, o constituinte cominou **deveres específicos ao Poder Público** para realizar o direito ao meio ambiente ecologicamente equilibrado:

> § 1.º Para assegurar a efetividade desse direito, incumbe ao Poder Público:
>
> I – preservar e restaurar os processos ecológicos essenciais e prover o manejo ecológico das espécies e ecossistemas;
>
> II – preservar a diversidade e a integridade do patrimônio genético do País e fiscalizar as entidades dedicadas à pesquisa e manipulação de material genético;
>
> III – definir, em todas as unidades da Federação, espaços territoriais e seus componentes a serem especialmente protegidos, sendo a alteração e a

supressão permitidas somente através de lei, vedada qualquer utilização que comprometa a integridade dos atributos que justifiquem sua proteção;

IV - exigir, na forma da lei, para instalação de obra ou atividade potencialmente causadora de significativa degradação do meio ambiente, estudo prévio de impacto ambiental, a que se dará publicidade;

V - controlar a produção, a comercialização e o emprego de técnicas, métodos e substâncias que comportem risco para a vida, a qualidade de vida e o meio ambiente;

VI - promover a educação ambiental em todos os níveis de ensino e a conscientização pública para a preservação do meio ambiente;

VII - proteger a fauna e a flora, vedadas, na forma da lei, as práticas que coloquem em risco sua função ecológica, provoquem a extinção de espécies ou submetam os animais a crueldade.

São exemplos a obrigação de promover o manejo ecológico das espécies, de preservar a biodiversidade, de instituir espaços territoriais especialmente protegidos, de exigir prévio estudo de impacto ambiental para atividades significativamente lesivas ao meio ambiente, de controlar a poluição, de promover a educação ambiental e de proteger a fauna e a flora, vedando a crueldade contra aos animais.

▸ Qual o entendimento do STF sobre o assunto?

O STF já decidiu mais de uma vez que a vedação à crueldade contra os animais tem aplicabilidade imediata, independentemente de lei regulamentadora. Vide ADI 1.856, de 03.09.1998 e RE 153.531, de 03.06.1997. Já foram declaradas inconstitucionais a farra do boi e a briga de galo por ensejarem atos cruéis contra os animais que não são justificados pela prática cultural. Há um conflito entre as práticas culturais e a proteção ao animal, sendo ponderada nestes dois casos a prevalência deste último direito fundamental.

Mais recentemente, por 6 votos contra 5, a vaquejada também foi declarada inconstitucional no julgamento do ADI 4.983, em 6/10/2016, invalidando lei do Estado do Ceará que regulamentava a vaquejada.

A maioria dos ministros acompanhou o voto do relator, ministro Marco Aurélio, que considerou haver "crueldade intrínseca" aplicada aos animais na vaquejada. Em seu voto vencedor, o ministro Marco Aurélio afirmou que laudos técnicos contidos no processo demonstram consequências nocivas à saúde dos animais: fraturas nas patas e rabo, ruptura de ligamentos e vasos sanguíneos, eventual arrancamento do rabo e comprometimento da medula óssea. Também os cavalos, de acordo com os laudos, sofrem lesões.

Curiosamente, no dia 30 de novembro de 2016, foi publicada a Lei 13.364/2016, que elevou o Rodeio, a Vaquejada**, bem como as respectivas expressões artístico-culturais, à condição de manifestações da cultura nacional e de** patrimônio cultural imaterial**, abarcando, inclusive, as seguintes expressões: I - montarias;**

II – provas de laço; III – apartação; IV – *bulldog*; V – provas de rédeas; VI – provas dos Três Tambores, *Team Penning* e *Work Penning*; VII – paleteadas; e VIII – outras provas típicas, tais como Queima do Alho e concurso do berrante, bem como apresentações folclóricas e de músicas de raiz.

Resta saber qual será o posicionamento do STF a respeito do tema, pois se a decisão de pronúncia de inconstitucionalidade da vaquejada cearense for *erga omnes*, certamente essa passagem da Lei 13.364/2016 será invalidada.

▸ **Como esse assunto foi cobrado em concurso?**

No concurso do CESPE para Procurador do Estado do Piauí em 2014, foi considerada correta a letra A: Na Festa da Farra do Boi, realizada em Santa Catarina, tradicionalmente, populares se divertem com o fato de submeter animais bovinos a sofrimentos físicos de naturezas diversas. O STF, ao julgar a polêmica que envolve essa festividade, manifestou-se, por maioria, pela proibição de sua realização. A respeito desse assunto, assinale a opção correta.

A) A apreciação do tema em tela envolve a análise de dois bens constitucionalmente protegidos e contidos no conceito de meio ambiente: as manifestações culturais e a fauna nacional.

B) A caracterização da Festa da Farra do Boi como manifestação cultural não tem relevância na análise do referido tema, uma vez que, havendo conflito entre normas de proteção ao meio ambiente e normas de proteção ao patrimônio cultural, prevalecem as primeiras.

C) A crueldade contra animais é um conceito subjetivo, de sorte que só se considera cruel a prática que submeta o animal a dor extrema.

D) A proibição de realização da referida festividade encontra respaldo no princípio constitucional da função ecológica da propriedade.

E) A CF, ao proibir práticas que submetam animais a crueldade, contraria a visão antropocêntrica do direito ambiental e passa a considerar os animais, ao lado dos seres humanos, como titulares de direitos.

Posteriormente ao aprovar a **Emenda Constitucional** 96/2017, que **inseriu o §7º no artigo 225, da Constituição, dispondo** que "para fins do disposto na parte final do inciso VII do § 1º deste artigo, não se consideram cruéis as práticas desportivas que utilizem animais, desde que sejam manifestações culturais, conforme o § 1º do art. 215 desta Constituição Federal, registradas como bem de natureza imaterial integrante do patrimônio cultural brasileiro, devendo ser regulamentadas por lei específica que assegure o bem-estar dos animais envolvidos".

Resta saber apenas qual será a postura do STF diante dessas duas novidades normativas, a segunda de natureza constitucional, inclusive.

Houve uma Reclamação no STF para afastar a vaquejada em uma situação concreta no Estado do Piauí, buscando a aplicação de decisão tomada na ADI 4.983, mas não foi provida pela Suprema Corte.

> ▸ **Qual o entendimento do STF sobre o assunto?**
>
> **Rcl 25869 AgR / PI - PIAUÍ**
>
> **AG.REG. NA RECLAMAÇÃO**
>
> **Relator(a): Min. ALEXANDRE DE MORAES**
>
> **Julgamento: 11/09/2017 Órgão Julgador: Primeira Turma**
>
> PROCESSUAL CIVIL E CONSTITUCIONAL. AGRAVO REGIMENTAL NA RECLAMAÇÃO. MANIFESTAÇÃO CULTURAL ENVOLVENDO ANIMAIS. "VAQUEJADA". ALEGADA CONTRARIEDADE À ADI 4.983/CE. INOCORRÊNCIA. **AUSÊNCIA DE ESTRITA ADERÊNCIA ENTRE O DECIDIDO NO ATO RECLAMADO E NO PARADIGMA APONTADO.** AGRAVO REGIMENTAL A QUE SE NEGA PROVIMENTO.

O tema será julgado pelo STF através do **RE 494601/RS**, rel. Min. Marco Aurélio, em que se discute a possibilidade de lei estadual autorizar o sacrifício de animais em rituais de religiões de matriz africana.

Já nos §§ 2.º e 3.º há a previsão constitucional de **deveres específicos ao Poder Público e a coletividade**, consistentes na obrigação de recuperar a área degredada pela mineração, assim como na imposição de responsabilidade civil, administrativa e criminal pela consumação de condutas lesivas ao meio ambiente, tanto para pessoas físicas quanto jurídicas.

No § 4.º se encontra o reconhecimento dos Biomas *Floresta Amazônica brasileira, Mata Atlântica, Serra do Mar, Pantanal Mato-Grossense* e *Zona Costeira* como **patrimônio nacional**, expressando a tutela especial que deve existir nessas áreas, ressaltando que esse dispositivo não converteu os referidos Biomas em bens públicos na acepção tradicional, tendo sido esquecidos o Cerrado e a Caatinga, ainda alvo de histórica discriminação estética.

> ▸ **Qual o entendimento do STF sobre o assunto?**
>
> A norma inscrita no art. 225, § 4, da Constituição deve ser interpretada de modo harmonioso com o sistema jurídico consagrado pelo ordenamento fundamental, notadamente com a cláusula que, proclamada pelo art. 5, XXII, da Carta Política, garante e assegura o direito de propriedade em todas as suas projeções, inclusive aquela concernente à compensação financeira devida pelo Poder Público ao proprietário atingido por atos imputáveis a atividade estatal. O preceito consubstanciado no art. 225, § 4, da Carta da República, **além de não haver convertido em bens públicos os imóveis particulares abrangidos pelas florestas e pelas matas nele referidas** (Mata Atlântica, Serra do Mar, Floresta Amazônica brasileira), também não impede a utilização, pelos próprios particulares, dos recursos naturais existentes naquelas áreas que estejam sujeitas ao domínio privado, desde que observadas as prescrições legais e respeitadas as condições necessárias a preservação ambiental (RE 134297, de 13/6/1995).

▸ **Como esse assunto foi cobrado em concurso?**

No concurso para Procurador do Município de Belo Horizonte, em 2017, aplicado pelo CESPE, foi considerada correta a letra B: A respeito do direito ambiental, assinale a opção correta de acordo com o disposto na CF.

A) A proteção jurídica fundamental do meio ambiente ecologicamente equilibrado é estritamente antropocêntrica, uma vez que se considera o bem ambiental um bem de uso comum do povo.

B) Além de princípios e direitos, a CF prevê ao poder público e à coletividade deveres relacionados à preservação do meio ambiente.

C) Será inválida a criação de espaços territoriais ambientalmente protegidos por ato diverso da lei em sentido estrito.

D) O direito ao meio ambiente ecologicamente equilibrado consta expressamente na CF como direito fundamental, o que o caracteriza como direito absoluto.

Outrossim, no *§ 5.º* foi previsto que **são indisponíveis as terras devolutas ou arrecadadas pelos Estados, por ações discriminatórias, necessárias à proteção dos ecossistemas naturais**, com o propósito de afetar essas áreas originalmente classificadas como bens públicos dominiais na preservação ambiental, impedindo assim a sua alienação.

▸ **Como esse assunto foi cobrado em concurso?**

No concurso da FCC para Procurador de Recife em 2014, foi considerada correta a letra D: A proteção constitucional do meio ambiente

A) Impõe aos Municípios a obrigação de promover a educação ambiental no ensino fundamental, sendo facultado aos demais entes da federação esta mesma obrigação nos ensinos médio e superior.

B) Não configura um direito fundamental, pois está prevista fora do rol do artigo 5.º da Constituição Federal de 1988.

C) Impõe apenas ao Poder Público o dever de defender e preservar o meio ambiente ecologicamente equilibrado.

D) Estabelece que as terras devolutas ou arrecadadas pelos estados, por ações discriminatórias, necessárias à proteção dos ecossistemas naturais são indisponíveis.

E) Determina que as usinas que operem com reator nuclear deverão ter sua localização definida pelo licenciamento ambiental, assegurada a participação popular por meio de audiência pública.

Por fim, pontifica o *§ 6.º* que **as usinas que operem com reator nuclear deverão ter sua localização definida em lei federal, sem o que não poderão ser instaladas.** Ou seja, apenas a lei federal poderá localizar a instalação de usina nuclear, sob pena de inconstitucionalidade formal da lei estadual, distrital ou municipal que dispor sobre o tema.

7. MEIO AMBIENTE ARTIFICIAL

Além do meio ambiente natural e cultural, existe o artificial, integrado pelos bens fruto da intervenção humana, que não formam o patrimônio cultural. É matéria comum entre o Direito Ambiental e o Urbanístico, sendo a **cidade** o exemplo de patrimônio ambiental artificial dos mais relevantes, com as normas gerais da **Política de Desenvolvimento Urbano** fixadas no artigo 182, da Constituição de 1988, regulamentada pelo Estatuto da Cidade (Lei 10.257/2001), **visando ordenar o pleno desenvolvimento das funções sociais da cidade e garantir o bem-estar da população.**

Em que pese alguns doutrinadores entenderem que o meio ambiente do trabalho é uma modalidade de meio ambiente, pois goza de previsão constitucional expressa (artigo 200, VIII, da Constituição), a melhor posição o coloca como integrante do meio ambiente artificial, garantindo-se ao trabalhador uma estrutura de trabalho que proporcione o mínimo de dignidade, especialmente com a disponibilização dos equipamentos de proteção individual e a construção de instalações seguras.

> ▸ **Importante!**
> O Estatuto da Cidade, cujo **instrumento básico é o plano diretor** aprovado por lei municipal, **obrigatório para cidades com mais de 20.000 habitantes** (artigo 182, § 1.º, da Constituição), garante uma **cidade sustentável** onde deverá ser observado o saneamento ambiental, devendo-se evitar a poluição ambiental, protegendo-se o meio ambiente natural, cultural e artificial.

Na elaboração do plano diretor, os Municípios deverão observar os zoneamentos ambientais elaborados pela União e pelos Estados, na forma do artigo 9.º, IX, da Lei Complementar 140/2011, com o objetivo de compatibilizar os instrumentos da Política Urbana.

Vale destacar que a propriedade é reconhecida como direito fundamental pela Constituição, mas o proprietário deverá exercer o seu direito de acordo com a função social ou socioambiental, nos termos do artigo 5.º, XXIII, da CF. Inclusive, um dos princípios informadores da Ordem Econômica no Brasil é a função social da propriedade.

Para a **propriedade rural**, a **função social** é cumprida quando a propriedade rural atende, simultaneamente, segundo critérios e graus de exigência estabelecidos em lei, aos seguintes requisitos:

I – aproveitamento racional e adequado;

II – utilização adequada dos recursos naturais disponíveis e preservação do meio ambiente;

III – observância das disposições que regulam as relações de trabalho;

IV – exploração que favoreça o bem-estar dos proprietários e dos trabalhadores.

Ao contrário da propriedade rural, a Lei Maior não definiu diretamente os requisitos para que a **propriedade urbana** atenda a sua **função social**, apenas aduzindo que será alcançada quando respeitar às exigências fundamentais de ordenação da cidade expressas no **plano diretor**.

Destarte, para se aferir se determinada propriedade urbana cumpre ou não a sua função social, é indispensável que seja analisado concretamente se o plano diretor municipal vem sendo respeitado pelo proprietário.

Caso o proprietário de área urbana incluída do plano diretor não a utilize conforme a função social, ou seja, em descumprimento ao plano diretor, poderá o município exigir o adequado aproveitamento mediante lei específica, sob pena da adoção sucessiva das seguintes medidas, previstas no § 4.º, do artigo 182, da Constituição:

> I – parcelamento ou edificação compulsórios;
>
> II – imposto sobre a propriedade predial e territorial urbana progressivo no tempo;
>
> III – desapropriação com pagamento mediante títulos da dívida pública de emissão previamente aprovada pelo Senado Federal, com prazo de resgate de até dez anos, em parcelas anuais, iguais e sucessivas, assegurados o valor real da indenização e os juros legais.

Ainda é prevista constitucionalmente uma modalidade de **usucapião *pro moradia***, lembrando que os bens públicos não são usucapíveis. De efeito, nos termos do artigo 183, "aquele que possuir como sua área urbana de até duzentos e cinquenta metros quadrados, por cinco anos, ininterruptamente e sem oposição, utilizando-a para sua moradia ou de sua família, adquirir-lhe-á o domínio, desde que não seja proprietário de outro imóvel urbano ou rural".

Contudo, essa usucapião apenas poderá ser reconhecida por **uma única vez**, sendo outorgado o título de domínio e a concessão de uso ao homem ou à mulher, ou a ambos, independentemente do estado civil.

Para se alcançar a sustentabilidade das cidades, é imprescindível uma boa mobilidade urbana, o que não se verifica em grandes centros nos horários de pico de trânsito, como em São Paulo e em Salvador.

Nesse sentido, a União promulgou a Lei 12.587, de 3 de janeiro de 2012, que aprovou a **Política Nacional de Mobilidade Urbana** como instrumento da política de desenvolvimento urbano de que tratam o **inciso XX do artigo 21** e o **artigo 182 da Constituição Federal**, objetivando a integração entre os diferentes modos de transporte e a melhoria da acessibilidade e mobilidade das pessoas e cargas no território do Município.

Essa Política tem por objetivo contribuir para o acesso universal à cidade, o fomento e a concretização das condições que contribuam para a efetivação dos princípios, objetivos e diretrizes da política de desenvolvimento urbano, por meio do planejamento e da gestão democrática do Sistema Nacional de Mobilidade Urbana.

Também foi criado o **Sistema Nacional de Mobilidade Urbana**, assim considerado um conjunto organizado e coordenado dos modos de transporte, de serviços e de infraestruturas que garante os deslocamentos de pessoas e cargas no território do Município.

Em regulamentação aos artigos 182 e 183 da CRFB, foi aprovado o Estatuto da Cidade pela Lei 10.257/2001, que estabelece normas de ordem pública e interesse social que regulam o uso da propriedade urbana em prol do bem coletivo, da segurança e do bem-estar dos cidadãos, bem como do equilíbrio ambiental.

Entre outras diretrizes gerais, a política urbana busca implementar a **sustentabilidade das cidades**, entendida como o direito à terra urbana, à moradia, ao saneamento ambiental, à infraestrutura urbana, ao transporte e aos serviços públicos, ao trabalho e ao lazer, para as presentes e futuras gerações.

Outrossim, garantirá a proteção, preservação e recuperação do meio ambiente natural e construído, do patrimônio cultural, histórico, artístico, paisagístico e arqueológico, bem como audiência do Poder Público municipal e da população interessada nos processos de implantação de empreendimentos ou atividades com efeitos potencialmente negativos sobre o meio ambiente natural ou construído, o conforto ou a segurança da população, em claro exemplo de aplicação do Princípio da Participação Popular.

> **▸ Importante!**
>
> Interessante notar que o artigo 41, do Estatuto da Cidade, criou **novas hipóteses de obrigatoriedade do plano diretor** não previstas constitucionalmente:
>
> - cidades integrantes de regiões metropolitanas e aglomerações urbanas;
> - onde o Poder Público municipal pretenda utilizar os instrumentos previstos no § 4.º do artigo 182 da Constituição Federal;
> - integrantes de áreas de especial interesse turístico;
> - inseridas na área de influência de empreendimentos ou atividades com significativo impacto ambiental de âmbito regional ou nacional;
> - incluídas no cadastro nacional de Municípios com áreas suscetíveis à ocorrência de deslizamentos de grande impacto, inundações bruscas ou processos geológicos ou hidrológicos correlatos.

Ademais, na elaboração do plano diretor deverão ser promovidas **audiências públicas e debates** com a participação da população e de associações que representem a comunidade, **garantidos a publicidade e o acesso às informações**, sendo que a lei municipal que aprovar o plano diretor deverá ser revista, pelo menos, a cada dez anos.

O plano diretor, que englobará todo o território municipal, é parte integrante do processo de planejamento municipal, devendo o plano plurianual, as diretrizes orçamentárias e o orçamento anual incorporar as diretrizes e as prioridades nele contidas.

Com efeito, objetiva o Plano Diretor uma **gestão democrática da cidade**, por meio da criação de órgãos colegiados de política urbana, nos níveis nacional, estadual e municipal; de debates, audiências e consultas públicas; de conferências sobre assuntos de interesse urbano, nos níveis nacional, estadual e municipal e da iniciativa popular de projeto de lei e de planos, programas e projetos de desenvolvimento urbano.

Deveras, para a execução da política urbana, o artigo 4.º do Estatuto da Cidade lista uma série de **instrumentos** que poderão ser utilizados, além do plano diretor, como o **zoneamento ambiental**, o **tombamento de imóveis ou de mobiliário urbano**, a instituição de **unidades de conservação**, o **estudo prévio de impacto ambiental** (EIA) e o **estudo prévio de impacto de vizinhança** (EIV).

São outros instrumentos de execução da política urbana previstos no Estatuto da Cidade:

A) **direito de superfície** – é a faculdade que o proprietário possui de conceder a outrem direito de utilizar o solo, o subsolo ou o espaço aéreo relativo ao terreno, na forma estabelecida no contrato respectivo, por tempo determinado ou indeterminado, mediante escritura pública registrada em cartório de imóveis, pois se cuida de direito real;

B) **direito de preempção, preferência ou prelação** – concede a preferência ao Poder Público municipal para aquisição de imóvel urbano objeto de alienação onerosa entre particulares, sendo fixado em lei municipal;

C) **outorga onerosa do direito de construir** – é o pagamento que o proprietário terá que fazer para construir, vez que o plano diretor poderá fixar áreas nas quais o direito de construir poderá ser exercido acima do coeficiente de aproveitamento básico adotado, mediante contrapartida a ser prestada pelo beneficiário;

D) **operações urbanas consorciadas** – é o conjunto de intervenções e medidas coordenadas pelo Poder Público municipal, com a participação dos proprietários, moradores, usuários permanentes e investidores privados, com o objetivo de alcançar em uma área transformações urbanísticas estruturais, melhorias sociais e a valorização ambiental, a ser aprovada por lei específica;

E) **transferência do direito de construir** – é a autorização dada por lei municipal específica para que o proprietário de imóvel urbano, privado ou público, possa exercer em outro local, ou alienar, mediante escritura pública, o direito de construir previsto no plano diretor ou em legislação urbanística dele decorrente, quando o referido imóvel for considerado necessário para fins de implantação de equipamentos urbanos e comunitários; de preservação, quando o imóvel for considerado de interesse histórico, ambiental, paisagístico, social ou cultural; ou servir a programas de regularização fundiária, urbanização de áreas ocupadas por população de baixa renda e habitação de interesse social.

O Estatuto da Cidade fixou o **conteúdo mínimo do plano diretor**, que deverá prever a delimitação das áreas urbanas onde poderá ser aplicado o parcelamento, edificação ou utilização compulsórios, considerando a existência de infraestrutura e de demanda para utilização.

Outrossim, o plano diretor deverá regular o direito de preempção, a outorga onerosa do direito de construir, as operações urbanas consorciadas e a transferência do direito de construir, além do sistema de acompanhamento e controle.

> **Importante!**
>
> De acordo com o artigo 36 do Estatuto da Cidade, **lei municipal** definirá os empreendimentos e atividades privados ou públicos em área urbana que dependerão da elaboração do **estudo prévio de impacto de vizinhança (EIV)** para obter as licenças ou autorizações de construção, ampliação ou funcionamento a cargo do Poder Público municipal. Logo, o Estatuto da Cidade não definiu os empreendimentos e atividades que se sujeitarão à prévia elaboração do EIV, sendo tarefa do legislador municipal fazê-lo. Serão analisados no EIV os efeitos positivos e negativos decorrentes do empreendimento especialmente no que se refere à qualidade de vida da população residente na área, garantindo-se a sua publicidade mediante o acesso ao seu conteúdo, **não tendo o condão de dispensar o EIA por não substituí-lo.**

Assim, é possível que a construção de determinado empreendimento urbano público ou privado seja precedido de EIA (se puder causar significativa degradação ambiental) e de EIV (se previsto em lei municipal).

Conforme dito, o proprietário urbano que desrespeitar os ditames do plano diretor estará sujeito ao parcelamento e edificação compulsórios, ao IPTU progressivo e à desapropriação, que são mais três outros instrumentos para auxiliar na consecução da política urbana.

Caberá a uma lei municipal específica para área incluída no plano diretor determinar o **parcelamento**, a **edificação** ou a **utilização compulsórios** do solo urbano não edificado, subutilizado ou não utilizado, devendo fixar as condições e os prazos para implementação da referida obrigação.

Na hipótese de o proprietário não atender a edificação e/ou o parcelamento compulsório nos prazos fixados, o Município procederá à aplicação do **imposto sobre a propriedade predial e territorial urbana (IPTU) progressivo no tempo**, mediante a majoração da alíquota pelo prazo de cinco anos consecutivos, vedada a concessão de isenções ou de anistia relativas à tributação progressiva.

Finalmente, como medida extrema, se decorridos cinco anos de cobrança do IPTU progressivo sem que o proprietário tenha cumprido a obrigação de parcelamento, edificação ou utilização, o Município poderá proceder à **desapropriação** do imóvel, com pagamento em títulos da dívida pública.

Neste caso, o valor real da indenização refletirá o valor da base de cálculo do IPTU, descontado o montante incorporado em função de obras realizadas pelo Poder Público na área onde o mesmo se localiza após a notificação, não sendo computadas as expectativas de ganhos, lucros cessantes e juros compensatórios.

Como novidade, o Estatuto da Cidade ainda criou a **usucapião coletiva**, também enquadrada como instrumento da política urbana. Deveras, as áreas urbanas com mais de 250 metros quadrados, ocupadas por população de baixa renda para sua moradia, por cinco anos, ininterruptamente e sem oposição, onde não for possível identificar os terrenos ocupados por cada possuidor, são susceptíveis de serem usucapidas coletivamente, desde que os possuidores não sejam proprietários de outro imóvel urbano ou rural, devendo ser declarado judicialmente um condomínio especial indivisível.

Por fim, a Lei 12.608/2012 inseriu no Estatuto da Cidade os artigos 42-A e 42-B, que preveem novos conteúdos para os planos diretores e projeto específico para os municípios que pretendam ampliar o seu perímetro urbano.

▸ **Como esse assunto foi cobrado em concurso?**

No concurso do CESPE para Promotor de Justiça do Espírito Santo em 2010, foi considerada correta a letra C: A cidade representa a expansão criativa do homem, pois resulta da ação humana como agente modificador da natureza para a criação e ampliação do espaço urbano. Acerca desse assunto, assinale a opção correta.

A) O estudo de impacto ambiental, apesar de constituir instrumento da Política Nacional de Meio Ambiente, só pode ser empregado no meio natural.

B) A matéria urbanística não foi abordada, nem de modo indireto, pelo legislador constituinte; só existe regulamentação do tema nos planos diretores estaduais.

C) A competência para ordenar o pleno desenvolvimento das funções sociais das cidades e garantir o bem-estar de seus habitantes é do município.

D) O Estatuto da Cidade não disciplina o planejamento municipal, pois isso deve ser feito pelo plano diretor.

E) No ordenamento brasileiro, não há previsão de usucapião especial de imóvel urbano.

8. MEIO AMBIENTE DO TRABALHO

O meio ambiente do trabalho goza de previsão constitucional expressa. De acordo com o artigo 200, VIII, da Constituição de 1988, ao Sistema Único de Saúde compete colaborar na proteção do meio ambiente, **nele compreendido o do trabalho**.

▸ **Como esse assunto foi cobrado em concurso?**

No concurso da CESGRANRIO para Advogado da Petrobrás em 2011, foi considerado correto o seguinte enunciado: Compete ao Sistema Único de Saúde, dentre outras atribuições, colaborar na proteção do meio ambiente, nele compreendido o do trabalho.

▸ **Qual o entendimento do STF sobre o assunto?**

Nesse sentido, o próprio STF já reconheceu a existência de um meio ambiente do trabalho, conforme análise de passagem do julgamento da ADI/MC 3.540, de 01.09.2005: A incolumidade do meio ambiente não pode ser comprometida por interesses empresariais nem ficar dependente de motivações de índole meramente econômica, ainda mais se se tiver presente que a atividade econômica, considerada a disciplina constitucional que a rege, está subordinada, dentre outros princípios gerais, àquele que privilegia a "defesa do meio ambiente" (CF, art. 170, VI), que traduz conceito amplo e abrangente das noções de meio ambiente natural, de meio ambiente cultural, de meio ambiente artificial (espaço urbano) e de meio ambiente laboral.

Assim, de acordo com o entendimento prevalente, o meio ambiente pode ser dividido em natural, cultural, artificial e laboral. É interessante notar que o meio ambiente do trabalho é objeto de estudo simultâneo do Direito Ambiental e do Direito do Trabalho, muito embora com visões diversas e amplitude não equivalente.

O meio ambiente do trabalho é composto por todos os bens materiais e intangíveis que permitem que as pessoas desenvolvam uma atividade laborativa remunerada digna e segura, a exemplo das instalações prediais, das tecnologias de segurança, dos equipamentos de proteção individual e coletiva.

De efeito, um dos pilares da Ordem Econômica brasileira é a valorização do trabalho humano, tendo como um dos princípios informadores a defesa do meio ambiente, na forma do artigo 170, VI, da Lei Maior.

Logo, no desenvolvimento do trabalho é curial que sejam adotadas as medidas de prevenção e precaução dos danos ambientais ao trabalhador, devendo existir uma atuação convergente da sociedade (Poder Público, empresas e trabalhadores) na observância das normas de proteção e saúde do obreiro.

Conforme estudado no início deste manual, em regra, a competência legiferante sobre os temas ambientais é concorrente entre a União, os Estados, o Distrito Federal e os Municípios, nos termos dos artigos 24 e 30 da Constituição.

▸ **Qual o entendimento do STF sobre o assunto?**

Todavia, entende o STF que o meio ambiente do trabalho é temática que não se insere na competência legislativa concorrente ambiental, sendo matéria que apenas poderá ser regulada por leis editadas pela

União: Segurança e higiene do trabalho - Competência legislativa. Ao primeiro exame, cumpre à União legislar sobre parâmetros alusivos à prestação de serviços - artigos 21, XXIV, e 22, I, da Constituição Federal. O gênero "meio ambiente", em relação ao qual é viável a competência em concurso da União, dos Estados e do Distrito Federal, a teor do disposto no artigo 24, VI, da Constituição

Federal, não abrange o ambiente de trabalho, muito menos a ponto de chegar-se à fiscalização do local por autoridade estadual, com imposição de multa. Suspensão da eficácia da Lei 2.702, de 1997, do Estado do Rio de Janeiro (ADI-MC 1893, de 18.12.1998).

9. TABELA-SÍNTESE DOS PONTOS PRINCIPAIS DO CAPÍTULO

Competências materiais ambientais comuns entre a União, os estados, o Distrito Federal e os municípios	- proteger os documentos, as obras e outros bens de valor histórico, artístico e cultural, os monumentos, as paisagens naturais notáveis e os sítios arqueológicos; - impedir a evasão, a destruição e a descaracterização de obras de arte e de outros bens de valor histórico, artístico e cultural; - proteger o meio ambiente e combater a poluição em qualquer de suas formas; - preservar as florestas, a fauna e a flora; - registrar, acompanhar e fiscalizar as concessões de direitos de pesquisa e exploração de recursos hídricos e minerais em seus territórios.
Competências materiais ambientais da União	- elaborar e executar planos nacionais e regionais de ordenação do território e de desenvolvimento econômico e social; - planejar e promover a defesa permanente contra as calamidades públicas, especialmente as secas e as inundações; - instituir sistema nacional de gerenciamento de recursos hídricos e definir critérios de outorga de direitos de seu uso; - instituir diretrizes para o desenvolvimento urbano, inclusive habitação, saneamento básico e transportes urbanos; - explorar os serviços e instalações nucleares de qualquer natureza e exercer monopólio estatal sobre a pesquisa, a lavra, o enriquecimento e reprocessamento, a industrialização e o comércio de minérios nucleares e seus derivados, atendidos os seguintes princípios e condições: a) toda atividade nuclear em território nacional somente será admitida para fins pacíficos e mediante aprovação do Congresso Nacional; b) sob regime de permissão, são autorizadas a comercialização e a utilização de radioisótopos para a pesquisa e usos médicos, agrícolas e industriais; c) sob regime de permissão, são autorizadas a produção, comercialização e utilização de radioisótopos de meia-vida igual ou inferior a duas horas; d) a responsabilidade civil por danos nucleares independe da existência de culpa.

Competências materiais ambientais dos municípios	- promover, no que couber, adequado ordenamento territorial, mediante planejamento e controle do uso, do parcelamento e da ocupação do solo urbano; - promover a proteção do patrimônio histórico-cultural local, observada a legislação e a ação fiscalizadora federal e estadual.
Competências legislativas ambientais concorrentes entre a União, os estados e o Distrito Federal	- florestas, caça, pesca, fauna, conservação da natureza, defesa do solo e dos recursos naturais, proteção do meio ambiente e controle da poluição; - proteção ao patrimônio histórico, cultural, artístico, turístico e paisagístico; - responsabilidade por dano ao meio ambiente, ao consumidor, a bens e direitos de valor artístico, estético, histórico, turístico e paisagístico.
Competências legislativas ambientais dos municípios	- legislar sobre assuntos de interesse local; - suplementar a legislação federal e a estadual no que couber.
Competências legislativas ambientais privativas da União	- águas, energias, jazidas, minas e outros recursos minerais, bem como atividades nucleares de qualquer natureza.

Capítulo 3

Princípios Ambientais

1. INTRODUÇÃO

Os princípios são normas jurídicas que fundamentam o sistema jurídico, com maior carga de abstração, generalidade e indeterminação que as regras, não regulando situações fáticas diretamente, carecendo de intermediação para a aplicação concreta.

Em Direito Ambiental não há uniformidade doutrinária na identificação dos seus princípios específicos, bem como o conteúdo jurídico de muitos deles. Aqui será exposto o núcleo dos principais, seguindo a linha prevalecente.

> **▸ Como esse assunto foi cobrado em concurso?**
>
> No concurso do CESPE para Juiz Federal da 5ª Região em 2006, foi considerado errado o seguinte enunciado: Os princípios de direito ambiental no Brasil recebem da doutrina tratamento bastante homogêneo, sob enfoques quantitativo, qualitativo e terminológico.

Os princípios ambientais vêm espalhados ao longo da legislação ambiental, valendo destacar que vários foram implicitamente consagrados no texto constitucional. Como exemplo, uma série vem listada no artigo 3.º, da Lei 12.187/2009, que aprovou a *Política Nacional sobre Mudança do Clima*: **princípios da precaução, da prevenção, da participação cidadã, do desenvolvimento sustentável e o das responsabilidades comuns, porém diferenciadas, este último no âmbito internacional.**

> **▸ Como esse assunto foi cobrado em concurso?**
>
> No concurso do CESPE para Analista do STJ em 2018, foi considerado correto o seguinte enunciado: Considerando as disposições legais pertinentes a sustentabilidade e proteção ambiental, julgue o item a seguir. Os órgãos da administração pública, inclusive os que compõem o Poder Judiciário, são responsáveis pela execução da Política Nacional sobre Mudança do Clima, devendo observar, entre outros, os princípios da precaução, da prevenção e da participação cidadã.

2. PREVENÇÃO

Por este princípio, implicitamente consagrado no artigo 225, da Constituição Federal e presente em resoluções do CONAMA (a exemplo da Resolução CONAMA

306/2002, que disciplina os requisitos mínimos e o termo de referência para realização de auditorias ambientais), dentre outros diplomas, **já se tem base científica para prever os impactos ambientais negativos decorrentes de determinada atividade lesiva ao meio ambiente, devendo-se impor ao empreendedor condicionantes no licenciamento ambiental para mitigar ou elidir os prejuízos.**

Ele se volta a atividades de vasto conhecimento humano (**risco certo, conhecido ou concreto**), em que já se sabe a extensão e a natureza dos males ambientais, trabalhando com boa margem de segurança.

Em Direito Ambiental, deve-se sempre que possível buscar a prevenção dos danos, pois remediar normalmente não é possível, dada à natureza irreversível dos danos ambientais, em regra. Exemplo de sua aplicação é a exigência de estudo ambiental para o licenciamento de atividade apta a causar degradação ao ambiente.

> **▸ Como esse assunto foi cobrado em concurso?**
>
> No concurso da FCC para Juiz do Amapá em 2014, foi considerada correta a letra D: Uma indústria emissora de gases poluentes possui projeto para se instalar em zona industrial cuja capacidade de suporte de poluição já está saturada. Nesse caso, em obediência ao princípio
>
> A) Do protetor-recebedor, o projeto deverá ser rejeitado pelo órgão ambiental.
>
> B) Do usuário pagador, o projeto deverá ser aprovado pelo órgão ambiental.
>
> C) Da participação comunitária, o projeto deverá ser rejeitado pelo órgão ambiental.
>
> D) Da prevenção, o projeto deverá ser rejeitado pelo órgão ambiental.
>
> E) Do poluidor pagador, o projeto deverá ser aprovado pelo órgão ambiental.

3. PRECAUÇÃO

De origem alemã, não tem previsão literal na Constituição, mas pode-se afirmar que foi implicitamente consagrado no seu artigo 225, conforme reconhecido pelo Ministro Carlos Britto, no julgamento da ACO 876 MC-AGR, pelo STF.

> **▸ Importante!**
>
> É previsto na **Declaração do Rio (ECO/1992)**, no **Princípio 15**, *litteris:* De modo a proteger o meio ambiente, o princípio da precaução deve ser amplamente observado pelos Estados, de acordo com suas capacidades. **Quando houver ameaça de danos sérios ou irreversíveis, a ausência de absoluta certeza científica não deve ser utilizada como razão para postergar medidas eficazes e economicamente viáveis para precaver a degradação ambiental.**

Ressalte-se que a Declaração do Rio de 1992 não tem a natureza jurídica de tratado internacional para o Brasil, sendo uma espécie de compromisso mundial ético, tal qual a Declaração da ONU de 1948.

Ou seja, de acordo com o *Princípio da Precaução*, **se determinado empreendimento puder causar danos ambientais sérios ou irreversíveis, contudo inexiste certeza científica quanto aos efetivos danos e a sua extensão, mas há base científica razoável fundada em juízo de probabilidade não remoto da sua potencial ocorrência, o empreendedor deverá ser compelido a adotar medidas de precaução para elidir ou reduzir os riscos ambientais para a população.**

Outrossim, em casos extremos (perigo ambiental), será recomendável que o Poder Público não libere a atividade supostamente impactante até que haja uma evolução científica a fim de melhor analisar a natureza e a extensão dos potenciais males ambientais, pois é possível que não seja prudente arriscar.

▸ **Importante!**

Assim, **a incerteza científica milita em favor do meio ambiente e da saúde (*in dubio pro natura ou salute*)**. A precaução caracteriza-se pela ação antecipada diante do risco desconhecido. Enquanto a **prevenção** trabalha com o risco certo, a **precaução** vai além e se preocupa com o risco incerto. **Prevenção** se dá em relação ao perigo concreto, ao passo que a **precaução** envolve perigo abstrato ou potencial.

▸ **Como esse assunto foi cobrado em concurso?**

No concurso do CESPE para Procurador do Estado do Ceará em 2008, foi considerado correto o seguinte enunciado: O princípio da prevenção é aplicado nos casos em que os impactos ambientais já são conhecidos, e o princípio da precaução aplica-se àqueles em que o conhecimento científico não pode oferecer respostas conclusivas sobre a inocuidade de determinados procedimentos.

No concurso do CESPE para Juiz Federal da 1ª Região em 2009, foi considerada correta a letra E: Assinale a opção correta quanto ao princípio da precaução.

A) Esse princípio foi criado na Conferência de Estocolmo, em resposta aos danos causados pelo vazamento de mercúrio na baía de Minamata e, por isso, os primeiros escritos doutrinários da época referiam-se a ele como o princípio de Minamata.

B) Tal princípio teve origem no princípio da incerteza, da física quântica, e foi o tema central da Carta da Terra, redigida na abertura da Eco-92, na qual o jurista alemão Reinhardt Sttifelmann defendeu que, na atual sociedade de risco, só se podem tomar medidas ambientalmente impactantes com respaldo da ciência.

C) Fundado no princípio da prevenção, o princípio da precaução aponta a inexistência de certezas científicas como pressuposto para a adoção de política liberal pautada pelo caráter não intervencionista do poder público nas atividades econômicas.

D) Esse princípio fundamenta-se no direito penal secundário e diferencia-se do princípio da prevenção geral e da prevenção específica, pois espelha os aspectos garantistas dos direitos de terceira geração.

E) Tal princípio constitui a garantia contra os riscos potenciais que não podem ser ainda identificados, devido à ausência da certeza científica formal, e baseia-se na ideia de que o risco de dano sério ou irreversível requer a implementação de medidas que possam prever esse dano.

▸ **Qual o entendimento do STF sobre o assunto?**

A Corte registrou que o conteúdo jurídico do princípio da precaução remontaria originalmente à "Carta Mundial da Natureza", de 1982, cujo princípio n. 11, "b", estabelecera a necessidade de os Estados controlarem as atividades potencialmente danosas ao meio ambiente, ainda que seus efeitos não fossem completamente conhecidos. Esse princípio fora posteriormente incluído na Declaração do Rio de Janeiro sobre Meio Ambiente e Desenvolvimento (Eco-92). Além desses documentos, o princípio da precaução estaria contido na Constituição.

Decorre referido princípio da constatação de que a evolução científica poderia trazer riscos, muitas vezes imprevisíveis ou imensuráveis, a exigir uma reformulação das práticas e procedimentos tradicionalmente adotados na respectiva área da ciência. Apontou que o princípio da precaução não prescindiria de outros elementos considerados essenciais para uma adequada decisão estatal, a serem observados sempre que estiver envolvida a gestão de riscos: a) a proporcionalidade entre as medidas adotadas e o nível de proteção escolhido; b) a não discriminação na aplicação das medidas; e, c) a coerência das medidas que se pretende tomar com as já adotadas em situações similares ou que utilizem abordagens similares. Portanto, na aplicação do princípio da precaução a existência de riscos decorrentes de incertezas científicas não deveria produzir uma paralisia estatal ou da sociedade.

Por outro lado, a aplicação do princípio não poderia gerar como resultados temores infundados. Assim, em face de relevantes elementos de convicção sobre os riscos, o Estado deveria agir de forma proporcional. Por sua vez, o eventual controle pelo Poder Judiciário quanto à legalidade e à legitimidade na aplicação desse princípio haveria de ser realizado com prudência, com um controle mínimo, diante das incertezas que reinam no campo científico. **Informativo 829: RE 627189/SP, rel. Min. Dias Toffoli, 8.6.2016.**

É com base no princípio da precaução que parte da doutrina sustenta a possibilidade de **inversão do ônus da prova** nas demandas ambientais, carreando ao réu (suposto poluidor) a obrigação de provar que a sua atividade não é perigosa nem poluidora, em que pese inexistir regra expressa nesse sentido, ao contrário do que acontece no Direito do Consumidor.

▸ **Qual o entendimento do STJ sobre o assunto?**

Inclusive, a possibilidade de inversão do ônus da prova com base no Princípio da Precaução foi tese foi recepcionada pelo STJ no segundo semestre de 2009 e mantida até hoje (REsp 972.902-RS, Rel. Min. Eliana Calmon, julgado em 25.08.2009).

SÚMULA N. 618 – A inversão do ônus da prova aplica-se às ações de degradação ambiental. **Corte Especial, julgado em 24/10/2018, DJe 30/10/2018.**

Muito se controverte acerca da aplicação deste princípio ao uso dos aparelhos celulares (muitos especialistas sustentam que podem causar em longo prazo câncer cerebral, o que só o tempo dirá) e a inserção de organismos geneticamente modificados no meio ambiente, inclusive para consumo humano.

▸ Qual o entendimento do STJ sobre o assunto?

Conforme a jurisprudência do STJ, "em matéria de meio ambiente vigora o princípio da precaução. Esse princípio deve ser observado pela Administração Pública, e também pelos empreendedores. A segurança dos investimentos constitui, também e principalmente, responsabilidade de quem os faz. À luz desse pressuposto, surpreende na espécie a circunstância de que empreendimento de tamanho vulto tenha sido iniciado, e continuado, sem que seus responsáveis tenham se munido da cautela de consultar o órgão federal incumbido de preservar o meio ambiente a respeito de sua viabilidade" (Corte Especial, AgRg na SLS 1.564, de 16.05.2012). Ainda de acordo com o STJ, "em matéria de meio ambiente vigora o princípio da precaução que, em situação como a dos autos, recomenda a realização de audiências públicas com a participação da população local. Agravo regimental não provido" (STJ, AgRg na SLS 1552, de 16/05/2012).

Esse Princípio também foi previsto expressamente na **Convenção sobre Mudança do Clima (art. 3.º, item 03) e na Convenção da Biodiversidade**, das quais o Brasil é signatário[1], bem como no artigo 1.º, da Lei 11.105/2005 (Lei de Biossegurança), além de estar presente em inúmeras resoluções do CONAMA.

▸ Como esse assunto foi cobrado em concurso?

No concurso do CESPE para Promotor de Justiça em 2008, foi apresentada a seguinte questão dissertativa ligada ao Princípio da Precaução: (...) "não somente somos responsáveis sobre o que nós sabemos, sobre o que nós deveríamos ter sabido, mas, também, sobre o que nós deveríamos duvidar – assinala o jurista Jean-Marc Lavieille. (...)" (trecho extraído da obra Direito Ambiental Brasileiro, de Paulo Afonso Leme Machado).

Analisando a referida afirmação, identifique o princípio de direito ambiental que com ela guarda relação, esclareça o conteúdo de tal princípio e aponte se está albergado em norma legal do direito brasileiro.

No concurso da FCC para Titular de Serviços de Notas e de Registros de Pernambuco em 2013, foi considerada correta a letra D: O Princípio da Precaução no Direito Ambiental:

1. Há certa divergência sobre o conteúdo jurídico do Princípio da Precaução nesses tratados internacionais, pois na Convenção da Mudança do Clima exige-se para a sua aplicação ameaça de dano sério ou irreversível, assim como se ressalta a necessidade da análise dos custos econômicos das medidas de precaução, o que não resta consignado na Convenção da Biodiversidade.

A) Pressupõe que haja informação certa e ausência de dúvida sobre a segurança de determinada decisão.

B) Pode ser aplicado de forma direta, dispensando a avaliação de riscos, pois o objetivo é priorizar as incertezas na proteção do meio ambiente e não o processo científico para avaliá-lo.

C) Significa tomar uma decisão face aos riscos com a prévia participação popular.

D) Significa tomar uma decisão quando a informação científica for insuficiente, não conclusiva ou incerta e haja informações de que os possíveis efeitos sobre o meio ambiente possam ser potencialmente perigosos e incompatíveis com o nível de proteção escolhidos.

E) É o ato de divulgação de informações ambientais que devem ser repassadas pelo Poder Público e a toda coletividade, com a participação de pessoas e organizações não governamentais nos procedimentos de decisões administrativas e nas ações judiciais ambientais.

4. DESENVOLVIMENTO SUSTENTÁVEL

Tem previsão implícita na cabeça do artigo 225, combinado com o artigo 170, inciso VI, ambos da Constituição Federal e expressa no **Princípio 04, da Declaração do Rio**:

> "Para se alcançar um desenvolvimento sustentável, a proteção ambiental deve constituir parte integrante do processo de desenvolvimento e não pode ser considerada separadamente", tendo sido plantada a sua semente mundial na Conferência de Estocolmo de 1972.

▸ Importante!

De efeito, em 1987, o Relatório Brundtland (Nosso Futuro Comum), elaborado pela Comissão Mundial sobre Meio Ambiente e Desenvolvimento, delimitou o desenvolvimento sustentável como **"o desenvolvimento que satisfaz as necessidades presentes, sem comprometer a capacidade das gerações futuras de suprir suas próprias necessidades"**.

No concurso da VUNESP para Juiz do Rio de Janeiro em 2016, foi considerada correta a letra C:

Na evolução da normativa do Direito Ambiental Internacional, pode-se identificar documentos elaborados por Comissões, como ocorreu com a Comissão da ONU sobre Meio Ambiente e Desenvolvimento. Esses documentos são posteriormente discutidos para, eventualmente, serem incorporados em Declarações de Princípios das Conferências sobre Meio Ambiente. Esse processo pode ser identificado, quando da consagração do princípio do desenvolvimento sustentável, respectivamente, pelo:

A) Programa da Agenda 21 e Declaração do Rio/92.

B) Plano de vigia Earthwatch e Cúpula de Johannesburgo.

C) Relatório Brundtland e Declaração do Rio/92.

D) Relatório Brundtland e Declaração de Estocolmo.

E) Plano de vigia Earthwatch e Declaração de Estocolmo.

No Brasil, não se trata de inovação do atual ordenamento constitucional ou da Rio-1992, pois já presente anteriormente em nosso ordenamento jurídico, vez que a Política Nacional do Meio Ambiente visará "à compatibilização do desenvolvimento econômico social com a preservação da qualidade do meio ambiente e do equilíbrio ecológico", nos termos do artigo 4.º, I, da Lei 6.938/1981.

Deveras, **as necessidades humanas são ilimitadas** (fruto de um consumismo exagerado incentivado pelos fornecedores de produtos e serviços ou mesmo pelo Estado), **mas os recursos ambientais naturais não, tendo o planeta Terra uma capacidade máxima de suporte**, sendo curial se buscar a sustentabilidade ambiental.

Este princípio decorre de uma ponderação que deverá ser feita casuisticamente entre o direito fundamental ao desenvolvimento econômico e o direito à preservação ambiental, à luz do Princípio da Proporcionalidade.

Outras vezes esse conflito já vem solucionado especificamente por regras jurídicas, pois a ponderação já foi feita pelo próprio legislador, a exemplo do percentual de reserva legal dos imóveis rurais, nos moldes do artigo 12, da Lei 12.651/2012 (novo Código Florestal), pesando mais na floresta amazônica a preservação ao meio ambiente (reserva legal de 80% do total do imóvel) e, de outro vértice, prevalecendo o desenvolvimento econômico nas demais vegetações fora da Amazônia Legal (20% da área).

Frise-se que a livre-iniciativa que fundamenta a Ordem Econômica não é absoluta, tendo limites em vários princípios constitucionais, em especial devendo observar a defesa do meio ambiente, conforme previsão expressa do artigo 170, inciso VI, da Lei Maior, inclusive devendo-se dar tratamento privilegiado aos agentes econômicos que consigam reduzir os impactos ambientais negativos em decorrência de seus empreendimentos.

Destarte, **desenvolvimento sustentável é aquele que atende às necessidades do presente sem comprometer a possibilidade de existência digna das gerações futuras**, sendo possível melhorar a qualidade de vida dos vivos sem prejudicar o potencial desenvolvimento das novas gerações, através do controle da poluição a fim de manter a perenidade dos recursos naturais.

> **Importante!**
>
> Todavia, o Princípio do Desenvolvimento Sustentável não possui apenas uma vertente econômico-ambiental, como também tem uma **acepção social**, pois pressupõe o **desenvolvimento social dos povos (erradicação da pobreza)**, consistente na justa repartição das riquezas do mundo, pois inexiste qualquer razoabilidade em se determinar a alguém que preserve os recursos naturais sem previamente disponibilizar as mínimas condições de dignidade humana.

Aliás, importante aduzir que desenvolvimento não será necessariamente sinônimo de crescimento, pois não implica obrigatoriamente na majoração de produtos e serviços no bojo da economia, sendo teoricamente possível a redução da poluição e das desigualdades sociais sem o crescimento da economia, mas com desenvolvimento sustentável.

Um instrumento de implantação que aos poucos vem sendo utilizado mundialmente para se atingir o ideal da sustentabilidade é o **pagamento pelos serviços ambientais**, pois imprescindíveis à manutenção da vida na Terra, sendo um dos principais exemplos o mercado de créditos de carbono instituído pelo Protocolo de Kyoto.

De acordo com o Vocabulário Básico de Recursos Naturais e do Meio Ambiente do IBGE, entende-se por serviços ambientais: "conceito associado a tentativa de valoração dos benefícios ambientais que a manutenção de áreas naturais pouco alteradas pela ação humana traz para o conjunto da sociedade. Entre os serviços ambientais mais importantes estão a produção de água de boa qualidade, a depuração e a descontaminação natural de águas servidas (esgotos) no ambiente, a produção de oxigênio e a absorção de gases tóxicos pela vegetação, a manutenção de estoques de predadores de pragas agrícolas, de polinizadores, de exemplares silvestres de organismos utilizados pelo homem (fonte de genes usados em programas de melhoramento genético), a proteção do solo contra a erosão, a manutenção dos ciclos biogeoquímicos, etc. Os serviços ambientais são imprescindíveis a manutenção da vida na Terra".

Saliente-se que **esse princípio tem aplicação aos recursos naturais renováveis, a exemplo das florestas e animais, e não aos não renováveis, como os minérios**. Nesses casos, a sua utilização deve ser racional e prolongada ao máximo, devendo-se optar, sempre que possível, pela substituição por um recurso renovável, a exemplo do etanol em vez da gasolina, que, inclusive, é menos agressivo ao ar atmosférico.

> ▸ **Como esse assunto foi cobrado em concurso?**
>
> No concurso do CESPE para Juiz Federal da 5ª Região em 2004, foi considerado correto o seguinte enunciado: **O desenvolvimento sustentável contempla as dimensões humana, física, econômica, política, cultural e social em harmonia com a proteção ambiental. Logo, como requisito indispensável para tal desenvolvimento, todos devem cooperar na tarefa essencial de erradicar a pobreza, de forma a reduzir as disparidades nos padrões de vida e melhor atender às necessidades da maioria da população do mundo.**

5. POLUIDOR-PAGADOR OU RESPONSABILIDADE

Por este princípio, **deve o poluidor responder pelos custos sociais da degradação causada por sua atividade impactante (internalização dos prejuízos ambientais)**, devendo-se agregar esse valor no custo produtivo da atividade, para **evitar que se privatizem os lucros e se socializem os prejuízos ambientais**, voltando-se principalmente aos grandes poluidores.

▸ **Como esse assunto foi cobrado em concurso?**

No Exame de Ordem 2007.2, foi considerado errado o seguinte enunciado: Consoante o princípio do poluidor-pagador, a definição dos custos de produção de determinada empresa poluidora não pode levar em consideração os custos sociais externos decorrentes de sua atividade poluente, sob pena de cometimento de infração administrativa ambiental.

Logo, caberá ao poluidor compensar ou reparar o dano causado, como medida de internalização das externalidades negativas da sua atividade poluidora.

Ressalte-se que este Princípio não deve ser interpretado de forma que haja abertura incondicional à poluição, desde que se pague (não é Pagador-poluidor, e sim Poluidor-pagador), **só podendo o poluidor degradar o meio ambiente dentro dos limites de tolerância previstos na legislação ambiental, após licenciado.**

▸ **Como esse assunto foi cobrado em concurso?**

No concurso do CESPE para Juiz Federal da 5ª Região em 2006, foi considerado errado o seguinte enunciado: O princípio do poluidor-pagador autoriza o ato poluidor mediante pagamento.

▸ **Importante!**

Inclusive, o Poluidor-pagador consta na Declaração do Rio de 1992, no **Princípio 16**: "Tendo em vista que o poluidor deve, em princípio, arcar com o custo decorrente da poluição, as autoridades nacionais devem procurar promover a internalização dos custos ambientais e o uso de instrumentos econômicos, levando na devida conta o interesse público, sem distorcer o comércio e os investimentos internacionais".

Este Princípio inspirou o § 1.º, do artigo 14 da Lei 6.938/1981, que prevê que "é o poluidor obrigado, independentemente da existência de culpa, a indenizar ou reparar os danos causados ao meio ambiente e a terceiros afetados por sua atividade".

Aliás, **diga-se que a poluição amparada em regular licença ou autorização ambiental não desonerará o poluidor de reparar os danos ambientais**, pois não se trata de uma penalidade e sim de um ressarcimento ao meio ambiente, em aplicação ao Princípio do Poluidor-pagador.

▸ **Como esse assunto foi cobrado em concurso?**

No concurso para Promotor de Justiça em 2008, foi considerado errado o seguinte enunciado: A existência de autorização administrativa para poluir, segundo as normas de emissão regularmente fixadas, isenta o poluidor da obrigação de pagar pela poluição por ele efetuada.

No concurso do CESPE para Juiz do Maranhã em 2013, foi considerada correta a letra A: Considerando os princípios fundamentais que regem o direito ambiental, assinale a opção correta.

A) O princípio do poluidor-pagador determina a incidência do regime jurídico da responsabilidade civil objetiva por danos ambientais.

B) Uma aplicação estrita do princípio da prevenção inverte o ônus da prova e impõe ao poluidor provar, com anterioridade, que sua ação não causará degradação ambiental.

C) Segundo o princípio do desenvolvimento sustentável, é proibida a instalação de indústria que, conforme o EIA/RIMA, cause poluição.

D) A ação popular, ao contrário da ação civil pública, é instrumento de efetivação do princípio da participação democrática no direito ambiental.

Também decorre do Princípio do Poluidor-pagador a obrigação dos fabricantes e importadores de dar destinação ambientalmente correta às pilhas e baterias que contenham chumbo, cádmio e mercúrio (Resolução CONAMA 401/2008) e aos fabricantes e importadores de pneumáticos (Resolução CONAMA 416/2009), bem como a obrigação das empresas produtoras e comercializadoras de agrotóxicos, seus componentes e afins, pela destinação das embalagens vazias dos produtos por elas fabricados e comercializados, após a devolução pelos usuários (artigo 6.º, § 5.º, da Lei 7.802/1989).

Também decorre do Princípio do Poluidor-pagador a disposição constante do artigo 33, § 6.º, da Lei 12.305/2010, que aprovou a Política Nacional de Resíduos Sólidos, ao determinar que os fabricantes e os importadores deem destinação ambientalmente adequada aos produtos e às embalagens reunidos ou devolvidos, sendo o rejeito encaminhado para a disposição final ambientalmente adequada.

6. PROTETOR-RECEBEDOR

É a outra face da mesma moeda que contém o Princípio do Poluidor-pagador. Se por um lado é preciso internalizar os danos ambientais a quem os causa (Poluidor-pagador), por outro, é também **necessária a criação de benefícios em favor daqueles que protegem o meio ambiente (Protetor-recebedor) com o desiderato de fomentar e premiar essas iniciativas**.

Assim, em aplicação a esse princípio, **deve haver uma espécie de compensação pela prestação dos serviços ambientais em favor daqueles que atuam em defesa do meio ambiente, como verdadeira maneira de se promover a justiça ambiental**, a exemplo da criação de uma compensação financeira em favor do proprietário rural que mantém a reserva florestal legal em sua propriedade acima do limite mínimo fixado no artigo 12, Código Florestal.

Além de benefícios financeiros diretos a serem pagos pelo Poder Público, também é possível a concessão de créditos subsidiados, redução de base de cálculo e alíquotas de tributos, ou mesmo a instituição de isenções por normas específicas.

▸ Como esse assunto foi cobrado em concurso?

No concurso do CESPE em 2017 para Juiz de Direito do Estado de Santa Catarina, foi considerada correta a letra C: O pagamento por serviços ambientais – PSA tem por fundamento:

A) a legislação estrangeira, não encontrando base no ordenamento jurídico brasileiro.
B) o princípio da solidariedade intergeracional.
C) o princípio do protetor-recebedor.
D) o princípio do usuário-pagador.
E) o princípio do poluidor-pagador.

No Brasil, ainda são tímidas as medidas nesse sentido, mas é possível identificar a sua presença quando o artigo 10, § 1.º, inciso II, da Lei 9.393/1996, excluiu da área tributável do Imposto Territorial Rural alguns espaços ambientais especialmente protegidos.

Por meio da edição do Decreto 45.113/2009, o Estado de Minas Gerais criou o Programa Bolsa-Verde, em que o Poder Público estadual paga um incentivo financeiro aos proprietários que prestam serviços ambientais, consistente em uma bolsa que variará entre R$ 110,00 e R$ 300,00 por hectare preservado de reserva legal ou área de preservação permanente, sendo um emblemático caso de incidência do Princípio do Protetor-Recebedor.

Vale ressaltar que **o Princípio do Protetor-recebedor tem previsão expressa no ordenamento jurídico brasileiro, no artigo 6.º, da Lei 12.305/2010**, que instituiu a Política Nacional de Resíduos Sólidos.

Coube à Lei 14.119/2021 instituir a Política Nacional de Pagamento por Serviços Ambientais (PNSA), exímio exemplo de concretização do Princípio do Protetor-recebedor e do Princípio do Desenvolvimento Sustentável, na medida em que busca trazer vantagens a quem atua na proteção ao meio ambiente beneficiando imaterialmente toda a coletividade.

Os serviços ambientais foram definidos como as atividades individuais ou coletivas que favorecem a manutenção, a recuperação ou a melhoria dos serviços ecossistêmicos.

Por sua vez, os serviços ecossistêmicos (espécie de serviço ambiental) são os benefícios relevantes para a sociedade gerados pelos ecossistemas, em termos de manutenção, recuperação ou melhoria das condições ambientais, possuindo as seguintes modalidades:

- serviços de provisão: os que fornecem bens ou produtos ambientais utilizados pelo ser humano para consumo ou comercialização, tais como água, alimentos, madeira, fibras e extratos, entre outros;

- serviços de suporte: os que mantêm a perenidade da vida na Terra, tais como a ciclagem de nutrientes, a decomposição de resíduos, a produção, a manutenção ou a renovação da fertilidade do solo, a polinização, a dispersão de sementes, o controle de populações de potenciais pragas e de vetores potenciais de doenças humanas, a proteção contra a radiação solar ultravioleta e a manutenção da biodiversidade e do patrimônio genético;

- serviços de regulação: os que concorrem para a manutenção da estabilidade dos processos ecossistêmicos, tais como o sequestro de carbono, a purificação do ar, a moderação de eventos climáticos extremos, a manutenção do equilíbrio do ciclo hidrológico, a minimização de enchentes e secas e o controle dos processos críticos de erosão e de deslizamento de encostas;

- serviços culturais: os que constituem benefícios não materiais providos pelos ecossistemas, por meio da recreação, do turismo, da identidade cultural, de experiências espirituais e estéticas e do desenvolvimento intelectual, entre outros.

O pagamento por serviços ambientais é definido como a transação de natureza voluntária, mediante a qual um pagador de serviços ambientais transfere a um provedor desses serviços recursos financeiros ou outra forma de remuneração, nas condições acertadas, respeitadas as disposições legais e regulamentares pertinentes.

Considera-se pagador de serviços ambientais o poder público, organização da sociedade civil ou agente privado, pessoa física ou jurídica, de âmbito nacional ou internacional, que provê o pagamento dos serviços ambientais.

Por outro lado, será provedor de serviços ambientais a pessoa física ou jurídica, de direito público ou privado, ou grupo familiar ou comunitário que, preenchidos os critérios de elegibilidade, mantém, recupera ou melhora as condições ambientais dos ecossistemas.

Foram criadas modalidades exemplificativas de pagamento por serviços ambientais, podendo o Ministério do Meio Ambiente criar novas modalidades por ato próprio:

I - pagamento direto, monetário ou não monetário;

II - prestação de melhorias sociais a comunidades rurais e urbanas;

III - compensação vinculada a certificado de redução de emissões por desmatamento e degradação;

IV - títulos verdes (green bonds);

V - comodato;

VI - Cota de Reserva Ambiental (CRA), instituída pela Lei nº 12.651, de 25 de maio de 2012.

Ainda restou constituído o Programa Federal de Pagamento por Serviços Ambientais (PFPSA) no âmbito do Ministério do Meio Ambiente, com o objetivo de efetivar a PNPSA relativamente ao pagamento desses serviços pela União, nas ações de manutenção, de recuperação ou de melhoria da cobertura vegetal nas áreas prioritárias para a conservação, de combate à fragmentação de habitats, de formação de corredores de biodiversidade e de conservação dos recursos hídricos.

Ademais, previu-se um contrato de pagamento por serviços ambientais como requisito para a participação do PFPSA, que deverá obrigatoriamente conter as seguintes cláusulas:

- aos direitos e às obrigações do provedor, incluídas as ações de manutenção, de recuperação e de melhoria ambiental do ecossistema por ele assumidas e os critérios e os indicadores da qualidade dos serviços ambientais prestados;

- aos direitos e às obrigações do pagador, incluídos as formas, as condições e os prazos de realização da fiscalização e do monitoramento;

- às condições de acesso, pelo poder público, à área objeto do contrato e aos dados relativos às ações de manutenção, de recuperação e de melhoria ambiental assumidas pelo provedor, em condições previamente pactuadas e respeitados os limites do sigilo legal ou constitucionalmente previsto.

7. USUÁRIO-PAGADOR

Não se trata de mera reprodução do Princípio do Poluidor-Pagador. **Por ele, as pessoas que utilizam recursos naturais devem pagar pela sua utilização, mesmo que não haja poluição, a exemplo do uso racional da água.** Veja-se que difere do Princípio do Poluidor-Pagador, pois neste há poluição e a quantia paga pelo empreendedor funciona também como "sanção social ambiental", além de indenização.

Assim, a cobrança pela utilização de um recurso natural sem poluição, a exemplo do uso racional da água, é exemplo de aplicação do Princípio do Usuário-pagador, e não do Poluidor-pagador.

> **▸ Como esse assunto foi cobrado em concurso?**
>
> No concurso do CESPE para Procurador do Estado de Alagoas em 2008, foi considerado errado o seguinte enunciado: O princípio do poluidor-pagador aplica-se ao usuário que capta água para irrigação de produtos orgânicos sem agrotóxico.

> **▸ Importante!**
>
> Para Paulo Affonso Leme Machado (2003, p. 53), **"o princípio usuário-pagador contém também o princípio poluidor-pagador"**, sendo acertada esta posição do grande mestre, porquanto a poluição pressupõe o uso, mas é possível o uso sem poluição.

Saliente-se que é um dos objetivos da Política Nacional do Meio Ambiente "a imposição, ao poluidor e ao predador, da obrigação de recuperar e/ou indenizar os danos causados e, ao usuário, da contribuição pela utilização de recursos ambientais com fins econômicos", nos moldes do inciso VII, do artigo 4.º, da Lei 6.938/1981.

Deveras, há uma progressiva tendência mundial na cobrança do uso dos recursos naturais, notadamente os mais escassos, a fim de racionalizar a sua utilização e funcionar como medida educativa para inibir o desperdício, além de angariar recursos para investimentos ambientais, mas este instrumento não deverá ser utilizado para privar os economicamente menos favorecidos dos recursos indispensáveis à sua qualidade de vida.

8. COOPERAÇÃO ENTRE OS POVOS

Sabe-se que o meio ambiente não conhece fronteiras políticas, mas apenas o homem, sendo curial uma mútua cooperação entre as nações para a sua proteção. Fenômenos poluidores geralmente ultrapassam as divisas territoriais de uma nação e atingem o território de outra, a exemplo da emissão de poluentes na atmosfera que venham a causar o efeito estufa e a inversão térmica.

Por conseguinte, cresce a celebração de tratados internacionais na esfera ambiental, podendo-se citar como outro exemplo deste Princípio o artigo 77, da Lei 9.605/1998, que trata da cooperação penal internacional para a preservação do meio ambiente.

Inclusive, este princípio foi elevado pelo poder constituinte originário ao *status* de **princípio fundamental**, devendo nortear as relações internacionais do Brasil, consoante insculpido no artigo 4.º, IX, da Lei Maior.

Nesse caminho, o Tratado que instituiu a Comunidade Europeia prevê, em termos de proteção ambiental, que "a Comunidade e os Estados-Membros cooperam, no âmbito das respectivas competências, com os países terceiros e as organizações internacionais competentes" (artigo 175, item 04).

9. SOLIDARIEDADE INTERGERACIONAL OU EQUIDADE

Por esse princípio, que inspirou a parte final do *caput* do artigo 225, da CRFB, **as presentes gerações devem preservar o meio ambiente e adotar políticas ambientais para a presente e as futuras gerações, não podendo utilizar os recursos ambientais de maneira irracional de modo a privar os seus descendentes do seu desfrute**. Não é justo utilizar recursos naturais que devem ser reservados aos que ainda não existem.

Na realidade, o Princípio do Desenvolvimento Sustentável busca a realização deste. Há um **pacto fictício com as gerações futuras**, que devem também ter acesso aos recursos ambientais para ter uma vida digna, razão pela qual as nações devem tutelar com maior intensidade os animais e vegetais ameaçados de extinção.

Sob essa perspectiva, informa o **Princípio 03, da Declaração do Rio**:

> O direito ao desenvolvimento deve ser exercido de modo a permitir que sejam atendidas equitativamente as necessidades de desenvolvimento e de meio ambiente das gerações presentes e futuras.

10. NATUREZA PÚBLICA OU OBRIGATORIEDADE DA PROTEÇÃO AMBIENTAL

Este princípio inspirou parcela do *caput* do artigo 225, da Constituição, pois é dever irrenunciável do Poder Público promover a proteção do meio ambiente, por ser bem difuso (de todos, ao mesmo tempo), indispensável à vida humana sadia e também da coletividade.

Deverá o Estado atuar como agente normativo e regulador da **Ordem Econômica Ambiental**, editando normas jurídicas e fiscalizando de maneira eficaz o seu cumprimento.

Por essa razão, entende-se que o exercício do poder de polícia ambiental é vinculado (em regra), inexistindo conveniência e oportunidade na escolha do melhor momento e maneira de sua exteriorização. Outrossim, pelo bem ambiental ser indisponível e autônomo, em regra não poderá ser objeto de transação judicial.

▸ **Como esse assunto foi cobrado em concurso?**

No concurso do CESPE para Juiz Federal da 1ª Região em 2009, foi considerada correta a letra D: O princípio da natureza pública da proteção ambiental:

A) aponta para a incompatibilidade irredutível entre o interesse público e a iniciativa privada, condicionando esta à discricionariedade daquele e distribuindo às camadas mais pobres da população, de forma equitativa, o acesso aos recursos naturais.

B) fundamenta-se, no que se refere à defesa da desapropriação das terras e dos meios produtivos, na proteção ao patrimônio histórico, ao ambiente cultural e ao ambiente do trabalho.

C) resume os esforços da esfera política na manutenção do equilíbrio dinâmico dos sistemas socioambientais passíveis de serem utilizados no processo de justa repartição da renda e de reforma agrária.

D) decorre da previsão legal que considera o meio ambiente como valor a ser necessariamente assegurado e protegido para uso de todos.

E) foi descaracterizado pelo neoliberalismo, em razão de ter sido enunciado pelo governo soviético em decorrência do acidente de Tchernobil, quando, pelo descaso do Soviete Supremo, não havia leis de proteção ambiental que salvaguardassem a segurança das populações humanas no entorno das usinas nucleares.

11. PARTICIPAÇÃO COMUNITÁRIA (OU PARTICIPAÇÃO CIDADÃ/POPULAR OU PRINCÍPIO DEMOCRÁTICO)

Pontifica que as pessoas têm o direito de participar ativamente das decisões políticas ambientais, em decorrência do sistema democrático, uma vez que os danos ambientais são transindividuais, estando implicitamente consagrado no artigo 225, da Constituição Federal de 1988.

Exemplo da aplicação desta norma é a necessidade de realização de audiências públicas em licenciamentos ambientais mais complexos (EIA-RIMA), nas hipóteses previstas na Resolução CONAMA 09/1987; na criação de unidades de conservação (consulta pública); na legitimação para propositura de ação popular ou mesmo no tradicional direito fundamental de petição ao Poder Público.

A **Declaração do Rio de 1992** seguiu essa tendência ao cristalizá-lo no **Princípio 10**:

> A melhor maneira de tratar questões ambientais é assegurar a participação, no nível apropriado, de todos os cidadãos interessados. No nível nacional, cada indivíduo deve ter acesso adequado a informações relativas ao meio ambiente de que disponham autoridades públicas, inclusive

> informações sobre materiais e atividades perigosas em suas comunidades, bem como a oportunidade de participar em processos de tomada de decisões. Os Estados devem facilitar e estimular a conscientização e a participação pública, colocando a informação à disposição de todos. Deve ser propiciado acesso efetivo a mecanismos judiciais e administrativos, inclusive no que diz respeito à compensação e reparação de danos.

▸ **Como esse assunto foi cobrado em concurso?**

No concurso do CESPE para Procurador Federal em 2007, foi considerado certo o seguinte enunciado: O princípio da participação da população na proteção do meio ambiente está previsto na Constituição Federal e na ECO-92.

12. FUNÇÃO SOCIOAMBIENTAL DA PROPRIEDADE

Já se fala atualmente em função socioambiental da propriedade, uma vez que um dos requisitos para que a *propriedade rural* alcance a sua função social é o respeito à legislação ambiental (art. 186, II, da CRFB), bem como a *propriedade urbana*, pois o plano diretor deverá necessariamente considerar a preservação ambiental, a exemplo da instituição de áreas verdes.

▸ **Como esse assunto foi cobrado em concurso?**

No Exame de Ordem 2007.2, foi considerado errado o seguinte enunciado: O princípio da função socioambiental da propriedade autoriza o poder público a impor limites apenas ao uso de bens imóveis localizados em área rural, no que respeita à exploração de seus recursos naturais, não se aplicando, porém, tal preceito a propriedade urbana.

Digno de nota, outrossim, é o artigo 1.228, § 1.º, do Código Civil, um caso de norma ambiental inserta do diploma civil, o que denota o caráter transversal do Direito Ambiental, que permeia em todos os ramos jurídicos, em que está insculpido que "o direito de propriedade deve ser exercitado em consonância com as suas finalidades econômicas e sociais e de modo que sejam preservados, de conformidade com o estabelecido em lei especial, a flora, a fauna, as belezas naturais, o equilíbrio ecológico e o patrimônio histórico e artístico, bem como evitada a poluição do ar e das águas".

Outrossim, a função social (ou socioambiental) não se configura como simples limitação ao exercício do direito de propriedade, e sim tem caráter endógeno, apresentando-se como quinto atributo ao lado do uso, gozo, disposição e reivindicação. Na realidade, operou-se a **ecologização da propriedade**.

Nesse sentido, leciona o grande José Afonso da Silva (2002, p. 283): "enfim, a função social se manifesta na própria configuração estrutural do direito de propriedade".

▸ **Qual o entendimento do STJ sobre o assunto?**

Para o STJ, "inexiste direito ilimitado ou absoluto de utilização das potencialidades econômicas de imóvel, pois antes até 'da promulgação da

> Constituição vigente, o legislador já cuidava de impor algumas restrições ao uso da propriedade com o escopo de preservar o meio ambiente' (EREsp 628.588/SP, Rel. Min. Eliana Calmon, Primeira Seção, DJe 9.2.2009), tarefa essa que, no regime constitucional de 1988, fundamenta-se na função ecológica do domínio e posse" (REsp 1.240.122, de 28.06.2011).

Nessa trilha, o legislador se inspirou neste Princípio ao elaborar a redação do artigo 28 do novo Código Florestal, que não permite a conversão de vegetação nativa para uso alternativo do solo (desmatamentos) no imóvel rural que possuir área abandonada.

> **▸ Qual o entendimento do STF sobre o assunto?**
>
> "O acesso à terra, a solução dos conflitos sociais, o aproveitamento racional e adequado do imóvel rural, a utilização apropriada dos recursos naturais disponíveis e a preservação do meio ambiente constituem elementos de realização da função social da propriedade. A desapropriação, nesse contexto – enquanto sanção constitucional imponível ao descumprimento da função social da propriedade – reflete importante instrumento destinado a dar consequência aos compromissos assumidos pelo Estado na ordem econômica e social. Incumbe, ao proprietário da terra, o dever jurídico-social de cultivá-la e de explorá-la adequadamente, sob pena de incidir nas disposições constitucionais e legais que sancionam os senhores de imóveis ociosos, não cultivados e/ou improdutivos, pois só se tem por atendida a função social que condiciona o exercício do direito de propriedade, quando o titular do domínio cumprir a obrigação (1) de favorecer o bem-estar dos que na terra labutam; (2) de manter níveis satisfatórios de produtividade; (3) de assegurar a conservação dos recursos naturais; e (4) de observar as disposições legais que regulam as justas relações de trabalho entre os que possuem o domínio e aqueles que cultivam a propriedade" (ADI 2.213-MC, Rel. Min. Celso de Mello, j. 04.04.2002, *DJ* de 23.04.2004).

13. INFORMAÇÃO

Conquanto não se trate de uma norma jurídica exclusiva do Direito Ambiental, podendo também ser encontrado em outros ramos, a exemplo do Direito do Consumidor, entende-se ser mais um importante princípio ambiental.

Ele mantém íntimo contato com o Princípio da Participação Comunitária e da Publicidade, que informa a atuação da Administração Pública, notadamente no que concerne aos órgãos e entidades ambientais, que ficam obrigados a permitir o acesso público aos documentos, expedientes e processos administrativos que tratem de matéria ambiental e a fornecer todas as informações ambientais que estejam sob sua guarda, em meio escrito, visual, sonoro ou eletrônico (artigo 2.º, *caput*, da Lei 10.650/2003).

Por seu turno, em se tratando de informações ambientais nos órgãos públicos, "qualquer indivíduo, **independentemente da comprovação de interesse**

específico, terá acesso às informações de que trata esta Lei, mediante requerimento escrito, no qual assumirá a obrigação de não utilizar as informações colhidas para fins comerciais, sob as penas da lei civil, penal, de direito autoral e de propriedade industrial, assim como de citar as fontes, caso, por qualquer meio, venha a divulgar os aludidos dados" (artigo 2.º, § 1.º, da Lei 10.650/2003).

O acesso às informações ambientais é imprescindível à formação do bom convencimento da população, que precisa inicialmente conhecer para participar da decisão política ambiental, a exemplo das consultas e audiências públicas.

Por isso, os órgãos e entidades ambientais deverão publicar em Diário Oficial e disponibilizar em 30 dias, em local de fácil acesso: os pedidos de licenciamento, sua renovação e a respectiva concessão; pedidos e licenças para supressão de vegetação; autos de infrações e respectivas penalidades impostas pelos órgãos ambientais; lavratura de termos de compromisso de ajustamento de conduta; reincidências em infrações ambientais; recursos interpostos em processo administrativo ambiental e respectivas decisões; registro de apresentação de estudos de impacto ambiental e sua aprovação ou rejeição[2].

Visando facilitar o intercâmbio de informações sobre o meio ambiente, um dos instrumentos para a execução da Política Nacional é o Sistema Nacional de Informações (SINIMA), conforme previsto no artigo 9.º, VII, da Lei 6.938/1981.

Vale ressaltar que o Princípio da Informação foi previsto expressamente no artigo 6.º, inciso X, da Lei 12.305/2010, que aprovou a Política Nacional de Resíduos Sólidos.

> ▸ **Como esse assunto foi cobrado em concurso?**
>
> No concurso do CESPE para Procurador Federal em 2007, foi considerado certo o seguinte enunciado: o princípio da ampla informação, existente no direito do consumidor, também influi na proteção nacional e internacional do meio ambiente.

14. LIMITE (OU CONTROLE)

Cuida-se do dever estatal de editar e efetivar normas jurídicas que instituam padrões máximos de poluição, a fim de mantê-la dentro de bons níveis para não afetar o equilíbrio ambiental e a saúde pública.

Realmente, o estabelecimento de padrões de qualidade ambiental é um dos instrumentos para a execução da Política Nacional do Meio Ambiente, conforme determinado pelo artigo 9.º, I, da Lei 6.938/1981.

Como exemplo de sua aplicabilidade, cita-se a Resolução CONAMA 274/2000, que estabelece os padrões de qualidade da água para a balneabilidade (recreação de contato primário).

---

2. Artigo 4.º, da Lei 10.650/2003.

15. RESPONSABILIDADE COMUM, MAS DIFERENCIADA

Merece ainda abordagem o Princípio da Responsabilidade Comum, mas Diferenciada, que tem feição *ambiental internacional*, decorrendo do Princípio da Isonomia, pontificando que **todas as nações são responsáveis pelo controle da poluição e a busca da sustentabilidade, mas os países mais poluidores deverão adotar as medidas mais drásticas, pois são os principais responsáveis pela degradação ambiental na Biosfera**, tendo sido previsto no Protocolo de Kyoto (art. 4.º, item 1) e no artigo 3.º, da Lei 12.187/2009, que aprovou a Política Nacional de Mudança do Clima.

16. OUTROS PRINCÍPIOS

Objetivando apresentar as principais visões doutrinárias sobre este polêmico tema, insta aduzir que parte da doutrina especializada ainda aponta a existência de outros princípios ambientais.

PAULO AFFONSO LEME MACHADO (2009, p. 57-60) prega a existência do **Princípio do Direito ao Meio Ambiente Equilibrado**, que se realiza com a manutenção de um bom equilíbrio ambiental, ou seja, sem alterações significativas provocadas pelo homem.

Na realidade, o Princípio do Desenvolvimento Sustentável visa efetivar o direito fundamental ao meio ambiente ecologicamente equilibrado, bem de uso comum do povo e essencial à sadia qualidade de vida, previsto na cabeça do artigo 225 da CRFB.

O citado mestre ainda apresenta o **Princípio do Direito à Sadia Qualidade de Vida** (2009, p. 60-62) como evolução do tradicional direito fundamental à vida, vez que é preciso uma existência com qualidade de vida, que pressupõe condições ambientais dignas, sem as quais não se terá sequer uma saúde pública.

Aponta, ainda, o **Princípio da Reparação** (2009, p. 93-94) que prega a necessidade de restauração ou compensação dos danos ambientais, sendo objetiva esta responsabilidade civil no Brasil (artigo 14, § 1.º, da Lei 6.938/1981).

Contudo, é preferível designá-lo de **Princípio da Correção, Prioritariamente na Fonte**, conforme consignado no artigo 174, item 2, do Tratado que instituiu a Comunidade Europeia, a fim de ressaltar a priorização do caráter preventivo e não repressivo da atuação, pois reparação passa a mensagem de medidas ulteriores.

Conforme lições de ALEXANDRA ARAGÃO (2007, p. 11-55), analisando a legislação ambiental da Europa, mas cujo conteúdo é notoriamente mundial, há ainda o **Princípio da Integração**, devendo a proteção ambiental ser considerada na formulação e aplicação das políticas comunitárias (como no MERCOSUL), bem como o **Princípio do Nível Elevado de Proteção**, que prega a existência de um patamar mínimo de proteção ambiental entre os países europeus.

A referida doutrinadora ainda sustenta a existência do **Princípio do Progresso Ecológico**, que cria a obrigação estatal de constantemente revisar a legislação ambiental a fim de mantê-la atualizada.

Com base em notícia publicada no sítio do STJ, em 31.05.2010, ainda é possível invocar o **Princípio do Mínimo Existencial Ecológico**. Postula que, por trás da garantia constitucional do mínimo existencial, subjaz a ideia de que a dignidade da pessoa humana está intrinsecamente relacionada à qualidade ambiental. Ao conferir dimensão ecológica ao núcleo normativo, assenta a premissa de que não existe patamar mínimo de bem-estar sem respeito ao direito fundamental do meio ambiente sadio.

Outrossim, alguns autores apontam o **Princípio da Ubiquidade** como informador do Direito Ambiental, a exemplo de CELSO ANTONIO PACHECO FIORILLO (2008, p. 55), para quem "o objeto de proteção do meio ambiente, localizado no epicentro dos direitos humanos, deve ser levado em consideração toda vez que uma política, atuação, legislação sobre qualquer tema, atividade, obra etc. tiver que ser criada e desenvolvida".

Realmente, a ubiquidade é a qualidade do que está em toda a parte, a onipresença, de modo que o direito fundamental ao meio ambiente ecologicamente equilibrado deverá nortear a atuação dos três Poderes na tomada de suas decisões, a fim de buscar a real efetivação do desenvolvimento sustentável.

Por sua vez, PAULO DE BESSA ANTUNES (2008, p. 46) aponta a existência do **Princípio do Equilíbrio**, em que "os aplicadores da política ambiental e do Direito Ambiental devem pesar as consequências previsíveis da adoção de uma determinada medida, de forma que esta possa ser útil à comunidade e não importar gravames excessivos aos ecossistemas e à vida humana".

Nesse caminho, obtempera LUÍS PAULO SIRVINSKAS (2008, p. 58) que "há a necessidade de analisar todas as consequências possíveis e previsíveis da intervenção no meio ambiente, ressaltando os benefícios que essa medida pode trazer de útil ao ser humano sem sobrecarregar sobremaneira o meio ambiente".

▸ Qual o entendimento do STJ sobre o assunto?

Por derradeiro, vale afirmar que o Superior Tribunal de Justiça já aplicou o **Princípio da Boa-fé Objetiva** na esfera ambiental, a fim de impedir uma indenização em ação de desapropriação indireta: "Administrativo. Limitações administrativas impostas pelas Leis Estaduais 898/1975 e 1.172/1976. Sistema Cantareira. Aquisição posterior à vigência das normas. Indenização. Inviabilidade. Princípio da boa-fé objetiva. 1. Cinge-se a controvérsia à indenizabilidade de imóvel que sofreu limitações impostas pelas Leis paulistas 898/1975 e 1.172/1976, que versam sobre áreas de proteção relativas aos mananciais, cursos e reservatórios de águas – Sistema Cantareira. 2. Quem adquire imóvel após a entrada em vigor de norma que disciplina o direito de propriedade, na perspectiva ambiental ou urbanística, não pode cobrar indenização, a pretexto de que ocorreu desapropriação indireta, visto que tal comportamento mostra-se incompatível com o princípio da boa-fé objetiva e presume-se, de forma absoluta, que o comprador conhecia as limitações incidentes sobre o bem, e o preço por ele pago incorporou os eventuais reflexos econômicos do gravame imposto. 3. Recurso Especial provido" (REsp 573.806, de 17.12.2009)

▸ **Como esse assunto foi cobrado em concurso?**

No concurso do CESPE para Procurador do Estado do Espírito Santo em 2008, foi considerado certo o seguinte enunciado: São considerados norteadores do direito ambiental, entre outros, os princípios: do direito à sadia qualidade de vida, do desenvolvimento sustentável, do acesso equitativo aos recursos naturais, da precaução e da informação.

No concurso do CESPE para Procurador do Município de Salvador em 2015, foi considerada correta a letra E: A respeito dos princípios do direito ambiental, assinale a opção correta.

A) Determinada conduta apenas poderá ser proibida se houver certeza científica sobre sua prejudicialidade ao meio ambiente.

B) O princípio da ubiquidade implica que cada estado deve atuar para evitar o dano ambiental nos limites do seu território.

C) De acordo com o princípio do desenvolvimento sustentável, devem ser eliminadas todas as atividades econômicas que impliquem degradação do meio ambiente natural.

D) No direito ambiental, vige o princípio da reparação do dano ambiental, segundo o qual cabe ao autor do dano promover o ressarcimento in natura ou em dinheiro, conforme a gravidade do dano causado.

E) O princípio do poluidor pagador pode incidir também em casos de conduta lícita do particular.

17. TABELA-SÍNTESE DOS PONTOS PRINCIPAIS DO CAPÍTULO

Princípios ambientais	Conteúdo
Prevenção	É preciso que o ente ambiental faça o poluidor reduzir ou eliminar os danos ambientais, pois estes normalmente são irreversíveis em espécie. **Este princípio trabalha com o risco certo**, pois já há base científica, uma vez que o empreendimento é amplamente conhecido.
Precaução	Se determinado empreendimento puder causar danos ambientais, contudo inexiste certeza científica quanto aos efetivos danos e sua extensão, mas há base científica razoável fundada em juízo de probabilidade não remoto da sua potencial ocorrência, o empreendedor deverá ser compelido a adotar medidas de precaução para elidir ou reduzir os riscos ambientais para a população (***in dubio pro natura*). Há risco incerto ou duvidoso**.
Desenvolvimento sustentável	Decorre de uma ponderação que deverá ser feita casuisticamente entre o direito fundamental ao desenvolvimento econômico e o direito à preservação ambiental. **É aquele que atende às necessidades do presente sem comprometer a possibilidade de existência digna das gerações futuras**. Aplica-se aos recursos naturais renováveis.

Princípios ambientais	Conteúdo
Poluidor-pagador	**Deve o poluidor responder pelos custos sociais da degradação causada por sua atividade impactante**, devendo-se agregar esse valor no custo produtivo da atividade, para evitar que se privatizem os lucros e se socializem os prejuízos.
Protetor-recebedor	É necessária a **criação de benefícios em favor daqueles que protegem o meio ambiente** com o desiderato de fomentar e premiar essas iniciativas.
Usuário-pagador	**As pessoas que utilizam recursos naturais devem pagar pela sua utilização, especialmente com finalidades econômicas**, mesmo que não haja poluição, a exemplo do uso racional da água.
Cooperação entre os povos	Tendo em vista que o meio ambiente não conhece fronteiras políticas, sendo a terra um grande ecossistema, a única forma de preservá-la é a cooperação entre as nações, mormente por meio dos tratados internacionais, para se ter uma tutela global ambiental.
Solidariedade intergeracional	As atuais gerações devem preservar o meio ambiente e adotar políticas ambientais para a presente e as futuras gerações, não podendo utilizar os recursos ambientais de maneira irracional de modo que prive seus descendentes do seu desfrute.
Natureza pública da proteção ambiental	É dever irrenunciável do Poder Público e da coletividade promover a proteção do meio ambiente, por ser bem difuso, indispensável à vida humana sadia.
Participação comunitária	As pessoas têm o direito de participar da formação da decisão ambiental, existindo vários instrumentos nesse sentido, como a audiência pública no EIA-RIMA.
Função socioambiental da propriedade	Um dos requisitos para que a propriedade rural alcance a sua função social é o respeito à legislação ambiental (art. 186, II, da CRFB/1988), bem como a propriedade urbana, pois o plano diretor deverá necessariamente considerar a preservação ambiental, a exemplo da instituição de áreas verdes.
Informação	Independentemente da demonstração de interesse específico, qualquer indivíduo terá acesso às informações dos órgãos ambientais, ressalvado o sigilo industrial e preservados os direito autorais.
Limite	Explicita o dever estatal de editar patrões máximos de poluição a fim de manter o equilíbrio ambiental.
Responsabilidade comum, mas diferenciada	Todas as nações são responsáveis pelo controle da poluição e a busca da sustentabilidade, mas os países mais poluidores deverão adotar as medidas mais drásticas.

Capítulo 4

A Política Nacional e o Sistema Nacional do Meio Ambiente

1. PRINCÍPIOS E OBJETIVOS DA POLÍTICA NACIONAL DO MEIO AMBIENTE

A Política Nacional do Meio Ambiente – PNMA foi instituída pela Lei 6.938/1981 e regulamentada pelo Decreto 99.274/1990, tendo como **objetivo geral a preservação, a melhoria e a recuperação da qualidade ambiental propícia à vida**, visando assegurar, no País, condições ao desenvolvimento socioeconômico, aos interesses da segurança nacional e à proteção da dignidade da vida humana, devendo observar os seguintes ***princípios***:

> I – ação governamental na manutenção do equilíbrio ecológico, considerando o meio ambiente como um patrimônio público a ser necessariamente assegurado e protegido, tendo em vista o uso coletivo;
>
> II – racionalização do uso do solo, do subsolo, da água e do ar;
>
> III – planejamento e fiscalização do uso dos recursos ambientais;
>
> IV – proteção dos ecossistemas, com a preservação de áreas representativas;
>
> V – controle e zoneamento das atividades potencial ou efetivamente poluidoras;
>
> VI – incentivos ao estudo e à pesquisa de tecnologias orientadas para o uso racional e a proteção dos recursos ambientais;
>
> VII – acompanhamento do estado da qualidade ambiental;
>
> VIII – recuperação de áreas degradadas;
>
> IX – proteção de áreas ameaçadas de degradação;
>
> X – educação ambiental a todos os níveis do ensino, inclusive a educação da comunidade, objetivando capacitá-la para participação ativa na defesa do meio ambiente.

> **▸ Como esse assunto foi cobrado em concurso?**
>
> No concurso da FCC para Juiz do Ceará em 2014, foi considerada correta a letra B:
>
> A Política Nacional do Meio Ambiente tem por objetivo a preservação, melhoria e recuperação da qualidade ambiental propícia à vida, visando assegurar no País:
>
> A) O aparelhamento do Estado no controle das atividades poluidoras e degradadoras, principalmente do bioma amazônico.
>
> B) Condições ao desenvolvimento socioeconômico, aos interesses da segurança nacional e à proteção da dignidade da vida humana.
>
> C) A estabilidade agrícola.
>
> D) A permanência de espécies ameaçadas de extinção.
>
> E) A livre concorrência sustentável.

Outrossim, a Política Nacional do Meio Ambiente **visará**:

> I - **à compatibilização do desenvolvimento econômico social com a preservação da qualidade do meio ambiente e do equilíbrio ecológico**;
>
> II - à definição de áreas prioritárias de ação governamental relativa à qualidade e ao equilíbrio ecológico, atendendo aos interesses da União, dos Estados, do Distrito Federal, dos Territórios e dos Municípios;
>
> III - ao estabelecimento de critérios e padrões da qualidade ambiental e de normas relativas ao uso e manejo de recursos ambientais;
>
> IV - ao desenvolvimento de pesquisas e de tecnologias nacionais orientadas para o uso racional de recursos ambientais;
>
> V - à difusão de tecnologias de manejo do meio ambiente, à divulgação de dados e informações ambientais e à formação de uma consciência pública sobre a necessidade de preservação da qualidade ambiental e do equilíbrio ecológico;
>
> VI - à preservação e restauração dos recursos ambientais com vistas à sua utilização racional e disponibilidade permanente, concorrendo para a manutenção do equilíbrio ecológico propício à vida;
>
> VII - **à imposição, ao poluidor e ao predador, da obrigação de recuperar e/ou indenizar os danos causados, e ao usuário, de contribuição pela utilização de recursos ambientais com fins econômicos**.

A edição da Lei 6.938/1981, conquanto tenha se dado ainda em período de ditadura militar, constitui um dos maiores avanços da legislação ambiental brasileira, pois pela primeira vez em nossa história surgiu um diploma legal que tratou o meio ambiente como um todo, não regulando de maneira fragmentária determinados recursos ambientais.

2. INSTRUMENTOS DE EXECUÇÃO DA POLÍTICA NACIONAL DO MEIO AMBIENTE

Para a consecução da Política Nacional do Meio Ambiente, foram previstos os seguintes **instrumentos**:

> I - o estabelecimento de padrões de qualidade ambiental;
>
> II - o zoneamento ambiental;
>
> III - a avaliação de impactos ambientais;
>
> IV - o licenciamento e a revisão de atividades efetiva ou potencialmente poluidoras;
>
> V - os incentivos à produção e instalação de equipamentos e a criação ou absorção de tecnologia, voltados para a melhoria da qualidade ambiental;
>
> VI - a criação de espaços territoriais especialmente protegidos pelo Poder Público federal, estadual e municipal, tais como áreas de proteção ambiental, de relevante interesse ecológico e reservas extrativistas;
>
> VII - o sistema nacional de informações sobre o meio ambiente;
>
> VIII - o Cadastro Técnico Federal de Atividades e Instrumento de Defesa Ambiental;
>
> IX - as penalidades disciplinares ou compensatórias ao não cumprimento das medidas necessárias à preservação ou correção da degradação ambiental;
>
> X - a instituição do Relatório de Qualidade do Meio Ambiente, a ser divulgado anualmente pelo Instituto Brasileiro do Meio Ambiente e Recursos Naturais Renováveis - IBAMA;
>
> XI - a garantia da prestação de informações relativas ao Meio Ambiente, obrigando-se o Poder Público a produzi-las, quando inexistentes;
>
> XII - o Cadastro Técnico Federal de atividades potencialmente poluidoras e/ou utilizadoras dos recursos ambientais;
>
> XIII - instrumentos econômicos, como concessão florestal, servidão ambiental, seguro ambiental e outros.

▸ Como esse assunto foi cobrado em concurso?

No concurso da VUNESP para Advogado da Petrobrás em 2011, foi considerado correto o seguinte enunciado: São instrumentos da Política Nacional do Meio Ambiente, dentre outros, o estabelecimento de padrões de qualidade ambiental, o zoneamento ambiental e a criação de espaços territoriais especialmente protegidos e instrumentos econômicos, a exemplo da servidão ambiental.

O estabelecimento de **padrões de qualidade ambiental** é indispensável para o controle e prevenção da poluição, cabendo ao CONAMA instituir normas, critérios e padrões relativos ao controle e à manutenção da qualidade do meio ambiente com vistas ao uso racional dos recursos ambientais, a exemplo dos padrões de qualidade da água e do ar.

Já o **zoneamento ambiental** é uma modalidade de intervenção estatal sobre o território, a fim de reparti-lo em zonas consoante o melhor interesse na preservação ambiental e no uso sustentável dos recursos naturais.

O zoneamento ambiental, que pode ser chamado de *zoneamento ecológico-econômico* (ZEE), é definido como o *instrumento de organização do território a ser obrigatoriamente seguido na implantação de planos, obras e atividades públicas e privadas, estabelecendo medidas e padrões de proteção ambiental destinados a assegurar a qualidade ambiental, dos recursos hídricos e do solo e a conservação da biodiversidade, garantindo o desenvolvimento sustentável e a melhoria das condições de vida da população*, nos termos do Decreto 4.297/2002.

> ▸ **Como esse assunto foi cobrado em concurso?**
>
> **(2018/CESPE/TJ-CE/Juiz Substituto/ADAPTADA)** O zoneamento ecológico-econômico é o instrumento de organização do espaço urbano, obrigatório na implantação de obras e atividades públicas, por meio do qual a cidade é dividida em áreas sobre as quais incidem diretrizes para uso e ocupação do solo.
>
> **Questão falsa.**

No que concerne ao *zoneamento ambiental industrial* nas áreas críticas de poluição, mesmo antes do advento do vigente sistema constitucional, já vigorava a Lei 6.803/1980, que disciplina a matéria, ante a necessidade do controle da poluição causada pelas indústrias.

Antes, a matéria foi regulada pelo Decreto-lei 1.413/1975, que dispunha sobre o controle da poluição do meio ambiente provocada por atividades industriais, exigindo o esquema de zoneamento urbano nas áreas críticas.

O zoneamento deverá ser aprovado por lei, observada a seguinte divisão: zonas de uso estritamente industrial, zonas de uso predominantemente industrial, zonas de uso diversificado e zonas de reserva ambiental.

As *zonas de uso estritamente industrial* destinam-se, preferencialmente, à localização de estabelecimentos industriais cujos resíduos sólidos, líquidos e gasosos, ruídos, vibrações, emanações e radiações possam causar perigo à saúde, ao bem-estar e à segurança das populações, mesmo depois da aplicação de métodos adequados de controle e tratamento de efluentes, nos termos da legislação vigente.

A sua localização deverá ser promovida em áreas com elevada capacidade de suporte de poluição, com a manutenção, no seu entorno, de anéis verdes de isolamento capazes de proteger as zonas circunvizinhas contra possíveis efeitos residuais e acidentes. Nestas zonas apenas deverão operar atividades essenciais às funções básicas das indústrias.

Quando se tratar de delimitação e autorização de implantação de zonas de uso estritamente industrial que se destinem à localização de polos petroquímicos, cloroquímicos, carboquímicos, bem como a instalações nucleares e outras definidas em lei, a competência será exclusiva da União, ouvidos os Estados e Municípios.

Por sua vez, as *zonas de uso predominantemente industrial* destinam-se, preferencialmente, à instalação de indústrias cujos processos, submetidos a métodos adequados de controle e tratamento de efluentes, não causem incômodos sensíveis às demais atividades urbanas e nem perturbem o repouso noturno das populações.

Deverão localizar-se em áreas cujas condições favoreçam a instalação adequada de infraestrutura de serviços básicos necessária a seu funcionamento e segurança; bem como dispor, em seu interior, de áreas de proteção ambiental que minimizem os efeitos da poluição, em relação a outros usos.

As zonas de uso estritamente industrial e as de uso predominantemente industrial deverão ser classificadas em não saturadas, em vias de saturação e saturadas, de acordo com os padrões e normas ambientais em vigor, o que definirá a formulação das políticas públicas ambientais em cada área.

Já as *zonas de uso diversificado* destinam-se à localização de estabelecimentos industriais, cujo processo produtivo seja complementar das atividades do meio urbano ou rural que se situem, e com elas se compatibilizem, independentemente do uso de métodos especiais de controle da poluição, não ocasionando, em qualquer caso, inconvenientes à saúde, ao bem-estar e à segurança das populações vizinhas.

Ainda estão previstas *as zonas de reserva ambiental*, nas quais, por suas características culturais, ecológicas, paisagísticas, ou pela necessidade de preservação de mananciais e proteção de áreas especiais, ficará vedada a localização de estabelecimentos industriais.

Zonas de uso estritamente industrial	destinam-se, preferencialmente, à localização de estabelecimentos industriais cujos resíduos sólidos, líquidos e gasosos, ruídos, vibrações, emanações e radiações possam causar perigo à saúde, ao bem-estar e à segurança das populações, mesmo depois da aplicação de métodos adequados de controle e tratamento de efluentes, nos termos da legislação vigente.
Zonas de uso predominantemente industrial	destinam-se, preferencialmente, à instalação de indústrias cujos processos, submetidos a métodos adequados de controle e tratamento de efluentes, não causem incômodos sensíveis às demais atividades urbanas e nem perturbem o repouso noturno das populações.

Zonas de uso diversificado	destinam-se à localização de estabelecimentos industriais, cujo processo produtivo seja complementar das atividades do meio urbano ou rural que se situem, e com elas se compatibilizem, independentemente do uso de métodos especiais de controle da poluição, não ocasionando, em qualquer caso, inconvenientes à saúde, ao bem-estar e à segurança das populações vizinhas.
Zonas de reserva ambiental	nas quais, por suas características culturais, ecológicas, paisagísticas, ou pela necessidade de preservação de mananciais e proteção de áreas especiais, ficará vedada a localização de estabelecimentos industriais.

▸ **Como esse assunto foi cobrado em concurso?**

No concurso da FGV para Juiz do Mato Grosso do Sul em 2008, foi considerada correta a letra B:

A respeito do Zoneamento Ambiental Urbano, julgue as definições a seguir:

I. As Zonas de Uso Industrial são aquelas cuja localização se dá em função de um planejamento econômico resultante de determinada política do governo.

II. As Zonas de Uso Predominantemente Industrial são destinadas preferencialmente à localização de estabelecimentos industriais cujos resíduos sólidos, líquidos e gasosos, ruídos, vibrações e radiações possam causar perigo à saúde, ao bem-estar e à segurança da população, independente da aplicação adequada de métodos de controle de efluentes.

III. As Zonas de Uso Estritamente Ambiental se destinam preferencialmente à instalação de indústrias cujos processos, submetidos a métodos adequados de controle e tratamento de efluentes, não causem incômodos sensíveis às demais atividades urbanas e nem perturbem o repouso das populações.

Assinale:

A) se nenhuma afirmativa estiver correta.

B) se somente a afirmativa I estiver correta.

C) se somente a afirmativa II estiver correta.

D) se somente a afirmativa III estiver correta.

E) se todas as afirmativas estiverem corretas.

Ressalte-se que "as indústrias ou grupos de indústrias já existentes, que não resultarem confinadas nas zonas industriais definidas de acordo com esta Lei, serão submetidas à instalação de equipamentos especiais de controle e, nos casos mais graves, à relocalização", conforme dicção do § 3.º, do artigo 1.º, haja vista a inexistência de direito adquirido de poluir.

Em casos extremos será necessária a relocalização da indústria, medida extrema de difícil operacionalização, tanto que a própria Lei 6.803/1980 já prevê que "os projetos destinados à relocalização de indústrias e à redução da poluição ambiental, em especial aqueles em zonas saturadas, terão condições especiais de financiamento, a serem definidos pelos órgãos competentes".

É comum que uma indústria inicie a sua produção geograficamente isolada e ao longo dos anos vá ficando ilhada por conglomerados urbanos, muitos formados por ocupações irregulares toleradas tacitamente pelo Poder Público, a ponto de inviabilizar a convivência harmônica entre ambos, ou mesmo poderá ocorrer que o zoneamento industrial seja posterior, ficando a indústria fora das zonas industriais, nascendo a necessidade de relocalizar a empresa.

Veja-se que a legislação não concede às indústrias o direito adquirido de pré-ocupação, mas a questão do direito de indenização no caso da relocalização dependerá da análise casuística da situação, a fim de se mensurar se os prejuízos experimentados pela empresa decorreram ou não diretamente de uma postura comissiva ou omissiva da Administração Pública.

Ante a maior complexidade dos temas, as **avaliações de impacto ambiental** (também chamadas de estudos ambientais) e o **licenciamento ambiental** serão vistos à parte no próximo capítulo, pois se exige um aprofundamento da matéria.

É indispensável o investimento em **pesquisas para se criarem tecnologias que reduzam ou eliminem a poluição**, visando melhorar a qualidade do meio ambiente, a exemplo da produção de energia com fontes "limpas", como a solar.

Por seu turno, consoante determinação constitucional, em razão de características ambientais diferenciadas, o Poder Público deverá criar **espaços territoriais especialmente protegidos**, a exemplo de unidades de conservação. Também são exemplos as áreas de preservação permanente e a reserva florestal legal, sendo todos estudados mais adiante.

Diga-se que o **Sistema Nacional de Informações sobre o Meio Ambiente – SINIMA** é um importante instrumento da PNMA, sofrendo regulamentação pelo artigo 11, II, do Decreto 99.274/1990, competindo ao Ministério do Meio Ambiente coordenar a troca de informações entre as entidades e órgãos que compõem o SISNAMA.

Nesse sentido, consoante pontifica o artigo 7.º, VIII, da LC 140/2011, compete à União organizar e manter, com a colaboração dos órgãos e entidades da administração pública dos Estados, do Distrito Federal e dos Municípios, o Sistema Nacional de Informação sobre Meio Ambiente – SINIMA.

Inclusive, essa norma passou a prever a criação do Sistema Municipal de Informações sobre o Meio Ambiente, a ser organizado e mantido pelos municípios.

> **Importante!**
>
> Por sua vez, o novo Código Florestal (Lei 12.651/2012) instituiu o CAR – *Cadastro Ambiental Rural*, no âmbito do SINIMA. Trata-se de registro público eletrônico de âmbito nacional, obrigatório para todos os imóveis rurais, com a finalidade de integrar as informações ambientais das propriedades e posses rurais, compondo base de dados para controle, monitoramento, planejamento ambiental e econômico e combate ao desmatamento, devendo a inscrição ser feita preferencialmente por órgão ambiental municipal ou estadual.

A inscrição no CAR deverá ser requerida em até um ano após a sua criação para todas as propriedades e posses rurais brasileiras (venceu em maio de 2016 o prazo, já com a prorrogação), podendo esse prazo ser prorrogado apenas uma vez, por igual período, por decreto do Chefe do Poder Executivo.

No entanto, a Lei 13.295, de 14/6/2016, prorrogou o prazo para inscrição no CAR até 31 de dezembro de 2017, prorrogável por mais um ano por ato do Chefe do Poder Executivo.

Aliás, nos termos do seu artigo 78-A, alterado pela Lei 13.295, de 14/6/2016, após 31 de dezembro de 2017, as instituições financeiras só concederão crédito agrícola, em qualquer de suas modalidades, para proprietários de imóveis rurais que estejam inscritos no CAR, prorrogável por mais um ano por ato do Chefe do Poder Executivo. Por força do Decreto 9.257/2017 e 9.395/2018, o prazo de inscrição no CAR foi prorrogado até 31/12/2018.

Essa sequência de prorrogações só mostra que no Brasil a legislação ambiental não é realmente feita para ser cumprida. Tanto que coube à **Lei 13.887, de 17/10/2019,** aduzir que "a inscrição no CAR é obrigatória e por **prazo indeterminado** para todas as propriedades e posses rurais".

Desta forma, como inexiste prazo certo, os proprietários e possuidores rurais que não promoverem a inscrição do imóvel rural no CAR não serão autuados.

Por sua vez, restou previsto que os proprietários e possuidores dos imóveis rurais que os inscreverem no CAR até o dia 31 de dezembro de 2020 terão direito à adesão ao Programa de Regularização Ambiental. Por certo, quando chegarmos em 31/12/2020, haverá nova prorrogação *ad eternum* do prazo.

Contudo, o cadastramento não será considerado título para fins de reconhecimento do direito de propriedade ou posse, tampouco elimina a necessidade de inscrição no Cadastro Nacional de Imóveis Rurais de que trata o artigo 2.º da Lei 5.868/1972, alterada pela Lei 10.267/2001.

Os Decretos 7.830/2012 e 8.235/2014 dispõem sobre o *Sistema de Cadastro Ambiental Rural (SICAR)*, o sistema eletrônico de âmbito nacional destinado ao gerenciamento de informações ambientais dos imóveis rurais.

O **Cadastro Técnico Federal de Atividades e Instrumentos de Defesa Ambiental**, também instrumento da PNMA, administrado pelo IBAMA, é de registro obrigatório para pessoas físicas ou jurídicas que se dedicam à consultoria técnica sobre problemas ecológicos e ambientais e à indústria e comércio de equipamentos, aparelhos e instrumentos destinados ao controle de atividades efetiva ou potencialmente poluidoras, nos termos do artigo 17, I, da Lei 6.938/1981.

A **imposição de penalidades disciplinares ou compensatórias** tem natureza repressiva, corolário do poder de polícia ambiental, em decorrência do cometimento de ilícito administrativo-ambiental, sendo objeto de estudo apartado.

O **Relatório de Qualidade do Meio Ambiente – RQMA**, a ser divulgado anualmente pelo IBAMA, lamentavelmente ainda não foi implementado. É um importante instrumento de gestão ambiental, pois dará conhecimento amplo à sociedade sobre as condições ambientais gerais do Brasil, necessitando ser urgentemente efetivado, além de servir de lastro para a formulação de políticas públicas ambientais.

A **garantia da prestação de informações relativas ao Meio Ambiente** é outro instrumento da PNMA, decorrente do Princípio da Publicidade e da Informação, que lastreia a atuação da Administração Pública, presumindo-se a legitimidade das solicitações das pessoas físicas e jurídicas brasileiras.

> **Importante!**
>
> Nesse caminho, visando dar maior publicidade às informações ambientais, foi promulgada a Lei 10.650/2003, que pontifica caber aos órgãos do SISNAMA disponibilizar obrigatoriamente ao público o acesso aos processos administrativos da esfera ambiental, *independentemente de comprovação de interesse específico*, assegurado o sigilo comercial, industrial e financeiro, devendo o administrado apenas arcar com os eventuais custos decorrentes do fornecimento de informações (a exemplo das fotocópias).

A Lei 9.051/1995, que é a norma geral disciplinadora da expedição de certidões pelo Poder Público, será afastada no que concerne aos órgãos ambientais, em aplicação ao Princípio da Especialidade, não sendo necessário que constem no requerimento esclarecimentos relativos aos fins e razões do pedido de emissão de certidão.

Outrossim, os entes do SISNAMA têm o dever de publicar em Diário Oficial e afixar em local de fácil acesso no órgão listagem com dados definidos no artigo 4.º, da citada Lei, a exemplo de pedidos de licenciamento ou renovação, autos de infração, recursos interpostos, lavraturas de termos de ajustamento de conduta etc.

Em seguida, há o **Cadastro Técnico Federal de atividades potencialmente poluidoras e/ou utilizadoras dos recursos ambientais**, gerido pelo IBAMA, para registro obrigatório de pessoas físicas ou jurídicas que se dedicam à atividades potencialmente poluidoras e/ou à extração, produção, transporte e comercialização de produtos potencialmente perigosos ao meio ambiente, assim como de produtos e subprodutos da fauna e flora, nos moldes do artigo 17, II, da Lei 6.938/1981.

> ▸ **Como esse assunto foi cobrado em concurso?**
>
> No concurso do CESPE para Procurador Federal em 2013, foi considerado certo o seguinte enunciado: O Cadastro Técnico Federal de Atividades Potencialmente Poluidoras ou Utilizadoras de Recursos Ambientais, instrumento da Política Nacional do Meio Ambiente, destina-se ao registro obrigatório de pessoas físicas ou jurídicas que se dediquem a atividades potencialmente poluidoras, e(ou) à extração, à produção, ao transporte e à comercialização de produtos potencialmente perigosos ao meio ambiente, assim como de produtos e subprodutos da fauna e flora, de modo que o Descumprimento dessa obrigação enseja a aplicação de multa administrativa.

Por fim, a Lei 11.284/2006 inseriu no artigo 9.º, da Lei 6.938/1981, novos **instrumentos econômicos**, como a **concessão florestal**, a **servidão ambiental**, o **seguro ambiental** e outros, o que denota se tratar de rol aberto.

A instituição de instrumentos econômicos em prol do meio ambiente é uma medida crescente no mundo, ao lado da tradicional regulação direta promovida pelo Poder Público.

É possível defini-los como medidas estatais que interferem na Ordem Econômica visando estimular condutas favoráveis à redução da poluição ou que busquem inibir posturas lesivas ao meio ambiente.

A **concessão florestal** é regulada pela Lei 11.284/2006, podendo ser definida como o contrato de concessão oneroso celebrado por entidades políticas com pessoas jurídicas (não poderá ser firmada com pessoas físicas), consorciadas ou não, precedido de licitação na modalidade concorrência, visando a transferir ao concessionário o direito de explorar de maneira sustentável os recursos florestais por prazo determinado.

> ▸ **Como esse assunto foi cobrado em concurso?**
>
> No concurso do CESPE para Juiz Federal da 1ª Região em 2011, foi considerado errado o seguinte enunciado: A concessão florestal consiste em delegação onerosa do direito de realizar manejo florestal sustentável a pessoa física ou jurídica, mediante licitação.
>
> No concurso do CESPE para Juiz Federal da 1ª Região em 2013, foram considerados errados os seguintes enunciados:
>
> - É vedado ao poder público delegar o direito de praticar manejo florestal sustentável a consórcio de pessoas jurídicas.

- A gestão do patrimônio florestal brasileiro, em especial das florestas públicas, é disciplinada em lei ordinária, comumente chamada de Código Florestal.

A concessão poderá ser feita para uma floresta pública (natural ou plantada, de propriedade da Administração Direta ou Indireta) ou floresta nacional, distrital, estadual ou municipal (unidade de conservação prevista no artigo 17 da Lei 9.985/2000), vedada a subconcessão.

▸ **Como esse assunto foi cobrado em concurso?**

No concurso do CESPE para Juiz Federal da 1ª Região em 2013, foi considerado correto o seguinte enunciado: As florestas naturais, bem como as plantadas, localizadas nos diversos biomas, em bens da União, dos estados, do DF, dos municípios ou de entidades da administração indireta são consideradas florestas públicas.

A concessão não transferirá a titularidade imobiliária ou direito de preferência na aquisição, o acesso ao patrimônio genético, o uso dos recursos hídricos e minerais, a exploração da fauna e a comercialização de créditos decorrentes da emissão evitada de carbono em florestas naturais.

O processo licitatório tem regras especiais, apenas aplicando-se supletivamente a Lei 8.987/1995 (Lei Geral de Concessões) e a 8.666/1993 (Lei de Licitações e Contratos Administrativos). Assim, por exemplo, é condição de habilitação a inexistência de débitos inscritos em Dívida Ativa em órgãos do SISNAMA, bem como a não condenação transitada em julgado em crimes ambientais ou tributários.

É vedada a inexigibilidade de licitação, assim como, no julgamento das propostas, serão combinados os critérios do maior preço ofertado como pagamento ao poder concedente e melhor técnica (menor impacto ambiental, maiores benefícios sociais diretos, maior eficiência e maior agregação de valor ao produto ou serviço florestal na região da concessão), consoante parâmetros editalícios. Outrossim, o edital da licitação deverá ser apresentado em audiência pública.

▸ **Como esse assunto foi cobrado em concurso?**

No concurso do CESPE para Juiz Federal da 1ª Região em 2013, foi considerado errado o seguinte enunciado: As concessões florestais são formalizadas mediante contratos administrativos, precedidos de licitação, salvo nas hipóteses de declaração de inexigibilidade.

No concurso do CESPE para Juiz Federal da 5ª Região em 2017, foi considerada correta a letra C: O instrumento econômico da Política Nacional do Meio Ambiente que envolve a delegação onerosa de direito de praticar manejo sustentável em uma unidade de manejo, mediante licitação, por prazo determinado, é denominado: A) seguro ambiental. B) servidão ambiental. C) concessão florestal. D) zoneamento ambiental. E) terceirização de manejo.

O concessionário poderá oferecer em garantia creditícia os direitos emergentes da concessão, desde que não comprometa a execução do contrato, conforme limite instituído pelo órgão gestor.

Regra geral, o prazo mínimo da concessão será o equivalente a um ciclo de corte, e o máximo de 40 anos. Caso a concessão seja de serviços florestais, a exemplo do turismo ou outras ações que não envolvam o consumo de produtos florestais, o lapso de tempo será entre 5 e 20 anos.

O artigo 54, da Lei 11.284/2006, criou o Serviço Florestal Brasileiro – SFB, órgão integrante do Ministério do Meio Ambiente, a quem foi confiada a tarefa de gerir as concessões florestais na esfera federal.

> **▸ Como esse assunto foi cobrado em concurso?**
>
> No concurso do CESPE para Juiz Federal da 1ª Região em 2011, foi considerado certo o seguinte enunciado: Na estrutura do Ministério do Meio Ambiente, o Serviço Florestal Brasileiro atua exclusivamente na gestão das florestas públicas, com competência para exercer a função de órgão gestor.

A **servidão ambiental** está regulamentada no artigo 9.º-A, da Lei 6.938/1981, com redação alterada pela Lei 12.651/2012 (novo Código Florestal), que também inseriu os artigos 9.º-B e 9.º-C, sendo espécie de servidão administrativa, com natureza de direito real sobre coisa alheia, devendo, destarte, ser registrada imobiliariamente, em que o proprietário ou possuidor (pessoa física ou jurídica) renuncia de maneira permanente ou temporária, total ou parcialmente, ao uso, exploração e supressão dos recursos naturais do prédio rústico.

Será instituída por instrumento público ou particular ou por termo administrativo firmado perante órgão integrante do SISNAMA, que deve ser averbado no Cartório de Registro de Imóveis.

O *prazo mínimo* da servidão ambiental será de *15 anos* para as novas instituições após a vigência do novo Código Florestal, sendo que anteriormente a legislação não previa esse lapso temporal mínimo.

É vedada a instituição de servidão ambiental nas áreas de preservação permanente ou de reserva legal, justamente por já existir um regime especial de proteção nesses espaços, ou seja, destina-se a servidão à área de uso alternativo do solo.

> **▸ Como esse assunto foi cobrado em concurso?**
>
> No concurso do CESPE em 2017 para Promotor de Justiça do Esteado de Roraima, foi considerada certa a letra B: O possuidor de um imóvel rural instituiu servidão ambiental perpétua, gratuitamente, por instrumento particular, limitando o uso de parte da propriedade, com o objetivo de conservar recursos ambientais existentes. Na situação apresentada, a servidão instituída consiste em instrumento:

A) técnico da PNAMA, mas deveria ter sido instituída pelo prazo determinado de, no mínimo, quinze anos.

B) econômico da PNAMA e não se aplica à área de preservação permanente nem à reserva legal mínima exigida.

C) técnico da PNAMA, mas deveria ter sido instituída pelo proprietário do imóvel.

D) econômico da PNAMA e não poderia ter sido instituída por instrumento particular.

Deveras, o regime de proteção deve ser, ao menos, o mesmo da reserva legal, o que implica a impossibilidade de supressão vegetal, salvo sob a forma de manejo sustentável. Ressalte-se que a servidão florestal, espécie de servidão ambiental, era prevista no artigo 44-A, da Lei 4.771/1965 (antigo CFlo), tendo sido inserida por meio da MP 2.166-67/2001. Contudo, com o advento do novo Código Florestal, a servidão florestal foi extinta e substituída pela servidão ambiental, que já existia, mas que teve o regime jurídico alterado pela Lei 12.651/2012.

Da mesma forma, é vedada, durante o prazo de vigência da servidão ambiental, a alteração da destinação da área, nos casos de transmissão do imóvel a qualquer título, de desmembramento ou de retificação dos limites do imóvel.

Ademais, o detentor da servidão ambiental poderá aliená-la, cedê-la ou transferi-la, total ou parcialmente, por prazo determinado ou em caráter definitivo, em favor de outro proprietário ou de entidade pública ou privada que tenha a conservação ambiental como fim social, devendo o contrato de alienação, cessão ou transferência da servidão ambiental ser averbado na matrícula do imóvel.

Poderá a servidão ambiental ser *gratuita ou onerosa*, tendo o objetivo de limitar o uso de toda a propriedade ou de parte dela para preservar, conservar ou recuperar os recursos ambientais existentes.

▸ Como esse assunto foi cobrado em concurso?

(2018/FCC/SABESP/Analista de Gestão) Entre os instrumentos da Política Nacional do Meio Ambiente previstos na Lei nº 6.938/1981 se inclui-se a denominada servidão ambiental, que

A) corresponde, em relação a áreas particulares, ao espaço territorialmente protegido, este último de titularidade pública.

B) é determinada pelo órgão de proteção ambiental federal ou estadual, sempre em caráter não oneroso.

C) poderá ser onerosa ou gratuita e, quanto à duração, perpétua ou temporária, porém nunca com duração inferior a 15 anos.

D) pode recair sobre reserva legal ou unidade de conservação, viabilizando um grau razoável de aproveitamento econômico.

E) é sempre instituída por lei, ensejando a perda do potencial de exploração econômica da área e gerando direito à indenização correspondente.

Letra C, correta.

Existe interesse econômico de um proprietário imobiliário de instituir servidão onerosa no seu imóvel para favorecer terceiro (detentor da servidão) para que este compense a reserva legal no seu imóvel rural que não possua os percentuais mínimos, consoante será estudado mais adiante nesta obra.

▸ **Como esse assunto foi cobrado em concurso?**

No concurso do CESPE para Técnico do IBAMA em 2012, foi considerado certo o seguinte enunciado: A servidão ambiental pode ser instituída pelo proprietário ou possuidor de imóvel, mediante instrumento público ou particular ou por termo administrativo firmado perante órgão integrante do SISNAMA. Contudo, ela não se aplica às áreas de preservação permanente e à reserva legal mínima exigida.

No concurso do CESPE para Juiz do DF em 2016, foi considerada correta a letra E:

Com relação à Política Nacional do Meio Ambiente, definida pela Lei n.º 6.938/1981, assinale a opção correta.

A) O detentor que tenha recebido a servidão ambiental, de forma gratuita, em razão do caráter personalíssimo dessa, não poderá aliená-la a título oneroso e em caráter definitivo.

B) O estabelecimento de normas e padrões nacionais de controle da poluição por veículos automotores, aeronaves e embarcações, mediante audiência dos ministérios competentes, é atribuição privativa do IBAMA.

C) A competência para administrar o Cadastro Técnico Federal de Atividades e Instrumentos de Defesa Ambiental e o Cadastro Técnico Federal de Atividades Potencialmente Poluidoras ou Utilizadoras de Recursos Ambientais é do CONAMA.

D) O órgão superior do SISNAMA é o CONAMA, que tem a função de assessorar o presidente da República na formulação da política nacional e nas diretrizes governamentais para o meio ambiente e os recursos ambientais.

E) Como forma de recuperar os danos ambientais existentes, o proprietário ou possuidor de imóvel poderá instituir servidão ambiental por instrumento público, particular ou por termo administrativo, exceto em áreas de preservação permanente e exceto em relação à reserva legal mínima exigida.

Também foi previsto o **seguro ambiental**, que é relevante, pois facilita a reparação de danos ao meio ambiente.

Há uma tendência de instituição do seguro ambiental obrigatório, tramitando no Congresso Nacional o projeto de Lei 2.313/2003, que objetiva implementar o seguro de responsabilidade civil do poluidor, pessoa física ou jurídica, que exerça atividade econômica potencialmente causadora de degradação ambiental, que possibilitará garantir com celeridade recursos para a reparação dos danos ambientais até o limite da apólice, que infelizmente se encontra estagnado desde 12.06.2007.

A Lei 12.305/2010, que aprovou a Política Nacional de Resíduos Sólidos, trouxe importante dispositivo sobre os seguros ambientais. De acordo com o seu artigo 40, no licenciamento ambiental de empreendimentos ou atividades que operem com resíduos perigosos, o órgão licenciador do SISNAMA pode exigir a contratação de seguro de responsabilidade civil por danos causados ao meio ambiente ou à saúde pública, observadas as regras sobre cobertura e os limites máximos de contratação fixados em regulamento.

Tendo em conta que a listagem é meramente exemplificativa, entende-se que também devem considerados como instrumentos econômicos em prol da sustentabilidade ambiental a instituição de tributos que favoreçam o equilíbrio ambiental, a concessão de subsídios fiscais e o crédito com grandes prazos de pagamento e com juros módicos.

Nesse sentido, os **fundos públicos e privados** são exemplos de outros instrumentos econômicos para a consecução da PNMA, nos termos do artigo 4.º, inciso IV, da Lei Complementar 140/2011.

▸ Como esse assunto foi cobrado em concurso?

No Exame de Ordem 2008.1 foi considerada correta a letra D:

São instrumentos da Política Nacional do Meio Ambiente.

I – O estabelecimento de padrões de qualidade ambiental e o zoneamento ambiental.

II – A avaliação de impacto ambiental e o licenciamento e a revisão de atividades efetivamente ou potencialmente poluidoras.

III – Os incentivos à produção e instalação de equipamentos e a criação ou absorção de tecnologia, voltados para a melhoria da qualidade ambiental e a criação de espaços territoriais especialmente protegidos pelo poder público federal, estadual e municipal, tais como áreas de proteção ambiental de relevante interesse ecológico e reservas extrativistas.

Assinale a opção correta.

A) apenas os itens I e II estão corretos.

B) apenas os itens I e III estão corretos.

C) apenas os itens II e III estão corretos.

D) todos os itens estão corretos.

No concurso da FAURGS para Juiz de Direito do RS em 2016, foi considerada correta a letra A:

Quanto à Política Nacional do Meio Ambiente, assinale a alternativa correta.

A) Os instrumentos da Política Nacional do Meio Ambiente, originariamente previstos no artigo 9º da Lei nº 6.938/1981, são, entre outros: estabelecimento de padrões de qualidade ambiental; zoneamento ambiental; avaliação de impactos ambientais; licenciamento e revisão de atividades efetiva ou potencialmente poluidoras; incentivos à produção e instalação de equipamentos e à criação ou absorção de tecnologia, voltados para a melhoria da qualidade ambiental; cadastro técnico federal de atividades e instrumentos de defesa ambiental; sistema nacional de informações sobre o meio ambiente.

B) O controle do cumprimento da Política Nacional do Meio Ambiente (estabelecida, com destaque, na Lei nº 6.938/1981) somente poderá ser realizado pelos órgãos e entidades da União, dos Estados, do Distrito Federal, dos Territórios e dos Municípios, e pelo Poder Público, que são responsáveis pela proteção e melhoria da qualidade ambiental e constituem o Sistema Nacional do Meio Ambiente; excepcionalmente, poderá ser realizado pelo Poder Judiciário, considerando-se o Princípio da Unidade da Jurisdição. Dessa forma, o controle da Política Nacional do Meio Ambiente não poderá ser realizado pelo Ministério Público, tampouco pelos Tribunais de Contas e Defensoria Pública.

C) A servidão ambiental poderá ser onerosa ou gratuita. As servidões serão temporárias, devendo respeitar o prazo mínimo de 15 anos; todavia, não poderão ser perpétuas, considerando o princípio da solidariedade intergeracional.

D) O Conselho Nacional do Meio Ambiente é autorizado a celebrar convênios com os Estados, os Municípios e o Distrito Federal para que desempenhem atividades de fiscalização ambiental, podendo repassar-lhes parcela da receita obtida com a Taxa de Controle e Fiscalização Ambiental (TCFA).

E) Os responsáveis pela elaboração e pela aprovação do Estudo de Impacto Ambiental e respectivo Relatório de Impacto Ambiental são, respectivamente, o Instituto Brasileiro do Meio Ambiente e o Conselho Nacional do Meio Ambiente.

3. COMPOSIÇÃO E COMPETÊNCIAS DO SISTEMA NACIONAL DO MEIO AMBIENTE

A competência para a implementação da Política Nacional do Meio Ambiente foi atribuída aos órgãos e entidades integrantes do SISNAMA – Sistema Nacional do Meio Ambiente, no âmbito da União, dos estados, do Distrito federal e dos municípios, responsáveis pela proteção e melhoria da qualidade ambiental, que conta com a seguinte composição:

I – **Órgão superior**: o Conselho de Governo (CG);

II – **Órgão consultivo e deliberativo**: o Conselho Nacional do Meio Ambiente (CONAMA);

III – **Órgão central**: o Ministério do Meio Ambiente (MMA);

IV – **Órgãos executores**: o Instituto Brasileiro do Meio Ambiente e dos Recursos Naturais Renováveis (IBAMA) e o Instituto Chico Mendes de Conservação da Biodiversidade (ICMBIO);

V – **Órgãos Seccionais**: os órgãos ou entidades estaduais[1] responsáveis pela execução de programas, projetos e pelo controle e fiscalização de atividades capazes de provocar a degradação ambiental;

VI – **Órgãos Locais**: os órgãos ou entidades municipais, responsáveis pelo controle e fiscalização dessas atividades, nas suas respectivas jurisdições.

▸ **Como esse assunto foi cobrado em concurso?**

No concurso do CESPE para Juiz Federal da 5ª Região em 2009, foi considerado certo o seguinte enunciado: O SISNAMA constitui-se de órgãos e entidades da União, dos estados, do DF e dos municípios, bem como de fundações instituídas pelo poder público, responsáveis pela proteção e melhoria da qualidade ambiental.

O Conselho de Governo é o órgão superior, com função de assessorar diretamente o Presidente da República na formulação de diretrizes de ação governamental, integrado pelos Ministros de Estado pelo Ministro de Estado Chefe da Casa Civil, que será integrado pelos Ministros de Estado e pelo titular do Gabinete Pessoal do Presidente da República.

A sua atuação poderá ser direta ou através de Câmaras, criadas por ato do Poder Executivo, com destaque para *Câmara de Política dos Recursos Naturais*, com a finalidade de formular políticas públicas e diretrizes de matérias relacionadas com a área de recursos naturais do Governo Federal, aprovar, promover a articulação e acompanhar a implementação dos programas e ações estabelecidos, no âmbito de ações cujo escopo ultrapasse a competência de um único Ministério.

Já o **CONAMA** é o ***órgão consultivo e deliberativo***, com poder normativo de amplitude muito controversa, com a finalidade de assessorar, estudar e propor ao Conselho de Governo, diretrizes de políticas governamentais para o meio ambiente e os recursos naturais e deliberar, no âmbito de sua competência, sobre normas e padrões compatíveis com o meio ambiente ecologicamente equilibrado e essencial à sadia qualidade de vida, presidido pelo Ministro do Meio Ambiente, com as seguintes competências, nos moldes do artigo 8.º, da Lei 6.938/1981:

> I – estabelecer, mediante proposta do IBAMA, normas e critérios para o licenciamento de atividades efetiva ou potencialmente poluidoras, a ser concedido pelos Estados e supervisionado pelo IBAMA;
>
> II – determinar, quando julgar necessário, a realização de estudos das alternativas e das possíveis consequências ambientais de projetos públicos ou privados, requisitando aos órgãos federais, estaduais e municipais, bem assim a entidades privadas, as informações indispensáveis para apreciação dos estudos de impacto ambiental, e respectivos relatórios, no

1. Apesar da omissão legal, por analogia, os órgãos ambientais distritais também entrarão neste inciso.

caso de obras ou atividades de significativa degradação ambiental, especialmente nas áreas consideradas patrimônio nacional;

III – **(Revogado pela Lei 11.941/2009)**

IV – *Vetado;*

V – determinar, mediante representação do IBAMA, a perda ou restrição de benefícios fiscais concedidos pelo Poder Público, em caráter geral ou condicional, e a perda ou suspensão de participação em linhas de financiamento em estabelecimentos oficiais de crédito;

VI – estabelecer, privativamente, normas e padrões nacionais de controle da poluição por veículos automotores, aeronaves e embarcações, mediante audiência dos Ministérios competentes;

VII – estabelecer normas, critérios e padrões relativos ao controle e à manutenção da qualidade do meio ambiente com vistas ao uso racional dos recursos ambientais, principalmente os hídricos.

▸ Como esse assunto foi cobrado em concurso?

No concurso do CESPE para Promotor de Justiça do Amazonas em 2007, foi considerado certo o seguinte enunciado: Compete ao CONAMA estabelecer, privativamente, normas e padrões nacionais de controle da poluição causada por veículos automotores, aeronaves e embarcações, mediante audiência dos ministérios competentes.

No concurso da VUNESP para Advogado da Petrobrás em 2011, foi considerado correto o seguinte enunciado: Compete ao Conselho Nacional do Meio Ambiente (Conama) estabelecer normas, critérios e padrões relativos ao controle e à manutenção da qualidade do meio ambiente, bem como estabelecer, privativamente, normas e padrões nacionais de controle da poluição por veículos automotores.

No concurso do CESPE para Juiz Federal da 1ª Região em 2013, foi considerado falso o seguinte enunciado: O IBAMA é competente para estabelecer normas e critérios para o licenciamento de atividades efetiva ou potencialmente poluidoras, podendo ainda licenciar empreendimentos de repercussão regional ou nacional.

Vale ressaltar que ainda existem outras competências atribuídas ao CONAMA pelo artigo 7.º, do Decreto 99.274/1990, não listadas no artigo 8.º, da Lei 6.938/1981.

De acordo com o artigo 4.º, do Decreto 99.274/1990, o CONAMA é composto pelo ***Plenário, Câmara Especial Recursal, Comitê de Integração de Políticas Ambientais, Câmaras Técnicas, Grupos de Trabalho e Grupos Assessores***, cabendo ao Ministro do Meio Ambiente presidir o Plenário, sendo a participação dos membros do CONAMA considerada serviço de natureza relevante e não remunerada, cabendo às instituições representadas o custeio das despesas de deslocamento e estadia.

> **Como esse assunto foi cobrado em concurso?**
> No Exame de Ordem 2008.1 foi considerado errado o seguinte enunciado: O CONAMA é composto pelo plenário, pelas câmaras técnicas e pelos diretórios regionais de políticas socioambientais.

Na forma do artigo 5.º do Decreto 99.274/1990, a composição do Plenário do CONAMA atende ao Princípio da Participação Comunitária, pois além de representantes do Poder Público federal, estadual, distrital e municipal, há ainda 21 representantes dos trabalhadores e da sociedade civil, 08 representantes de entidades empresarias e 01 membro honorário indicado pelo Plenário, além dos Conselheiros Convidados sem direito a voto: 01 representante do MPF, 01 do MPE e 01 da Comissão de Defesa do Consumidor, Meio Ambiente e Minorias da Câmara dos Deputados.

A questão dos limites do poder normativo do CONAMA, *mutatis mutandis*, gera a mesma polêmica do poder normativo das agências reguladoras, pois é sabido que, em regra, o poder regulamentar tem por fundamento de validade a lei em sentido estrito, que deve fixar, ao menos, os parâmetros a serem pormenorizados pelo ato regulamentar, ou seja, é vedada a delegação incondicionada do Poder Legislativo ao Poder executivo (Princípio da Estrita Legalidade), sendo a função política legiferante irrenunciável e indelegável, salvo as exceções previstas constitucionalmente.

Contudo, por questões de conveniência ambiental ou em aplicação direta ao direito fundamental ao meio ambiente ecologicamente equilibrado, considerado como fundamento primário de inúmeros atos do Conselho, pois é preciso uma regulação estatal específica da matéria, aliada ao fato de as resoluções do CONAMA serem, normalmente, regras de boa qualidade técnica, não é comum a sua invalidação pelo Poder Judiciário.

Importante frisar que o poder normativo do CONAMA não sucumbiu diante do artigo 25, do ADCT, da Constituição, pois não se trata de delegação de função legislativa ao Poder Executivo, haja vista o estabelecimento de parâmetros legais em sentido estrito para o exercício das atribuições do Conselho, sendo, portanto, legítimos os regulamentos editados.

Já o ***órgão central*** do SISNAMA é o **Ministério do Meio Ambiente – MMA**, antiga Secretaria do Meio Ambiente de Presidência da República, que planeja, coordena, supervisiona e controla a execução da PNMA e as diretrizes governamentais fixadas para o meio ambiente.

O ***"órgão" executor*** é o **Instituto Brasileiro do Meio Ambiente e dos Recursos Naturais Renováveis – IBAMA**, autarquia federal em regime especial, criado pela Lei 7.735/1989, vinculado ao MMA, a quem compete exercer o poder de polícia ambiental federal, executar ações da Política Nacional do Meio Ambiente na esfera federal e ações supletivas.

A despeito da omissão do artigo 6.º, inciso IV, da Lei 6.938/1981, o artigo 3.º, inciso IV, do Decreto 99.274/1990, alterado pelo Decreto 6.792/2009, inseriu o **Instituto Chico Mendes de Conservação da Biodiversidade – ICMBIO** como executor do SISNAMA.

Posteriormente, a Lei 12.856, de 2 de setembro de 2013, finalmente alterou o artigo 6.º, inciso IV, da Lei 6.938/81, inserindo formalmente o Instituto Chico Mendes de Conservação da Biodiversidade como executor do SISNAMA.

> **▸ Como esse assunto foi cobrado em concurso?**
>
> No concurso para Procurador do Município de Manaus em 2018 (CESPE), foi considerado falso o seguinte enunciado: O IBAMA e o ICMBio são considerados órgãos superiores do SISNAMA.

O Instituto Chico Mendes, autarquia federal criada pela Lei 11.516/2007, retirou do IBAMA a tarefa da conservação ambiental, mediante a gestão das unidades de conservação federais.

> **▸ Como esse assunto foi cobrado em concurso?**
>
> No concurso da Planejar para Procurador do Município de Lauro de Freiras em 2016, foi considerada correta a letra C:
>
> Estrutura e competências administrativas do Sistema Nacional do Meio Ambiente – SISNAMA, conforme a Lei nº 6.938/81, julgue:
>
> I. órgão superior: a Secretaria do Meio Ambiente da Presidência da República, com a finalidade de planejar, coordenar, supervisionar e controlar, como órgão federal, a política nacional e as diretrizes governamentais fixadas para o meio ambiente;
>
> II. órgão consultivo e deliberativo: o Conselho Nacional do Meio Ambiente (CONAMA), com a finalidade de assessorar, estudar e propor ao Conselho de Governo, diretrizes de políticas governamentais para o meio ambiente e os recursos naturais e deliberar, no âmbito de sua competência, sobre normas e padrões compatíveis com o meio ambiente ecologicamente equilibrado e essencial à sadia qualidade de vida;
>
> III. órgão central: o Conselho de Governo, com a função de assessorar o Presidente da República na formulação da política nacional e nas diretrizes governamentais para o meio ambiente e os recursos ambientais;
>
> IV. órgãos executores: o Instituto Brasileiro do Meio Ambiente e dos Recursos Naturais Renováveis – IBAMA e o Instituto Chico Mendes de Conservação da Biodiversidade – Instituto Chico Mendes, com a finalidade de executar e fazer executar a política e as diretrizes governamentais fixadas para o meio ambiente, de acordo com as respectivas competências.
>
> A) I, III.
>
> B) I, II, III.
>
> C) II, IV.
>
> D) I, II, IV.
>
> E) apenas o item IV.

Os **órgãos seccionais** serão definidos pelos estados-membros e pelo Distrito Federal, de acordo com as suas normas, a exemplo da Secretaria do Meio Ambiente – SEMA e do INEMA, no Estado da Bahia.

Os **órgãos locais** terão natureza municipal, não sendo comum a sua criação na maioria dos municípios brasileiros, mormente os mais pobres e menos populosos, ante a precária estrutura administrativa que assola grande parte dos entes locais neste país.

> **▸ Como esse assunto foi cobrado em concurso?**
>
> No concurso do CESPE para Defensor Público do Piauí em 2009, foi considerada correta a letra B: Acerca da PNMA, assinale a opção correta.
>
> A) O órgão superior do SISNAMA é o Ministério do Meio Ambiente.
>
> B) O cadastro técnico federal de atividades e instrumento de defesa ambiental é considerado instrumento da PNMA.
>
> C) O proprietário de imóvel rural pode instituir servidão ambiental, inclusive nas áreas de preservação permanente e de reserva legal, desde que com a anuência do órgão ambiental competente.
>
> D) O órgão consultivo e deliberativo do SISNAMA é o Conselho de Governo.
>
> E) A servidão ambiental prescinde de averbação no registro de imóveis competente.

4. TABELA-SÍNTESE DOS PONTOS PRINCIPAIS DO CAPÍTULO

INSTRUMENTOS DA POLÍTICA NACIONAL DO MEIO AMBIENTE
- o estabelecimento de padrões de qualidade ambiental;
- o zoneamento ambiental;
- a avaliação de impactos ambientais;
- o licenciamento e a revisão de atividades efetiva ou potencialmente poluidoras;
- os incentivos à produção e instalação de equipamentos e a criação ou absorção de tecnologia, voltados para a melhoria da qualidade ambiental;
- a criação de espaços territoriais especialmente protegidos pelo Poder Público federal, estadual e municipal, tais como áreas de proteção ambiental, de relevante interesse ecológico e reservas extrativistas;
- o sistema nacional de informações sobre o meio ambiente;
- o Cadastro Técnico Federal de Atividades e Instrumentos de Defesa Ambiental;
- as penalidades disciplinares ou compensatórias ao não cumprimento das medidas necessárias à preservação ou correção da degradação ambiental;
- a instituição do Relatório de Qualidade do Meio Ambiente, a ser divulgado anualmente pelo Instituto Brasileiro do Meio Ambiente e Recursos Naturais Renováveis – IBAMA;

INSTRUMENTOS DA POLÍTICA NACIONAL DO MEIO AMBIENTE
– a garantia da prestação de informações relativas ao Meio Ambiente, obrigando-se o Poder Público a produzi-las, quando inexistentes;
– o Cadastro Técnico Federal de atividades potencialmente poluidoras e/ou utilizadoras dos recursos ambientais;
– instrumentos econômicos, como concessão florestal, servidão ambiental, seguro ambiental e outros.

SISNAMA – SISTEMA NACIONAL DO MEIO AMBIENTE	
ÓRGÃO SUPERIOR: CONSELHO DE GOVERNO	Com a função de assessorar o Presidente da República na formulação da política nacional e nas diretrizes governamentais para o meio ambiente e os recursos ambientais.
ÓRGÃO CONSULTIVO E DELIBERATIVO: CONAMA	Com a finalidade de assessorar, estudar e propor ao Conselho de Governo, diretrizes de políticas governamentais para o meio ambiente e os recursos naturais e deliberar, no âmbito de sua competência, sobre normas e padrões compatíveis com o meio ambiente ecologicamente equilibrado e essencial à sadia qualidade de vida: – estabelecer, mediante proposta do IBAMA, normas e critérios para o licenciamento de atividades efetiva ou potencialmente poluidoras, a ser concedido pelos Estados e supervisionado pelo IBAMA; – determinar, quando julgar necessário, a realização de estudos das alternativas e das possíveis consequências ambientais de projetos públicos ou privados, requisitando aos órgãos federais, estaduais e municipais, bem assim a entidades privadas, as informações indispensáveis para apreciação dos estudos de impacto ambiental, e respectivos relatórios, no caso de obras ou atividades de significativa degradação ambiental, especialmente nas áreas consideradas patrimônio nacional;
ÓRGÃO CONSULTIVO E DELIBERATIVO: CONAMA	– homologar acordos visando à transformação de penalidades pecuniárias na obrigação de executar medidas de interesse para a proteção ambiental; – determinar, mediante representação do IBAMA, a perda ou restrição de benefícios fiscais concedidos pelo Poder Público, em caráter geral ou condicional, e a perda ou suspensão de participação em linhas de financiamento em estabelecimentos oficiais de crédito; – estabelecer, privativamente, normas e padrões nacionais de controle da poluição por veículos automotores, aeronaves e embarcações, mediante audiência dos Ministérios competentes; – estabelecer normas, critérios e padrões relativos ao controle e à manutenção da qualidade do meio ambiente com vistas ao uso racional dos recursos ambientais, principalmente os hídricos.

SISNAMA – SISTEMA NACIONAL DO MEIO AMBIENTE	
ÓRGÃO CENTRAL: MINISTÉRIO DO MEIO AMBIENTE (ANTIGA SECRETARIA DO MEIO AMBIENTE DA PRESIDÊNCIA DA REPÚBLICA)	Com a finalidade de planejar, coordenar, supervisionar e controlar, como órgão federal, a política nacional e as diretrizes governamentais fixadas para o meio ambiente.
ÓRGÃOS EXECUTORES: IBAMA E ICMBIO	Com a finalidade de executar e fazer executar, como órgãos federais, a política e diretrizes governamentais fixadas para o meio ambiente.
ÓRGÃOS SECCIONAIS: ESTADUAIS E DO DISTRITO FEDERAL	Os órgãos ou entidades estaduais responsáveis pela execução de programas, projetos e pelo controle e fiscalização de atividades capazes de provocar a degradação ambiental.
ÓRGÃOS LOCAIS: MUNICIPAIS	Os órgãos ou entidades municipais, responsáveis pelo controle e fiscalização de atividades de atividades capazes de provocar a degradação ambiental, nas suas respectivas jurisdições.

Capítulo 5

Poder de Polícia, Licenciamento e Estudos Ambientais

1. PODER DE POLÍCIA AMBIENTAL

Inicialmente, vale relembrar que todas as entidades políticas, diretamente ou através de seus entes integrantes da Administração Pública Indireta, possuem o dever constitucional de exercer o poder de polícia ambiental, por se tratar de competência material comum a proteção ao meio ambiente e o combate a poluição em qualquer de suas formas, *ex vi* do artigo 23, VI, da CRFB.

É largamente difundido o conceito legal do poder de polícia dado pelo artigo 78, do CTN, como sendo a atividade da administração pública que, limitando ou disciplinando direito, interesse ou liberdade, regula a prática de ato ou abstenção de fato, em razão de interesse público concernente à segurança, à higiene, à ordem, aos costumes, à disciplina da produção e do mercado, ao exercício de atividades econômicas dependentes de concessão ou autorização do Poder Público, à tranquilidade pública ou ao respeito à propriedade e aos direitos individuais ou coletivos.

Trata-se de definição de aplicação geral, não restrita ao Direito Tributário. Deveras, o poder de polícia decorre da necessidade pública de limitar o abuso no exercício dos direitos individuais, a fim de conformá-los ao interesse público, uma vez que inexiste direito absoluto, devendo o exercício desse poder se pautar nos lindes do adequado, necessário e proporcional em sentido estrito (Princípio da Proporcionalidade).

Tradicionalmente, no Direito Administrativo, afirma-se que o exercício do poder de polícia é uma faculdade da Administração Pública, tendo natureza discricionária para boa parte dos administrativistas, em regra. Contudo, com espeque no neoconstitucionalismo, em que a amplitude das normas constitucionais adquire eficácia máxima e o controle judicial da legitimidade dos atos administrativos cresce exponencialmente, entende-se que se encontra superado esse entendimento, máxime em termos do Direito Ambiental, que possui contornos próprios.

Com efeito, a princípio, crê-se que o exercício do poder de polícia não é mera faculdade do Poder Público, e sim dever de ofício, pois é preciso evitar o abuso dos direitos individuais em prol da coletividade, tendo em conta a transição do Estado Liberal ao Social, em que a inércia da Administração Pública foi substituída por uma atuação positiva, em especial na efetivação dos direitos fundamentais econômicos e sociais (2ª dimensão) e coletivos (3ª dimensão), de índole prestacional e transindividual, respectivamente.

Em segundo lugar, apenas falar-se-á em discricionariedade no exercício do poder de polícia na hipótese de faltar legislação específica a respeito, quando a autoridade administrativa tiver que pautar a sua atuação apenas no artigo 78, do CTN, autorização legislativa geral, ante a inexistência de normas próprias.

> **Importante!**
>
> Assim sendo, considerando que é vasta a legislação que rege o poder de polícia ambiental, é indene de dúvidas a sua **natureza vinculada, em regra,** normalmente inexistindo conveniência e oportunidade na sua exteriorização, mesmo porque é dever do Poder Público promover a preservação ambiental e o controle da poluição, à luz do **Princípio da Natureza Pública da Proteção Ambiental.** Esta é a posição dominante da doutrina ambiental.

É muito importante salientar que a competência para o licenciamento ambiental não se confunde com a atribuição para exercer a fiscalização ambiental, podendo ser exercidos por diferentes esferas.

> **Importante!**
>
> Logo, as esferas de governo que não promoveram o licenciamento ambiental terão competência para exercer a fiscalização ambiental sobre a atividade.

Contudo, existem novidades legislativas sobre essa questão. De acordo com o artigo 17, *caput*, da Lei Complementar 140/2011, "compete ao órgão responsável pelo licenciamento ou autorização, conforme o caso, de um empreendimento ou atividade, lavrar auto de infração ambiental e instaurar processo administrativo para a apuração de infrações à legislação ambiental cometidas pelo empreendimento ou atividade licenciada ou autorizada".

Assim sendo, a LC 140/2011 deu prioridade ao órgão ambiental licenciador para o exercício do poder de polícia ambiental através da lavratura de auto de infração, caso consumado um ilícito administrativo-ambiental.

Entende-se que continua sendo possível que os órgãos ambientais das esferas que não licenciaram o empreendimento exerçam o seu poder de polícia ambiental, pois se trata de competência material comum.

> **Importante!**
>
> Nesse sentido, pontifica o artigo 17, § 3.º, da LC 140/2011, que "o disposto no *caput* deste artigo não impede o exercício pelos entes federativos da atribuição comum de fiscalização da conformidade de empreendimentos e atividades efetiva ou potencialmente poluidores ou utilizadores de recursos naturais com a legislação ambiental em vigor, prevalecendo o auto de infração ambiental lavrado por órgão que detenha a atribuição de licenciamento ou autorização a que se refere o *caput*".

Esse dispositivo legal não é nada claro e pode sofrer uma série de interpretações divergentes, sendo plurissignificativo. Certamente o objetivo do legislador foi fazer prevalecer o entendimento do órgão ambiental licenciador, caso haja o exercício concorrente do poder de polícia ambiental exercido por outras esferas, a fim de reduzir os litígios.

Destarte, suponha-se que o Estado da Bahia, através da sua autarquia ambiental (INEMA), promova o licenciamento ambiental de um empreendimento. Posteriormente, por julgar violada a legislação federal, o IBAMA lavra um auto de infração e interdita a obra, aplicando uma multa simples.

Neste caso, na hipótese de o INEMA também lavrar um auto de infração, prevalecerá o ato administrativo praticado pela autarquia estadual, a teor da expressa previsão do artigo 17, § 3.º, da LC 140/2011, cabendo apenas ao IBAMA ingressar com uma demanda judicial para pronunciar a ilegitimidade dos atos administrativos perpetrados pelo INEMA.

Entrementes, o artigo 17, da LC 140/2011, não trata expressamente de outra situação. Adotando ainda o caso hipotético acima posto, caso o INEMA entenda que inexiste irregularidade, discordando do posicionamento do IBAMA, subsistirá o auto de infração lavrado pelo ente federal?

A despeito da omissão legal, entende-se que sim, haja vista ser competência material comum entre todos os entes federados exercer o poder de polícia ambiental, cabendo apenas ao INEMA ou ao empreendedor questionar os atos administrativos do IBAMA em ação na Justiça Federal, pois o poder de polícia ambiental federal não pode ser suprimido, devendo a LC 140/2011 ser interpretada de acordo com o artigo 23, VI, da Constituição de 1988.

Como esse assunto foi cobrado em concurso?

(2019/CESPE/Procurador de Boa Vista/RR) Rafaela capturou, para sua criação doméstica de pássaros, duas jandaias amarelas, espécie que consta na lista federal de fauna ameaçada de extinção. João, fiscal do órgão ambiental competente, assistiu à captura dos animais, mas, por amizade a Rafaela, omitiu-se. Tempo depois, Rafaela, residente em Boa Vista - RR, decidiu pedir autorização para a guarda dos pássaros à Secretaria de Serviços Públicos e Meio Ambiente do Município de Boa Vista. No momento da solicitação, ela relatou ter tido a permissão de João para levar para casa as duas aves.

Acerca dessa situação hipotética, julgue o item a seguir à luz da lei que regulamenta crimes ambientais, do Decreto n.º 6.514/2008 e do entendimento dos tribunais superiores.

O município de Boa Vista não tem competência para fiscalizar a captura das duas jandaias amarelas, pois as espécies constam na lista federal de fauna ameaçada de extinção, devendo, então, ser protegidas pelo IBAMA, que poderia oferecer a denúncia criminal em desfavor de Rafaela.

Gabarito: errado.

▸ **Qual o entendimento do STJ sobre o assunto?**

"O domínio da área em que o dano ou o risco de dano se manifesta é apenas um dos critérios definidores da legitimidade para agir do parquet federal. Ademais, o poder-dever de fiscalização dos outros entes deve ser exercido quando a atividade esteja, sem o devido acompanhamento do órgão competente, causando danos ao meio ambiente. A atividade fiscalizatória das atividades nocivas ao meio ambiente concede ao IBAMA interesse jurídico suficiente para exercer seu poder de polícia administrativa, ainda que o bem esteja situado em área cuja competência para o licenciamento seja do município ou do estado. (AgRg no REsp 1373302, de 11/06/2013).

▸ **Como esse assunto foi cobrado em concurso?**

No concurso do CESPE para Advogado da União em 2015, foi considerado errado o seguinte enunciado: Na zona costeira nordestina, uma empresa estrangeira construiu um empreendimento turístico hoteleiro de grande porte próximo ao mar, sem o licenciamento ambiental prévio exigido por lei, ocupando ilegalmente área de preservação permanente na margem de um rio e afetando diretamente uma comunidade lindeira composta em sua maioria por pescadores.

Seis meses após a inauguração do empreendimento, o empresário estrangeiro vendeu o negócio a uma empresa brasileira, que vem operando o hotel há cerca de um ano, sem, contudo, ter efetuado ainda a regularização do licenciamento ambiental.

Além disso, após reclamações provenientes da comunidade afetada, foram constatados os seguintes problemas: ausência de recolhimento e de disposição adequados dos resíduos líquidos e sólidos, com prejuízos ao bem-estar da referida comunidade; e impedimento de livre acesso à praia, o que prejudicou as atividades econômicas dos pescadores da comunidade.

Com referência a essa situação hipotética, julgue os itens a seguir em consonância com as normas ambientais e a jurisprudência pertinente.

Uma vez que o empreendimento irregular está localizado na zona costeira, patrimônio ambiental nacional e bem da União, a fiscalização e a aplicação de penalidade administrativa ambiental ao empreendimento competem exclusivamente ao órgão ambiental federal.

Registre-se que o efetivo exercício do poder de polícia ambiental poderá ser considerado como hipótese de incidência da taxa, tributo vinculado a uma atuação estatal, que poderá ser instituído por todos os entes políticos, porquanto se trata de competência material.

Como exemplo, o Estado da Bahia instituiu taxa pelo exercício do poder de polícia e pela prestação de serviços na área de biodiversidade nos anexos I e II, da Lei n.º 3.956, de 11 de dezembro de 1981, Código Tributário do Estado da Bahia – COTEB, conforme narrado no artigo 145, da Lei Estadual 10.431/2006.

Na seara federal, a Lei 10.165/2000 instituiu a **Taxa de Controle e Fiscalização Ambiental – TCFA**, inserindo os artigos 17-B, 17-C, 17-D, 17-F, 17-G, 17-H e 17-I, todos na Lei 6.938/1981, cuja hipótese de incidência é o exercício do poder de polícia pelo IBAMA para controle e fiscalização das atividades potencialmente poluidoras e utilizadoras de recursos naturais, autarquia federal que também detém a capacidade tributária ativa por delegação da União.

2. LICENCIAMENTO AMBIENTAL

2.1. Natureza jurídica e definição

O licenciamento ambiental é mais um dos importantes instrumentos para a consecução da Política Nacional do Meio Ambiente, listado no inciso IV, do artigo 9.º, da Lei 6.938/1981, sendo corolário da determinação constitucional direcionada ao Poder Público para controlar a poluição (artigo 225, § 1.º, V) e uma manifestação do poder de polícia ambiental.

> ▸ **Como esse assunto foi cobrado em concurso?**
>
> No concurso do CESPE para Procurador do Estado de PE em 2009, foi considerado errado o seguinte enunciado: O licenciamento não consubstancia o exercício do poder de polícia.

> ▸ **Importante!**
>
> Por sua vez, prevê o *caput* do artigo 10, da Lei 6.938/1981, com redação dada pela Lei Complementar 140/2011, que **"a construção, instalação, ampliação e funcionamento de estabelecimentos e atividades utilizadores de recursos ambientais, efetiva ou potencialmente poluidores ou capazes, sob qualquer forma, de causar degradação ambiental dependerão de prévio licenciamento ambiental"**, sendo, portanto, **prévia condição para o exercício das atividades econômicas poluidoras**, realizando a exceção esculpida no parágrafo único, do artigo 170, da Lei Maior, pois se trata de atividade econômica com restrição normativa.

Com a modificação da sua redação dada pela LC 140/2011, o artigo 10, da Lei 6.938/1981, não mais trata da competência para a promoção do licenciamento ambiental, pois essa matéria passou a ter como principal norma de regulamentação no Brasil a referida Lei Complementar.

> ▸ **Como esse assunto foi cobrado em concurso?**
>
> No concurso do CESPE para Juiz Federal da 5ª Região 2009, foi considerado errado o seguinte enunciado: A construção, instalação, ampliação e funcionamento de atividades utilizadoras de recursos ambientais, consideradas efetiva ou potencialmente poluidoras, dependerão de prévio licenciamento dos órgãos federais que compõem o SISNAMA.

Importante também destacar o conteúdo do artigo 12, da Lei 6.938/1981, que coloca o licenciamento ambiental como condição para a concessão de benefícios por parte das entidades e órgãos de financiamento e incentivos governamentais.

Vale registrar que, excepcionalmente, o novo Código Florestal **dispensou a autorização** do órgão ambiental competente para a execução, em **caráter de urgência**, de atividades de **segurança nacional e obras de interesse da defesa civil destinadas à prevenção e mitigação de acidentes em áreas urbanas situadas em áreas de preservação permanente.**

> ▸ **Importante!**
>
> Com arrimo no artigo 1.º, inciso I, da Resolução CONAMA 237/1997, cuida-se o licenciamento ambiental de "procedimento administrativo pelo qual o órgão ambiental competente licencia a localização, instalação, ampliação e a operação de empreendimentos e atividades utilizadoras de recursos ambientais, consideradas efetiva ou potencialmente poluidoras ou daquelas que, sob qualquer forma, possam causar degradação ambiental, considerando as disposições legais e regulamentares e as normas técnicas aplicáveis ao caso".

> ▸ **Como esse assunto foi cobrado em concurso?**
>
> No concurso do CESPE para Juiz Federal da 1ª Região 2009, foi considerado certo o seguinte enunciado: O licenciamento ambiental é o conjunto de etapas constituintes do procedimento administrativo que objetiva a concessão da licença ambiental, sendo esta, portanto, uma das etapas do licenciamento.

Logo, se cuida o licenciamento ambiental de procedimento ou processo administrativo, e não apenas um mero ato administrativo.

> ▸ **Como esse assunto foi cobrado em concurso?**
>
> No concurso do CESPE para Juiz Federal da 1ª Região 2009, foi considerado errado o seguinte enunciado: O licenciamento ambiental é espécie de ato administrativo unilateral e vinculado, pelo qual a administração faculta àquele que preenche os requisitos legais o exercício de determinada atividade.

Vale destacar que o licenciamento ambiental também passou a ser definido pelo artigo 2.º, I, da Lei Complementar 140/2011, assim considerado "o procedimento administrativo destinado a licenciar atividades ou empreendimentos utilizadores de recursos ambientais, efetiva ou potencialmente poluidores ou capazes, sob qualquer forma, de causar degradação ambiental".

Trata-se de definição mais simplória do que a fornecida pela Resolução CONAMA 237/1997, mas que em nada é conflitante, pois apenas o Conselho Nacional do Meio Ambiente foi mais descritivo.

Em Direito Ambiental normalmente se utiliza a expressão licenciamento ambiental em sua acepção ampla, abarcando, além das licenças propriamente ditas, as autorizações ambientais, que têm caráter precário e não vinculado.

Na omissão da legislação ambiental sobre o tema, nada impede a aplicação supletiva ao licenciamento ambiental federal, no que for compatível, da Lei 9.784/1999, que rege o procedimento administrativo no âmbito federal.

2.2. Publicidade e exigibilidade

Digna de aplausos foi a edição da Lei 10.650/2003, que regulamenta a acessibilidade pública dos dados das entidades e órgãos componentes do SISNAMA, facilitando a fiscalização dos órgãos de controle e de toda a sociedade.

Deveras, em regra, todos os documentos são acessíveis ao público, independentemente da comprovação de interesse específico, ressalvados os sigilos com proteção especial, a exemplo do industrial, **devendo a entidade ambiental publicar em Diário Oficial e manter disponíveis após 30 dias da publicação os pedidos de licenciamento, renovação e concessão, bem como os pedidos de licença para supressão vegetal**, entre outras hipóteses listadas, apenas podendo-se cobrar os custos para o seu fornecimento (a exemplo das despesas para fotocópia).

Da mesma forma, de acordo com o artigo 10, § 1.º, da Lei 6.938/1981, os pedidos de licenciamento, sua renovação e a respectiva concessão serão publicados no jornal oficial, bem como em periódico regional ou local de grande circulação, ou em meio eletrônico de comunicação mantido pelo órgão ambiental competente.

Em que pese o silêncio da citada norma jurídica, é possível sustentar que a ausência de publicação do extrato da concessão, alteração ou renovação de licença ou autorização ambiental é causa de sobrestamento de sua eficácia, tal qual ocorre no âmbito do Direito Administrativo.

Frise-se que, nos moldes do artigo 2.º, da Resolução CONAMA 237/1997, estarão sujeitas ao licenciamento ambiental as atividades relacionadas no *anexo I*, da citada Resolução, que traz um **rol não taxativo**, pois o ente ambiental poderá complementá-lo, fundamentando a necessidade, conforme as especificidades, os riscos ambientais, o porte e outras características do empreendimento ou atividade.

> ▸ **Como esse assunto foi cobrado em concurso?**
>
> No concurso do CESPE Procurador do Estado de PE 2009, foi considerado errado o seguinte enunciado: O licenciamento é obrigatório somente para as atividades arroladas no anexo da Resolução n.º 237/1997.

2.3. Competência

Talvez a questão que traga mais conflito entre os entes que compõem o SISNAMA seja a **repartição de competências para o licenciamento ambiental**, que é comum entre os entes federados, chegando a ponto de despertar a competência do STF para julgar o tema em ação originária, na condição de Tribunal da Federação, com fulcro no artigo 102, I, "f", da CRFB.

É muito comum que mais de um ente se julgue competente para licenciar (infelizmente, muitas vezes com base no interesse público secundário), o que interfere negativamente no desenvolvimento econômico, pois o empreendedor fica desnorteado sem saber com quem deverá licenciar a sua atividade.

Essa repartição de competências entre os entes políticos deve ser regulamentada por lei complementar, consoante previsto no parágrafo único, do artigo 23, da Constituição, que não havia sido promulgada pelo Congresso Nacional, deixando por mais de 20 anos um vazio legislativo sobre a operacionalização da cooperação que deve ocorrer na esfera ambiental.

Finalmente, foi promulgada **a Lei Complementar 140, de 8 de dezembro de 2011**, que regula as competências ambientais comuns entre a União, os Estados, o Distrito Federal e os Municípios, especialmente no que concerne ao licenciamento ambiental.

Assim, a LC 140/2011 tornou-se a principal norma infraconstitucional que disciplina a competência para o licenciamento ambiental, devendo todas as outras normas jurídicas ser interpretadas de acordo com a mencionada Lei Complementar, especialmente a Resolução CONAMA 237/1997.

É bom frisar que mesmo que se conclua pela competência de um órgão ambiental para a promoção do licenciamento ambiental, não resta excluído o poder de fiscalização dos demais de outras esferas, **observado o disposto no já analisado artigo 17, da LC 140/2011.**

De início, cumpre observar que **dois são os principais critérios definidores da competência material** para promover o licenciamento ambiental que predominam em nosso ordenamento jurídico, a saber: o ***critério da dimensão do impacto ou dano ambiental***, que decorre do Princípio Constitucional da Preponderância do Interesse, e o ***critério da dominialidade do bem público afetável***.

É possível apontar também um critério residual, denominado de ***critério da atuação supletiva***, pois quando o órgão ambiental do ente federado de menor extensão territorial não puder licenciar, o de maior abrangência territorial o fará, de acordo com os critérios do artigo 15, da LC 140/2011.

Logo, inexistindo órgão ambiental capacitado ou conselho de meio ambiente no Estado ou no Distrito Federal, a União deve desempenhar as ações administrativas estaduais ou distritais até a sua criação. Por sua vez, inexistindo órgão ambiental capacitado ou conselho de meio ambiente no Município, o Estado deve desempenhar as ações administrativas municipais até a sua criação. Por fim, inexistindo órgão ambiental capacitado ou conselho de meio ambiente no Estado e no Município, a União deve desempenhar as ações administrativas até a sua criação em um daqueles entes federativos.

▸ **Importante!**

É curial salientar que o artigo 2.º, da Lei Complementar 140/2011, diferenciou a ***atuação supletiva*** (substituição) da ***atuação subsidiária*** (colaboração). Considera-se **atuação supletiva** a ação do ente da federação que se *substitui* ao ente federativo originariamente detentor das atribuições previstas na LC 140/2011.

Já a **atuação subsidiária** é a ação do ente da federação que visa a *auxiliar* no desempenho das atribuições decorrentes das competências comuns, quando solicitado pelo ente federativo originariamente detentor das atribuições previstas na citada Lei Complementar, operando-se através de apoio técnico, científico, administrativo ou financeiro, sem prejuízo de outras formas de cooperação.

Por tudo isso, a *ação supletiva* significa a substituição de um órgão ambiental licenciador por outro de uma esfera de governo mais ampla, independentemente da aquiescência do substituído, caso se realize uma das hipóteses do artigo 15, da LC 140/2011, ao passo que a *ação subsidiária* é uma cooperação a ser prestada por ente federativo diverso, devendo ser provocada (art. 16).

▸ **Como esse assunto foi cobrado em concurso?**

No concurso do CESPE Juiz Federal da 1ª Região em 2009, foi considerado errado o seguinte enunciado: É permitida a atuação subsidiária de ente da Federação quando solicitado auxílio pelo ente federativo originariamente detentor das atribuições decorrentes das competências comuns, sendo a atuação supletiva, contudo, vedada.

Para a definição da competência para o licenciamento ambiental em unidades de conservação, **salvo nas áreas de proteção ambiental**, o artigo 12, da Lei Complementar 140/2011 ainda adotou expressamente o ***critério do ente federativo instituidor da unidade de conservação***, conforme será visto.

Deveras, a legislação ambiental é vacilante sobre a prevalência do critério a ser utilizado, ora pendendo para um lado, ora para outro, a depender da situação concreta, mesmo com o advento da Lei Complementar 140/2011.

Pelo **critério da extensão do impacto ambiental**, a definição do órgão ambiental licenciador decorrerá da dimensão territorial dos danos ambientais a serem causados, podendo ser simplificado na tabela abaixo:

COMPETÊNCIA MUNICIPAL	**Impacto local** – Assim considerado o que não ultrapassa as fronteiras do território de um Município.
COMPETÊNCIA ESTADUAL	**Impacto estadual** – Assim considerado o que ultrapassa o território de um Município, mas fica adstrito às fronteiras de um Estado da federação.
COMPETÊNCIA FEDERAL (IBAMA)	**Impacto regional ou nacional** – Assim considerado o que ultrapassa o território de um Estado, abarcando uma região ou mesmo todo o território brasileiro.

No caso do Distrito Federal, que não é divido em municípios, este ente político *sui generis* irá licenciar nas hipóteses de impacto que não ultrapasse as suas fronteiras, mesmo que apenas local.

Em termos legais, o **impacto ambiental** é definido pelo artigo 1.º, da Resolução CONAMA 1/1986, como "qualquer alteração das propriedades físicas, químicas e biológicas do meio ambiente, causada por qualquer forma de matéria ou energia resultante das atividades humanas que, direta ou indiretamente, afetam: I - a saúde, a segurança e o bem-estar da população; II - as atividades sociais e econômicas; III - a biota; IV - as condições estéticas e sanitárias do meio ambiente; V - a qualidade dos recursos ambientais".

Esse conceito é bastante criticável, pois acaba se confundindo com o conceito legal de poluição, estampado no artigo 3.º, III, da Lei 6.938/1981.

Para o artigo 1.º, IV, da Resolução CONAMA 237/1997, "impacto ambiental regional é todo e qualquer impacto ambiental que afete diretamente (área de influência direta do projeto), no todo ou em parte, o território de dois ou mais estados".

Destarte, apenas serão considerados os impactos ambientais diretos para fins de mensuração da extensão do impacto ambiental, se local, estadual/distrital, regional ou nacional.

Deve-se entender por impacto ambiental direto aquele que decorre de uma simples relação de causa e efeito, também chamado impacto primário ou de primeira ordem.

Sucede que, a depender da modalidade de poluição a ser causada, é difícil essa aferição, a exemplo das atividades que causam poluição atmosférica, de rápida dispersão e dificílima mensuração.

Por outro lado, pelo **critério da dominialidade do bem público afetável**, a competência para a promoção do licenciamento ambiental será definida de acordo com a titularidade do bem a ser afetado pelo empreendimento licenciando, da seguinte maneira:

COMPETÊNCIA MUNICIPAL	Bens públicos municipais.
COMPETÊNCIA ESTADUAL	Bens públicos estaduais.
COMPETÊNCIA FEDERAL (IBAMA)	Bens públicos federais.

O tema era tratado pelo artigo 10, da Lei 6.938/1981. Contudo, a LC 140/2011 alterou a redação do *caput* deste artigo, assim como revogou os §§ 2.º, 3.º e 4.º, razão pela qual não trata mais da competência para a promoção do licenciamento ambiental.

Vale destacar que as disposições da LC 140/2011 apenas aplicar-se-ão aos processos de licenciamento e autorização ambiental iniciados a partir de sua vigência, não tendo eficácia retroativa.

De acordo com a Lei Complementar 140/2011, as competências licenciatórias da União, exercidas através do IBAMA, estão listadas no artigo 7.º, inciso XIV:

> Art. 7.º São ações administrativas da União:
>
> (...)
>
> **XIV – promover o licenciamento ambiental de empreendimentos e atividades:**
>
> a) localizados ou desenvolvidos conjuntamente no Brasil e em país limítrofe;
>
> b) localizados ou desenvolvidos no mar territorial, na plataforma continental ou na zona econômica exclusiva;
>
> c) localizados ou desenvolvidos em terras indígenas;
>
> d) localizados ou desenvolvidos em unidades de conservação instituídas pela União, exceto em Áreas de Proteção Ambiental – APAs;
>
> e) localizados ou desenvolvidos em 2 (dois) ou mais Estados;
>
> f) de caráter militar, excetuando-se do licenciamento ambiental, nos termos de ato do Poder Executivo, aqueles previstos no preparo e emprego das Forças Armadas, conforme disposto na Lei Complementar 97, de 9 de junho de 1999;
>
> g) destinados a pesquisar, lavrar, produzir, beneficiar, transportar, armazenar e dispor material radioativo, em qualquer estágio, ou que utilizem energia nuclear em qualquer de suas formas e aplicações, mediante parecer da Comissão Nacional de Energia Nuclear – CNEN; ou
>
> h) que atendam tipologia estabelecida por ato do Poder Executivo, a partir de proposição da Comissão Tripartite Nacional, assegurada a participação de um membro do Conselho Nacional de Meio Ambiente – CONAMA, e considerados os critérios de porte, potencial poluidor e natureza da atividade ou empreendimento.

De efeito, o legislador observou **o critério da dominialidade do bem público** da União ao prever a competência licenciatória federal no caso de empreendimentos localizados ou desenvolvidos no mar territorial, na plataforma continental ou na zona econômica exclusiva; localizados ou desenvolvidos em terras indígenas.

Por sua vez, será da competência federal o licenciamento de empreendimentos localizados ou desenvolvidos em unidades de conservação instituídas pela União, tendo sido consagrado o **critério do ente federativo instituidor da unidade de conservação**, exceto em Áreas de Proteção Ambiental – APAs.

Não se sabe ao certo o motivo da exclusão das Áreas de Proteção Ambiental da incidência deste critério, ao contrário do que ocorreu com as demais modalidades de unidades de conservação previstas na Lei 9.985/2000. Certamente a opção do legislador considerou a grande quantidade de APAs existente no território brasileiro, sendo a unidade de conservação mais comum.

A APA é a unidade de conservação que poderá ser formada por áreas públicas ou particulares, em geral extensas, com certo grau de ocupação humana, com atributos bióticos, abióticos ou mesmo culturais, visando proteger a diversidade biológica, disciplinar o processo de ocupação e assegurar a sustentabilidade do uso dos recursos, a teor do artigo 15, da Lei 9.985/2000.

Neste caso, de acordo com o artigo 12, da LC 140/2011, o critério do ente federativo instituidor da unidade de conservação não será aplicado às áreas de proteção ambiental, devendo ser seguidos os critérios previstos nas alíneas "a", "b", "e", "f" e "h" do inciso XIV do art. 7.º, no inciso XIV do art. 8.º e na alínea "a" do inciso XIV do art. 9.º.

Portanto, apenas caberá ao IBAMA licenciar os empreendimentos em APAs federais caso sejam localizados ou desenvolvidos conjuntamente no Brasil e em país limítrofe; localizados ou desenvolvidos no mar territorial, na plataforma continental ou na zona econômica exclusiva; localizados ou desenvolvidos em 2 (dois) ou mais Estados; de caráter militar, excetuando-se do licenciamento ambiental, nos termos de ato do Poder Executivo, aqueles previstos no preparo e emprego das Forças Armadas, conforme disposto na Lei Complementar 97, de 9 de junho de 1999, e que atendam tipologia estabelecida por ato do Poder Executivo, a partir de proposição da Comissão Tripartite Nacional, assegurada a participação de um membro do Conselho Nacional do Meio Ambiente (Conama), e considerados os critérios de porte, potencial poluidor e natureza da atividade ou empreendimento.

Já o **critério da extensão do impacto ambiental** foi observado na delimitação das competências federais para licenciar empreendimentos localizados ou desenvolvidos conjuntamente no Brasil e em país limítrofe; localizados ou desenvolvidos em 2 (dois) ou mais Estados; destinados a pesquisar, lavrar, produzir, beneficiar, transportar, armazenar e dispor material radioativo, em qualquer estágio, ou que utilizem energia nuclear em qualquer de suas formas e aplicações, mediante parecer da Comissão Nacional de Energia Nuclear - CNEN.

Não foi prevista na LC 140/2011 a tradicional expressão "significativo impacto ambiental regional ou nacional" para definir as competências para o licenciamento ambiental federal, e sim "localizados ou desenvolvidos em 2 (dois) ou mais Estados", o que aparentemente é um acerto do legislador, pois mais precisa a interpretação.

▸ **Qual o entendimento do STJ sobre o assunto?**

"Administrativo. Recurso ordinário em mandado de segurança. Licença ambiental. Construção de linha de transmissão de energia entre os Estados do Pará e Maranhão. Obras com significativo impacto ambiental. Competência para expedição da licença ambiental pertencente ao Ibama. Anulação do auto de infração e do termo de interdição das obras exarado pelo órgão estadual do Maranhão - GEMARN. 1. Recurso ordinário no qual se discute a legalidade do auto de infração e do termo de interdição de obra de transmissão de energia localizada entre os estados do Pará e do Maranhão, exarado pelo órgão estadual de proteção ambiental do Maranhão – GEMARN, sob o argumento que a licença ambiental expedida pelo IBAMA seria inválida, por ser daquele ente estadual a competência exclusiva para expedição de tal licença. **2. Compete, originalmente, ao IBAMA a expedição de licença ambiental para a execução de obras e empreendimentos que se localizam ou se desenvolvem em dois ou mais estados ou cujos impactos ambientais ultrapassem os limites territoriais de um ou mais estados da federação.** Inteligência do art. 10, § 4.º, da Lei n. 6.938/81, com as alterações feitas pela Lei n. 12.856/2013; da Resolução 237/97 do CONAMA e da LC 140/2011. 3. Ilegalidade do auto de infração e do termo de interdição da obra expedidos pelo órgão estadual de proteção do meio ambiente do estado do Maranhão – GEMARN. 4. Recurso ordinário provido para conceder a segurança" (STJ, RMS 41.551, de 22.04.2014).

É possível, inclusive, que uma atividade de impacto ambiental local seja licenciada pelo IBAMA, caso se localize no território de dois ou mais estados da federação, a exemplo da zona de fronteira.

Logo, o CONAMA deverá promover uma revisão na Resolução 378/2006, que define os empreendimentos causadores de impactos ambientais regionais ou nacionais a serem licenciados pelo IBAMA, tendo em vista a edição da LC 140/2011.

Já a competência federal para licenciar os empreendimentos destinados a pesquisar, lavrar, produzir, beneficiar, transportar, armazenar e dispor material radioativo, em qualquer estágio, ou que utilizem energia nuclear em qualquer de suas formas e aplicações justifica-se pela possibilidade de significativa degradação ambiental que afete todo o território nacional.

Sabe-se que as catástrofes nucleares têm consequências devastadoras ao meio ambiente e à saúde pública, alastrando-se por vasto território, razão pela qual a competência licenciatória será do IBAMA.

Demais disso, é competência exclusiva da União explorar os serviços e instalações nucleares de qualquer natureza e exercer monopólio estatal sobre a pesquisa, a lavra, o enriquecimento e reprocessamento, a industrialização e o comércio de minérios nucleares e seus derivados, nos termos do artigo 21, XXIII, da Constituição Federal.

Também será da competência federal licenciar as atividades que atendam a tipologia estabelecida por ato do Poder Executivo, a partir de proposição da Comissão Tripartite Nacional, assegurada a participação de um membro do Conselho Nacional de Meio Ambiente – CONAMA, de acordo com os critérios de porte, potencial poluidor e natureza da atividade ou empreendimento, **a exemplo de empreendimentos situados nas áreas de faixa terrestre e marítima da zona costeira.**

Por se tratar de hipótese aberta de competência federal e, portanto, depender de regulamentação, foi editado o Decreto 8.437, de 22 de abril de 2015, que estabeleceu as tipologias de empreendimentos e atividades cujo licenciamento ambiental será de competência da União. Nesse sentido, serão licenciados pelo IBAMA os seguintes empreendimentos:

> I – rodovias federais:
>
> a) implantação;
>
> b) pavimentação e ampliação de capacidade com extensão igual ou superior a duzentos quilômetros;
>
> c) regularização ambiental de rodovias pavimentadas, podendo ser contemplada a autorização para as atividades de manutenção, conservação, recuperação, restauração, ampliação de capacidade e melhoramento; e
>
> d) atividades de manutenção, conservação, recuperação, restauração e melhoramento em rodovias federais regularizadas;
>
> II – ferrovias federais:
>
> a) implantação;
>
> b) ampliação de capacidade; e
>
> c) regularização ambiental de ferrovias federais;
>
> III – hidrovias federais:
>
> a) implantação; e
>
> b) ampliação de capacidade cujo somatório dos trechos de intervenções seja igual ou superior a duzentos quilômetros de extensão;
>
> IV – portos organizados, exceto as instalações portuárias que movimentem carga em volume inferior a 450.000 TEU/ano ou a 15.000.000 ton/ano;
>
> V – terminais de uso privado e instalações portuárias que movimentem carga em volume superior a 450.000 TEU/ano ou a 15.000.000 ton/ano;
>
> VI – exploração e produção de petróleo, gás natural e outros hidrocarbonetos fluidos nas seguintes hipóteses:
>
> a) exploração e avaliação de jazidas, compreendendo as atividades de aquisição sísmica, coleta de dados de fundo (*piston core*), perfuração de poços e teste de longa duração quando realizadas no ambiente marinho e em zona de transição terra-mar (*offshore*);
>
> b) produção, compreendendo as atividades de perfuração de poços, implantação de sistemas de produção e escoamento, quando realizada no ambiente marinho e em zona de transição terra-mar (*offshore*); e
>
> c) produção, quando realizada a partir de recurso não convencional de petróleo e gás natural, em ambiente marinho e em zona de transição terra-mar (*offshore*) ou terrestre (*onshore*), compreendendo as atividades de perfuração de poços, fraturamento hidráulico e implantação de sistemas de produção e escoamento; e

> VII – sistemas de geração e transmissão de energia elétrica, quais sejam:
>
> a) usinas hidrelétricas com capacidade instalada igual ou superior a trezentos megawatts;
>
> b) usinas termelétricas com capacidade instalada igual ou superior a trezentos megawatts; e
>
> c) usinas eólicas, no caso de empreendimentos e atividades *offshore* e zona de transição terra-mar.

Assim como tradicionalmente verificado na legislação ambiental brasileira, na LC 140/2011 coexistem os critérios da extensão do impacto ambiental e da propriedade do bem público a ser afetado, o que poderá manter o elevado número de litígios acerca da competência licenciatória.

Entrementes, certamente teria sido interessante que o legislador adotasse apenas o critério da extensão do impacto ambiental para definir as competências licenciatórias, vez que um critério único reduziria as dúvidas e os conflitos existentes sobre a competência para a promoção do licenciamento ambiental.

As competências federais para o licenciamento ambiental também são arroladas no artigo 4.º, da Resolução CONAMA 237/1997:

> Art. 4.º Compete ao Instituto Brasileiro do Meio Ambiente e dos Recursos Naturais Renováveis – IBAMA, órgão executor do SISNAMA, o licenciamento ambiental, a que se refere o artigo 10 da Lei 6.938, de 31 de agosto de 1981, de empreendimentos e atividades com significativo impacto ambiental de âmbito nacional ou regional, a saber:
>
> I – localizadas ou desenvolvidas conjuntamente no Brasil e em país limítrofe; no mar territorial; na plataforma continental; na zona econômica exclusiva; em terras indígenas ou em unidades de conservação do domínio da União;
>
> II – localizadas ou desenvolvidas em dois ou mais Estados;
>
> III – cujos impactos ambientais diretos ultrapassem os limites territoriais do País ou de um ou mais Estados;
>
> IV – destinados a pesquisar, lavrar, produzir, beneficiar, transportar, armazenar e dispor material radioativo, em qualquer estágio, ou que utilizem energia nuclear em qualquer de suas formas e aplicações, mediante parecer da Comissão Nacional de Energia Nuclear – CNEN;
>
> V – bases ou empreendimentos militares, quando couber, observada a legislação específica.

Entende-se que o artigo 4.º, da Resolução CONAMA 237/1997, é compatível com o artigo 7.º, XIV, da LC 140/2011, exceto no que concerne a dois pontos.

Isso porque a LC 140/2011 abandonou a expressão "empreendimentos e atividades com significativo impacto ambiental de âmbito nacional ou regional" para definir a competência do IBAMA, prevista no *caput* do artigo 4.º, da Resolução 237/1997.

Ademais, no que concerne às áreas de proteção ambiental da União, a competência para licenciar não será necessariamente do IBAMA, pois deverá ser atendido o complexo regramento do artigo 12, da Lei Complementar 140/2011.

Por seu turno, as competências dos Municípios para licenciar estão arroladas no artigo 9.º da LC 140/2011:

> Art. 9.º São ações administrativas dos Municípios:
>
> (...)
>
> XIV – observadas as atribuições dos demais entes federativos previstas nesta Lei Complementar, promover o licenciamento ambiental das atividades ou empreendimentos:
>
> a) que causem ou possam causar impacto ambiental de âmbito local, conforme tipologia definida pelos respectivos Conselhos Estaduais de Meio Ambiente, considerados os critérios de porte, potencial poluidor e natureza da atividade; ou
>
> b) localizados em unidades de conservação instituídas pelo Município, exceto em Áreas de Proteção Ambiental (APAs).

Deveras, foi mantida a competência originária dos Municípios para licenciar as atividades com impacto ambiental local, como prevê o artigo 6.º, da Resolução CONAMA 237/1997, que foi recepcionado pela LC 140/2011.

> **▸ Importante!**
>
> A inovação é que a competência municipal licenciatória será definida pelos Conselhos Estaduais de Meio Ambiente, em tipologia que considere os critérios de porte, potencial poluidor e natureza da atividade.

Enquanto não estabelecida a referida tipologia pelos Conselhos Estaduais de Meio Ambiente, essa disposição não será aplicada, devendo o licenciamento ambiental nos municípios ser regido pela legislação anterior, na forma do artigo 18, da LC 140/2011.

Por um lado, essa previsão é salutar, pois reduzirá os conflitos entre órgãos municipais e estaduais licenciadores, posto que as atividades com impacto local a serem licenciadas pelos municípios serão previstas pelo respectivo Conselho Estadual de Meio Ambiente.

Entretanto, vincular a competência municipal a uma decisão do Conselho Estadual de Meio Ambiente aparentemente atenta contra a autonomia dos entes locais, vez que coloca os municípios na dependência de decisão de um órgão estadual, conquanto os conselhos de meio ambiente possuam uma composição democrática.

Por seu turno, o **critério do ente federativo instituidor da unidade de conservação** também não foi esquecido na definição das competências municipais licenciatórias. De efeito, será atribuição do órgão ambiental municipal licenciar as atividades localizadas em unidades de conservação instituídas pelo município, exceto em Áreas de Proteção Ambiental.

Mais uma vez o licenciamento em APAs foi excluído do regramento geral das demais unidades de conservação, pois a competência não será definida pelo critério do ente federativo instituidor, e sim de acordo com a sistemática do artigo 12, da LC 140/2011.

Em termos de competências municipais, a técnica usada pela citada Lei Complementar foi bem mais simples, se comparada com as competências federais.

Utilizou-se com regra definidora da competência municipal as atividades com impacto local, a serem definidas pelos Conselhos Estaduais de Meio Ambiente, em tipologia que considere os critérios de porte, potencial poluidor e natureza da atividade, salvo no que concerne às unidades de conservação, onde a competência do órgão ambiental local decorre da dominialidade do bem, exceto nas APAs.

Por fim, os municípios ainda terão competência para aprovar **a supressão e o manejo de vegetação**, de florestas e formações sucessoras em florestas públicas municipais e unidades de conservação instituídas pelo Município, exceto em Áreas de Proteção Ambiental (APAs), assim como a supressão e o manejo de vegetação, de florestas e formações sucessoras em empreendimentos licenciados ou autorizados, ambientalmente, pelo Município.

> ▸ **Importante!**
>
> Em regra, as competências dos estados para o licenciamento ambiental foram elencadas de maneira remanescente às federais e municipais (por exclusão).

Eis o artigo 8.º, XIV, da LC 140/2011:

> Art. 8.º São ações administrativas dos Estados:
>
> (...)
>
> XIV – promover o licenciamento ambiental de atividades ou empreendimentos utilizadores de recursos ambientais, efetiva ou potencialmente poluidores ou capazes, sob qualquer forma, de causar degradação ambiental, ressalvado o disposto nos arts. 7.º e 9.º.

Logo, salvo nas hipóteses descritas como competência federal ou dos municípios, terão os órgãos e entidades ambientais dos estados competência para promover o licenciamento ambiental, não tendo se utilizado diretamente aqui nem o critério da dominialidade do bem público afetável muito menos o critério da extensão do impacto ambiental.

Essa técnica legal de colocar as competências estaduais por exclusão das federais e municipais tem a vantagem de teoricamente reduzir os conflitos entre as diferentes esferas, pois caberá aos entes federais e municipais do SISNAMA definir a sua competência, sendo o residual atribuição dos estados, que apenas poderão questionar o entendimento federal ou municipal na hipótese de extensão ilegal das suas competências.

Ademais, nos termos do artigo 8.º, XV, da Lei Complementar 140/2011, os Estados irão promover o licenciamento ambiental de atividades ou empreendimentos localizados ou desenvolvidos em unidades de conservação instituídas pelo Estado, exceto em Áreas de Proteção Ambiental (APAs), pois nesta situação a competência estadual será residual, nos casos não insertos nas competências federais e municipais.

▸ Como esse assunto foi cobrado em concurso?

No concurso da FGV para Analista da CODEBA em 2016, foi considerada correta a letra B: Com a finalidade de iniciar atividade industrial de produção de móveis, João, empresário individual, procura advogado para orientá-lo acerca dos procedimentos administrativos prévios às obras. Sobre o licenciamento ambiental necessário para o início das obras, na qualidade de advogado de João, assinale a afirmativa correta.

A) A obtenção de licença ambiental é necessária perante o Município e o Estado onde o empreendimento será instalado, tendo em vista o princípio da proteção integral.

B) O licenciamento ambiental deve ser procedido exclusivamente pelo Estado caso o potencial impacto se dê em unidade de conservação estadual, exceto em Áreas de Preservação Ambiental.

C) O licenciamento ambiental será feito, em regra, pelo IBAMA, contando com atuação supletiva e subsidiária técnica e administrativa de entidades estaduais e municipais do local do empreendimento.

D) O licenciamento prévio será sempre procedido pelo IBAMA. Já as licenças de instalação e de operação se darão pelo Estado ou Município, de acordo com o potencial do impacto ambiental.

E) O licenciamento ambiental somente será necessário caso o empreendimento se dê em Unidade de Conservação ou Área de Preservação Permanente, por aplicação do princípio da prevenção.

Por tudo isso, entende-se que o artigo 5.º, da Resolução CONAMA 237/1997 deve ser atualizado para se afinar ao artigo 8.º, XIV e XV, da LC 140/2011, tendo em vista a opção do Congresso Nacional em não arrolar as competências para o licenciamento ambiental a cargo dos Estados, agora identificáveis por exclusão, salvo no que concerne às unidades de conservação.

▸ Importante!

O Distrito Federal não possui municípios. Dessa forma, nos termos do artigo 10, da Lei Complementar 140/2011, "são ações administrativas do Distrito Federal as previstas nos arts. 8.º e 9.º".

Assim sendo, o Distrito Federal acumulará as competências para o licenciamento ambiental vistas anteriormente para os Municípios e os Estados.

De maneira atécnica, a Lei Complementar 140/2011 (artigo 7.º, XV; artigo 8.º, XVI; artigo 9.º, XV) colocou a competência para autorizar a supressão e o manejo de vegetação, de florestas e formações sucessoras em outros incisos, como se essa atividade administrativa não estivesse inserida no processo de licenciamento ambiental.

De efeito, trata-se de função administrativa que integra a definição legal de licenciamento ambiental, **cabendo ao ente federativo licenciador do empreendimento também licenciar o manejo e a supressão da vegetação, de florestas ou formações sucessoras**.

No caso de supressão ou manejo de florestas situadas em **terras devolutas ou florestas públicas** federais, a competência licenciatória foi definida de acordo com o **critério da dominialidade do bem público afetável**, cabendo ao IBAMA o licenciamento nas terras devolutas federais e os Estados nas estaduais.

Já na hipótese de supressão ou manejo de florestas situadas em **unidades de conservação**, adotou-se o **critério do ente federativo instituidor**, salvo no que concerne às áreas de proteção ambiental.

Vale destacar que, **regra geral**, com arrimo no artigo 8.º, XVI, da LC 140/2011, **competirá aos Estados e ao Distrito Federal licenciar a supressão e o manejo de vegetação em imóveis rurais**, salvo quando se enquadrar na competência federal (unidades de conservação criadas pela União, salvo as APAs; terras devolutas federais; florestas públicas federais e demais empreendimentos de competência do IBAMA e que estão listados no artigo 7.º, inciso XV).

Contudo, é possível que todas essas regras sejam afastadas, caso seja aprovada uma lei especial que disponha de maneira diversa sobre o tema, classificando a vegetação em primária ou secundária, ou ainda com o desiderato de prevenir a extinção de espécimes animais ou vegetais, nos moldes do artigo 11, da Lei Complementar 140/2011.

▸ Como esse assunto foi cobrado em concurso?

No concurso da FCC para Promotor de Justiça do Amapá em 2012, foi considerada correta a letra B: Sobre o licenciamento ambiental, instrumento da Política Nacional do Meio Ambiente, a Lei Complementar nº 140, de 08.12.2011, dispõe que

A) a atuação supletiva ou subsidiária é aquela pela qual o ente da Federação se substitui ao ente federativo originariamente detentor da competência para exercer o licenciamento ambiental.

B) cabe aos Municípios o licenciamento ambiental das atividades ou empreendimentos que causem ou possam causar impacto ambiental de âmbito local, conforme tipologia definida pelos respectivos conselhos estaduais do meio ambiente, segundo critérios fixados nesta Lei.

C) cabe aos Municípios o licenciamento ambiental das atividades ou empreendimentos que causem ou possam causar impacto ambiental de âmbito local, conforme tipologia definida pelo respectivo Conselho Municipal do Meio Ambiente, segundo critérios fixados nesta Lei.

D) a supressão de vegetação será sempre autorizada pelo Estado. Todavia, se a União for o ente federativo competente para o licenciamento ambiental, a ela caberá conceder a autorização para a supressão da vegetação.

E) a cooperação dos entes federativos no licenciamento ambiental se dará apenas por meio de convênios.

No concurso da FCC para Procurador Municipal de Cuiabá em 2014, foi considerada correta a letra E: Joaquim é proprietário de imóvel rural no Município Gama. Há quatro exemplares arbóreos em seu imóvel que precisam ser suprimidos. A competência para autorizar esta supressão é

A) do estado ou do município.

B) do município, pelo baixo impacto.

C) da União.

D) do município, por ser assunto de interesse local.

E) do estado.

No concurso da FCC para Procurador de Recife em 2014, foi considerada correta a letra A: Uma indústria química, cuja atividade causará impacto ambiental de âmbito local, irá se instalar no Município do Recife. O licenciamento ambiental deverá ser conduzido

A) pelo Município do Recife, desde que a atividade conste em tipologia fixada pelo Conselho Estadual de Meio Ambiente (CONSEMA).

B) pela União, diante da atividade que será desenvolvida.

C) pelo estado de Pernambuco, em razão do Recife ser sua capital.

D) pelo município do Recife, uma vez que o impacto será de âmbito local.

E) pela União, porquanto o impacto, apesar de local, será em capital de estado federado.

Para complicar ainda mais a definição do órgão competente para promover o licenciamento ambiental, o novo Código Florestal (Lei 12.651/2012) trouxe, em diversas passagens, regras de fixação de competência no processo de licenciamento ambiental.

Entende-se que foi uma opção infeliz, pois o tema deveria ser concentrado na LC 140/2011, bem como se sabe que o artigo 23, parágrafo único, da Constituição exige lei complementar para regular as competências materiais comuns entre as entidades federativas.

Caso sejam válidas as regras licenciatórias nascidas do novo CFlo, estas são especiais e posteriores à LC 140/2011, devendo prevalecer. Serão listadas abaixo as principais passagens:

Artigo 10	Nos pantanais e planícies pantaneiras, é permitida a exploração ecologicamente sustentável, devendo-se considerar as recomendações técnicas dos órgãos oficiais de pesquisa, ficando novas supressões de vegetação nativa para uso alternativo do solo condicionadas à autorização do **órgão estadual do meio ambiente.**
Artigo 11-A, § 1.º, III	Licenciamento das atividades e das instalações de carcinicultura e salinas em salgados e apicuns pelo **órgão ambiental estadual**, cientificado o IBAMA.
Artigo 26, *caput*	A supressão de vegetação nativa para uso alternativo do solo, tanto de domínio público como de domínio privado, dependerá do cadastramento do imóvel no CAR e de prévia autorização do **órgão estadual competente** do SISNAMA.
Artigo 31, § 7.º	Compete ao **órgão federal de meio ambiente** a aprovação de Projeto de Manejo Florestal Sustentável incidentes em florestas públicas de domínio da União.
Artigo 37, *caput*	O comércio de plantas vivas e outros produtos oriundos da flora nativa dependerá de licença do **órgão estadual** competente do SISNAMA.
Artigo 37, parágrafo único	A exportação de plantas vivas e outros produtos da flora dependerá de licença do **órgão federal** competente do SISNAMA.

▸ **Importante!**

De acordo com o artigo 13, da LC 140/2011, apenas se admitirá o licenciamento ambiental promovido por um único ente federativo, apenas podendo as demais esferas de governo se manifestar de maneira informativa, e não vinculante.

Eis o dispositivo:

> Art. 13. Os empreendimentos e atividades são licenciados ou autorizados, ambientalmente, **por um único ente federativo**, em conformidade com as atribuições estabelecidas nos termos desta Lei Complementar.
>
> § 1.º Os demais entes federativos interessados podem manifestar-se ao órgão responsável pela licença ou autorização, de maneira não vinculante, respeitados os prazos e procedimentos do licenciamento ambiental.

Logo, a LC 140/2011 seguiu parcialmente o texto do artigo 7.º, da Resolução CONAMA 237/1997, que prevê que os empreendimentos e atividades serão licenciados em um único nível de competência.

Todavia, a referida Lei Complementar foi ainda mais severa, ao estatuir que apenas um ente federativo poderá promover o licenciamento ambiental, ao passo que a Resolução CONAMA 237/1997 prevê um único nível de competência, o que abre espaço para o licenciamento conjunto a ser realizado por entidades políticas de igual natureza.

Assim, aparentemente, com fulcro apenas no artigo 13, da LC 140/2011, não será possível o licenciamento ambiental a ser promovido por um consórcio de municípios que não tenham estrutura administrativa para exercer essa atividade isoladamente.

Cuida-se de uma antinomia da LC 140/2011, pois o seu artigo 4.º, I, prevê os consórcios públicos como instrumento de cooperação institucional, que seriam de grande valia para os licenciamentos ambientais.

Com propriedade, de acordo com a Lei 11.107/2005, a União, os Estados, o Distrito Federal e os Municípios poderão contratar consórcios públicos para a realização de objetivos de interesse comum, constituindo-se associação pública ou pessoa jurídica de direito privado, o que seria muito útil no licenciamento ambiental.

2.4. Licenças ambientais

No processo administrativo de licenciamento, caso aprovado o empreendimento, será expedida ao menos uma **licença ambiental** que, nos termos do artigo 1.º, II, da Resolução CONAMA 237/1997, caracteriza-se como "**ato administrativo pelo qual o órgão ambiental competente estabelece as condições, restrições e medidas de controle ambiental que deverão ser obedecidas pelo empreendedor, pessoa física ou jurídica, para localizar, instalar, ampliar e operar empreendimentos ou atividades utilizadoras dos recursos ambientais consideradas efetiva ou potencialmente poluidoras ou aquelas que, sob qualquer forma, possam causar degradação ambiental**".

O processo de licenciamento ambiental terá as seguintes etapas, nos termos do artigo 10 da Resolução CONAMA 237/1997:

> I – **Definição pelo órgão ambiental competente**, com a participação do empreendedor, dos documentos, projetos e estudos ambientais, necessários ao início do processo de licenciamento correspondente à licença a ser requerida;
>
> II – **Requerimento da licença ambiental pelo empreendedor**, acompanhado dos documentos, projetos e estudos ambientais pertinentes, dando-se a devida publicidade;
>
> III – **Análise pelo órgão ambiental competente**, integrante do SISNAMA, dos documentos, projetos e estudos ambientais apresentados e a realização de vistorias técnicas, quando necessárias;
>
> IV – **Solicitação de esclarecimentos e complementações pelo órgão ambiental competente**, integrante do SISNAMA, uma única vez, em decorrência da análise dos documentos, projetos e estudos ambientais apresentados, quando couber, podendo haver a reiteração da mesma

solicitação caso os esclarecimentos e complementações não tenham sido satisfatórios;

V - **Audiência pública, quando couber**, de acordo com a regulamentação pertinente;

VI - **Solicitação de esclarecimentos e complementações pelo órgão ambiental competente**, decorrentes de audiências públicas, quando couber, podendo haver reiteração da solicitação quando os esclarecimentos e complementações não tenham sido satisfatórios;

VII - **Emissão de parecer técnico conclusivo** e, quando couber, parecer jurídico;

VIII - **Deferimento ou indeferimento do pedido de licença**, dando-se a devida publicidade.

Ademais, deverá constar, obrigatoriamente, a **certidão da Prefeitura Municipal**, declarando que o local e o tipo de empreendimento ou atividade estão em conformidade com a legislação aplicável ao uso e ocupação do solo e, quando for o caso, a autorização para supressão de vegetação e a outorga para o uso da água, emitidas pelos órgãos competentes.

Isso porque, nos moldes do artigo 30, inciso VIII, da Constituição, compete ao município promover, no que couber, o adequado ordenamento territorial, mediante planejamento e controle do uso, do parcelamento e da ocupação do solo urbano, sendo necessária a aquiescência da prefeitura municipal sobre a regularidade urbanística do empreendimento licenciando.

Tradicionalmente, no Direito Administrativo, é certo que a autorização é ato administrativo discricionário e precário, ao passo que a licença é vinculada e não precária, inexistindo, neste caso, para a Administração Pública, conveniência (melhor caminho) e oportunidade (momento que atende ao interesse público) para a sua concessão via alvará, bastando que o administrado preencha os requisitos legais, haja vista a ausência de margem de balizamento na configuração de todos os elementos constitutivos do ato (competência, forma, finalidade, objeto e motivação).

Sucede que a questão é tormentosa no âmbito do Direito Ambiental, **o que vem trazendo grande controvérsia a respeito do tema.**

Nesse sentido, o artigo 19, da Resolução CONAMA 237/1997, estatui que **o órgão ambiental** poderá modificar os condicionantes e as medidas de controle e adequação da licença ambiental, assim como **suspendê-la ou cancelá-la**, quando ocorrer:

I - Violação ou inadequação de quaisquer condicionantes ou normas legais.

II - Omissão ou falsa descrição de informações relevantes que subsidiaram a expedição da licença.

III - superveniência de graves riscos ambientais e de saúde.

> **▸ Como esse assunto foi cobrado em concurso?**
>
> No concurso do CESPE para Procurador do Estado de PE em 2009, foi considerado errado o seguinte enunciado: O órgão ambiental não pode, por decisão motivada, modificar licenças já concedidas.

Destarte, **pode ocorrer que a licença ambiental tenha o regime jurídico similar ou idêntico ao da autorização administrativista**, em razão da possibilidade de alteração ulterior do interesse ambiental, dar certa margem de discricionariedade e da presença constante de conceitos abertos na legislação ambiental (conceitos jurídicos e ajurídicos indeterminados), muitos ligados a outras ciências (como não poderia deixar de ser, dado o caráter multidisciplinar do Direito Ambiental), a exemplo da biologia, engenharia florestal e oceanografia, fato que obriga o profissional do Direito que atue na área ambiental a ter noções básicas dos outros campos, quando não for imprescindível a assessoria técnica de um profissional da área afim.

> **▸ Importante!**
>
> Ademais, nos termos do artigo 8º da Resolução CONAMA 237/97, as licenças ambientais são de três espécies, a saber:
>
> - **Licença Prévia (LP)**, concedida preliminarmente, apenas aprovando o projeto, atestando a sua viabilidade ambiental e os respectivos condicionantes e requisitos básicos para as próximas fases de sua implementação;
> - **Licença de Instalação (LI)**, que autoriza a instalação do empreendimento, impondo condicionantes que deverão ser observados;
> - **Licença de Operação (LO)**, que permite o início das atividades de acordo com o projeto aprovado, apontando as medidas ambientais de controle e os condicionantes.

> **▸ Como esse assunto foi cobrado em concurso?**
>
> **(2018/CESPE/PGM - Manaus – AM/Procurador do Município)** Considerando as normas aplicáveis ao SISNAMA e as Resoluções CONAMA n.º 237/1997 e n.º 378/2006, julgue o item seguinte. Concedida na fase preliminar do planejamento do empreendimento, a licença de instalação atesta a viabilidade ambiental e estabelece os requisitos básicos e condicionantes a serem atendidos nas próximas fases de implementação do projeto.
>
> Questão falsa.

Elas poderão ser concedidas *isoladas* ou *sucessivamente*, de acordo com a natureza, características e fase do empreendimento ou atividade.

A **LP** tem prazo de validade de **até cinco anos**, não podendo ter lapso de tempo inferior ao necessário para a elaboração dos programas técnicos, ao passo que a **LI** não poderá ter validade superior a **seis anos**. Já os prazos da **LO** variarão **entre quatro e dez anos**, a critério do órgão ambiental, sendo que a sua **renovação** deverá ser requerida com a **antecedência mínima de cento e vinte dias do seu vencimento**, ficando automaticamente renovada até a manifestação do ente licenciante.

> **▸ Como esse assunto foi cobrado em concurso?**
>
> No concurso do CESPE para Procurador do Estado de PE em 2009, foi considerado certo o seguinte enunciado: Os prazos máximos de vigência para as licenças prévia, de instalação e de operação são distintos.

No mesmo caminho pontifica o artigo 14, § 4.º, da LC 140/2011, que aduz que "a renovação de licenças ambientais deve ser requerida com antecedência mínima de 120 (cento e vinte) dias da expiração de seu prazo de validade, fixado na respectiva licença, **ficando este automaticamente prorrogado até a manifestação definitiva do órgão ambiental competente**".

> **▸ Como esse assunto foi cobrado em concurso?**
>
> No concurso do CESPE para Juiz Federal da 1ª Região em 2013, foi considerado errado o seguinte enunciado: Se a licença ambiental for requerida a qualquer tempo antes da expiração do seu prazo de validade, este será automaticamente prorrogado até a manifestação definitiva do órgão competente.

Ademais, a referida Lei Complementar ainda previu que **o decurso dos prazos de licenciamento, sem a emissão da licença ambiental, não implica emissão tácita nem autoriza a prática de ato que dela dependa ou decorra, apenas instaurando a *competência supletiva***, assim considerada a ação do ente da federação que se substitui ao ente federativo originariamente detentor das atribuições.

A atuação supletiva é disciplinada pelo artigo 15, da LC 140/2011:

> Art. 15. Os entes federativos devem atuar em caráter supletivo nas ações administrativas de licenciamento e na autorização ambiental, nas seguintes hipóteses:
>
> I – inexistindo órgão ambiental capacitado ou conselho de meio ambiente no Estado ou no Distrito Federal, a União deve desempenhar as ações administrativas estaduais ou distritais até a sua criação;
>
> II – inexistindo órgão ambiental capacitado ou conselho de meio ambiente no Município, o Estado deve desempenhar as ações administrativas municipais até a sua criação; e
>
> III – inexistindo órgão ambiental capacitado ou conselho de meio ambiente no Estado e no Município, a União deve desempenhar as ações administrativas até a sua criação em um daqueles entes federativos.

Logo, se o órgão ambiental estadual ou do Distrito Federal não cumprir os prazos no processo de licenciamento ambiental, ou então não tiver capacidade técnica de licenciar determinado empreendimento, ou ainda não contar com conselho de meio ambiente legitimamente constituído, o IBAMA atuará supletivamente.

Já o órgão estadual de meio ambiente atuará supletivamente em relação ao órgão municipal ambiental. Se o órgão estadual não puder atuar, aí o IBAMA atuará supletivamente ao Município.

Contudo, inexiste previsão no artigo 15, da LC 140/2011, para que o órgão estadual (e do Distrito Federal) ou o Municipal de meio ambiente atuem supletivamente ao IBAMA, caso a autarquia federal não cumpra os prazos no licenciamento ambiental ou não possua quadro técnico adequado em determinado caso concreto, o que aparentemente atenta contra a autonomia dos demais entes federativos (Estados, Distrito Federal e Municípios) por quebra de simetria.

> **Como esse assunto foi cobrado em concurso?**
>
> No concurso do CESPE para Técnico do IBAMA em 2012, foi considerado certo o seguinte enunciado: Acerca da competência ambiental, regulada pela Lei Complementar 140/2011, julgue o item abaixo. Em caso de emissão de autorização ambiental, inexistindo órgão ambiental capacitado ou conselho de meio ambiente no município, o estado deve desempenhar as ações administrativas municipais.

É plenamente possível que, na renovação da LO, o órgão ambiental, motivadamente, majore ou reduza o seu prazo de validade, após avaliação do desempenho ambiental da atividade ou empreendimento no período de vigência anterior, observado o limite mínimo de 04 e máximo de 10 anos.

De outro vértice, o desenvolvimento de atividades poluidoras sujeitas ao licenciamento ambiental, precisamente todas as listadas no anexo I, da Resolução CONAMA 237/1997, **sem a Licença de Operação, constitui o crime tipificado no artigo 60, da Lei 9.605/1998,** com pena de detenção de um a seis meses e multa, cumulativamente ou alternadamente, além de infração administrativa.

Caso a atividade não traga considerável impacto ambiental, poder-se-á dispensar o procedimento trifásico (LP, LI e LO) e adotar **licenciamento unifásico**, nos termos do artigo 12, da Resolução CONAMA 237/1997.

O artigo 14, da Resolução CONAMA 237/1997, prevê o prazo máximo de seis meses para o ente ambiental analisar as postulações da LP, LI e LO, que será majorado para 12 meses, quando exigível audiência pública ou EIA-RIMA, naturalmente se sobrestando o lapso de tempo quando forem exigidos do empreendedor estudos complementares ou esclarecimentos, **sob pena de atuação supletiva do órgão ambiental competente de outra esfera de governo**.

O tema também passou a ser tratado genericamente pelo artigo 14, da Lei Complementar 140/2011, sendo previsto que os órgãos licenciadores devem observar os prazos estabelecidos para tramitação dos processos de licenciamento. As exigências de complementação oriundas da análise do empreendimento ou atividade devem ser comunicadas pela autoridade licenciadora de **uma única vez ao empreendedor**, ressalvadas aquelas decorrentes de fatos novos, **suspendendo o prazo de aprovação**, que continua a fluir após o seu atendimento integral pelo empreendedor.

Importante destacar que **a Resolução CONAMA 237/1997 é norma geral sobre licenciamento ambiental**, existindo outras específicas, a exemplo das seguintes Resoluções do CONAMA: 05/1988 (obras de saneamento), 06/1988 (resíduos industriais), 279/2001 (energia elétrica), 404/2008 (aterro sanitário de pequeno porte de resíduos sólidos urbanos), 412/2009 (novos empreendimentos destinados à construção de habitações de interesse social) etc.

Destarte, **é possível que a legislação ambiental preveja licenças específicas para determinados empreendimentos, a depender das suas especificidades**, a exemplo do licenciamento petrolífero, em que a Resolução CONAMA 23/1994 instituiu duas licenças prévias, a de perfuração (LPper) e a de produção para pesquisa (LPpro), respectivamente no artigo 5.º, incisos I e II.

Crê-se não ser possível que o Poder Judiciário analise a viabilidade ambiental de determinado empreendimento poluidor, sendo atribuição do Poder Executivo, cujo licenciamento apenas poderá ser revisto se constatada alguma ilegalidade.

▸ **Qual o entendimento do STF sobre o assunto?**

Agravo regimental. Medida liminar indeferida. Ação civil originária. Projeto de Integração do Rio São Francisco com as Bacias Hidrográficas do Nordeste Setentrional. Periculum in mora não evidenciado.

[...]

2. A Licença de Instalação levou em conta o fato de que as condicionantes para a Licença Prévia estão sendo cumpridas, tendo o IBAMA apresentado programas e planos relevantes para o sucesso da obra, dos quais resultaram novas condicionantes para a validade da referida Licença de Instalação. A correta execução do projeto depende, primordialmente, da efetiva fiscalização e empenho do Estado para proteger o meio ambiente e as sociedades próximas.

3. Havendo, tão somente, a construção de canal passando dentro de terra indígena, sem evidência maior de que recursos naturais hídricos serão utilizados, não há necessidade da autorização do Congresso Nacional.

4. O meio ambiente não é incompatível com projetos de desenvolvimento econômico e social que cuidem de preservá-lo como patrimônio da humanidade. Com isso, pode-se afirmar que o meio ambiente pode ser palco para a promoção do homem todo e de todos os homens.

5. Se não é possível considerar o projeto como inviável do ponto de vista ambiental, ausente nesta fase processual qualquer violação de norma constitucional ou legal, potente para o deferimento da cautela pretendida, a opção por esse projeto escapa inteiramente do âmbito

desta Suprema Corte. Dizer sim ou não à transposição não compete ao Juiz, que se limita a examinar os aspectos normativos, no caso, para proteger o meio ambiente.

6. Agravos regimentais desprovidos (ACO-MC-AgR 876, de 19.12.2007).

Vale registrar que atenta contra o Princípio de Separação dos Poderes lei que exige aprovação legislativa de licenciamento ambiental, pois se trata de função do Poder Executivo deliberar a respeito da concessão de licenças ambientais.

▸ **Qual o entendimento do STF sobre o assunto?**

"Lei 1.315/2004, do Estado de Rondônia, que exige autorização prévia da Assembleia Legislativa para o licenciamento de atividades utilizadoras de recursos ambientais consideradas efetivas e potencialmente poluidoras, bem como capazes, sob qualquer forma, de causar degradação ambiental. **Condicionar a aprovação de licenciamento ambiental à prévia autorização da Assembleia Legislativa implica indevida interferência do Poder Legislativo na atuação do Poder Executivo, não autorizada pelo art. 2º da Constituição.** Precedente: ADI 1.505. Compete à União legislar sobre normas gerais em matéria de licenciamento ambiental (art. 24, VI, da Constituição." (**ADI 3.252-MC**, rel. min. **Gilmar Mendes**, julgamento em 6-4-2005, Plenário, *DJE* de 24-10-2008.)

Pelo exposto, é possível sintetizar as seguintes peculiaridades das licenças ambientais:

- **O sistema de concessão é trifásico, em regra (LP, LI e LO);**
- **As licenças ambientais têm prazo máximo de validade;**
- **A sua concessão exige a prévia apresentação de algum estudo ambiental pelo proponente do projeto;**
- **As licenças ambientais poderão ser suspensas, alteradas ou canceladas na hipótese de graves e supervenientes riscos ao meio ambiente ou a saúde pública.**

▸ **Como esse assunto foi cobrado em concurso?**

No concurso do CESPE para Juiz Federal da 1ª Região em 2013, foi considerado errado o seguinte enunciado: A licença ambiental com prazo de validade determinado é ato administrativo definitivo, e, por isso, confere ao administrado o direito de exercer a atividade na forma do licenciamento, sem revisão, até a expiração do prazo.

3. ESTUDOS AMBIENTAIS

A avaliação de impactos ambientais (AIA), que também poderá ser intitulada de estudos ambientais, é mais um instrumento para a consecução da Política Nacional do Meio Ambiente, consoante previsto no artigo 9.º, III, da Lei 6.938/1981.

Impacto ambiental é considerado como "qualquer alteração das propriedades físicas, químicas e biológicas do meio ambiente, causada por qualquer forma de matéria ou energia resultante das atividades humanas que, direta ou indiretamente, afetam: I - a saúde, a segurança e o bem-estar da população; II - as atividades sociais e econômicas; III - a biota; IV - as condições estéticas e sanitárias do meio ambiente; V - a qualidade dos recursos ambientais" (art. 1º, Resolução CONAMA 1/1986).

O nascimento da AIA seu operou nos EUA em 1969, com a aprovação pelo Congresso americano da lei da Política Nacional do Meio Ambiente daquela nação, com vigência a partir de 1º de janeiro de 1970.

Essa importante ferramenta não passou ao largo da *Declaração do Rio*, pontificando o ***Princípio 17*** que "a avaliação do impacto ambiental, como instrumento nacional, deve ser empreendida para atividades planejadas que possam vir a ter impacto negativo considerável sobre o meio ambiente, e que dependam de uma decisão de autoridade nacional competente".

Deveras, o CONAMA definiu os **estudos ambientais** como "todos e quaisquer estudos relativos aos aspectos ambientais relacionados à localização, instalação, operação e ampliação de uma atividade ou empreendimento, apresentado como subsídio para a análise da licença requerida" (artigo 1.º, III, da Resolução 237/1997).

A avaliação de impactos ambientais ou estudos ambientais constitui um gênero, que engloba desde o famoso e complexo **Estudo de Impacto Ambiental/ Relatório de Impacto Ambiental (EIA-RIMA)** às modalidades mais simples, tais como o relatório ambiental, o plano e projeto de controle ambiental, o relatório ambiental preliminar, o diagnóstico ambiental, o plano de manejo, o plano de recuperação de área degradada e a análise preliminar de risco.

> **▸ Importante!**
>
> O **Estudo de Impacto Ambiental - EIA** é a modalidade mais complexa, com berço constitucional, sendo incumbência do Poder Público, a fim de assegurar a efetividade do direito fundamental ao meio ambiente ecologicamente equilibrado, **"exigir, na forma da lei, para instalação de obra ou atividade potencialmente causadora de *significativa* degradação do meio ambiente, estudo *prévio* de impacto ambiental, a que se dará *publicidade*"** (artigo 225, § 1º, IV, da CF).

> **▸ Como esse assunto foi cobrado em concurso?**
>
> No concurso do CESPE para Juiz Federal da 1ª Região em 2009, foi considerado certo o seguinte enunciado: Exige-se o EIA para a realização de obra ou atividade potencialmente causadora de significativa degradação do meio ambiente, sendo, por isso, necessário determinar os limites geográficos da área que será direta ou indiretamente afetada pelos impactos decorrentes da implementação do projeto.

Chama-se a atenção para a **natureza prévia do EIA**, à luz dos Princípios da Prevenção e da Precaução, pois deverá ser realizado antes do início da atividade poluidora, assim como o seu **caráter público**, a fim de permitir o pleno acesso da comunidade sobre o seu conteúdo, visando conferir real eficácia aos instrumentos de participação popular.

Aliás, em regra, o EIA deverá preceder à concessão da licença prévia, pois este ato administrativo aprova o projeto e declara a sua viabilidade ambiental, tendo o estudo ambiental como pressuposto lógico.

De efeito, ante a sua natureza prévia, não deve ser admitido estudo "póstumo" de impacto ambiental, conforme passagem de julgado do TRF da 1.ª Região:

> Se nos termos cogentes da Carta Política Federal, **o estudo de impacto ambiental há de ser prévio e não póstumo**, como assim determinara a sentença recorrida, no prazo de 180 (cento e oitenta) dias, após o seu trânsito em julgado, não se deveria admitir a continuidade do terminal graneleiro, no Porto de Santarém(PA), em manifesta afronta ao Acórdão do TRF/1.ª Região, já transitado em julgado, há mais de 4 (quatro) anos, suspendendo o Alvará de Autorização n.º 024/1999 para a realização das obras no referido terminal portuário, bem assim, quaisquer outros alvarás, nesse sentido, sem a realização de estudo prévio de impacto ambiental, através de competente equipe multidisciplinar, de acordo com a Resolução n.º 237/1997 - CONAMA. Vencido, no ponto, o Relator (AC 200039020001410, *DJ* 18.10.2007).

O EIA vem regulamentado especialmente pela Resolução CONAMA 01/1986, plenamente recepcionada pelo atual ordenamento constitucional, estando ainda previsto o RIMA (Relatório de Impacto Ambiental).

> ▸ **Importante!**
>
> Com efeito, **apenas será exigível o EIA-RIMA se for significativa, efetiva ou potencialmente, a degradação ambiental esperada**, devendo ser a questão avaliada pelo órgão ambiental competente. Entrementes, **há casos em que a legislação presume a existência de significativa degradação ambiental**, em que deverá ser elaborado o **prévio** EIA-RIMA, conforme **lista exemplificativa** do artigo 2.º, da Resolução CONAMA 01/1986.

Eis o dispositivo:

> "Artigo 2º - Dependerá de elaboração de estudo de impacto ambiental e respectivo relatório de impacto ambiental - RIMA, a serem submetidos à aprovação do órgão estadual competente, e do IBAMA em caráter supletivo, o licenciamento de atividades modificadoras do meio ambiente, **tais como:**
>
> I - Estradas de rodagem com duas ou mais faixas de rolamento;
>
> II - Ferrovias;
>
> III - Portos e terminais de minério, petróleo e produtos químicos;

IV – Aeroportos, conforme definidos pelo inciso 1, artigo 48, do Decreto-lei n.º 32, de 18 de setembro de 66;

V – Oleodutos, gasodutos, minerodutos, troncos coletores e emissários de esgotos sanitários;

VI – Linhas de transmissão de energia elétrica, acima de 230KV;

VII – Obras hidráulicas para exploração de recursos hídricos, tais como: barragem para fins hidrelétricos, acima de 10MW, de saneamento ou de irrigação, abertura de canais para navegação, drenagem e irrigação, retificação de cursos d'água, abertura de barras e embocaduras, transposição de bacias, diques;

VIII – Extração de combustível fóssil (petróleo, xisto, carvão);

IX – Extração de minério, inclusive os da classe II, definidas no Código de Mineração (a Resolução CONAMA 10/1990 prevê a possibilidade de se dispensar o EIA-RIMA para a extração de minérios classe II);

X – Aterros sanitários, processamento e destino final de resíduos tóxicos ou perigosos;

XI – Usinas de geração de eletricidade, qualquer que seja a fonte de energia primária, acima de 10MW;

XII – Complexo e unidades industriais e agroindustriais (petroquímicos, siderúrgicos, cloroquímicos, destilarias de álcool, hulha, extração e cultivo de recursos hídricos);

XIII – Distritos industriais e zonas estritamente industriais – ZEI;

XIV – Exploração econômica de madeira ou de lenha, em áreas acima de 100 hectares ou menores, quando atingir áreas significativas em termos percentuais ou de importância do ponto de vista ambiental;

XV – Projetos urbanísticos, acima de 100 ha ou em áreas consideradas de relevante interesse ambiental a critério da SEMA e dos órgãos estaduais ou municipais;

XVI – Qualquer atividade que utilize carvão vegetal, derivados ou produtos similares, em quantidade superior a dez toneladas por dia;

XVII – Projetos Agropecuários que contemplem áreas acima de 1.000 ha ou menores, neste caso, quando se tratar de áreas significativas em termos percentuais ou de importância do ponto de vista ambiental, inclusive nas áreas de proteção ambiental;

XVIII – Empreendimentos potencialmente lesivos ao patrimônio espeleológico nacional".

▸ **Como esse assunto foi cobrado em concurso?**

No concurso do CESPE para Juiz Federal da 1ª Região em 2009, foi considerado errado o seguinte enunciado: É taxativa a listagem contida em resolução federal que enumera as atividades cujo licenciamento dependerá obrigatoriamente da elaboração de EIA/RIMA. Tal rol cria presunção absoluta de que essas atividades são causadoras de significativa degradação ambiental.

Outrossim, há flagrante controvérsia doutrinária se a presunção de significativa degradação ambiental das atividades acima arroladas é absoluta ou relativa. Pela sua natureza *iure et de iuri*, leciona Paulo Affonso Leme Machado (2003, p. 214-215), sendo este o melhor entendimento, tendo em conta a inexistência de flexibilização da norma.

Em sentido contrário, pela relatividade da presunção, pontificam Celso Antonio Pacheco Fiorillo (2008, p. 101) e Édis Milaré (2005, p. 501), para quem é possível a dispensa do EIA-RIMA nos casos listados, caso constatada a impossibilidade de causação de significativa degradação ambiental em concreto.

Ressalte-se que há outras normas que presumem a necessidade do EIA-RIMA, a exemplo da Resolução CONAMA 305/2002, que o exige no inciso IV, do artigo 6.º, como pressuposto ao licenciamento ambiental das atividades e empreendimentos em área com restrições previstas na legislação ambiental e, quando disponível, em áreas com restrições para determinado OGM e seus derivados previstas no macrozoneamento ambiental.

O problema maior está na exegese do conceito jurídico indeterminado **"significativa degradação ambiental"**, em especial nas atividades não listadas pela legislação.

> ▸ **Importante!**
>
> Crê-se que **inexiste discricionariedade administrativa na interpretação concreta de impacto ambiental significativo para fins de o ente ambiental exigir ou não o EIA-RIMA**, sendo o ato administrativo que determinar ou não a promoção do referido estudo ambiental plenamente sindicável no âmbito do Poder Judiciário.

Aliás, esse é o entendimento do TRF da 1.ª Região, que decidiu que "da dicção do art. 225 da Constituição Federal ressai que não há qualquer discricionariedade para a Administração Pública, quanto a exigir ou não o estudo do impacto ambiental, na hipótese de pedido de licenciamento de atividade ou obra potencialmente causadora de significativa degradação do meio ambiente, sempre que o administrador se encontrar diante de pedido de licença para atividades ou obras com essas características" (AC 1998.34.00.0276820, 5.ª Turma, de 01.09.2004).

> ▸ **Qual o entendimento do STJ sobre o assunto?**
>
> "O órgão estadual afastou a necessidade de realização do estudo prévio de impacto ambiental no caso, decisão passível de análise pelo Poder Judiciário, diante do princípio da inafastabilidade da jurisdição. Precedente" (REsp 1330841, de 06/08/2013).

Sinteticamente, nos termos do artigo 6º, da Resolução CONAMA 1/1986, o **conteúdo mínimo do EIA** será: 1) o diagnóstico ambiental da área de influência do projeto; 2) a análise dos impactos ambientais e suas alternativas; 3) a definição das medidas mitigadoras dos impactos negativos; 4) a elaboração do programa de acompanhamento; 5) o monitoramento dos impactos positivos e negativos, indicando os fatores e parâmetros a serem considerados.

▸ **Como esse assunto foi cobrado em concurso?**

No concurso do CESPE para Juiz Federal da 1ª Região em 2009, foi considerado errado o seguinte enunciado: O EIA deve ser um processo sequencial, que comece com a descrição da atividade proposta, prossiga com a análise das medidas mitigadoras e termine com a apresentação das consequências negativas do empreendimento, de forma a servir de base à tomada de decisão, que é política, sobre o projeto.

Por força da Portaria Conjunta 259/2009, lavra do Ministério do Meio Ambiente e do IBAMA, fica obrigado o empreendedor a incluir no Estudo de Impacto Ambiental e respectivo Relatório de Impacto Ambiental – EIA/RIMA, capítulo específico sobre as alternativas de tecnologias mais limpas para reduzir os impactos na saúde do trabalhador e no meio ambiente, incluindo poluição térmica, sonora e emissões nocivas ao sistema respiratório.

O EIA terá como **diretrizes**: contemplar todas as alternativas tecnológicas e de localização de projeto, confrontando-as com a hipótese de não execução do projeto; identificar e avaliar sistematicamente os impactos ambientais gerados nas fases de implantação e operação da atividade; definir os limites da área geográfica a ser direta ou indiretamente afetada pelos impactos, denominada área de influência do projeto, *considerando, em todos os casos, a bacia hidrográfica na qual se localiza*; considerar os planos e programas governamentais, propostos e em implantação na área de influência do projeto, e sua compatibilidade.

Importa destacar que a área de influência do projeto considerará a respectiva bacia hidrográfica, sob pena de nulidade do estudo, conforme a jurisprudência:

> Ambiental. Ação civil pública. Continência com a ACP N.º 2006.70.12.000511-0. **Construção da usina hidrelétrica de salto grande. Estudo de impacto ambiental insuficiente. Área subdimensionada. Proteção do ecossistema da bacia hidrográfica do Rio Chopim e das populações afetadas. Audiência pública cancelada. Necessidade de novo estudo considerando a bacia hidrográfica como unidade territorial.** Multa diária em caso de descumprimento da ordem judicial (TRF 4.ª Região, APELREEX 200570120010677, de 30.09.2009).

Por seu turno, **competirá ao proponente arcar com os custos de confecção do EIA-RIMA**, cabendo, posteriormente, ao órgão ambiental licenciador competente (IBAMA, órgão estadual, distrital ou municipal), analisar o estudo em prazo razoável, que será de acesso público.

▸ **Como esse assunto foi cobrado em concurso?**

No concurso do CESPE para Procurador Federal em 2013, foi considerado errado o seguinte enunciado: A concessão de licenciamento ambiental pelo órgão ambiental competente ficará condicionada à aprovação do estudo de impacto ambiental pelo Conselho Nacional do Meio Ambiente, quando se tratar de empreendimento causador de significativo impacto ambiental localizado em área considerada patrimônio nacional.

O EIA será elaborado por uma **equipe multidisciplinar contratada pelo empreendedor**, com habilitação técnica nos respectivos Conselhos de Classe, devendo o estudo abordar todas as questões exigidas pelo órgão ambiental, constantes do Termo de Referência.

Hoje não vigora mais a vedação de dependência direta ou indireta da equipe multidisciplinar ao proponente do projeto, ante a revogação do artigo 7.º, da Resolução CONAMA 01/1986, pelo artigo 21, da Resolução 237/1997, o que se afigura um retrocesso lamentável, pois certamente profissionais que mantenham vínculo empregatício (que pressupõe subordinação) com o empreendedor não terão a devida independência funcional.

Curial observar que essa equipe técnica poderá ser responsabilidade ulterior e solidariamente com o empreendedor nas esferas civil, administrativa e criminal pelas informações apresentadas, nos termos do artigo 11, parágrafo único, da Resolução CONAMA 237/1997.

A despeito da omissão do tema na regulamentação do CONAMA, entende-se que o órgão ambiental não está vinculado às conclusões do EIA, mas, em caso de discordância, deverá fundamentar o ato administrativo com base nas informações da equipe técnica do próprio órgão ambiental. Esta é a posição prevalente.

Aliás, note-se que a Lei 10.650/2003, que regula o acesso às informações nos órgãos ambientais, aduz que é obrigatória a publicação do "registro de apresentação de estudos de impacto ambiental **e sua aprovação ou rejeição**" (artigo 4.º, VII), regra que reforça a tese da ausência de vinculação do conteúdo do EIA.

De seu turno, o relatório de impacto ambiental – **RIMA** é o documento que conterá as conclusões do EIA, devendo ser apresentado em linguagem objetiva e adequada à sua compreensão pela população, inclusive podendo ter ilustrações, sendo de acessibilidade pública, **ressalvado o sigilo industrial**, nos termos do artigo 11 da Resolução CONAMA 1/1986.

Logo, as informações do RIMA serão de fácil entendimento da população, ao contrário do EIA, que é um documento altamente técnico.

> **▸ Como esse assunto foi cobrado em concurso?**
>
> No concurso do CESPE para Juiz Federal da 1ª Região em 2009, foi considerado errado o seguinte enunciado: As informações técnicas constantes no EIA, o qual reflete as conclusões do órgão ambiental competente para o licenciamento, devem ser expressas em linguagem acessível ao público, ilustradas por mapas com escalas adequadas, quadros, gráficos e outras técnicas de comunicação visual, de modo que se facilite o entendimento das consequências ambientais.

Insta aduzir que o resguardo do sigilo industrial é medida dotada de razoabilidade, de modo a excepcionalmente mitigar a publicidade que lastreia o EIA-RIMA, devendo também não ser publicizadas eventuais informações que comprometam à segurança da sociedade e do Estado, em aplicação ao inciso XXXIII, do artigo 5.º, da CRFB.

É obrigatório que o RIMA contenha, ao menos: A) os objetivos e justificativas do projeto, sua relação e compatibilidade com as políticas setoriais, planos e programas governamentais; B) a descrição do projeto e suas alternativas tecnológicas e locacionais; C) a síntese dos resultados dos estudos de diagnóstico ambiental da área de influência do projeto; D) a descrição dos prováveis impactos ambientais da implantação e operação da atividade; E) a caracterização da qualidade ambiental futura da área de influência, comparando as diferentes situações da adoção do projeto e suas alternativas, bem como com a hipótese de sua não realização; F) a descrição do efeito esperado das medidas mitigadoras previstas em relação aos impactos negativos, mencionando aqueles que não puderam ser evitados, e o grau de alteração esperado; G) o programa de acompanhamento e monitoramento dos impactos; H) recomendação quanto à alternativa mais favorável (conclusões e comentários de ordem geral), nos termos do artigo 9º da Resolução CONAMA 1/1986.

▸ Como esse assunto foi cobrado em concurso?

No concurso do CESPE para Juiz Federal da 1ª Região em 2009, foi considerado errado o seguinte enunciado: O principal aspecto a ser considerado no EIA é o diagnóstico da área de influência indireta do projeto, que deve ser analisado a partir das alternativas locacionais determinadas pelo CONAMA e, ainda, determinar se a disposição final de resíduos, o tratamento de efluentes e as fontes de energia serão incluídos no empreendimento.

▸ Importante!

No mais, dispositivo de constituição estadual que submeta o RIMA ao crivo da Assembleia Legislativa viola o Princípio da Separação dos Poderes, pois não é função do Poder Legislativo aprovar Relatórios de Impacto Ambiental, tarefa do Poder Executivo.

▸ Qual o entendimento do STF sobre o assunto?

1. **É inconstitucional preceito da Constituição do Estado do Espírito Santo que submete o Relatório de Impacto Ambiental - RIMA - ao crivo de comissão permanente e específica da Assembleia Legislativa.** 2. A concessão de autorização para desenvolvimento de atividade potencialmente danosa ao meio ambiente consubstancia ato do Poder de Polícia - ato da Administração Pública - entenda-se ato do Poder Executivo (ADI 1.505, de 24.11.2004).

▸ Como esse assunto foi cobrado em concurso?

No concurso do CESPE para Advogado da União em 2012, foi considerado certo o seguinte enunciado: A concessão de licenciamento para desenvolvimento de atividade potencialmente danosa ao meio ambiente constitui ato do poder de polícia, sendo a análise dos EIAs atividade própria do Poder Executivo.

De acordo com o artigo 2.º, da Resolução CONAMA 09/1987, ratificando a natureza pública do procedimento, **a critério do órgão licenciador, poderá ser realizada audiência pública no EIA-RIMA,** exemplo de aplicação do Princípio da Participação Comunitária ou Cidadã, em local de boa acessibilidade.

A *audiência pública* tem por finalidade expor aos interessados o conteúdo do produto em análise e do seu referido RIMA, dirimindo dúvidas e recolhendo dos presentes as críticas e sugestões a respeito, sendo que as ocorrências deverão ser registradas em ata que será considerada para a aprovação ou rejeição do projeto.

> **▸ Como esse assunto foi cobrado em concurso?**
>
> No concurso do CESPE para Juiz Federal da 1ª Região em 2009, foi considerado errado o seguinte enunciado: O EIA contribui para informar de maneira completa e exaustiva acerca de todos os desdobramentos de determinado projeto, permitindo que as organizações não governamentais possam tomar mais corretamente posição em relação a ele, de forma a eliminar a influência das elites científicas sobre a mídia.

Procedem as críticas ofertadas por Antônio F. G. Beltrão (2009, p. 126) que "convidar o público para participar somente após a conclusão do EIA fragiliza todo o processo, pois as pessoas interessadas se deparam com um estudo totalmente consolidado (...)".

Também ocorrerá a audiência pública se for solicitado por **entidade civil, pelo Ministério Público ou por, no mínimo, cinquenta cidadãos**. De acordo com a complexidade do empreendimento e de questões geográficas, é possível a realização de mais de uma audiência pública sobre o mesmo projeto, a critério do órgão licenciador, como ocorreu no projeto de integração do Rio São Francisco.

> **▸ Como esse assunto foi cobrado em concurso?**
>
> No concurso da FGV para Juiz do Pará em 2007, foi considerado correto o seguinte enunciado: A realização de audiência pública poderá ser requerida por entidade civil, pelo Ministério Público ou por 50 ou mais cidadãos.

> **▸ Como esse assunto foi cobrado em concurso?**
>
> **(2020 Banca: CESPE / CEBRASPE Órgão: MPE-CE Prova: CESPE / CEBRASPE - 2020 - MPE-CE - Analista Ministerial - Engenharia Civil)** Considerando as disposições da legislação ambiental brasileira, julgue o item que se segue. Durante o procedimento de licenciamento ambiental de uma atividade ou empreendimento, é obrigatória a realização de audiência pública, de acordo com a regulamentação pertinente.
>
> **Gabarito:** errado.

O Órgão de Meio Ambiente, a partir da data do recebimento do RIMA, fixará em edital e anunciará pela imprensa local a abertura do prazo que será no mínimo de 45 dias para solicitação de audiência pública.

Logo, se não concretizada ao menos uma das hipóteses acima elencadas, é possível que não haja a promoção de audiência pública para o debate do RIMA.

> **Importante!**
>
> **Caso não ocorra a audiência pública nas hipóteses acima aventadas, a eventual licença concedida será inválida**, conforme dicção expressa do § 2.º, do artigo 2.º, da Resolução CONAMA 09/1987, sendo, destarte, condição indispensável de validade da licença ambiental, quando obrigatória.

Vale salientar que as observações e críticas colhidas no âmbito da audiência pública não vincularão a decisão do órgão ambiental licenciador no deferimento ou não da licença ambiental.

> **Como esse assunto foi cobrado em concurso?**
>
> No concurso da FGV para Juiz do Pará em 2007, foi considerado errado o seguinte enunciado: As audiências públicas realizadas no âmbito dos procedimentos de licenciamento ambiental destinam-se a fornecer informações sobre o projeto e seus impactos ambientais, bem como a possibilitar a discussão e o debate sobre o Relatório de Impacto Ambiental. As críticas e sugestões manifestadas durante as audiências públicas vinculam a decisão do órgão ambiental competente a respeito da concessão da licença ambiental ou do seu indeferimento.
>
> No concurso do CESPE para Juiz do Estado de SC em 2017, foi considerada correta a letra A: Os apontamentos levantados em audiência pública:
>
> A) não vinculam o órgão licenciador, que tem o dever, por outro lado, de justificar tecnicamente o não acolhimento das sugestões.
>
> B) vinculam o órgão licenciador, que tem o dever, portanto, de acolher as sugestões.
>
> C) são votados e vinculam o órgão licenciador os que obtiverem maioria simples.
>
> D) são votados e vinculam o órgão licenciador os que obtiverem maioria absoluta.
>
> E) são votados e vinculam o órgão licenciador os que obtiverem quórum de 2/3.

Pelo exposto, depreende-se que o EIA (este com previsão constitucional) e o RIMA são documentos diversos, conquanto umbilicalmente ligados, sendo o primeiro lastro de validade do segundo, que refletirá as suas conclusões de maneira didática.

Por fim, saliente-se não ser possível que uma constituição estadual crie exceção à obrigatoriedade do EIA-RIMA por ofensa ao artigo 225, §1º, inciso IV, da Constituição.

> **▸ Qual o entendimento do STF sobre o assunto?**
>
> Ação direta de inconstitucionalidade. Artigo 182, § 3.º, da Constituição do Estado de Santa Catarina. Estudo de impacto ambiental. Contrariedade ao artigo 225, § 1.º, IV, da Carta da República. **A norma impugnada, ao dispensar a elaboração de estudo prévio de impacto ambiental no caso de áreas de florestamento ou reflorestamento para fins empresariais, cria exceção incompatível com o disposto no mencionado inciso IV do § 1.º do artigo 225 da Constituição Federal.** Ação julgada procedente, para declarar a inconstitucionalidade do dispositivo constitucional catarinense sob enfoque (ADI 1.086, de 10.08.2001). Também nesse sentido o julgamento do Recurso Extraordinário 650.909/AgR, de 17.04.2012.

> **▸ Como esse assunto foi cobrado em concurso?**
>
> No concurso do CESPE para Advogado da União em 2012, foi considerado errado o seguinte enunciado: Lei estadual pode dispensar a realização de EIA se restar comprovado, por perícia, que determinada obra não apresenta potencial poluidor.

4. TABELA-SÍNTESE DOS PONTOS PRINCIPAIS DO CAPÍTULO

Definição de licenciamento ambiental	Procedimento administrativo destinado a licenciar atividades ou empreendimentos utilizadores de recursos ambientais, efetiva ou potencialmente poluidores ou capazes, sob qualquer forma, de causar degradação ambiental.
Definição de licença ambiental	Ato administrativo pelo qual o órgão ambiental competente estabelece as condições, restrições e medidas de controle ambiental que deverão ser obedecidas pelo empreendedor, pessoa física ou jurídica, para localizar, instalar, ampliar e operar empreendimentos ou atividades utilizadoras dos recursos ambientais consideradas efetiva ou potencialmente poluidoras ou aquelas que, sob qualquer forma, possam causar degradação ambiental.
Espécies de licenças ambientais	a) Licença Prévia (LP), concedida preliminarmente, apenas aprovando o projeto, atestando a sua viabilidade ambiental e os respectivos condicionantes e requisitos básicos para as próximas fases de sua implementação; b) Licença de Instalação (LI), que autoriza a instalação do empreendimento, impondo condicionantes que deverão ser observados; c) Licença de Operação (LO), que permite o início das atividades de acordo com o projeto aprovado, apontando as medidas ambientais de controle e os condicionantes.

Competência para o licenciamento ambiental	FEDERAL: a) localizados ou desenvolvidos conjuntamente no Brasil e em país limítrofe; b) localizados ou desenvolvidos no mar territorial, na plataforma continental ou na zona econômica exclusiva; c) localizados ou desenvolvidos em terras indígenas; d) localizados ou desenvolvidos em unidades de conservação instituídas pela União, exceto em Áreas de Proteção Ambiental - APAs; e) localizados ou desenvolvidos em 2 (dois) ou mais Estados; f) de caráter militar, excetuando-se do licenciamento ambiental, nos termos de ato do Poder Executivo, aqueles previstos no preparo e emprego das Forças Armadas, conforme disposto na Lei Complementar 97, de 9 de junho de 1999;
Competência para o licenciamento ambiental	g) destinados a pesquisar, lavrar, produzir, beneficiar, transportar, armazenar e dispor material radioativo, em qualquer estágio, ou que utilizem energia nuclear em qualquer de suas formas e aplicações, mediante parecer da Comissão Nacional de Energia Nuclear - CNEN; ou h) que atendam tipologia estabelecida por ato do Poder Executivo, a partir de proposição da Comissão Tripartite Nacional, assegurada a participação de um membro do Conselho Nacional de Meio Ambiente - CONAMA, e considerados os critérios de porte, potencial poluidor e natureza da atividade ou empreendimento".
Competência para o licenciamento ambiental	MUNICIPAL: a) que causem ou possam causar impacto ambiental de âmbito local, conforme tipologia definida pelos respectivos Conselhos Estaduais de Meio Ambiente, considerados os critérios de porte, potencial poluidor e natureza da atividade; ou b) localizados em unidades de conservação instituídas pelo Município, exceto em Áreas de Proteção Ambiental - APAs. ESTADUAL: promover o licenciamento ambiental de atividades ou empreendimentos utilizadores de recursos ambientais, efetiva ou potencialmente poluidores ou capazes, sob qualquer forma, de causar degradação ambiental, ressalvadas as competências federais e municipais. DISTRITO FEDERAL: vai acumular as competências dos estados e dos municípios.
Exigibilidade do licenciamento ambiental	Construção, instalação, ampliação e funcionamento de estabelecimentos e atividades utilizadores de recursos ambientais, efetiva ou potencialmente poluidores ou capazes, sob qualquer forma, de causar degradação ambiental.
Dispensa do licenciamento ambiental	Execução, em caráter de urgência, de atividades de segurança nacional e obras de interesse da defesa civil destinadas à prevenção e mitigação de acidentes em áreas urbanas.

Definição de estudos ambientais	Todos e quaisquer estudos relativos aos aspectos ambientais relacionados à localização, instalação, operação e ampliação de uma atividade ou empreendimento, apresentado como subsídio para a análise da licença requerida.
Estudo de Impacto Ambiental (EIA)	É o estudo ambiental mais complexo, cabendo ao Poder Público exigir, na forma da lei, para instalação de obra ou atividade potencialmente causadora de *significativa* degradação do meio ambiente, estudo *prévio* de impacto ambiental, a que se dará *publicidade*.

Capítulo 6

Espaços Territoriais Especialmente Protegidos

1. DISPOSIÇÕES GERAIS E O CÓDIGO FLORESTAL DE 2012

O artigo 225, § 1.º, inciso III, da Constituição Federal, aduz que incumbe ao Poder Público definir, em todas as unidades da Federação, **espaços territoriais e seus componentes a serem especialmente protegidos, sendo a alteração e a supressão permitidas somente através de lei**, vedada qualquer utilização que comprometa a integridade dos atributos que justifiquem sua proteção.

Esta disposição busca dificultar ao máximo o retrocesso na proteção ambiental no Brasil, sendo consectário do sistema de freios e contrapesos entre os Poderes da República.

Isso porque apenas a lei oriunda do órgão legislativo da entidade política criadora do espaço ambiental protegido poderá prever as seguintes situações indesejáveis:

A) Diminuição da sua dimensão;

B) Redução da proteção ambiental;

C) Extinção do espaço protegido.

Logo, mesmo que a área ambiental tenha sido instituída por um decreto, como pode ocorrer com as áreas de preservação permanente e as unidades de conservação, consoante o que ainda será estudado, apenas a lei em sentido estrito poderá adotar as medidas acima elencadas.

A instituição de um espaço ambiental protegido por lei ou mesmo via decreto não atenta contra a Constituição de 1988.

> ▸ **Qual o entendimento do STF sobre o assunto?**
>
> EMENTA: MANDADO DE SEGURANÇA. MEIO AMBIENTE. DEFESA. ATRIBUIÇÃO CONFERIDA AO PODER PÚBLICO. ARTIGO 225, § 1.º, **III, CB/88. DELIMITAÇÃO DOS ESPAÇOS TERRITORIAIS PROTEGIDOS. VALIDADE DO DECRETO**. SEGURANÇA DENEGADA. 1. A Constituição do Brasil atribui ao Poder Público e à coletividade o dever de defender um meio ambiente ecologicamente equilibrado. [CB/88, art. 225, § 1.º, III]. **2. A delimitação dos espaços territoriais protegidos pode ser feita por decreto ou por lei, sendo esta imprescindível apenas quando se trate de alteração ou supressão desses espaços.** Precedentes. Segurança denegada para manter os efeitos do decreto do Presidente da República, de 23 de março de 2006 (MS 26.064, Plenário, de 17.06.2010).

De efeito, em razão de características ambientais diferenciadas, é curial que o Poder Público institua áreas ambientais protegidas, a fim de realizar o direito fundamental ao meio ambiente ecologicamente equilibrado, bem de uso comum do povo (no sentido do interesse coletivo da preservação ambiental, e não de bem de titularidade de pessoa jurídica de direito público) e indispensável à sadia qualidade de vida.

Trata-se de competência administrativa comum da União, dos Estados, do Distrito Federal e dos Municípios, pois todos deverão definir espaços territoriais e seus componentes a serem especialmente protegidos (artigo 7.º, X; artigo 8.º, X; artigo 9.º, X, todos da LC 140/2011).

Em termos gerais, após o advento do novo Código Florestal, temos os seguintes espaços ambientais com especial proteção, que serão estudados nos tópicos posteriores:

- Áreas de preservação permanente;
- Apicuns e salgados;
- Reserva legal;
- Unidades de conservação;
- Áreas verdes urbanas;
- Áreas de uso restrito.

Com a aprovação do **novo Código Florestal brasileiro** pela **Lei 12.651, de 25 de maio de 2012**, que sucedeu o antigo Código Florestal (Lei 4.771/1965) e suas alterações, o tema ganhou nova regulamentação especialmente no que concerne às áreas de preservação permanente, reserva legal e áreas verdes urbanas, além da criação das áreas de uso restrito para a proteção e uso sustentável dos pantanais e das planícies pantaneiras, gerando uma revisão global desta obra a partir da sua 3.ª edição (2012), especialmente neste Capítulo, que foi profundamente alterado e aditado.

Vale frisar que a Presidenta da República vetou 12 dispositivos do texto aprovado pelo Congresso Nacional, assim como publicou a Medida Provisória 571/2012, promovendo diversas alterações e inserções no corpo do novo CFlo.

Isso porque o texto final obteve várias alterações perpetradas pela Câmara dos Deputados de cunho ruralista e necessitava ser aperfeiçoado para melhor atender à preservação do meio ambiente e ao desenvolvimento sustentável.

Posteriormente, a MP 571/2012 foi convertida na **Lei 12.727, de 17 de outubro de 2012**. Sucede que na tramitação no Congresso Nacional o texto da referida Medida Provisória foi alterado, gerando pontuais modificações no texto do Código Florestal de 2012 nos artigos 1.º-A, 3.º, 4.º, 12, 15, 16, 18, 35, 41, 61-A, 61-B, 61-C, 78-A e 83.

Além disto, a Presidenta Dilma Rousseff **vetou nove dispositivos** que foram inseridos ou alterados pela lei de conversão. No geral, é possível afirmar que os vetos conferiram uma maior proteção ao meio ambiente.

Com o advento da Lei 12.727/2012, o novo Código Florestal deixou de fornecer a definição de **área abandonada**, ao tempo em que alterou a definição de **pousio** (prática de interrupção temporária de atividades ou usos agrícolas, pecuários ou silviculturais, por no máximo 5 (cinco) anos, para possibilitar a recuperação da capacidade de uso ou da estrutura física do solo) e inseriu a de **crédito de carbono** (Título de direito sobre bem intangível e incorpóreo transacionável).

O novo CFlo estabelece normas gerais sobre a proteção da vegetação, áreas de Preservação Permanente e as áreas de Reserva Legal; a exploração florestal, o suprimento de matéria-prima florestal, o controle da origem dos produtos florestais e o controle e prevenção dos incêndios florestais, e prevê instrumentos econômicos e financeiros para o alcance de seus objetivos, tendo por objetivo o desenvolvimento sustentável.

Dispõe principalmente sobre os seguintes temas acerca da normatização geral da proteção da vegetação do Brasil:

- Áreas de preservação permanente;
- Áreas de reserva legal;
- Áreas de uso restrito;
- Áreas verdes urbanas;
- Uso sustentável dos apicuns e salgados;
- Exploração florestal;
- Suprimento de matéria-prima florestal;
- Controle da origem dos produtos florestais;
- Controle e prevenção de incêndios florestais;
- Programa de Apoio e Incentivo à Preservação e Recuperação do Meio Ambiente;
- Instrumentos econômicos e financeiros para a proteção florestal.

Foram elencados vários **"princípios" informadores do novo CFlo**, que materialmente se caracterizam como verdadeiras *diretrizes*:

A) afirmação do compromisso soberano do Brasil com a preservação das suas florestas e demais formas de vegetação nativa, bem como da biodiversidade, do solo, dos recursos hídricos e da integridade do sistema climático, para o bem-estar das gerações presentes e futuras;

B) reafirmação da importância da função estratégica da atividade agropecuária e do papel das florestas e demais formas de vegetação nativa na sustentabilidade, no crescimento econômico, na melhoria da qualidade de vida da população brasileira e na presença do País nos mercados nacional e internacional de alimentos e bioenergia;

C) ação governamental de proteção e uso sustentável de florestas, consagrando o compromisso do País com a compatibilização e harmonização entre o uso produtivo da terra e a preservação da água, do solo e da vegetação;

D) responsabilidade comum da União, Estados, Distrito Federal e Municípios, em colaboração com a sociedade civil, na criação de políticas para a preservação e restauração da vegetação nativa e de suas funções ecológicas e sociais nas áreas urbanas e rurais;

E) fomento à pesquisa científica e tecnológica na busca da inovação para o uso sustentável do solo e da água, a recuperação e a preservação das florestas e demais formas de vegetação nativa;

F) criação e mobilização de incentivos econômicos para fomentar a preservação e a recuperação da vegetação nativa e para promover o desenvolvimento de atividades produtivas sustentáveis."

O artigo 2.º do novo CFlo reproduziu literalmente a redação do artigo 1.º do Código revogado, ao prever que "**as florestas existentes no território nacional e as demais formas de vegetação nativa**, reconhecidas de utilidade às terras que revestem, **são bens de interesse comum a todos os habitantes do País**, exercendo-se os direitos de propriedade, com as limitações que a legislação em geral e especialmente esta Lei estabelecem", o que reflete a titularidade difusa do direito fundamental ao meio ambiente ecologicamente equilibrado, bem de uso comum do povo brasileiro.

> **▸ Importante!**
>
> Em muitas passagens o novo CFlo adota **dois regimes jurídicos**: um de tolerância para as condutas lesivas ao ambiente, perpetradas até o **dia 22 de julho de 2008**, e outro rígido, para os atos praticados a partir dessa data.

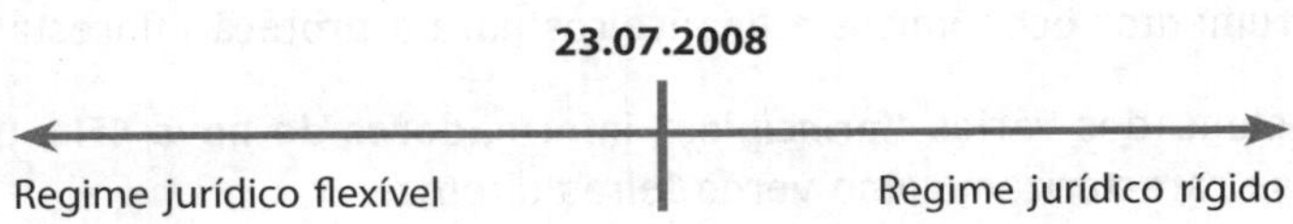

Isso porque, no dia 23 de julho de 2008, foi publicado o Decreto 6.514, que dispõe sobre as infrações e sanções administrativas ao meio ambiente, que instituiu uma série de novos tipos administrativos para punir os infratores da legislação ambiental.

De sua vez, insta salientar também que **o novo CFlo traz várias disposições mais flexíveis em favor do pequeno proprietário ou possuidor rural (prédio rústico de até quatro módulos fiscais)**, especialmente no que concerne às áreas de preservação permanente e de reserva legal.

Resta saber como será a interpretação dos Tribunais Superiores sobre a aplicação intertemporal da Lei 12.651/2012, máxime das regras menos restritivas e que ampliam o direito de supressão de vegetação nativa sobre situações concretizadas. Nesse sentido, colaciona-se importante julgado do STJ, que corajosamente resistiu à aplicação imediata do novo Código Florestal em disposição mais flexível aos poluidores.

▸ **Qual o entendimento do STJ sobre o assunto?**

ADMINISTRATIVO. AMBIENTAL. AÇÃO CIVIL PÚBLICA. ÁREA DE PRESERVAÇÃO PERMANENTE. FORMAÇÃO DA ÁREA DE RESERVA LEGAL. OBRIGAÇÃO *PROPTER REM*. SÚMULA 83/STJ. PREJUDICADA A ANÁLISE DA DIVERGÊNCIA JURISPRUDENCIAL. **SUPERVENIÊNCIA DA LEI 12.651/12. IMPOSSIBILIDADE DE APLICAÇÃO IMEDIATA. IRRETROATIVIDADE. PROTEÇÃO AOS ECOSSISTEMAS FRÁGEIS. INCUMBÊNCIA DO ESTADO.** INDEFERIMENTO.

1. A jurisprudência desta Corte está firmada no sentido de que os deveres associados às APPs e à Reserva Legal têm natureza de obrigação *propter rem*, isto é, aderem ao título de domínio ou posse, independente do fato de ter sido ou não o proprietário o autor da degradação ambiental. Casos em que não há falar em culpa ou nexo causal como determinantes do dever de recuperar a área de preservação permanente.

2. Prejudicada a análise da divergência jurisprudencial apresentada, porquanto a negatória de seguimento do recurso pela alínea "a" do permissivo constitucional baseou-se em jurisprudência recente e consolidada desta Corte, aplicável ao caso dos autos.

3. Indefiro o pedido de aplicação imediata da Lei 12.651/12, notadamente o disposto no art. 15 do citado regramento. **Recentemente, esta Turma, por relatoria do Ministro Herman Benjamin, firmou o entendimento de que "o novo Código Florestal não pode retroagir para atingir o ato jurídico perfeito, direitos ambientais adquiridos e a coisa julgada, tampouco para reduzir de tal modo e sem as necessárias compensações ambientais o patamar de proteção de ecossistemas frágeis ou espécies ameaçadas de extinção, a ponto de transgredir o limite constitucional intocável e intransponível da 'incumbência' do Estado de garantir a preservação e restauração dos processos ecológicos essenciais (art. 225, § 1º, I)."** Agravo regimental improvido (2.ª Turma, AgRg no AREsp 327.687, de 15.08.2013).

▸ **Importante!**

De outro lado, em positivação da jurisprudência consolidada do STJ, previu o novo CFlo que "as obrigações previstas nesta Lei têm natureza real e são transmitidas ao sucessor, de qualquer natureza, no caso de transferência de domínio ou posse do imóvel rural".

Logo, a aquisição de um imóvel rural ou urbano com um passivo ambiental responsabilizará o novo proprietário, mesmo que este já tenha adquirido o bem com a degradação ambiental perpetrada pelo antigo senhor, por se tratar de uma **obrigação *propter rem***, a exemplo do dever de recuperar a vegetação nas áreas de preservação permanente e de reserva legal.

> ▸ **Importante!**
>
> Outra inovação do novo CFlo foi a previsão de criação do **CAR – Cadastro Ambiental Rural**, cuja inscrição vem sendo prorrogada múltiplas vezes, no âmbito do Sistema Nacional de Informação sobre Meio Ambiente, registro público eletrônico de âmbito nacional, **obrigatório para todos os imóveis rurais**, com a finalidade de integrar as informações ambientais das propriedades e posses rurais, compondo base de dados para controle, monitoramento, planejamento ambiental e econômico e combate ao desmatamento, devendo ser feito, preferencialmente, no órgão ambiental municipal ou estadual.
>
> Essa sequência de prorrogações só mostra que no Brasil a legislação ambiental não é realmente feita para ser cumprida. Tanto que coube à **Lei 13.887, de 17/10/2019**, aduzir que "a inscrição no CAR é obrigatória e por **prazo indeterminado** para todas as propriedades e posses rurais". Desta forma, como inexiste prazo certo, os proprietários e possuidores rurais que não promoverem a inscrição do imóvel rural no CAR não serão autuados.
>
> Por sua vez, restou previsto que os proprietários e possuidores dos imóveis rurais que os inscreverem no CAR até o dia 31 de dezembro de 2020 terão direito à adesão ao Programa de Regularização Ambiental. Por certo, quando chegarmos em 31/12/2020, haverá nova prorrogação *ad eternum* do prazo.

> ▸ **Como esse assunto foi cobrado em concurso?**
>
> No concurso do CESPE para Procurador Federal em 2013, foi considerado errado o seguinte enunciado: Na hipótese de supressão de vegetação nativa para uso alternativo do solo, em áreas públicas ou privadas, fica dispensada a autorização do órgão ambiental competente, desde que o imóvel esteja registrado no Cadastro Ambiental Rural.

No entanto, a Lei 13.295, de 14/6/2016, prorrogou o prazo para inscrição no CAR até 31 de dezembro de 2017, prorrogável por mais um ano por ato do Chefe do Poder Executivo. Por força do Decreto 9.257/2017, o prazo de inscrição no CAR foi prorrogado até 31/12/2018.

Aliás, nos termos do seu artigo 78-A, alterado pela Lei 13.295, de 14/6/2016, após 31 de dezembro de 2017, as instituições financeiras só concederão crédito agrícola, em qualquer de suas modalidades, para proprietários de imóveis rurais que estejam inscritos no CAR, prorrogável por mais um ano por ato do Chefe do Poder Executivo.

> ▸ **Importante!**
>
> Também foi prevista a instituição, pelas entidades políticas (exceto os municípios), no prazo de um ano após a publicação do novo Código Florestal, prorrogável uma vez por igual período, dos **Programas de**

Regularização Ambiental – PRAs, que objetivam regularizar os imóveis rurais no que concerne às situações consolidadas **até 22 de julho de 2008** nas **áreas de reserva legal** e de **preservação permanente**, cuja assinatura do **termo de compromisso repercutirá na esfera administrativa e criminal com a extinção da punibilidade**, além da civil, conforme será estudado nos capítulos pertinentes.

A regulamentação dos Programas de Regularização Ambiental foi dada pelo Decreto 7.830/2012, que deverão ser instituídos no âmbito da União, dos Estados e do Distrito Federal compreendendo o conjunto de ações ou iniciativas a serem desenvolvidas por proprietários e posseiros rurais com o objetivo de adequar e promover a regularização ambiental com vistas ao cumprimento do disposto no Capítulo XIII da Lei no 12.651, de 2012.

Outros **três programas ambientais** ainda foram previstos no novo CFlo:

A) **Programa de Apoio e Incentivo à Conservação do Meio Ambiente** (artigo 41) – a ser instituído pelo Poder Executivo federal, para adoção de tecnologias e boas práticas que conciliem a produtividade agropecuária e florestal, com redução dos impactos ambientais, como forma de promoção do desenvolvimento ecologicamente sustentável, observados sempre os critérios de progressividade;

B) **Programa para Conversão da Multa prevista no art. 50** (Art. 50. Destruir ou danificar florestas ou qualquer tipo de vegetação nativa ou de espécies nativas plantadas, objeto de especial preservação, sem autorização ou licença da autoridade ambiental competente: Multa de R$ 5.000,00 (cinco mil reais) por hectare ou fração.) **do Decreto no 6.514, de 22 de julho de 2008** (artigo 42) – a ser instituído pelo Poder Executivo Federal, destinado aos imóveis rurais, referente a autuações vinculadas a desmatamentos em áreas onde não era vedada a supressão, que foram promovidos sem autorização ou licença, em data anterior a 22 de julho de 2008;

C) **Programa de Apoio Técnico e Incentivos Financeiros** (artigo 58) – a ser instituído pelo Poder Público, para atendimento prioritário dos pequenos proprietários e possuidores rurais, podendo incluir medidas indutoras e linhas de financiamento.

A regularização ambiental será promovida pela adoção de atividades no imóvel rural que visem atender ao disposto na legislação ambiental e, de forma prioritária, à manutenção e recuperação de áreas de preservação permanente e de reserva legal, por meio da celebração de Termo de Adesão e Compromisso, que será simplificado para o agricultor familiar, o empreendedor familiar rural e os povos e comunidades tradicionais.

▸ **Importante!**

Outrossim, o § 4.º, do artigo 225, da Constituição, previu que a Floresta Amazônica, a Mata Atlântica, a Serra do Mar, o Pantanal Mato-Grossense e a Zona Costeira (foram esquecidos dois grandes ecossistemas: o cerrado e a caatinga) são *patrimônio nacional*, **não com o objetivo de transformar esses Biomas em bens públicos**, apenas expressando o **domínio eminente estatal e o interesse nacional em sua preservação e desenvolvimento sustentável, conforme já definiu o STF.**

▸ Qual o entendimento do STF sobre o assunto?

O preceito consubstanciado no art. 225, par. 4.º, da Carta da República, além de não haver convertido em bens públicos os imóveis particulares abrangidos pelas florestas e pelas matas nele referidas (Mata Atlântica, Serra do Mar, Floresta Amazônica brasileira), também não impede a utilização, pelos próprios particulares, dos recursos naturais existentes naquelas áreas que estejam sujeitas ao domínio privado, desde que observadas as prescrições legais e respeitadas as condições necessárias à preservação ambiental (Passagem do julgamento do RE 134.297, de 13.06.1995.)

▸ Como esse assunto foi cobrado em concurso?

No concurso do CESPE para Advogado da União em 2012, foi considerado certo o seguinte enunciado: Apesar de a floresta amazônica, a mata atlântica, a serra do Mar, o pantanal mato-grossense e a zona costeira serem, conforme dispõe a CF, patrimônio nacional, não há determinação constitucional que converta em bens públicos os imóveis particulares situados nessas áreas.

2. ÁREAS DE PRESERVAÇÃO PERMANENTE

2.1. Definição legal

De acordo com o artigo 3.º, II, do novo Código Florestal, **Área de Preservação Permanente (APP)** é a "área protegida, *coberta ou não por vegetação nativa*, com a função ambiental de preservar os recursos hídricos, a paisagem, a estabilidade geológica e a biodiversidade, facilitar o fluxo gênico de fauna e flora, proteger o solo e assegurar o bem-estar das populações humanas", definição praticamente idêntica à que constava no artigo 1.º, § 2.º, II, do antigo Código Florestal.

Pela definição legal, percebe-se que a área de preservação permanente poderá ou não ser coberta por vegetação nativa, devendo esta ser mantida por questões ambientais e também para preservar a segurança das pessoas.

▸ Como esse assunto foi cobrado em concurso?

(2020 Banca: CESPE / CEBRASPE Órgão: PRF Prova: CESPE / CEBRASPE - 2020 - PRF - Policial Rodoviário Federal - Curso de Formação - 3ª Turma - 2ª Prova) Com base nas disposições da Constituição Federal de 1988 e do Código Florestal, julgue o item a seguir. Define-se área de preservação permanente toda área que seja coberta por vegetação nativa e que tenha a função de assegurar a exploração sustentável dos recursos naturais.

Gabarito: errado.

2.2. APPs do artigo 4.º do novo CFlo

As áreas descritas no artigo 4.º do novo Código Florestal têm incidência *ex lege*, pois instituídas diretamente pelo CFlo, **em áreas urbanas ou rurais**, independentemente da adoção de alguma providência de demarcação pela Administração Pública ambiental, tendo a natureza jurídica de **limitação de uso ao direito de propriedade**, porquanto genéricas, não sendo cabível indenização aos proprietários pelo seu regime jurídico especial restritivo.

> **▸ Qual o entendimento do STJ sobre o assunto?**
>
> Isso porque, de acordo com o STJ em julgado sobre as APPs, "sendo imposições de natureza genérica, as limitações administrativas não rendem ensejo a indenização, salvo comprovado prejuízo" (REsp 1.233.257, de 16.10.2012).

Por exceção, podem existir hipóteses dentro do citado artigo 4.º, do novo CFlo, que dependam de um ato do Poder Público para delimitar a APP, como ocorre com os reservatórios d'água artificiais, conforme será estudado.

Esta é mais uma sutileza que reflete a nova legislação florestal mais permissiva da degradação ambiental. O artigo 2.º, do antigo CFlo, previa que "consideram-se de preservação permanente, **pelo só efeito desta Lei**", ao passo que o artigo 4.º, do novo CFlo, estatui que "considera-se Área de Preservação Permanente, em zonas rurais ou urbanas, **para os efeitos desta Lei**".

Por conseguinte, nem todos os casos de APP do artigo 4.º, do novo CFlo, possuem incidência direta e imediata, a exemplo dos reservatórios d'água artificiais, cuja APP será fixada pela licença ambiental (inc. III).

Por questões didáticas, abaixo serão estudadas separadamente as APPs do artigo 4.º, do novo CFlo, **em áreas urbanas ou rurais**, seguindo a ordem dos incisos do citado dispositivo normativo.

I) Mata ciliar

São consideradas áreas de preservação permanente **as faixas marginais de qualquer curso d'água natural**, *desde a borda da calha do leito regular*, em largura mínima de:

30 m	cursos d'água de menos de 10 metros de largura
50 m	cursos d'água que tenham de 10 a 50 metros de largura
100 m	cursos d'água que tenham de 50 a 200 metros de largura
200 m	cursos d'água que tenham de 200 a 600 metros de largura
500 m	para os cursos d'água que tenham largura superior a 600 metros

Essas APPs são conhecidas como matas ciliares e têm como principais funções ambientais prevenir o assoreamento dos cursos d'água e resguardar a segurança das pessoas contra as enchentes, auxiliando na absorção das águas durante as cheias.

Com o advento da Lei 12.727, de 17.10.2012, o artigo 4.º, inciso I, do Código Florestal de 2012 foi alterado, **passando a prever que apenas as faixas marginais de cursos d'água natural perene ou intermitente serão APPs, *excluídos os efêmeros*.**

Os *rios perenes* são aqueles que possuem águas correntes durante todo o ano. Já os *intermitentes ou temporários* secam nos períodos de escassez de chuva, não possuindo água corrente durante todo o ano, sendo alimentados por escoamento superficial ou subsuperficial.

Nestes dois casos existirá APP. **Já nos *rios efêmeros* não existirá APP**, pois se formam somente por ocasião das chuvas ou logo após a sua ocorrência, sendo alimentados tão somente por águas de escoamento superficial.

O Decreto 7.830/2012 traz as seguintes definições:

- **Rio perene** – corpo de água lótico que possui naturalmente escoamento superficial durante todo o período do ano;
- **Rio intermitente** – corpo de água lótico que naturalmente não apresenta escoamento superficial por períodos do ano;
- **Rio efêmero** – corpo de água lótico que possui escoamento superficial apenas durante ou imediatamente após períodos de precipitação.

A sua dimensão formalmente foi mantida pelo novo CFlo em comparação ao anterior, inexistindo redução ou majoração da mata ciliar. **Contudo, a sua linha inicial de demarcação foi alterada, o que, via transversa, acabou diminuindo o seu tamanho.**

É que o antigo CFlo previa a sua fixação desde o seu nível mais alto em faixa marginal (nível alcançado por ocasião da cheia sazonal do curso d'água perene ou intermitente), ao passo que o novo CFlo pontifica que será **desde a borda da calha do leito regular**, assim considerada a **calha por onde correm regularmente as águas do curso d'água durante o ano**.

Evidentemente, a linha da borda da calha regular do leito do curso d'água é mais recuada do que o seu nível mais alto em faixa marginal alcançado por ocasião da cheia sazonal perene ou intermitente. Por isso, discretamente, o novo CFlo **recuou as matas ciliares**, promovendo um lamentável retrocesso na proteção florestal ao longo dos rios e demais cursos d'água, deixando desprotegidos inúmeros ecossistemas de áreas úmidas no Brasil.

Portanto, deverá ser fixado o início da borda da calha do leito regular do curso d'água, e não o seu nível de cheia, a fim de iniciar a delimitação da mata ciliar, o que certamente trará sérias controvérsias, uma vez que se sabe que ao longo do ano é comum que haja variação no regime fluvial, existindo mudanças de cerca de 20 metros na região amazônica.

▸ **Qual o entendimento do STJ sobre o assunto?**

De acordo com o acertado posicionamento do STJ, também aplicável ao novo CFlo, "a proteção legal como **Área de Preservação Permanente ciliar** estende-se não só às margens dos 'rios', mas também às que se encontram ao longo de 'qualquer curso d'água' ([antigo] Código Florestal, art. 2.º, 'a', grifei), aí incluídos **riachos, córregos, veios d'água, brejos e várzeas, lagos, represas**, enfim, todo o complexo mosaico hidrológico que compõe a bacia. O regime jurídico das Áreas de Preservação Permanente ciliares é universal, no duplo sentido de ser aplicável à totalidade dos cursos d'água existentes no território nacional – independentemente da sua vazão ou características hidrológicas – e de incidência tanto nas margens ainda cobertas de vegetação (Mata Ciliar, Mata Ripária, Mata de Galeria ou Mata de Várzea), como naquelas já desmatadas e que, por isso mesmo, precisam de restauração" (REsp 176.753, de 07.02.2008).

II) Entorno de lagos e lagoas naturais

O antigo Código Florestal apenas previa o redor dos lagos e lagoas como áreas de preservação permanente sem fixar a sua dimensão, o que foi feito pelo artigo 3.º, inciso III, da Resolução CONAMA 303/2002.

Atualmente, conforme previsão do art. 4.º, inciso II, do Novo CFlo, consideram-se áreas de preservação permanente aquelas **áreas no entorno dos lagos e lagoas naturais**, em faixa com largura mínima de:

a) 100 metros, em zonas rurais, exceto para o corpo d'água com até 20 hectares de superfície, cuja faixa marginal será de 50 metros;

b) 30 metros, em zonas urbanas.

Assim, temos:

ZONA RURAL	100 m	Corpo d'água acima de 20 hectares de superfície
ZONA RURAL	50 m	Corpo d'água com até 20 hectares de superfície
ZONA URBANA	30 m	----

Logo, o novo CFlo reproduziu o artigo 3.º, inciso III, da Resolução CONAMA 303/2002, que já fixava essa mesma dimensão para as APPs no entorno de lagos e lagoas naturais.

Por outro lado, nos termos do artigo 4.º, § 4.º, do novo CFlo, fica dispensado o estabelecimento das faixas de Área de Preservação Permanente no entorno das acumulações naturais ou artificiais de água com superfície inferior a um hectare, **vedada nova supressão de áreas de vegetação nativa**, salvo se autorizado por órgão ambiental do SISNAMA.

Destarte, eis aqui mais um gritante retrocesso do novo CFlo que deixará esses ecossistemas desprotegidos: **os lagos e lagoas com superfície inferior a um hectare não precisarão possuir área de preservação permanente no seu entorno, lembrando que um hectare equivale a 10.000 metros quadrados.**

III) Entorno de reservatórios d'água artificiais decorrentes de barramento ou represamento de cursos d'águas naturais

O antigo Código Florestal previa como áreas de preservação permanente os arredores de reservatórios d'água naturais ou artificiais, não fixando a sua dimensão.

Em regulamentação, a **Resolução CONAMA 302/2002** fixou a APP ao redor de reservatórios artificiais, variando de 15 (mínimo) a 100 metros:

> Artigo 3.º Constitui Área de Preservação Permanente a área com largura mínima, em projeção horizontal, no **entorno dos reservatórios artificiais**, medida a partir do nível máximo normal de:
>
> I – trinta metros para os reservatórios artificiais situados em áreas urbanas consolidadas e cem metros para áreas rurais;
>
> II – quinze metros, no mínimo, para os reservatórios artificiais de geração de energia elétrica com até dez hectares, sem prejuízo da compensação ambiental;
>
> III – quinze metros, no mínimo, para reservatórios artificiais não utilizados em abastecimento público ou geração de energia elétrica, com até vinte hectares de superfície e localizados em área rural.

Entrementes, o tema ganhou tratamento diferenciado com o novo CFlo. E, como sempre, houve uma redução na proteção florestal. Agora, apenas existe previsão das **áreas no entorno dos reservatórios d'água artificiais que decorram de barramento ou represamento de cursos d'água naturais,** como APPs, e não mais ao redor dos reservatórios naturais.

E pior. A faixa da APP no entorno do reservatório d'água artificial será **definida pela licença ambiental**, razão pela qual o artigo 4.º, inciso III, do novo CFlo não possui aplicabilidade imediata total, pois depende da licença ambiental para delimitar a sua dimensão.

Assim sendo, forçoso concluir que o artigo 3.º da Resolução CONAMA 302/2002 não foi recepcionado pelo novo CFlo. É ainda mais duro ter que admitir que as licenças ambientais para os referidos reservatórios precisarão ser urgentemente alteradas, a fim de fixar a APP em cada caso concreto, ante a ausência de delimitação geral, abstrata e imediata da novel legislação florestal do Brasil.

A Resolução CONAMA 302/2002 chegou a ser revogada pela Resolução CONAMA 500/2020, mas a revogação foi suspensa pelo STF.

> ▸ **Qual o entendimento do STF sobre o assunto?**
>
> **Informativo STF 1.000** – O direito ao meio ambiente ecologicamente equilibrado se configura como direito fundamental da pessoa humana. **A mera revogação de normas operacionais fixadoras de parâmetros mensuráveis necessários ao cumprimento da legislação ambiental, sem sua substituição ou atualização, aparenta comprometer a observância da Constituição Federal (CF), da legislação vigente e de compromissos internacionais.** A Resolução 500/2020 do Conselho Nacional do Meio Ambiente (Conama) revogou as Resoluções 284/2001, 302/2002 e 303/2002, do mesmo órgão, que dispõem respectivamente, sobre: (i) o licenciamento de empreendimentos de irrigação; (ii) os parâmetros,

definições e limites de Áreas de Preservação Permanente (APPs) de reservatórios artificiais e o regime de uso do entorno e (iii) os parâmetros, definições e limites de APPs. As resoluções editadas pelo mencionado órgão preservam a sua legitimidade quando cumprem o conteúdo material da Constituição e da legislação ambiental. A revogação da Resolução Conama 284/2001 sinaliza dispensa de licenciamento para os empreendimentos de irrigação, mesmo que potencialmente causadores de modificações ambientais significativas. Essa situação configura efetivo descumprimento, pelo Poder Público, do seu dever de atuar no sentido de preservar os processos ecológicos essenciais e prover o manejo ecológico dos ecossistemas. Também sugere estado de anomia regulatória, a evidenciar graves e imediatos riscos para a preservação dos recursos hídricos, em prejuízo da qualidade de vida das presentes e futuras gerações [CF, art. 225, caput e § 1º, I (1)]. **Apesar de ter sido apontada a necessidade de ajustes na norma, a simples revogação da Resolução Conama 302/2002 parece conduzir à intolerável situação de incompatibilidade com a ordem constitucional em matéria de proteção do meio ambiente.** A revogação dela, assim como a da Resolução 303/2002, distancia-se dos objetivos definidos no art. 225 da CF, tais como explicitados na Política Nacional do Meio Ambiente (Lei 6.938/1981), baliza material da atividade normativa do Conama. Em juízo de delibação, há aparente estado de anomia e de descontrole regulatório, a configurar material retrocesso no tocante à satisfação do dever de proteger e preservar o equilíbrio do meio ambiente, incompatível com a ordem constitucional e o princípio da precaução. Portanto, demonstrado o fumus boni juris. Noutro passo, o periculum in mora é evidenciado pelo elevado risco de degradação de ecossistemas essenciais à preservação da vida sadia, comprometimento da integridade de processos ecológicos essenciais e perda de biodiversidade, caso o ato normativo impugnado produza efeitos. Já a Resolução Conama 499/2020 atende ao disposto no art. 225, § 1º, IV e V, da CF (2), ao disciplinar condições, critérios, procedimentos e limites a serem observados no licenciamento de fornos rotativos de produção de clínquer para a atividade de coprocessamento de resíduos. Os aludidos preceitos constitucionais exigem estudo prévio de impacto ambiental para a instalação de atividade potencialmente causadora de degradação do meio ambiente e impõem ao Poder Público o controle do emprego de técnicas, métodos e substâncias que comportem risco para a vida, a qualidade de vida e o meio ambiente. A Resolução 499/2020 ainda se mostra consistente com o marco jurídico convencional e os critérios setoriais de razoabilidade e proporcionalidade da Política Nacional de Resíduos Sólidos [Lei 12.305/2010, art. 6º, XI (3)]. Logo, afastado o requisito do *fumus boni juris*. **Em face do exposto e de outras considerações, o Plenário referendou as medidas cautelares concedidas em arguições de descumprimento de preceito fundamental, para suspender, até o julgamento de mérito da ação, os efeitos da Resolução Conama 500/2020, com a imediata restauração da vigência e eficácia das Resoluções Conama 284/2001, 302/2002 e 303/2002.** De igual modo, indeferiu os pedidos de suspensão da eficácia da Resolução Conama 499/2020.

> Ficaram prejudicados os agravos regimentais interpostos. (ADPF 747 MC-Ref/DF, rel. Min. Rosa Weber, julgamento virtual finalizado em 27.11.2020 ADPF 748 MC-Ref/DF, rel. Min. Rosa Weber, julgamento virtual finalizado em 27.11.2020 ADPF 749 MC-Ref/DF, rel. Min. Rosa Weber, julgamento virtual finalizado em 27.11.2020).

Todavia, no entorno dos reservatórios artificiais situados em áreas rurais com até 20 hectares de superfície, a área de preservação permanente terá, no mínimo, 15 metros, nos termos do artigo 4.º, § 2.º, do novo CFlo, que continua em vigor, pois o artigo 83 (com redação dada pela Lei 12.727/2012) que o revogava expressamente foi vetado pela Presidência da República.

E não é só isso. **Nos casos em que os reservatórios artificiais de água não decorram de barramento ou represamento de cursos d'água naturais, não existirá APP no seu entorno**, a teor do artigo 4.º, § 1.º, do novo CFlo, alterado pela Lei 12.727/2012.

Outrossim, como ocorre com os lagos e lagoas naturais, nos termos do artigo 4.º, § 4.º, do novo CFlo, nas acumulações naturais ou artificiais de água com superfície inferior a **um hectare**, fica **dispensada a reserva da faixa de proteção no entorno dos reservatórios d'água artificiais**, vedados novos desmates de vegetação nativa, salvo se autorizado por órgão ambiental do SISNAMA.

Vale registrar que, nos termos do artigo 5.º do novo CFlo, na implantação de reservatório d'água artificial destinado a geração de **energia ou abastecimento público**, é obrigatória a **aquisição, a desapropriação ou a instituição de servidão administrativa** pelo empreendedor das Áreas de Preservação Permanente criadas em seu entorno, conforme estabelecido no licenciamento ambiental, observando-se a faixa mínima de 30 metros e máxima de 100 metros em área rural, e a faixa mínima de 15 metros e máxima de 30 metros em área urbana.

Ademais, deverá ainda o empreendedor, no âmbito do licenciamento ambiental, elaborar **Plano Ambiental de Conservação e Uso do Entorno do Reservatório**, em conformidade com termo de referência expedido pelo órgão competente do Sistema Nacional do Meio Ambiente, não podendo exceder a 10% do total da Área de Preservação Permanente.

IV) Entorno de nascentes e olhos d'água

Neste caso, o novo CFlo seguiu a mesma sistemática do anterior. Consideram-se APPs as **áreas no entorno das nascentes e dos olhos d'água perenes**, qualquer que seja a sua situação topográfica, **no raio mínimo de 50 metros**.

A **nascente** é o afloramento natural do lençol freático que apresenta perenidade e dá início a um curso d'água, ao passo que o **olho d'água** é o afloramento natural do lençol freático, mesmo que intermitente.

Logo, a diferença é que a nascente é perene e dá início a um curso d'água, o que não se verifica em um olho d'água, que inclusive poderá ser intermitente.

O texto normativo havia deixado dúvida sobre a proteção dos olhos d'água intermitentes, que foi sanada pelo STF em fevereiro de 2018.

> **Qual o entendimento do STF sobre o assunto?**
>
> Decidiu o STF, por maioria, vencidos os Ministros Gilmar Mendes, e, em parte, a Ministra Cármen Lúcia (Presidente), **dar interpretação conforme a Constituição para fixar a interpretação de que os entornos das nascentes e dos olhos d´água intermitentes configuram área de preservação permanente** (ADI 4901, 4902, 4903, 4937 e ADC 42).

A despeito da omissão do novo CFlo, sustenta-se que um ato do Poder Público possa aumentar o tamanho desta APP para além de 50 m, tendo em vista que a legislação florestal prevê apenas um raio mínimo de 50 m.

V) Encostas ou partes destas com declividade acima de 45.º, equivalente a 100% na linha de maior declive

Também neste caso o novo CFlo manteve a sistemática anterior. Consideram-se APPs as **encostas ou partes destas com declividade superior a 45º, equivalente a 100% (cem por cento) na linha de maior declive**.

> **Como esse assunto foi cobrado em concurso?**
>
> No concurso do CESPE em 2017 para a DPU, foi considerado falso o seguinte enunciado: Para A DP realizou mutirão com famílias que ocupam um imóvel público urbano situado na encosta de um morro. O objetivo era verificar quais diligências poderiam ser feitas em favor daquela comunidade, tendo em vista a intensa fiscalização ambiental e urbanística no local. Com relação a essa situação hipotética, julgue o item subsequente. Para anular eventual intimação demolitória, a DP deverá provar que as encostas de morro já eram destituídas de vegetação nativa antes da construção de moradias no local e, dessa forma, **será afastada a caracterização de tais encostas como APPs.**

VI) As restingas, como fixadoras de dunas ou estabilizadoras de mangues

Esta foi outra manutenção literal do texto do antigo CFlo. **As restingas, como fixadoras de dunas ou estabilizadoras de mangues**, são áreas de preservação permanente.

A restinga é o depósito arenoso paralelo à linha da costa, de forma geralmente alongada, produzido por processos de sedimentação, em que se encontram diferentes comunidades que recebem influência marinha, com cobertura vegetal em mosaico, encontrada em praias, cordões arenosos, dunas e depressões, apresentando, de acordo com o estágio sucessional, estrato herbáceo, arbustivo e arbóreo, este último mais interiorizado.

Logo, entende-se que a Resolução CONAMA 303/2002 continua válida, no seu artigo 3.º, inciso IX, que delimita a APP nas restingas:

a) em faixa mínima de trezentos metros, medidos a partir da linha de preamar máxima;

b) em qualquer localização ou extensão, quando recoberta por vegetação com função fixadora de dunas ou estabilizadora de mangues.

A Resolução CONAMA 303/2002 chegou a ser revogada pela Resolução CONAMA 500/2020, mas a revogação foi suspensa pelo STF.

> **Qual o entendimento do STF sobre o assunto?**
>
> **Informativo STF 1.000 - Em face do exposto e de outras considerações, o Plenário referendou as medidas cautelares concedidas em arguições de descumprimento de preceito fundamental, para suspender, até o julgamento de mérito da ação, os efeitos da Resolução Conama 500/2020, com a imediata restauração da vigência e eficácia das Resoluções Conama 284/2001, 302/2002 e 303/2002.** De igual modo, indeferiu os pedidos de suspensão da eficácia da Resolução Conama 499/2020. Ficaram prejudicados os agravos regimentais interpostos. (ADPF 747 MC-Ref/DF, rel. Min. Rosa Weber, julgamento virtual finalizado em 27.11.2020 ADPF 748 MC-Ref/DF, rel. Min. Rosa Weber, julgamento virtual finalizado em 27.11.2020 ADPF 749 MC-Ref/DF, rel. Min. Rosa Weber, julgamento virtual finalizado em 27.11.2020).

VII) Os manguezais, em toda a sua extensão

Essa é uma boa inovação do novo CFlo. O anterior apenas previa as restingas estabilizadoras dos mangues como APPs. Os **manguezais em toda a sua extensão** apenas eram previstos como áreas de preservação permanente pelo artigo 3.º, inciso X, da Resolução CONAMA 303/2002.

O manguezal é o ecossistema litorâneo que ocorre em terrenos baixos, sujeitos à ação das marés, formado por vasas lodosas recentes ou arenosas, às quais se associa, predominantemente, a vegetação natural conhecida como mangue, com influência fluviomarinha, típica de solos limosos de regiões estuarinas e com dispersão descontínua ao longo da costa brasileira, entre os Estados do Amapá e de Santa Catarina.

Existe uma discussão científica se os **salgados** e **apicuns** integram os manguezais ou não. O novo CFlo, em seu texto aprovado pelo Congresso Nacional, claramente adotou a premissa de que esses ecossistemas não eram manguezais, a teor do seu artigo 4.º, § 3.º, vetado, em que pese também se formarem na região entre marés.

Com as graças da Mãe Natureza, **o referido parágrafo foi vetado pela então Presidenta da República**, passando esses ecossistemas salinos a ter um tratamento específico pelo Capítulo III-A, composto pelo artigo 11-A, do novo CFlo.

Esses ecossistemas são adjacentes aos manguezais e em muitas situações concretas necessitam também de proteção, razão pela qual se defende nesta obra que os estados e os municípios deverão verificar casuisticamente a sua realidade ambiental a fim de proteger (ou não) os seus salgados e apicuns.

São utilizados em várias regiões do Brasil na carcinicultura, ou seja, na criação de camarão em cativeiro em águas marinhas, razão pela qual há forte interesse econômico na exploração desses ecossistemas na aquicultura.

Os **salgados ou marismas tropicais hipersalinos** são áreas situadas em regiões com frequentes inundações intermediárias entre marés de sizígias e de quadratura, com solos cuja salinidade varia entre 100 e 150 partes por 1.000, onde pode ocorrer a presença de vegetação herbácea específica.

Já os **apicuns** são áreas de solos hipersalinos situadas nas regiões entremarés superiores, inundadas apenas pelas marés de sizígias, que apresentam salinidade superior a 150 partes por 1.000, desprovidas de vegetação vascular. É uma espécie de brejo de água salgada próximo ao mar.

Registre-se que não há enquadramento dos apicuns e salgados como APPs pelo novo CFlo, mas a sua exploração está sujeita às restrições do artigo 11-A, do novo CFlo.

VIII) Bordas de tabuleiros ou chapadas

Assim como seu verificou na legislação anterior, o novo CFlo considera como APP **as bordas dos tabuleiros ou chapadas, até a linha de ruptura do relevo, em faixa nunca inferior a 100 metros em projeções horizontais.**

Tabuleiro ou chapada é a paisagem de topografia plana, com declividade média inferior a dez por cento, aproximadamente seis graus e superfície superior a dez hectares, terminada de forma abrupta em escarpa, caracterizando-se a chapada por grandes superfícies a mais de seiscentos metros de altitude, nos termos do artigo 2.º, inciso IX, da Resolução CONAMA 303/2002.

IX) Topo de morros, montes, montanhas e serras

De acordo com o antigo CFlo, considerava-se APP a vegetação natural situada no topo de morros, montes, montanhas e serras. Para o artigo 2.º, inciso IV, da Resolução CONAMA 303/2002, que não foi recepcionado pelo novo CFlo, morro era a elevação do terreno com cota do topo em relação a base entre 50 e 300 metros e encostas com declividade superior a 30% (**aproximadamente dezessete graus**) na linha de maior declividade.

Contudo, o novo CFlo reduziu esta hipótese de APP. **Apenas se considera como APP a vegetação natural localizada no topo de morros, montes, montanhas e serras, com altura mínima de 100 metros e inclinação média maior que 25°, as áreas delimitadas a partir da curva de nível correspondente a 2/3 da altura mínima da elevação sempre em relação à base, sendo esta definida pelo plano horizontal determinado por planície ou espelho d'água adjacente ou, nos relevos ondulados, pela cota do ponto de sela mais próximo da elevação.**

Essa APP se justifica para atenuar a erosão do solo, servir de corredor ecológico entre ecossistemas elevados, facilitar a dispersão das sementes e recarregar os aquíferos.

X) Áreas em altitude acima de 1.800m

Nesse ponto, o novo CFlo reproduziu a legislação revogada. Considera-se como APPs **as áreas em altitude superior a 1.800 metros, qualquer que seja a vegetação**, com o objetivo principal de preservar essa fauna e flora tão diferenciada no Brasil por habitar em elevadas altitudes.

No Brasil, apenas cerca de 1.100 km² possuem elevação acima de 1.800 metros, especialmente na Região Sudeste, em Roraima, no Amazonas, além dos picos da Serra do Ibitiraquire no Paraná, da Serra Geral em Santa Catarina e da Serra dos Barbados e Serra das Almas na Bahia. São solos normalmente arenosos e com alto percentual de alumínio, sendo inadequados à agricultura[1].

XI) Veredas

Essa é uma boa inovação do novo CFlo. O anterior não previa as veredas como APPs, elas eram previstas apenas como áreas de preservação permanente pelo artigo 3.º, inciso IV, da Resolução CONAMA 303/2002.

São conhecidas como **savanas brasileiras**. É a fitofisionomia de savana, encontrada em solos hidromórficos, usualmente com palmáceas, sem formar dossel, em meio a agrupamentos de espécies arbustivo-herbáceas.

Com o advento da Lei 12.727/2012, que alterou a redação do artigo 3.º, XII, do novo CFlo, considera-se vereda a fitofisionomia de savana, encontrada em solos hidromórficos, usualmente com a **palmeira arbórea Mauritia flexuosa – buriti emergente**, sem formar dossel, em meio a agrupamentos de espécies arbustivo-herbáceas.

O novo CFlo, por outro lado, não delimitava a dimensão desta APP, o que foi feito pela MP 571/2012, ao considerar como APP em veredas **a faixa marginal, em projeção horizontal, com largura mínima de 50 metros, a partir do limite do espaço brejoso e encharcado**, seguindo o referido ato do CONAMA.

É possível que em uma propriedade não exista APP, se não verificadas as hipóteses acima. Ao revés, em tese, é possível que uma propriedade seja exclusivamente formada por APP, a exemplo de uma pequena gleba cortada inteiramente por um rio com grande largura, fato que, para alguns, obriga o Poder Público a desapropriar o bem, por suposto esvaziamento do seu conteúdo econômico, podendo o particular ajuizar ação de desapropriação indireta (tema polêmico) na hipótese de contumácia estatal.

Áreas de Preservação Permanente – Artigo 4.º do novo CFlo – Vegetação Natural
a) ao longo dos rios ou de qualquer curso d'água (excluídos os efêmeros) desde o seu nível mais alto em faixa marginal (de 30 m a 500 m, a depender da largura do curso d'água);
b) ao redor das lagoas e lagos naturais (entre 30 e 100 m, em regra);
c) as áreas no entorno dos reservatórios d'água artificiais, decorrentes de barramento ou represamento de cursos d'águas naturais, na faixa definida na licença ambiental do empreendimento;
d) as áreas no entorno das nascentes e dos olhos d'água perenes, qualquer que seja a sua situação topográfica, no raio mínimo de 50 metros;
e) as encostas ou partes destas com declividade superior a 45°, equivalente a 100% (cem por cento) na linha de maior declive;

1. Disponível em: http://www.scielo.br/scielo.php?script=sci_arttext&pid=S1676-06032 010000400029.

Áreas de Preservação Permanente – Artigo 4.º do novo CFlo – Vegetação Natural
f) as restingas, como fixadoras de dunas ou estabilizadoras de mangues;
g) os manguezais, em toda a sua extensão;
h) as bordas dos tabuleiros ou chapadas, até a linha de ruptura do relevo, em faixa nunca inferior a 100 metros em projeções horizontais;
i) no topo de morros, montes, montanhas e serras, com altura mínima de 100 metros e inclinação média maior que 25°, as áreas delimitadas a partir da curva de nível correspondente a 2/3 da altura mínima da elevação sempre em relação à base, sendo esta definida pelo plano horizontal determinado por planície ou espelho d'água adjacente ou, nos relevos ondulados, pela cota do ponto de sela mais próximo da elevação;
j) as áreas em altitude superior a 1.800 metros, qualquer que seja a vegetação;
k) em veredas, a faixa marginal, em projeção horizontal, com largura mínima de 50 metros, a partir do limite do espaço brejoso e encharcado.

2.3. APPs do artigo 6.º do CFlo

É possível que o Poder Público, por meio de todas as entidades políticas, possa ainda instituir outras áreas de preservação permanente.

Essa possibilidade já era prevista no artigo 3.º do antigo CFlo, que se referia a ato instituidor do Poder Público sem especificá-lo, ganhando nova roupagem no artigo 6.º do novo CFlo.

É que agora a legislação florestal foi mais específica ao prever que consideram-se, ainda, de preservação permanente, **quando declaradas de interesse social por ato do Chefe do Poder Executivo**, as áreas cobertas com florestas ou outras formas de vegetação destinadas a uma ou mais das seguintes finalidades:

> I – conter a erosão do solo e mitigar riscos de enchentes e deslizamentos de terra e de rocha;
>
> II – proteger as restingas ou veredas;
>
> III – proteger várzeas;
>
> IV – abrigar exemplares da fauna ou da flora ameaçados de extinção;
>
> V – proteger sítios de excepcional beleza ou de valor científico, cultural ou histórico;
>
> VI – formar faixas de proteção ao longo de rodovias e ferrovias;
>
> VII – assegurar condições de bem-estar público;
>
> VIII – auxiliar a defesa do território nacional, a critério das autoridades militares;
>
> IX – proteger áreas úmidas (pantanais e superfícies terrestres cobertas de forma periódica por águas, cobertas originalmente por florestas ou outras formas de vegetação adaptadas à inundação), especialmente as de importância internacional.

> **▸ Como esse assunto foi cobrado em concurso?**
>
> **(2018/CESPE/TJ-CE/Juiz)** Com base no Código Florestal – Lei n.º 12.651/2012 –, assinale a opção correta.
>
> A) Para que uma área protegida seja considerada área de preservação permanente é necessário que ela seja totalmente coberta de vegetação nativa e que esteja localizada no interior de uma propriedade ou de uma posse rural.
>
> B) A exploração econômica de recursos naturais em área de reserva legal é expressamente proibida.
>
> C) Os projetos de reforma agrária não estão contemplados no conceito de pequena propriedade rural familiar, caracterizada pela exploração da terra mediante o trabalho pessoal do agricultor familiar.
>
> D) Todo imóvel rural localizado na Amazônia Legal deve manter área correspondente a 80% da extensão total do imóvel, com cobertura de vegetação nativa, a título de reserva legal.
>
> E) Uma área coberta de florestas e que exerce a função de proteger várzeas pode ser considerada de preservação permanente se declarada de interesse social por ato do chefe do Poder Executivo.
>
> Letra E, correta.

Como inovação foi prevista detalhadamente a possibilidade de se criar uma APP em vegetação para prevenir enchentes e deslizamentos de terra, bem como para proteger as veredas, as restingas e as zonas úmidas.

Por outro lado, não há mais previsão de se declarar como APP a vegetação destinada a manter o ambiente necessário à vida das populações silvícolas.

Entende-se que agora é o decreto do Prefeito, do Governador ou do Presidente da República o ato jurídico adequado para a criação de uma nova APP nos casos especificados pelo artigo 6.º do novo CFlo.

Sustenta-se que se o referido decreto se caracterizar como ato específico que venha a prejudicar o exercício do direito de propriedade, deverá a respectiva entidade política indenizar o particular.

Por outro lado, caso o decreto tenha abstração e generalidade, entende-se que não haverá a obrigação de ressarcir os administrados, pois restaria instituída uma limitação administrativa ao direito de propriedade que deve ser suportada gratuitamente por todos.

2.4. Regime especial de proteção e exploração excepcional

Em regra, não será possível a supressão de vegetação em área de preservação permanente, justamente em razão das suas importantes funções ecológicas.

Será permitido o acesso de pessoas e animais às áreas de preservação permanente, para obtenção de água e para realização de atividades de baixo impacto ambiental, nos moldes do artigo 9.º do novo CFlo.

Caso haja desmatamento de vegetação em APP, o poluidor deverá recuperar a área, sendo também dever do proprietário fazê-lo, mesmo que não tenha sido o autor do dano ambiental, vez que se trata de obrigação *propter rem*, conforme pacificado pelo STJ.

▸ **Qual o entendimento do STJ sobre o assunto?**

Administrativo e ambiental. Ausência de violação do art. 535 do CPC. Dano ambiental. Dever de reparação. Obrigação *proter rem*. Indenização em face das restrições econômicas. Súmula 7/STJ. 1. Não ocorre ofensa ao art. 535, II, do CPC se o Tribunal de origem decide, fundamentadamente, as questões essenciais ao julgamento da lide. 2. **Esta Corte Superior tem entendimento sedimentado no sentido de que os deveres associados às APPs e à Reserva Legal têm natureza de obrigação *propter rem*, isto é, aderem ao título de domínio ou posse.** 3. Por esse motivo, descabe falar em culpa ou nexo causal, como fatores determinantes do dever de recuperar a vegetação nativa e averbar a Reserva Legal por parte do proprietário ou possuidor, antigo ou novo, mesmo se o imóvel já estava desmatado quando de sua aquisição (AgRg no REsp 1.206.484, de 17.03.2011).

Essa tradicional jurisprudência do STJ finalmente foi positivada no Brasil no corpo do novo Código Florestal. De acordo com o seu artigo 7.º, a vegetação situada em Área de Preservação Permanente deverá ser mantida pelo proprietário da área, possuidor ou ocupante a qualquer título, pessoa física ou jurídica, de direito público ou privado.

Todavia, tendo ocorrido supressão de vegetação situada em Área de Preservação Permanente, o proprietário da área, possuidor ou ocupante a qualquer título é obrigado a promover a recomposição da vegetação, ressalvados os usos autorizados previstos no novo CFlo, **ostentando a obrigação de natureza real e sendo transmitida ao sucessor no caso de transferência de domínio ou posse do imóvel rural.**

A metodologia para a recuperação das áreas de preservação permanente se encontra positivada na Resolução CONAMA 429, de 28 de fevereiro de 2011, que deve ser revisada para se adequar às novas disposições do recém-editado CFlo.

Lamentavelmente, **apenas para os proprietários ou possuidores de imóvel com APP desmatada, a partir 23 de julho de 2008 (data da publicação do Decreto 6.514/2008), é vedada a concessão de novas autorizações de supressão de vegetação enquanto não ocorrer a recomposição da área.**

▸ **Importante!**

Excepcionalmente, tal qual fazia a legislação revogada, o novo CFlo somente autoriza o licenciamento ambiental para a exploração em vegetação em APP nas hipóteses de **utilidade pública**, **interesse social** ou de **baixo impacto ambiental**.

▸ **Qual o entendimento do STF sobre o assunto?**

Decidiu o STF, por maioria, **dar interpretação conforme a Constituição de modo a se condicionar a intervenção excepcional em APP, por interesse social ou utilidade pública, à inexistência de alternativa técnica e/ou locacional à atividade proposta**, vencidos, em parte, os Ministros Gilmar Mendes e Celso de Mello (ADI 4901, 4902, 4903, 4937 e ADC 42).

Desse modo, não basta que uma situação concreta se configure como de utilidade pública ou de interesse social para que o órgão ambiental competente possa autorizar a supressão de vegetação nativa situada em APP, sendo curial ainda que não haja outra alternativa técnica ou locacional ao empreendimento proposto, restaurando a sistemática que existia à luz do Código Florestal de 1965.

São hipóteses de **utilidade pública (art. 3.º, VIII, do novo CFlo)**:

a) as atividades de **segurança nacional** e **proteção sanitária**;

b) as **obras de infraestrutura** destinadas às concessões e aos serviços públicos de **transporte**, **sistema viário**, inclusive aquele necessário aos **parcelamentos de solo urbano** aprovados pelos Municípios, **saneamento**, **energia**, **telecomunicações**, **radiodifusão**, bem como **mineração**, exceto, neste último caso, a extração de areia, argila, saibro e cascalho;

c) atividades e obras de **defesa civil**;

d) atividades que comprovadamente proporcionem **melhorias na proteção das funções ambientais nas APPs**;

e) outras atividades similares devidamente caracterizadas e motivadas em procedimento administrativo próprio, quando inexistir alternativa técnica e locacional ao empreendimento proposto, definidas em **ato do Chefe do Poder Executivo Federal**.

▸ **Qual o entendimento do STF sobre o assunto?**

Declarada pelo STF, por maioria, a inconstitucionalidade das expressões "gestão de resíduos" e "instalações necessárias à realização de competições esportivas estaduais, nacionais ou internacionais" constantes da letra B, vencidos os Ministros Edson Fachin e Gilmar Mendes, e, em parte, o Ministro Alexandre de Moraes (ADI 4901, 4902, 4903, 4937 e ADC 42).

Isso porque não é razoável e ecologicamente adequado autorizar a supressão de vegetação em APP por utilidade pública para a gestão de resíduos (atividade de largo impacto ambiental) ou para construir estádios de futebol.

Como inovação, nota-se que não mais compete ao CONAMA listar novos casos de utilidade pública, e sim ao Presidente da República, o que tornou parte da Resolução CONAMA 369/2006 desprovida de fundamento legal.

Outrossim, a listagem foi majorada com o novo CFlo, sendo agora possível, no país do futebol, certamente com muitos aplausos de grande parte do povo brasileiro, construir estádios de futebol em APPs após a pronúncia de utilidade pública.

Aliás, pelo antigo CFlo, era sempre imprescindível que inexistisse **alternativa técnica e locacional** ao empreendimento proposto para a excepcional exploração de APP em caso de utilidade pública, disposição intencionalmente não reproduzida no artigo 8.º do novo e permissivo Código Florestal dos ruralistas, salvo no que concerne às hipóteses a serem definidas por ato do Chefe do Poder Executivo Federal.

Vale ressaltar que a supressão de vegetação nativa protetora de **nascentes, dunas e restingas** somente poderá ser autorizada em caso de **utilidade pública**.

São casos de **interesse social (art. 3.º, IX, do novo CFlo)**:

> a) as atividades imprescindíveis à **proteção da integridade da vegetação nativa**, tais como prevenção, combate e controle do fogo, controle da erosão, erradicação de invasoras e proteção de plantios com espécies nativas;
>
> b) a **exploração agroflorestal sustentável** praticada na **pequena propriedade** ou posse rural familiar ou por povos e comunidades tradicionais, desde que não descaracterize a cobertura vegetal existente e não prejudique a função ambiental da área;
>
> c) a implantação de **infraestrutura pública** destinada a **esportes, lazer e atividades educacionais e culturais** ao ar livre em áreas urbanas e rurais consolidadas, observadas as condições estabelecidas no CFlo;
>
> d) a **regularização fundiária de assentamentos humanos** ocupados predominantemente por **população de baixa renda em áreas urbanas consolidadas**, observadas as condições estabelecidas na Lei 11.977, de 7 de julho de 2009 (Programa Minha Casa, Minha Vida);
>
> e) implantação de instalações necessárias à **captação e condução de água e de efluentes tratados** para projetos cujos recursos hídricos são partes integrantes e essenciais da atividade;
>
> f) as atividades de pesquisa e extração de **areia, argila, saibro e cascalho**, outorgadas pela autoridade competente;
>
> g) outras atividades similares devidamente caracterizadas e motivadas em procedimento administrativo próprio, quando inexistir alternativa técnica e locacional à atividade proposta, definidas em ato **do Chefe do Poder Executivo Federal.**

Assim como ocorreu com as hipóteses de utilidade pública, houve o alargamento dos casos de interesse social, sendo possível a exploração de vegetação em APP para viabilizar até obras de infraestrutura pública de esportes, lazer, atividades educacionais (certamente não será a educação ambiental) e culturais.

Demais disso, será possível degradar a APP para a regularização fundiária de assentados humanos em áreas consolidadas por pessoas de baixa renda.

Outrossim, pelo antigo CFlo, era sempre imprescindível que inexistisse **alternativa técnica e locacional** ao empreendimento proposto para a excepcional exploração de APP em caso de interesse social, disposição intencionalmente não reproduzida no artigo 8.º do novo Código Florestal, salvo no que concerne às hipóteses a serem definidas por ato do Chefe do Poder Executivo federal.

Por fim, eis as **atividades eventuais ou de baixo impacto ambiental** (art. 3.º, X, do novo CFlo):

a) abertura de **pequenas vias de acesso interno e suas pontes e pontilhões**, quando necessárias à travessia de um curso d'água, ao acesso de pessoas e animais para a obtenção de água ou à retirada de produtos oriundos das atividades de manejo agroflorestal sustentável;

b) implantação de instalações necessárias à **captação e condução de água e efluentes tratados**, desde que comprovada a outorga do direito de uso da água, quando couber;

c) implantação de **trilhas** para o desenvolvimento do **ecoturismo**;

d) construção de **rampa de lançamento de barcos** e pequeno ancoradouro;

e) **construção de moradia de agricultores familiares, remanescentes de comunidades quilombolas e outras populações extrativistas e tradicionais em áreas rurais, onde o abastecimento de água se dê pelo esforço próprio dos moradores;**

f) construção e manutenção de **cercas na propriedade**;

g) **pesquisa científica relativa a recursos ambientais**, respeitados outros requisitos previstos na legislação aplicável;

h) **coleta de produtos não madeireiros para fins de subsistência** e produção de mudas, como sementes, castanhas e frutos, respeitada a legislação específica de acesso a recursos genéticos;

i) **plantio de espécies nativas** produtoras de frutos, sementes, castanhas e outros produtos vegetais, desde que não implique supressão da vegetação existente nem prejudique a função ambiental da área;

j) **exploração agroflorestal e manejo florestal sustentável, comunitário e familiar**, incluindo a extração de produtos florestais não madeireiros, desde que não descaracterizem a cobertura vegetal nativa existente nem prejudiquem a função ambiental da área;

k) outras ações ou atividades similares, reconhecidas como eventuais e de baixo impacto ambiental em **ato do Conselho Nacional do Meio Ambiente – CONAMA ou dos Conselhos Estaduais de Meio Ambiente**.

▸ Como esse assunto foi cobrado em concurso?

No concurso da UFMT para Analista Judiciário do TJ-MT, foi considerada correta a letra D: A intervenção ou a supressão de vegetação nativa em Área de Preservação Permanente somente ocorrerá nas hipóteses de utilidade pública, de interesse social ou de baixo impacto ambiental previstas nesta Lei (Código Florestal).

Diante desse dispositivo, a coluna da esquerda apresenta as hipóteses para intervenção ou a supressão de vegetação nativa em Área de Preservação Permanente previstas no Código Florestal e a da direita, situações que caracterizam tais hipóteses. Numere a coluna da direita de acordo com a da esquerda.

1 - Utilidade pública

2 - Interesse social

3 - Baixo impacto ambiental

( ) Atividades imprescindíveis à proteção da integridade da vegetação nativa, tais como prevenção, combate e controle do fogo, controle da erosão, erradicação de invasoras e proteção de plantios com espécies nativas.

( ) Atividades que comprovadamente proporcionem melhorias na proteção das funções ambientais, tais como preservar os recursos hídricos, a paisagem, a estabilidade geológica e a biodiversidade, facilitar o fluxo gênico de fauna e flora, proteger o solo e assegurar o bem-estar das populações humanas.

( ) Abertura de pequenas vias de acesso interno e suas pontes e pontilhões, quando necessárias à travessia de um curso d'água, ao acesso de pessoas e animais para a obtenção de água ou à retirada de produtos oriundos das atividades de manejo agroflorestal sustentável.

Marque a sequência correta.

A) 2, 3, 1

B) 1, 2, 3

C) 3, 1, 2

D) 2, 1, 3

Vale registrar que a grande maioria dessas hipóteses já estava prevista na Resolução CONAMA 369/2006.

Ainda é admitido pelo artigo 4.º, § 5.º, do novo CFlo, nas **pequenas propriedades ou posses rurais familiares**, o plantio de culturas temporárias e sazonais de **vazante** de ciclo curto na faixa de terra que fica exposta no período de vazante dos rios ou lagos, desde que não implique supressão de novas áreas de vegetação nativa, seja conservada a qualidade da água e do solo e seja protegida a fauna silvestre.

Esse dispositivo veio a permitir a conhecida **agricultura de vazante**, desenvolvida ao longo do leito do rio por comunidades tradicionais (vazanteiros), na porção que fica exposta nos períodos de estiagem, desde que não implique novos desmatamentos e nem prejudique as águas, o solo e a fauna silvestre.

As vazantes são as faixas de terras situadas às margens dos rios, lagos e outras acumulações d'água que são cobertas pelas águas durante o período chuvoso e descobertas durante a seca, podendo ser plantadas a batata-doce, o guandu, dentre outras culturas.

> **Importante!**
>
> Considera-se como **pequena propriedade ou posse rural familiar** aquela explorada mediante o trabalho pessoal do agricultor familiar e empreendedor familiar rural, incluindo os assentamentos e projetos de reforma agrária, e que atenda ao disposto no artigo 3.º, da Lei 11.326, de 24 de julho de 2006 (Política Nacional da Agricultura Familiar e Empreendimentos Familiares Rurais), que exige que o imóvel rural seja de até **quatro módulos fiscais**, dentre outros requisitos (utiiize predominantemente mão de obra da própria família nas atividades econômicas do seu estabelecimento ou empreendimento; tenha percentual mínimo da renda familiar originada de atividades econômicas do seu estabelecimento ou empreendimento, na forma definida pelo Poder Executivo; dirija seu estabelecimento ou empreendimento com sua família).

O módulo fiscal variará de acordo com a região do Brasil, conforme as instruções normativas especiais editadas pelo INCRA, sendo também utilizado para o cálculo do Imposto Territorial Rural.

Outrossim, as **terras indígenas demarcadas** e as demais **áreas tituladas de povos e comunidades tradicionais** que façam uso coletivo do seu território terão o **mesmo tratamento jurídico** no novo CFlo dado à **pequena propriedade ou posse rural**.

> **Qual o entendimento do STF sobre o assunto?**
>
> No entanto, o STF declarou a inconstitucionalidade das expressões "*demarcadas*" e "*tituladas*", por maioria, vencidos os Ministros Alexandre de Moraes e Gilmar Mendes (ADI 4901, 4902, 4903, 4937 e ADC 42).

Desse modo, não mais é necessário que as terras indígenas sejam demarcadas ou que as áreas dos povos e comunidades tradicionais sejam tituladas para que essas áreas tenham o mesmo tratamento florestal da pequena propriedade rural, desde que haja uso coletivo do território.

A intervenção e a supressão de vegetação em Áreas de Preservação Permanente para as atividades eventuais ou de baixo impacto ambiental, quando desenvolvidas nas pequenas propriedades ou posses rurais, **dependerão de simples declaração ao órgão ambiental competente**, desde que esteja o imóvel devidamente inscrito no CAR.

Por sua vez, **nas matas ciliares e nas APPs no entorno de lagos e lagoas naturais**, o permissivo novo Código Florestal, em seu art. 4.º, § 6.º, permite o desenvolvimento da **aquicultura** e infraestrutura física diretamente a ela associada nos imóveis com **até 15 módulos fiscais**, desde que:

> I – sejam adotadas práticas sustentáveis de manejo de solo e água e de recursos hídricos, garantindo sua qualidade e quantidade, de acordo com norma dos Conselhos Estaduais de Meio Ambiente;

II - esteja de acordo com os respectivos planos de bacia ou planos de gestão de recursos hídricos;

III - seja realizado o licenciamento pelo órgão ambiental competente;

IV - o imóvel esteja inscrito no Cadastro Ambiental Rural - CAR;

V - não implique novas supressões de vegetação nativa.

Outro absurdo praticado pelo novo CFlo é permitir, mesmo que excepcionalmente, o licenciamento ambiental para a supressão vegetal em manguezais para a execução de obras habitacionais e urbanização.

▸ **Como esse assunto foi cobrado em concurso?**

No concurso para Promotor de Justiça de RR em 2017 do CESPE, foi considerada correta a letra C: A prática da aquicultura em lagoa natural, bem como a instalação da infraestrutura física associada no entorno da lagoa e em faixa com largura mínima de cem metros, será admitida desde que:

A) seja a supressão de vegetação nativa autorizada pelo órgão ambiental competente, conforme os módulos fiscais do imóvel.

B) esteja em conformidade com os planos de bacia ou planos de gestão de recursos hídricos, independentemente dos módulos fiscais do imóvel.

C) seja realizado o licenciamento por órgão ambiental competente, conforme os módulos fiscais do imóvel.

D) esteja o imóvel inscrito no cadastro ambiental rural, independentemente dos módulos fiscais do imóvel.

De acordo com o artigo 8.º, § 2.º, que lamentavelmente não foi vetado, a intervenção ou a supressão de vegetação nativa em área de preservação permanente situada nas restingas estabilizadoras de mangues ou nos próprios manguezais, poderá ser autorizada, excepcionalmente, em locais onde a função ecológica do manguezal esteja comprometida, para execução de obras habitacionais e de urbanização, inseridas em projetos de regularização fundiária de interesse social, em áreas urbanas consolidadas ocupadas por população de baixa renda.

Assim, em vez de determinar a recuperação do manguezal comprometido, o Código Florestal dos ruralistas permite a sua deterioração total para a construção de residências em áreas urbanas consolidadas ocupadas por população de baixa renda.

Por fim, o novo CFlo dispensou a **autorização do órgão ambiental competente** para a execução, em caráter de **urgência,** de atividades de **segurança nacional e obras de interesse da defesa civil** destinadas à **prevenção e mitigação de acidentes em áreas urbanas.**

De resto, registre-se que inexiste previsão legal para a averbação imobiliária das APPs ou registro no Cadastro Ambiental Rural, mas seria medida altamente salutar, notadamente quando decorrer de ato específico do Poder Público.

Evidente que os estados ou municípios não poderão reduzir as APP's criadas no Código Florestal, só podendo aumentar a esfera protetiva, e não reduzi-la, sob pena de invasão de competência federal e consequente inconstitucionalidade

▸ **Qual o entendimento do STF sobre o assunto?**

Informativo 916 - Competência concorrente e construções em Áreas de Proteção Permanente - O Plenário julgou procedente pedido formulado em ação direta para declarar a inconstitucionalidade do art. 3º, III, l (1), da Lei 1.939/2008 do Estado do Tocantins, que permite construções destinadas exclusivamente ao lazer em Áreas de Preservação Permanente (APP), com área máxima de 190 metros quadrados. **O Tribunal entendeu configurada a inconstitucionalidade formal do dispositivo. O legislador tocantinense, ao conferir às Áreas de Proteção Ambiental (APP's) proteção deficitária em comparação ao regramento nacional (Código Florestal), extrapolou os limites da competência suplementar, decorrente da competência concorrente entre União e Estados (CF, art. 4, caput, VI, § 2º).** O colegiado reconheceu, ainda, a inconstitucionalidade material. Não há proporcionalidade e razoabilidade em expor 2 bens jurídicos de máxima importância sem justificativa plausível, especialmente na construção de área de 190 metros quadrados dentro de APP com a mera finalidade de lazer, sem se importar com o tamanho do terreno do condomínio ou com os efeitos nefastos que podem ser gerados. Em áreas de preservações iguais ou menores a 190 metros quadrados, por exemplo, a construção acabará com a preservação. Além disso, embora a norma estabeleça que a construção não deva conter fossas sépticas ou outras fontes poluidoras, o simples fato de haver tubulações implica alteração do meio ambiente, fato que gera verdadeira lesão ambiental às APP's. (**ADI 4988/TO, rel. Min. Alexandre de Moraes, julgamento em 19.9.2018. (ADI-4988)**.

▸ **Qual o entendimento do STF sobre o assunto?**

A legislação municipal não pode reduzir o patamar mínimo de proteção marginal dos cursos d'água, em toda sua extensão, fixado pelo Código Florestal. AREsp 1.312.435-RJ, Rel. Min. Og Fernandes, por unanimidade, julgado em 07/02/2019, DJe 21/02/2019.

2.5. Áreas consolidadas em APPs reguladas pelo novo Código Florestal

O tema é tratado no Capítulo XIII, Seção II, do novo Código Florestal, nos artigos 61-A *usque* 65, tendo sido tomado como marco legal divisor do regime jurídico o **dia 23 de julho de 2008, quando** foi publicado o Decreto 6.514, que dispõe sobre as infrações e sanções administrativas ao meio ambiente, que instituiu uma série de novos tipos administrativos para punir os infratores da legislação ambiental, **tendo o artigo 61 sido vetado pela Presidenta da República**.

Inicialmente, impende frisar que a utilização desse dia como termo inicial de um novel regime jurídico ambiental é extremamente questionável, visto que um mero decreto não tem o condão de inovar no mundo jurídico, especialmente porque veio apenas substituir o importante Decreto 3.179/1999, tão somente criando novas infrações administrativas ambientais para garantir o cumprimento da legislação do ambiente, inclusive o revogado (tacitamente) Código Florestal (Lei 4.771/1965).

Outrossim, a comprovação do dia certo da consolidação da exploração de vegetação em APP trará inúmeras demandas judiciais, pois é certo que mesmo aqueles que desmataram a partir do dia 23 de julho de 2008 poderão alegar que a supressão florestal foi anterior, gerando sérias dificuldades probatórias.

Por conseguinte, todos aqueles que exploraram ilicitamente a vegetação em APP com consolidação até o dia 22 de julho de 2008 foram premiados com o reconhecimento jurídico da situação consolidada, observados os condicionantes.

Conforme já visto, nos moldes do artigo 7.º, § 3.º, do novo CFlo, no caso de supressão não autorizada de vegetação realizada após 22 de julho de 2008, é vedada a concessão de novas autorizações de supressão de vegetação enquanto não cumpridas as obrigações de recomposição da vegetação.

Ademais, nos termos do seu artigo 8.º, § 4.º, "**não haverá, em qualquer hipótese, direito à regularização de futuras intervenções ou supressões de vegetação nativa, além das previstas nesta Lei**".

Pontifica o artigo 61-A do atual Código Florestal que "**nas áreas de preservação permanente é autorizada, exclusivamente, a continuidade das atividades agrossilvipastoris[2], de ecoturismo e de turismo rural em áreas rurais consolidadas até 22 de julho de 2008**", devendo ser monitoradas no Cadastro Ambiental Rural e adotadas medidas de mitigação dos impactos ambientais para a conservação do solo e das águas pelo proprietário ou possuidor que deverá adotar boas práticas agronômicas, **sendo vedada a conversão de novas áreas para uso alternativo do solo nesses locais.**

Da mesma forma, o Poder Público, verificada a existência de risco de agravamento de processos erosivos e de inundações, determinará a adoção de medidas mitigadoras que garantam a estabilidade das margens e a qualidade da água, após deliberação do Conselho Estadual de Meio Ambiente ou de órgão colegiado estadual equivalente.

> **▸ Importante!**
>
> Assegurou-se que, a partir da data da publicação do novo CFlo (28.05.2012) e até o término do prazo de adesão ao Programa de Regularização Ambiental (um ano após a criação do referido cadastro, podendo ser prorrogado), é autorizada a continuidade das referidas atividades desenvolvidas nas APPs, as quais deverão ser informadas no Cadastro Ambiental Rural, para fins de monitoramento, sendo exigida a adoção de medidas de conservação do solo e da água.

2. Produção agrícola, pecuária e silvicultura.

▸ **Qual o entendimento do STF sobre o assunto?**

Decidiu o STF, por maioria, **dar interpretação conforme a Constituição de modo a afastar, no decurso da execução dos termos de compromissos subscritos nos programas de regularização ambiental, o risco de decadência ou prescrição**, seja dos ilícitos ambientais praticados antes de 22.7.2008, seja das sanções deles decorrentes, **aplicando-se extensivamente o disposto no § 1º do art. 60 da Lei 12.651/2012**, segundo o qual **"a prescrição ficará interrompida durante o período de suspensão da pretensão punitiva"**, vencidos os Ministros Luiz Fux (Relator), Marco Aurélio, Edson Fachin, Roberto Barroso e Ricardo Lewandowski, e, em parte, o Ministro Gilmar Mendes (ADI 4901, 4902, 4903, 4937 e ADC 42).

Na regulamentação dos PRAs, a União aprovou o Decreto 7.830/2012 (norma de caráter geral), incumbindo-se aos Estados e ao Distrito Federal o detalhamento por meio da edição de normas de caráter específico, em razão de suas peculiaridades territoriais, climáticas, históricas, culturais, econômicas e sociais, conforme preceitua o art. 24 da Constituição Federal.

▸ **Como esse assunto foi cobrado em concurso?**

(2018/FCC/ALESE/Analista Legislativo/Apoio Jurídico) Na regulamentação dos Programas de Regularização Ambiental - PRAs, a) o Conselho Nacional do Meio Ambiente - CONAMA estabelecerá, por meio de resolução, a normativa única que regerá os PRAs. b) a União estabelecerá a normativa integral, que deverá ser observada pelos Estados e pelo Distrito Federal, diante da unidade do programa. c) os Estados e o Distrito Federal estabelecerão, de forma integral, a normativa dos respectivos PRAs. d) a União, em conjunto com os Estados e com o Distrito Federal, estabelecerá a normativa única que regerá os PRAs. e) a União estabelecerá normas de caráter geral, incumbindo-se aos Estados e ao Distrito Federal o detalhamento por meio da edição de normas de caráter específico. Letra E. Certa.

Por outro lado, no caso de intervenção consolidada em mata ciliar na hipótese de residências e da infraestrutura associada às atividades agrossilvipastoris, será admitida a sua manutenção independentemente da recomposição da mata desflorestada, desde que não haja risco de agravamento de processos erosivos e de inundações e sejam observados os critérios técnicos de conservação do solo e da água, bem como não exista risco para as pessoas.

Serão estudadas abaixo em tópicos as formas de recomposição parcial do dano florestal que deverão ser adotadas pelos proprietários e possuidores rurais em razão das situações consolidadas até 22 de julho de 2008:

A) Matas ciliares (art. 61-A, §§ 1.º a 4.º, do novo CFlo)

Os proprietários e possuidores rurais com áreas consolidadas em APP ao longo dos cursos d'água deverão recompor as faixas marginais a partir da borda da calha do leito regular, variando a dimensão da mata ciliar a ser recomposta de acordo com o tamanho do imóvel rural, da seguinte forma:

DIMENSÃO DO IMÓVEL RURAL	APP A SER RECOMPOSTA
Até 01 módulo fiscal	5 metros
Acima de 01 até 02 módulos fiscais	8 metros
Acima de 02 até 04 módulos fiscais	15 metros
Acima de 04 módulos fiscais	Metade da largura do curso d'água, com o mínimo de 20 e o máximo de 100 m

Para os imóveis com mais de 04 módulos fiscais, o tema é regulamentado pelo artigo 19, § 4.º, do Decreto 7.830/2012, devendo a recomposição das faixas marginais ao longo dos cursos d'água naturais será de, no mínimo:

> I - vinte metros, contados da borda da calha do leito regular, para imóveis com área superior a quatro e de até dez módulos fiscais, nos cursos d'água com até dez metros de largura; e
>
> II - nos demais casos, extensão correspondente à metade da largura do curso d'água, observado o mínimo de trinta e o máximo de cem metros, contados da borda da calha do leito regular.

Este ato regulamentar acabou "repristinando" por via transversa o texto da Medida Provisória 571/2012, que alterou o artigo 61-A, § 4.º do novo CFlo, posteriormente alterado pela Lei 12.727/2012 sem a chancela do Poder Executivo da União e parcialmente vetado (inciso I) pela Presidência da República.

B) Nascentes e olhos d'água perenes (art. 61-A, § 5.º, do novo CFlo)

Nos casos de áreas rurais consolidadas em Áreas de Preservação Permanente no entorno de nascentes e olhos d'água perenes, será admitida a manutenção de atividades agrossilvipastoris, de ecoturismo ou de turismo rural, sendo obrigatória a recomposição do raio mínimo de **15 metros**.

C) Entorno de lagos e lagoas naturais (art. 61-A, § 6.º, do novo CFlo)

DIMENSÃO DO IMÓVEL RURAL	APP A SER RECOMPOSTA
Até 01 módulo fiscal	5 metros
Acima de 01 até 02 módulos fiscais	8 metros
Acima de 02 até 04 módulos fiscais	15 metros
Acima de 04 módulos fiscais	30 metros

D) Veredas (art. 61-A, § 7.º, do novo CFlo)

DIMENSÃO DO IMÓVEL RURAL	APP A SER RECOMPOSTA
Até 04 módulos fiscais	30 metros
Acima de 04 módulos fiscais	50 metros

Em todos os casos, a recomposição consistirá na adoção dos seguintes métodos, isolados ou cumulativos (art. 61-A, § 13, novo CFlo):

> I - condução de regeneração natural de espécies nativas;
>
> II - plantio de espécies nativas;
>
> III - plantio de espécies nativas conjugado com a condução da regeneração natural de espécies nativas;
>
> IV - plantio intercalado de espécies lenhosas, perenes ou de ciclo longo, exóticas com nativas de ocorrência regional, em até 50% da área total a ser recomposta, no caso das pequenas propriedades ou posse rurais.

Vale registrar que as referidas recomposições, no caso de imóveis rurais com até dez módulos fiscais, somadas todas as APPs, não ultrapassarão (art. 61-B do novo CFlo):

DIMENSÃO DO IMÓVEL RURAL	ÁREA
Até 02 módulos fiscais	10%
Acima de 02 até 04 módulos fiscais	20%

Na **Reurb-E** dos núcleos urbanos informais que ocupam Áreas de Preservação Permanente não identificadas como áreas de risco, a regularização fundiária será admitida por meio da aprovação do projeto de regularização fundiária, na forma da lei específica de regularização fundiária urbana. (art. 65 do novo CFlo, na redação dada pela Lei 13.465/2017).

A Reub significa "Regularização Fundiária Urbana", compreendendo duas modalidades:

> I - **Reurb de Interesse Social (Reurb-S)** - regularização fundiária aplicável aos núcleos urbanos informais ocupados predominantemente por população de baixa renda, assim declarados em ato do Poder Executivo municipal; e
>
> II - **Reurb de Interesse Específico (Reurb-E)** - regularização fundiária aplicável aos núcleos urbanos informais ocupados por população não qualificada na hipótese de que trata o inciso I.

Por força da Lei 13.465/2017, que modificou a redação do artigo 64 do Código Florestal, na **Reurb-S** dos núcleos urbanos informais que ocupam Áreas de Preservação Permanente, a regularização fundiária será admitida por meio da aprovação do projeto de regularização fundiária, na forma da lei específica de regularização fundiária urbana.

2.6. Desapropriação em APP e indenização

Em caso de desapropriação de imóvel por utilidade pública ou interesse social, entende-se que a melhor posição é a que exclui da indenização a cobertura florestal em APP, justamente porque a regra é a impossibilidade de supressão vegetal.

▸ Qual o entendimento do STJ sobre o assunto?

O valor atribuído à cobertura florística, destacado do valor do terreno, deve ser excluído da indenização quando tal cobertura for insuscetível de exploração econômica, como na hipótese dos autos, uma vez que a área já havia sido declarada como de preservação permanente em data anterior à criação do parque nacional que fundamentou o pedido indenizatório (REsp 935.888/2008).

▸ Qual o entendimento do STF sobre o assunto?

Todavia, registre-se que **o STF tem inúmeros julgados que decidiram pela indenizabilidade da vegetação em APP na desapropriação**, sob o frágil argumento de que a limitação legal não elimina o valor econômico das matas protegidas (AI 677647, de 20.05.2008; RE 189779, de 05.04.2005; AI 369469, de 31.08.2004; RE 267817, de 25.02.2003).

▸ Como esse assunto foi cobrado em concurso?

No concurso do CESPE para Procurador do Estado do Piauí em 2014, foi considerada correta a letra E: Acerca das áreas de proteção permanente (APPs), assinale a opção correta.

A) Nos casos de regularização fundiária de interesse social em APP cujo licenciamento ambiental seja de competência do Estado, este também é competente para promover o licenciamento urbanístico do empreendimento.

B) A incidência de limitações administrativas sobre áreas localizadas em APPs ensejam, via de regra, indenização por desapropriação indireta.

C) Nas APPs, são proibidos a realização de qualquer atividade humana e o acesso de animais.

D) As matas ciliares existentes em APAs estão excluídas das APPs.

E) De acordo com o novo Código Florestal, são consideradas APPs as áreas protegidas, previstas na lei, cobertas ou não por vegetação nativa.

3. RESERVA LEGAL

O conceito legal da **reserva legal** vem estampado no artigo 3.º, inciso III, do novo CFlo (Lei 12.651/2012), que o define como a "área localizada no interior de uma propriedade ou posse **rural**, delimitada nos termos do **art. 12**, com a função de assegurar o uso econômico de modo sustentável dos recursos naturais do imóvel rural, auxiliar a conservação e a reabilitação dos processos ecológicos e promover a conservação da biodiversidade, bem como o abrigo e a proteção de fauna silvestre e da flora nativa".

> **▸ Importante!**
>
> Logo, a área de reserva legal somente existe em áreas rurais, sendo inexistente em áreas urbanas.

> **▸ Como esse assunto foi cobrado em concurso?**
>
> No concurso da Planejar para Procurador de Lauro de Freitas em 2016, foi considerada correta a letra C: Para os efeitos da Lei nº 12.651, de 25 de maio de 2012, assinale o item correto:
>
> A) Amazônia Legal: os Estados do Acre, Pará, Amazonas, Roraima, Rondônia, Amapá e Mato Grosso e as regiões situadas ao norte do paralelo 13° S, dos Estados de Tocantins e Goiás, e ao oeste do meridiano de 44° W, do Estado do Maranhão, Piauí e Ceará;
>
> B) Área rural consolidada: área protegida, coberta ou não por vegetação nativa, com a função ambiental de preservar os recursos hídricos, a paisagem, a estabilidade geológica e a biodiversidade, facilitar o fluxo gênico de fauna e flora, proteger o solo e assegurar o bem-estar das populações humanas;
>
> C) Reserva Legal: área localizada no interior de uma propriedade ou posse rural, delimitada nos termos do art. 12, com a função de assegurar o uso econômico de modo sustentável dos recursos naturais do imóvel rural, auxiliar a conservação e a reabilitação dos processos ecológicos e promover a conservação da biodiversidade, bem como o abrigo e a proteção de fauna silvestre e da flora nativa;
>
> D) Área de Preservação Permanente - APP: área de imóvel rural com ocupação antrópica preexistente a 22 de julho de 2008, com edificações, benfeitorias ou atividades agrossilvipastoris, admitida, neste último caso, a adoção do regime de pousio;
>
> E) pequena propriedade ou posse rural familiar: aquela explorada mediante o trabalho empresarial do agricultor, incluindo os assentamentos e projetos de reforma agrária, e que atenda ao disposto no art. 3° da Lei nº 11.326, de 24 de julho de 2006.

De acordo com o seu artigo 19, do novo CFlo, a inserção do imóvel rural em perímetro urbano definido mediante lei municipal não desobriga o proprietário ou posseiro da manutenção da área de Reserva Legal, que só será extinta concomitantemente ao registro do parcelamento do solo para fins urbanos, aprovado segundo a legislação específica e consoante as diretrizes do plano diretor.

Portanto, o proprietário de um imóvel originariamente rural apenas terá extinta a reserva legal quando o município aprovar o registro do parcelamento do solo urbano que contenha a sua área consoante o plano diretor do município, não bastando a mera inserção do imóvel rural em perímetro urbano definido mediante lei municipal.

> **▸ Qual o entendimento do STJ sobre o assunto?**
>
> De acordo com o STJ, "pressupostos internos do direito de propriedade no Brasil, as Áreas de Preservação Permanente e a Reserva Legal visam

a assegurar o mínimo ecológico do imóvel, sob o manto da inafastável garantia constitucional dos 'processos ecológicos essenciais' e da 'diversidade biológica'. Componentes genéticos e inafastáveis, por se fundirem com o texto da Constituição, exteriorizam-se na forma de **limitação administrativa**, técnica jurídica de intervenção estatal, em favor do interesse público, nas atividades humanas, na propriedade e na ordem econômica, com o intuito de discipliná-las, organizá-las, circunscrevê-las, adequá-las, condicioná-las, controlá-las e fiscalizá-las. **Sem configurar desapossamento ou desapropriação indireta, a limitação administrativa opera por meio da imposição de obrigações de não fazer (*non facere*), de fazer (*facere*) e de suportar (*pati*), e caracteriza-se, normalmente, pela generalidade da previsão primária, interesse público, imperatividade, unilateralidade e gratuidade"** (REsp 1.240.122, de 28.06.2011).

Por ser genérica e decorrer diretamente de lei, entende-se que a reserva legal tem a natureza jurídica de **limitação ao uso da propriedade**, conforme já reconhecido pelo STJ, não sendo, portanto, indenizável, devendo ser suportada por todos os proprietários rurais para a manutenção de parte das florestas e da biodiversidade nacional, regime jurídico mantido com o novo Código Florestal.

▸ **Importante!**

Ao contrário das áreas de preservação permanente, as de reserva legal já têm percentuais mínimos definidos no artigo 12, do novo CFlo, a depender da vegetação e da localização, bem como apenas incidem em *áreas rurais*. São os seguintes os **percentuais mínimos** de reserva legal:

- **80%, nas áreas rurais de floresta situadas na Amazônia Legal** (*Amazônia Legal*: os Estados do Acre, Pará, Amazonas, Roraima, Rondônia, Amapá e Mato Grosso e as regiões situadas ao norte do paralelo 13° S, dos Estados de Tocantins e Goiás, e ao oeste do meridiano de 44° W, do Estado do Maranhão (artigo 3.º, inciso I, do novo CFlo);
- **35%, nas áreas rurais de cerrado situadas na Amazônia Legal;**
- **20% nas áreas rurais de floresta ou vegetação nativa situadas em área de campos gerais na Amazônia Legal e em outras regiões do Brasil.**

▸ **Como esse assunto foi cobrado em concurso?**

(2020 Banca: CESPE / CEBRASPE Órgão: PRF Prova: CESPE / CEBRASPE – 2020 – PRF – Policial Rodoviário Federal - Curso de Formação – 3ª Turma – 2ª Prova) Com base nas disposições da Constituição Federal de 1988 e do Código Florestal, julgue o item a seguir. No âmbito da Amazônia Legal, um imóvel rural situado em área de floresta deve ter, no mínimo, 80% de reserva legal, sem prejuízo da aplicação das normas referentes às áreas de preservação permanente.

Gabarito: certo.

A Amazônia Legal é uma área que engloba nove estados brasileiros pertencentes à Bacia amazônica e a área de ocorrência das vegetações amazônicas. Com base em análises estruturais e conjunturais, o governo brasileiro, reunindo regiões de idênticos problemas econômicos, políticos e sociais, com o intuito de melhor planejar o desenvolvimento social e econômico da região amazônica, instituiu o conceito de Amazônia Legal.

A atual área de abrangência da Amazônia Legal corresponde à totalidade dos estados do Acre, Amapá, Amazonas, Pará, Rondônia, Roraima e Tocantins e parte dos estados do Mato Grosso e Maranhão (a oeste do meridiano de 44º de longitude oeste), perfazendo uma superfície de aproximadamente 5.217.423 km² correspondente a cerca de 61% do território brasileiro. Sua população, entretanto, corresponde a 12,32% do total de habitantes do Brasil.

A Amazônia Legal ocupa 5.016.136,3 km², que correspondem a cerca de 59% do território brasileiro. Nela vivem em torno de 24 milhões de pessoas, segundo o Censo 2010, distribuídas em 775 municípios, nos estados do Acre, Amapá, Amazonas, Mato Grosso, Pará, Rondônia, Roraima, Tocantins (98% da área do estado), Maranhão (79%) e Goiás (0,8%). Além de conter 20% do bioma cerrado, a região abriga todo o bioma Amazônia, o mais extenso dos biomas brasileiros, que corresponde a 1/3 das florestas tropicais úmidas do planeta, detém a mais elevada biodiversidade, o maior banco genético e 1/5 da disponibilidade mundial de água potável[3].

Dentro da Amazônia Legal os percentuais mínimos de área de reserva legal são maiores no caso de Floresta Amazônica (80%) e de cerrado (35%), enquanto no resto do país será de apenas 20%.

Vale registrar que os atuais percentuais mínimos da reserva legal são os mesmos previstos no antigo Código Florestal (Lei 4.771/1965). Ademais, em caso de fracionamento do imóvel rural, a qualquer título, inclusive para assentamentos

3. Disponível em: <http://pt.wikipedia.org/wiki>.

pelo Programa de Reforma Agrária, será considerada, para fins do percentual de reserva legal, a área do imóvel antes do fracionamento.

No caso de imóvel rural inserto em área de transição de Bioma, a exemplo de prédio rústico composto por floresta amazônica e por cerrado, ou por cerrado e caatinga, o percentual de reserva legal será definido considerando separadamente os índices acima elencados, como se fictamente a propriedade fosse dividida de acordo com os Biomas que a compõem.

Impende ressaltar que o proprietário ou possuidor de imóvel com Reserva Legal conservada e inscrita no Cadastro Ambiental Rural, **cuja área ultrapasse ao mínimo exigido pelo novo CFlo** (80%, 35% ou 20%, a depender), poderá utilizar a área excedente para fins de constituição de **servidão ambiental** e **Cota de Reserva Ambiental**.

> **Importante!**
>
> A **CRA – Cota de Reserva Ambiental**, inovação do novo CFlo, art. 44, é um título nominativo representativo de área com vegetação nativa, existente ou em processo de recuperação, nas seguintes hipóteses:
>
> I - Sob regime de servidão ambiental, na forma do artigo 9.º-A, da Lei 6.938/1981;
>
> II - Correspondente à área de Reserva Legal instituída voluntariamente sobre a vegetação que exceder os percentuais mínimos exigidos;
>
> III - Protegida na forma de Reserva Particular do Patrimônio Natural (espécie de unidade de conservação a ser estudada);
>
> IV - Existente em propriedade rural localizada no interior de Unidade de Conservação de domínio público que ainda não tenha sido desapropriada.

Também será admitida a expedição da CRA em favor dos proprietários ou possuidores de imóveis rurais, na Amazônia Legal, e seus herdeiros necessários que possuam índice de reserva legal maior que 50% de cobertura florestal e não realizaram a supressão da vegetação nos percentuais previstos pela legislação em vigor à época poderão utilizar a área excedente de reserva legal.

Isso porque, até o advento da Medida Provisória 2.166-67/2001, a reserva legal na Floresta Amazônica equivalia ao percentual mínimo de 50% da propriedade, passando a ser ao menos de 80% do imóvel rural.

A **pequena propriedade ou posse rural** familiar terá um tratamento diferenciado. Isso porque **a CRA poderá ser expedida em razão da vegetação da reserva legal, mesmo que esta não supere os limites mínimos legais**.

A Cota de Reserva Ambiental veio substituir a Cota de Reserva Florestal, que era prevista no artigo 44-B, do antigo Código Florestal, devendo ser expedida por órgão ou entidade componente do SISNAMA.

Poderá o proprietário requerer a expedição da CRA, desde que o imóvel rural seja inserido no Cadastro Ambiental Rural, e laudo comprobatório emitido pelo próprio órgão ambiental ou por entidade credenciada, assegurado o controle do IBAMA, na forma de ato do Chefe do Poder Executivo.

Cada CRA corresponderá a um **hectare** de área com vegetação nativa primária ou com vegetação secundária em qualquer estágio de regeneração ou recomposição, bem como de áreas de recomposição mediante reflorestamento com espécies nativas, **podendo ser transferida, onerosa ou gratuitamente**, a pessoa física ou a pessoa jurídica de direito público ou privado, mediante termo assinado pelo titular da CRA e pelo adquirente, só produzindo efeito o negócio jurídico uma vez registrado o termo no sistema único de controle.

Demais disso, o vínculo de área à Cota de Reserva Ambiental será **averbado** na matrícula do respectivo imóvel no **registro de imóveis** competente.

O titular da CRA terá o direito de utilizá-la para compensar Reserva Legal de imóvel rural situado no mesmo bioma da área à qual o título está vinculado, na hipótese de não atingir os percentuais mínimos legais, devendo ser averbada na matrícula do imóvel no qual se situa a área vinculada ao título e na do imóvel beneficiário da compensação.

> ▸ **Qual o entendimento do STF sobre o assunto?**
>
> Por maioria, decidiu o STF **dar interpretação conforme a Constituição para permitir compensação apenas entre áreas com identidade ecológica**, vencidos o Ministro Edson Fachin e, em parte, os Ministros Luiz Fux (Relator), Cármen Lúcia (Presidente), Alexandre de Moraes, Roberto Barroso e Gilmar Mendes (ADI 4901, 4902, 4903, 4937 e ADC 42).

É possível afirmar que a Cota de Reserva Ambiental é uma concretização do Princípio do Protetor-recebedor, pois todos aqueles que estão conservando cobertura florestal além do exigido pelo novo CFlo, nos casos acima elencados, terão esse título representativo que poderá ser comercializado.

Nesse sentido, é obrigatório o registro da CRA pelo órgão emitente, no prazo de 30 dias, contado da data da sua emissão, em bolsas de mercadorias de âmbito nacional ou em sistemas de registro e de liquidação financeira de ativos autorizados pelo Banco Central do Brasil.

Registre-se que será de plena responsabilidade do proprietário do imóvel rural em que se situa a área vinculada à CRA a manutenção das condições de conservação da vegetação nativa da área que deu origem ao título.

A CRA somente poderá ser **cancelada** nas situações abaixo, devendo tal cancelamento ser averbado na matrícula do imóvel no qual se situa a área vinculada ao título e do imóvel no qual a compensação foi aplicada:

> I - por solicitação do proprietário rural, em caso de desistência de manter áreas nas condições de servidão ambiental e de reserva legal acima dos percentuais mínimos legais;
>
> II - automaticamente, em razão de término do prazo da servidão ambiental;

> III – por decisão do órgão competente do SISNAMA, no caso de degradação da vegetação nativa da área vinculada à CRA cujos custos e prazo de recuperação ambiental inviabilizem a continuidade do vínculo entre a área e o título.

Existem hipóteses excepcionais em que o novo Código Florestal permite a redução dos percentuais mínimos de reserva legal (80% na Floresta Amazônica; 35% do cerrado na Amazônia Legal; 20% demais coberturas florestais):

A) Nos casos de imóveis rurais localizados na Amazônia Legal, em áreas de floresta, o **Poder Público** poderá reduzir a reserva legal de 80% para até 50%, **para fins de recomposição**, quando o Município tiver mais de 50% da área ocupada por unidades de conservação da natureza de domínio público e por terras indígenas homologadas (art. 12, § 4.º, do novo CFlo);

B) Nos casos de imóveis rurais localizados na Amazônia Legal, em áreas de floresta, o **Poder Público estadual** poderá reduzir a reserva legal de 80% para até 50%, ouvido o Conselho Estadual de Meio Ambiente, quando o Estado tiver Zoneamento Ecológico-Econômico aprovado e mais de 65% do seu território ocupado por unidades de conservação da natureza de domínio público, devidamente regularizadas, e por terras indígenas homologadas (art. 12, § 5.º, do novo CFlo);

C) Nos casos de imóveis rurais localizados na Amazônia Legal, em áreas de floresta, o **Poder Público federal** poderá reduzir a reserva legal de 80% para até 50%, quando indicado pelo Zoneamento Ecológico-econômico estadual, **exclusivamente para fins de regularização**, mediante recomposição, regeneração ou compensação da Reserva Legal de imóveis com área rural consolidada, excluídas as áreas prioritárias para conservação da biodiversidade e dos recursos hídricos.

▸ Como esse assunto foi cobrado em concurso?

No concurso para Juiz Federal da 3ª Região em 2016, foi considerada falsa a letra C: Dadas as assertivas abaixo, assinale a alternativa incorreta. Com base no disposto na Lei nº 12.651/2012 e suas alterações posteriores, é possível afirmar sobre a Reserva Legal:

A) Todo imóvel rural deve manter área com cobertura de vegetação nativa, a título de Reserva Legal, sem prejuízo da aplicação das normas sobre as Áreas de Preservação Permanente, observados os seguintes percentuais mínimos em relação à área do imóvel caso os imóveis estejam situados na Amazônia Legal, excetuados os casos previstos no art. 68 da referida Lei: 80% (oitenta por cento), no imóvel situado em área de florestas; 35% (trinta e cinco por cento), no imóvel situado em área de cerrado; 20% (vinte por cento), no imóvel situado em área de campos gerais. Para os imóveis situados nas demais regiões do país, o percentual é de 20% (vinte por cento).

B) Em caso de fracionamento do imóvel rural, a qualquer título, inclusive para assentamentos pelo Programa de Reforma Agrária, será considerada, para fins do disposto do caput, a área do imóvel antes do fracionamento.

C) Nos casos de imóvel situado em área de florestas na Amazônia Legal, o poder público poderá reduzir a Reserva Legal para até 50% (cinquenta por cento), para fins de recomposição, quando o Município tiver mais de 80% (oitenta por cento) da área ocupada por unidades de conservação da natureza de domínio público e por terras indígenas homologadas. Nas mesmas hipóteses o poder público estadual, ouvido o Conselho Estadual de Meio Ambiente, poderá reduzir a Reserva Legal para até 50% (cinquenta por cento), quando o Estado tiver Zoneamento Ecológico-Econômico aprovado e mais de 75% (setenta e cinco por cento) do seu território ocupado por unidades de conservação da natureza de domínio público, devidamente regularizadas, e por terras indígenas homologadas.

D) Os empreendimentos de abastecimento público de água e tratamento de esgoto não estão sujeitos à constituição de Reserva Legal. Também não será exigido Reserva Legal relativa às áreas adquiridas ou desapropriadas por detentor de concessão, permissão ou autorização para exploração de potencial de energia hidráulica, nas quais funcionem empreendimentos de geração de energia elétrica, subestações ou sejam instaladas linhas de transmissão e de distribuição de energia elétrica. Também não será exigido Reserva Legal relativa às áreas adquiridas ou desapropriadas com o objetivo de implantação e ampliação de capacidade de rodovias e ferrovias.

Nesta última hipótese, o proprietário ou possuidor de imóvel rural que mantiver Reserva Legal conservada e averbada em área superior aos percentuais mínimos exigidos, poderá instituir **servidão ambiental** sobre a área excedente, nos termos da Lei 6.938, de 31 de agosto de 1981, e **Cota de Reserva Ambiental**.

Excepcionalmente, também será possível a **ampliação** dos percentuais mínimos de reserva legal **em até 50% em qualquer Bioma brasileiro**, a critério do Poder Público federal, quando indicado pelo Zoneamento Ecológico-econômico estadual, para cumprimento de metas nacionais de proteção à biodiversidade ou de redução de emissão de gases de efeito estufa (art. 13, II, do novo CFlo).

A reserva legal é criada pelo só efeito do artigo 12 do novo Código Florestal, tendo existência *ex lege*. Contudo, evidentemente a sua localização deverá ser definida casuisticamente, de acordo com o melhor interesse ambiental, **cabendo ao órgão estadual integrante do SISNAMA, ou instituição por ele habilitada, aprovar a localização da Reserva Legal após a inclusão do imóvel no Cadastro Ambiental Rural**.

Logo, não é direito do proprietário ou possuidor definir a localização da área de reserva legal. Deverão ser observados os seguintes critérios para a sua relimitação (art. 14):

I – o plano de bacia hidrográfica;

II – o Zoneamento Ecológico-Econômico;

> III – a formação de corredores ecológicos com outra Reserva Legal, com Área de Preservação Permanente, com Unidade de Conservação ou com outra área legalmente protegida;
>
> IV – as áreas de maior importância para a conservação da biodiversidade; e
>
> V – as áreas de maior fragilidade ambiental.

Insta registrar que, **protocolada a documentação** exigida para análise da localização da área de Reserva Legal, ao proprietário ou possuidor rural **não poderá ser imputada sanção administrativa**, inclusive restrição a direitos, por qualquer órgão ambiental competente integrante do SISNAMA, em razão da não formalização da área de Reserva Legal (art. 14, § 2.º).

Com relação ao cálculo da área de reserva legal, o novo Código Florestal implicou redução de proteção ambiental. Isso porque a legislação revogada, em regra, não admitia o cômputo das áreas de preservação permanente no cálculo da reserva legal, que deviam ser somadas, salvo expressas exceções.

Agora, por força do artigo 15, do novo CFlo, **será admitido o cômputo das Áreas de Preservação Permanente no cálculo do percentual da Reserva Legal do imóvel**, desde que:

> I – o benefício previsto neste artigo não implique a conversão de novas áreas para o uso alternativo do solo (novos desmatamentos);
>
> II – a área a ser computada esteja conservada ou em processo de recuperação, conforme comprovação do proprietário ao órgão estadual integrante do SISNAMA; e
>
> III – o proprietário ou possuidor tenha requerido inclusão do imóvel no Cadastro Ambiental Rural – CAR.

▸ **Importante!**

Portanto, **com o novo CFlo, em regra, será possível computar as áreas de preservação permanente no cálculo da reserva legal**, salvo quando implicar novos desflorestamentos, a área computada não estiver conservada ou em processo de recuperação ou o proprietário ou possuidor da terra não postular a inscrição no Cadastro Ambiental Rural – CAR.

▸ **Qual o entendimento do STJ sobre o assunto?**

O art. 15 da Lei n. 12.651/2012, que admite o cômputo da área de preservação permanente no cálculo do percentual de instituição da reserva legal do imóvel, não retroage para alcançar situações consolidadas antes de sua vigência. REsp 1.646.193-SP, Rel. Min. Napoleão Nunes Maia Filho, Rel. Acd. Min. Gurgel de Faria, Primeira Turma, por maioria, julgado em 12/05/2020, DJe 04/06/2020

Entretanto, o referido cômputo não tem o condão de alterar o regime de preservação da APP considerada, bem como se aplica a todas as modalidades de cumprimento da Reserva Legal, abrangendo a regeneração, a recomposição e, na hipótese de RL em condomínio ou coletiva, a compensação.

Suponha-se um imóvel de 100 hectares no Estado da Bahia em que a reserva legal mínima é de 20% do total da fazenda (fixada em 20 ha no caso concreto).

Se existir uma área de preservação permanente nesse bem, a exemplo de uma mata ciliar equivalente a 5% propriedade (5 ha), e as exigências acima estudadas forem cumpridas, dar-se-á o cômputo da APP no cálculo da RL, de modo que nesse prédio rústico teremos apenas 20 ha de áreas ambientais protegidas, sendo 5 ha considerados ao mesmo tempo como APP e RL, o que forçará a localização da reserva legal em sobreposição à área de preservação permanente.

Contudo, por força de inovação trazida pela Lei 12.727/2012, que inseriu o § 4.º no artigo 15 do novo CFlo, passou a ser possível na Amazônia Legal, nas áreas de floresta, que o cômputo da APP na área de reserva legal implique na conversão de novas áreas para o uso alternativo do solo (novos desmatamentos), desde que as Áreas de Preservação Permanente conservadas ou em processo de recuperação, somadas às demais florestas e outras formas de vegetação nativa existentes em imóvel, ultrapassarem a 80% do imóvel rural amazônico.

Por fim, vale salientar que se admite a instituição de **reserva legal em regime de condomínio ou coletiva**, desde que respeitados os percentuais mínimos, não sendo mais exigida a **aprovação do órgão ambiental competente com o advento da Lei 12.727/2012**.

> **Importante!**
>
> O novo Código Florestal também inovou ao prever expressamente a **não exigência da reserva legal** para determinados empreendimentos públicos relevantes (art. 12):
>
> A) empreendimentos de **abastecimento público de água e tratamento de esgoto** (§ 6.º);
>
> B) áreas adquiridas ou desapropriadas por detentor de concessão, permissão ou autorização para exploração de **potencial de energia hidráulica**, nas quais funcionem empreendimentos de **geração de energia elétrica**, subestações ou sejam instaladas linhas de transmissão e de distribuição de energia elétrica (§ 7.º);
>
> C) áreas adquiridas ou desapropriadas com o objetivo de implantação e ampliação de capacidade de rodovias e ferrovias (§ 8.º).

O antigo Código Florestal (Lei 4.771/1965) previa que a reserva legal deveria ser sempre registrada no Cartório de Imóveis mediante averbação. Entretanto, essa obrigatoriedade foi extinta pelo novo Código Florestal.

> **Importante!**
>
> Com propriedade, **foi instituído o dever do proprietário de registrar a reserva legal no Cadastro Ambiental Rural no órgão ambiental competente**, sendo vedada, em regra, a alteração de sua destinação, nos casos de transmissão, a qualquer título, ou de desmembramento, salvo disposição legal em sentido contrário (art. 18 do novo CFlo). Logo, **o registro no CAR irá desobrigar o proprietário de averbar a reserva legal no Cartório de Registro de Imóveis, sendo mais uma inovação do novo CFlo.**

Por força da Lei 12.727/2012, no período entre a data da sua publicação e o registro no CAR, o proprietário ou possuidor rural que desejou fazer a **averbação** teve direito à **gratuidade** deste ato.

No caso de **posse**, a área de Reserva Legal é assegurada por **termo de compromisso** firmado pelo possuidor com o órgão competente do SISNAMA, com força de **título executivo extrajudicial**, que explicite, no mínimo, a localização da área de Reserva Legal e as obrigações assumidas pelo possuidor, sendo que **a transferência da posse implica a sub-rogação das obrigações** assumidas no termo de compromisso (art. 18, § 2.º, do novo CFlo).

Curial afirmar que **o registro no CAR ou a averbação apenas declara a reserva legal, não tendo cunho constitutivo**, seguindo, nesta hipótese, *mutatis mutandis*, o mesmo regime da demarcação de terras indígenas.

Aliás, deixar de averbar a reserva legal (agora deixar de registrar no CAR, após a sua implementação e escoado o lapso temporal de um ano para que o proprietário ou possuidor rural promova o requerimento administrativo) já é considerado infração administrativa ambiental federal, nos termos do artigo 55 do Decreto 6.514/2008, com multa diária de R$ 50,00 a R$ 500,00 por hectare do espaço protegido, a partir de 11.06.2012.

Inclusive, consoante previsão expressa do novo CFlo, **é obrigatória a suspensão imediata das atividades em área de reserva legal desmatada irregularmente após 22 de julho de 2008**, devendo os órgãos ambientais atuar para concretizar essa imposição legal.

Para a pequena propriedade ou posse rural, a inscrição da reserva legal no CAR será **gratuita**, devendo apresentar os dados identificando a área proposta de reserva legal, cabendo ao órgão ambiental competente, ou instituição por ele habilitada, realizar a captação das respectivas coordenadas geográficas.

> ▸ **Importante!**
>
> **Note-se que na área de reserva legal é defeso o corte raso da vegetação,** pois esta degradante exploração apenas será permitida na área de uso alternativo do solo, **mas é possível a exploração por meio do manejo florestal sustentável,** um método que respeita a sustentabilidade das florestas e demais formas de vegetação, onde se opera o corte seletivo de árvores, ao longo de muitos anos, dividindo-se o imóvel rural em talhões, preservando-se a vegetação, de modo que se mantenha a perenidade da biota.

Nesse sentido, o artigo 2.º, do Decreto 5.975/2006, prevê o Plano de Manejo Florestal Sustentável – PMFS, que é um documento técnico básico que contém as diretrizes e os procedimentos para a administração da floresta, visando à obtenção de benefícios econômicos, sociais e ambientais. Este estudo deve ser aprovado pela entidade ambiental antes da exploração da floresta integrante da reserva legal.

> ▸ **Como esse assunto foi cobrado em concurso?**
>
> No concurso do CESPE para Advogado da União em 2015, foi considerado certo o seguinte enunciado: A regularidade da reserva legal envolve a conservação de sua vegetação nativa, de modo que a exploração econômica dessa área deve ser feita mediante plano de manejo sustentável previamente aprovado pelo órgão ambiental competente do SISNAMA, sem prejuízo da observância das demais normas ambientais pertinentes.

Esse regime jurídico foi mantido pelo novo CFlo. Nos termos do seu artigo 17, **a reserva legal deve ser conservada com cobertura de vegetação nativa pelo proprietário do imóvel rural, possuidor ou ocupante a qualquer título, pessoa física ou jurídica, de direito público ou privado.**

Logo, propriedades públicas e privadas rurais deverão conservar a sua reserva legal, exceto nos casos excepcionais de dispensa já estudados. A exploração da vegetação em área de reserva legal não poderá ser predatória, mas apenas sustentável, devendo respeitar a perenidade dos recursos da natureza.

No caso da reserva legal na **pequena propriedade ou posse rural**, poderão ser computados os plantios de árvores frutíferas, ornamentais ou industriais, compostos por espécies exóticas, cultivadas em sistema intercalar ou em consórcio com espécies nativas da região em sistemas agroflorestais. Trata-se de regra, e não de exceção.

> ▸ **Como esse assunto foi cobrado em concurso?**
>
> No concurso do CESPE para Procurador Federal em 2013, foi considerado errado o seguinte enunciado: Nos casos de imóveis rurais de até quatro módulos fiscais, excepcionalmente, a regularização da área de reserva legal poderá deixar de contar com a cobertura integral de vegetação nativa, se forem computados os plantios de árvores frutíferas, ornamentais ou industriais, compostos por espécies exóticas, cultivadas em sistema intercalar ou em consórcio com espécies nativas da região em sistemas agroflorestais.
>
> No concurso do CESPE em 2017 para Juiz de Santa Catarina, foi considerada correta a letra E: Em pequena propriedade ou posse rural familiar:
>
> A) o poder público federal deverá prestar apoio técnico para a recomposição da vegetação da reserva legal.
>
> B) o poder público municipal deverá prestar apoio técnico para a recomposição da vegetação da reserva legal.
>
> C) a recomposição da reserva legal será feita exclusivamente com vegetação nativa, sendo as mudas subsidiadas pelo poder público federal, que também garantirá, como incentivo financeiro, a compra de subprodutos vindos de tal área.
>
> D) a área de preservação permanente será considerada como reserva legal, recaindo sobre ela o regramento mais permissivo da reserva legal.

E) para cumprimento da manutenção da área de reserva legal poderão ser computados os plantios de árvores frutíferas, ornamentais ou industriais, compostos por espécies exóticas, cultivadas em sistema intercalar ou em consórcio com espécies nativas da região em sistemas agroflorestais.

Considera-se **manejo sustentável** a administração da vegetação natural para a obtenção de benefícios econômicos, sociais e ambientais, respeitando-se os mecanismos de sustentação do ecossistema objeto do manejo e considerando-se, cumulativa ou alternativamente, a utilização de múltiplas espécies madeireiras, ou não, de múltiplos produtos e subprodutos da flora, bem como a utilização de outros bens e serviços.

Para a pequena propriedade ou posse rural familiar, os órgãos ambientais deverão instituir critérios simplificados na elaboração, análise e aprovação dos planos de manejo florestais sustentáveis.

Vale registrar que a exploração da vegetação da área de reserva legal via manejo florestal sustentável depende, em regra, de prévio licenciamento ambiental, salvo para exploração florestal eventual sem propósito comercial, para consumo no próprio imóvel, devendo apenas ser declarados previamente ao órgão ambiental a motivação da exploração e o volume explorado, limitada a exploração anual a 20 metros cúbicos.

Aliás, a aprovação do projeto de manejo florestal sustentável pelo órgão ambiental competente confere ao seu detentor a licença ambiental para a prática do manejo florestal sustentável, não se aplicando outras etapas de licenciamento ambiental.

Demais disso, independe de licença ou autorização ambiental, sendo livre a coleta de produtos florestais não madeireiros, tais como frutos, cipós, folhas e sementes, desde que não excedam ao volume previsto em regulamento, respeitem a época de maturação dos frutos e sementes e observe técnicas que não coloquem em risco a sobrevivência de indivíduos e da espécie explorada no caso de coleta de flores, folhas, cascas, óleos, resinas, cipós, bulbos, bambus e raízes.

Da mesma forma, para a **pequena propriedade ou posse rural familiar**, o manejo sustentável da reserva legal para exploração florestal **eventual, sem propósito comercial direto ou indireto, para consumo no próprio imóvel independe de autorização dos órgãos ambientais competentes**, limitada a retirada anual de material lenhoso a 2 metros cúbicos por hectare e não podendo comprometer mais de 15% da biomassa da reserva legal e nem ser superior a 15 quinze metros cúbicos de lenha para uso doméstico e uso energético, por propriedade ou posse rural, por ano (art. 56 do CFlo).

Por fim, no caso de intervenção eventual e de baixo impacto ambiental prevista no artigo 3.º, inciso X, do CFlo, nas pequenas propriedades ou posses rurais em área de reserva legal, bastará uma simples declaração ao órgão ambiental competente para liberação da ação, sendo inexigível o processo de licenciamento ambiental, desde que o imóvel esteja inscrito no Cadastro Ambiental Rural.

Se área de reserva legal estiver desmatada, não só os responsáveis diretos e indiretos pela exploração clandestina estarão obrigados a perpetrar o reflorestamento com espécies nativas.

Deveras, os atuais proprietários ou possuidores, mesmo que tenham recebido o prédio rústico já com a área de RL prejudicada, serão responsáveis civilmente pela obrigação de recompor a mata, por se tratar de obrigação *propter rem*.

> **▸ Qual o entendimento do STJ sobre o assunto?**
>
> 4. As APPs e a Reserva Legal justificam-se onde há vegetação nativa remanescente, mas com maior razão onde, em consequência de desmatamento ilegal, a flora local já não existe, embora devesse existir. 5. Os deveres associados às APPs e à Reserva Legal têm natureza de obrigação *propter rem*, isto é, aderem ao título de domínio ou posse. Precedentes do STJ. 6. Descabe falar em culpa ou nexo causal, como fatores determinantes do dever de recuperar a vegetação nativa e averbar a Reserva Legal por parte do proprietário ou possuidor, antigo ou novo, mesmo se o imóvel já estava desmatado quando de sua aquisição. Sendo a hipótese de obrigação *propter rem*, desarrazoado perquirir quem causou o dano ambiental *in casu*, se o atual proprietário ou os anteriores, ou a culpabilidade de quem o fez ou deixou de fazer. Precedentes do STJ (REsp 948.921, de 23.10.2007).

Esse correto posicionamento do STJ foi positivado pelo novo Código Florestal, ao dispor que as obrigações previstas na legislação florestal têm natureza real e são transmitidas ao sucessor, de qualquer natureza, no caso de transferência de domínio ou posse do imóvel rural.

Assim sendo, o novo proprietário ou mesmo possuidor assumirá o passivo ambiental, tendo o dever de recompor a área de reserva legal.

Por seu turno, em caso de desapropriação, deverá ser indenizada a cobertura florestal na área de reserva legal, pois passível de exploração via manejo florestal sustentável, mas em quantia inferior à área onde é permitido o corte raso da vegetação.

Não é outro o entendimento dominante do STJ, *que ainda condiciona o pagamento à existência de plano de manejo aprovado pelo órgão ambiental*, fato que demonstra a sua exploração econômica.

> **▸ Qual o entendimento do STJ sobre o assunto?**
>
> A área de reserva legal de que trata o § 2.º do artigo 16 do Código Florestal é restrição imposta à área suscetível de exploração, de modo que não se inclui na área de preservação permanente. Não se permite o corte raso da cobertura florística nela existente. Assim, essa área pode ser indenizável, embora em valor inferior ao da área de utilização irrestrita, desde que exista plano de manejo devidamente confirmado pela autoridade competente (REsp 867.085/2007).

Em um ponto não há como concordar com a Corte Superior. Mesmo o proprietário que não utiliza a vegetação em reserva legal tem o direito de indenização proporcional da floresta, pois o fato de não explorar não retira o conteúdo econômico das suas árvores.

Aliás, atenta até contra o Princípio da Isonomia esse entendimento do STJ, pois aquele que preservou integralmente a floresta será negativamente discriminado, ao não receber a indenização pela vegetação intocada em área de reserva legal.

De acordo com o artigo 10, § 1.º, II, da Lei 9.393/1996, as áreas de reserva legal são excluídas da área tributável do Imposto Territorial Rural, dispositivo que possui nítida função extrafiscal.

A disciplina de transição das explorações consolidadas em área de reserva legal é regulada pelos artigos 66, 67, 68 e 69 do novo Código Florestal, tendo sido tomado como marco legal divisor do regime jurídico o **dia 23 de julho de 2008**, quando foi publicado o Decreto 6.514, que dispõe sobre as infrações e sanções administrativas ao meio ambiente, que instituiu uma série de novos tipos administrativos para punir os infratores da legislação ambiental.

Sem prejuízo das sanções administrativas, cíveis e penais cabíveis, deverá ser iniciado o processo de recomposição da Reserva Legal em até dois anos contados a partir da data da publicação do novo CFlo (28.05.2012), devendo tal processo ser concluído nos prazos estabelecidos pelo Programa de Regularização Ambiental.

Os proprietários e possuidores rurais que detinham, em 22 de julho de 2008, área de reserva legal em extensão inferior ao estabelecido no artigo 12 do novo CFlo (80%, 35% ou 20%, a depender da localização e do Bioma) poderão regularizar a sua situação, independentemente da adesão ao Programa de Regularização Ambiental, adotando as seguintes alternativas, isolada ou conjuntamente (art. 66):

> I – recompor a Reserva Legal;
>
> II – permitir a regeneração natural da vegetação na área de Reserva Legal;
>
> III – compensar a Reserva Legal.

Por sua vez, por força da **Lei 13.887, de 17/10/2019,** restou previsto que os proprietários e possuidores dos imóveis rurais que os inscreverem no CAR até o dia 31 de dezembro de 2020 terão direito à adesão ao Programa de Regularização Ambiental.

Por força da **Lei 13.887, de 17/10/2019,** caso os Estados e o Distrito Federal não implantem o PRA até 31 de dezembro de 2020, o proprietário ou possuidor de imóvel rural poderá aderir ao PRA implantado pela União.

A **recomposição** consiste no reflorestamento da reserva legal degradada, de acordo com os critérios definidos pelo órgão ambiental, permitindo o novo CFlo que haja o plantio intercalado de **espécies nativas regionais e exóticas ou frutíferas**, em sistema agroflorestal, desde que a área recomposta com espécies exóticas não exceda a 50% da área total a ser recuperada.

Outrossim, a recomposição deverá ser concluída em **até 20 anos**, abrangendo, a cada 2 dois anos, no mínimo, 1/10 (um décimo) da área total necessária à sua complementação.

Caso as condições naturais sejam permissivas, é possível que o proprietário ou possuidor nada faça para regularizar a sua reserva legal, bastando não impedir a **regeneração natural da vegetação**, consistindo em uma obrigação de não fazer.

Uma terceira hipótese para a regularização é a **compensação da reserva legal**, caso não seja possível ou conveniente a recomposição e a regeneração natural, sendo necessário o registro do prédio rústico no Cadastro Ambiental Rural.

Nesse caso, algum benefício ambiental em outra área deverá ser promovido pelo proprietário ou possuidor da reserva legal a ser regularizada, ou ao menos este deverá arcar com os seus custos, nas situações autorizadas pelo novo CFlo.

A compensação de reserva legal poderá ser efetuada das seguintes formas (art. 66, § 5.º):

A) por aquisição de Cota de Reserva Ambiental;

B) por arrendamento de área sob regime de servidão ambiental ou reserva legal;

C) por doação ao poder público de área localizada no interior de Unidade de Conservação de domínio público pendente de regularização fundiária;

D) por cadastramento de outra área equivalente e excedente à reserva legal, em imóvel de mesma titularidade ou adquirida em imóvel de terceiro, com vegetação nativa estabelecida, em regeneração ou recomposição, desde que localizada no mesmo bioma.

Contudo, para ser admitida pelo órgão ambiental competente, a compensação de reserva legal deverá contar com área equivalente em extensão à área da reserva legal a ser compensada; estar localizada no mesmo bioma da área de reserva legal a ser compensada e, se fora do Estado, estar localizada em áreas identificadas como prioritárias pela União ou pelos Estados.

Frise-se que **a compensação de reserva legal não irá viabilizar novos desmatamentos**, pois vedada a conversão de novas áreas para o uso alternativo do solo.

No caso das propriedades rurais com no máximo **quatro módulos fiscais** até 22 de julho de 2008 e que possuam um **remanescente de vegetação nativa**, existe um tratamento legal favorável, pois, mesmo não possuindo os percentuais mínimos de reserva legal, **não haverá necessidade da sua recomposição**, visto que o artigo 67 do novo CFlo admite que a reserva legal será constituída com a área ocupada com a vegetação nativa existente em 22 de julho de 2008, **vedadas novas conversões para uso alternativo do solo** (desmatamentos).

Por fim, os proprietários ou possuidores de imóveis rurais que realizaram supressão de vegetação nativa, respeitando os percentuais de reserva legal previstos pela legislação em vigor à época em que ocorreu a supressão, são dispensados de promover a recomposição, compensação ou regeneração.

4. APICUNS E SALGADOS

Os apicuns e os salgados, conquanto não protegidos como APPs, passaram a ter um regime de exploração condicionada aos ditames do Capítulo III-A, do novo CFlo, por meio do artigo 11-A, prevendo-se o seu uso **ecologicamente sustentável**.

Com efeito, os apicuns e salgados poderão ser utilizados **em atividades de carcinicultura e salinas**, desde que observados os seguintes requisitos:

> I – área total ocupada em cada Estado não superior a 10% dessa modalidade de fitofisionomia no bioma amazônico e a 35% (trinta e cinco por cento) no restante do País, excluídas as ocupações consolidadas;
>
> II – salvaguarda da absoluta integridade dos manguezais arbustivos e dos processos ecológicos essenciais a eles associados, bem como da sua produtividade biológica e condição de berçário de recursos pesqueiros;
>
> III – licenciamento da atividade e das instalações pelo órgão ambiental estadual, cientificado o IBAMA e, no caso de uso de terrenos de marinha ou outros bens da União, realizada regularização prévia da titulação perante a União;
>
> IV – recolhimento, tratamento e disposição adequados dos efluentes e resíduos;
>
> V – garantia da manutenção da qualidade da água e do solo, respeitadas as Áreas de Preservação Permanente; e
>
> VI – respeito às atividades tradicionais de sobrevivência das comunidades locais.

Consoante já estudado, os **salgados ou marismas tropicais hipersalinos** são áreas situadas em regiões com frequências de inundações intermediárias entre marés de sizígias e de quadratura, com solos cuja salinidade varia entre 100 e 150 partes por 1.000, onde pode ocorrer a presença de vegetação herbácea específica.

Marés de sizígias são as verificadas na lua cheia e na lua nova, em razão da ação conjunta das marés lunares e solares. Observa-se as maiores marés altas, assim como as menores marés baixas. *Dicionário Houaiss digital:* sizígia – conjunção de qualquer planeta com o Sol.

Marés de quadratura são as que ocorrem em razão da Terra, Lua e Sol formarem um Ângulo. As marés altas não são tão altas, assim como as baixas não são tão baixas. *Dicionário Houaiss digital:* quadratura – (rubrica: astronomia) configuração astronômica em que dois corpos celestes ficam a uma distância de 90 graus, do ponto de vista da Terra.

Já os **apicuns** são áreas de solos hipersalinos situadas nas regiões entremarés superiores, inundadas apenas pelas marés de sizígias, que apresentam salinidade superior a 150 partes por 1.000, desprovidas de vegetação vascular. É uma espécie de brejo de água salgada próximo ao mar.

Portanto, a salinidade nos apicuns é maior do que nos salgados, assim como nos apicuns não há vegetação vascular, sendo apenas inundados pelas marés de sizígias por serem mais altos.

Ainda foram previstas regras específicas no licenciamento e nos estudos ambientais para os empreendimentos de carcinicultura e salinas em apicuns e salgados.

Deveras, **a licença ambiental será de cinco anos**, renovável apenas se o empreendedor cumprir as exigências da legislação ambiental e do próprio licenciamento, mediante comprovação anual inclusive por mídia fotográfica.

Sem prejuízo da responsabilidade civil, administrativa e criminal, a licença ambiental poderá ser alterada quando houver o descumprimento ou cumprimento inadequado das condicionantes ou medidas de controle previstas no licenciamento, ou desobediência às normas aplicáveis; o fornecimento de informação falsa, dúbia ou enganosa, inclusive por omissão, em qualquer fase do licenciamento ou período de validade da licença; ou a superveniência de informações sobre riscos ao meio ambiente ou à saúde pública.

Ademais, há hipóteses em que o novo CFlo presume a possibilidade de significativa degradação do meio ambiente, **exigindo o EIA-RIMA para os novos empreendimentos** (art. 11-A, § 3.º):

> I - com área superior a 50 hectares, vedada a fragmentação do projeto para ocultar ou camuflar seu porte;
>
> II - com área de até 50 (cinquenta) hectares, se potencialmente causadores de significativa degradação do meio ambiente; ou
>
> III - localizados em região com adensamento de empreendimentos de carcinicultura ou salinas cujo impacto afete áreas comuns.

Demais disso, ressalvada a regularização das situações consolidadas até 22 de julho de 2008, desde que o empreendedor se obrigue a proteger os manguezais arbustivos adjacentes, a ampliação da ocupação de apicuns e salgados respeitará o Zoneamento Ecológico-Econômico da Zona Costeira - ZEEZOC, com a individualização das áreas ainda passíveis de uso, em escala mínima de 1:10.000, que deverá ser concluído por cada Estado no prazo máximo de um ano a partir da data da publicação do novo CFlo.

5. ÁREAS DE USO RESTRITO

A criação das Áreas de Uso Restrito foi uma das poucas inovações positivas do novo Código Florestal, as quais se destinam a proteger e fomentar o desenvolvimento dos pantanais e planícies pantaneiras do Brasil, ecossistemas enquadrados como áreas úmidas, sendo o grande exemplo o **Bioma Pantanal Mato-Grossense**, considerado como **patrimônio nacional** pelo artigo 225, § 4.º, da Constituição de 1988.

O Pantanal se estende pelos territórios dos estados do Mato Grosso (região sul), do Mato Grosso do Sul (noroeste) e de países vizinhos (Paraguai e Bolívia), tendo no total mais de 200.000 quilômetros quadrados, situando-se na Bacia Hidrográfica do Alto do Paraguai.

De efeito, nos **pantanais e planícies pantaneiras** é permitida a **exploração ecologicamente sustentável**, devendo-se considerar as recomendações técnicas dos órgãos oficiais de pesquisa, ficando novas supressões de vegetação nativa para uso alternativo do solo condicionadas à autorização do órgão estadual do meio ambiente.

Ademais, em áreas de inclinação entre 25º e 45º, serão permitidos o manejo florestal sustentável e o exercício de atividades agrossilvipastoris, bem como a manutenção da infraestrutura física associada ao desenvolvimento das atividades, observadas boas práticas agronômicas, sendo vedada a conversão de novas áreas, excetuadas as hipóteses de utilidade pública e interesse social previstas no novo CFlo.

6. ÁREAS VERDES URBANAS

As **áreas verdes urbanas** são definidas no novo Código Florestal como os espaços, públicos ou privados, com predomínio de vegetação, preferencialmente nativa, natural ou recuperada, previstos no Plano Diretor, nas Leis de Zoneamento Urbano e Uso do Solo do Município, indisponíveis para construção de moradias, destinados aos propósitos de recreação, lazer, melhoria da qualidade ambiental urbana, proteção dos recursos hídricos, manutenção ou melhoria paisagística, proteção de bens e manifestações culturais.

Deveras, os municípios poderão se valer dos seguintes instrumentos para a criação de novas áreas verdes urbanas:

A) o exercício do direito de preempção para aquisição de remanescentes florestais relevantes, conforme dispõe o Estatuto da Cidade;

B) a transformação das reservas legais em áreas verdes nas expansões urbanas;

C) o estabelecimento de exigência de áreas verdes nos loteamentos, empreendimentos comerciais e na implantação de infraestrutura;

D) aplicação em áreas verdes de recursos oriundos da compensação ambiental.

Agora cabe aos municípios a adoção de políticas públicas ambientais para expandir e criar novas áreas verdes a fim de realizar uma sustentabilidade urbana.

7. UNIDADES DE CONSERVAÇÃO

As unidades de conservação constituem mais uma modalidade de espaços ambientais territoriais especialmente protegidos a serem instituídos pelo Poder Público.

O seu regramento atual está consignado pela Lei 9.985/2000, que aprovou o SNUC – Sistema Nacional de Unidades de Conservação da Natureza, regulamentado parcialmente pelo Decreto 4.340/2002, prevendo **doze modalidades de unidades de conservação** que serão vistas nos itens seguintes, repartidas em dois grandes grupos.

Contudo, antes da promulgação da Lei do SNUC, alguns desses espaços territoriais já existiam em nosso ordenamento jurídico, mas de maneira esparsa na legislação ambiental, a exemplo das áreas de proteção ambiental e das estações ecológicas, já tratadas pela Lei 6.902/1981, bem como das florestas nacionais (art. 5.º, *b*, da Lei 4.771/1965 – antigo Código Florestal).

No Brasil, em 1937, a primeira unidade de conservação instituída oficialmente foi o Parque Nacional de Itatiaia, mediante a edição do Decreto 1.713, subscrito por Getúlio Vargas.

Mundialmente, os EUA foram os pioneiros, ao criarem o Parque Nacional de Yellowstone, em 1872, conhecido das crianças por ser a moradia do *Urso Zé Colmeia*.

De acordo com o artigo 2.º, inciso I, da Lei 9.985/2000, **unidade de conservação** *é o* "espaço territorial e seus recursos ambientais, incluindo as águas jurisdicionais, com as características naturais relevantes, legalmente instituído pelo Poder Público, com objetivos de conservação e limites definidos, sob regime especial de administração, ao qual se aplicam garantias adequadas de proteção".

▸ **Como esse assunto foi cobrado em concurso?**

No concurso do CESPE para Advogado da União em 2012, foi considerado errado o seguinte enunciado: Unidade de conservação corresponde a um espaço territorial protegido – coberto ou não por vegetação nativa – cuja função é permitir a preservação dos recursos hídricos, da paisagem, da estabilidade geológica e da biodiversidade; facilitar o fluxo gênico de fauna e flora; garantir a proteção do solo; e assegurar o bem-estar das populações humanas.

Esse conceito abarca as unidades de conservação de todas as entidades políticas, sendo possível a inclusão na área da unidade de conservação do **subsolo e do espaço aéreo**, sempre que influírem na estabilidade do ecossistema.

▸ **Importante!**

As unidades de conservação poderão ser **criadas** por ato do Poder Público **(lei ou decreto), mas apenas extintas ou reduzidas por lei**, nos termos do art. 225, § 1.º, III, da Constituição Federal.

No caso da RPPN (reserva particular do patrimônio natural), espécie de unidade de conservação do grupo de uso sustentável, é possível a sua criação por portaria do órgão ambiental, após celebração Termo de Compromisso averbado à margem da inscrição no Registro Público de Imóveis, nos termos do artigo 2.º do Decreto 5.746/2006.

▸ **Como esse assunto foi cobrado em concurso?**

No concurso do CESPE para Juiz Federal da 5ª Região em 2009, foi considerado errado o seguinte enunciado: A unidade de conservação só pode ser criada por lei em sentido formal, devendo ser precedida de estudos técnicos e de consulta pública que permitam identificar os limites mais adequados para a unidade.

Outrossim, **a desafetação de uma unidade de conservação também depende de lei**, mesmo que a mesma tenha sido instituída por decreto, consistindo no ato da Administração Pública que altera o regime jurídico de um bem público, que passará a integrar a classe dominial.

Inclusive, a **desafetação de unidade de conservação por medida provisória é inconstitucional**, mesmo que esta seja convertida em lei, pois a precariedade de uma MP não é compatível com a exigência constitucional de lei, que já passou pelo crivo do Poder Legislativo.

▸ Qual o entendimento do STF sobre o assunto?

O Plenário, em conclusão de julgamento, conheceu em parte de ação direta e, nessa parte, julgou procedente o pedido para, sem pronunciamento de nulidade, **declarar a inconstitucionalidade da Medida Provisória 558/2012, convertida na Lei 12.678/2012.**

A ação direta foi conhecida apenas na parte em que aponta violação dos artigos 62 e 225, § 1º, III, da Constituição Federal (CF) (1), relativamente às alterações de limites de parques e florestas nacionais, de área de proteção ambiental e de unidades de conservação, as quais foram promovidas com o objetivo de construção de usinas hidrelétricas (Informativo 873).

Quanto ao aspecto formal, o Tribunal reafirmou a possibilidade, ainda que em caráter excepcional, de declaração de inconstitucionalidade de medidas provisórias quando se afigure evidente o abuso do poder de legislar pelo Chefe do Executivo, em razão da indubitável ausência dos requisitos constitucionais de relevância e urgência.

Asseverou que não ficou demonstrado, de forma satisfatória, a presença dos mencionados requisitos. À época da edição da medida provisória, os empreendimentos hidrelétricos que justificariam a desafetação das áreas protegidas ainda dependiam de licenciamentos ambientais, nos quais deveriam ser analisados os impactos e avaliada a conveniência e escolha dos sítios a serem efetivamente alagados.

Reconheceu a impossibilidade de diminuição ou supressão de espaços territoriais especialmente protegidos por meio de medida provisória. A proteção ao meio ambiente é um limite material implícito à edição de medida provisória, ainda que não conste expressamente do elenco das limitações previstas no art. 62, § 1º, da CF (2).

Ademais, normas que importem diminuição da proteção ao meio ambiente equilibrado só podem ser editadas por meio de lei formal, com amplo debate parlamentar e participação da sociedade civil e dos órgão e instituições de proteção ambiental, como forma de assegurar o direito de todos ao meio ambiente ecologicamente equilibrado. A adoção de medida provisória nessas hipóteses possui evidente potencial de causar prejuízos irreversíveis ao meio ambiente na eventualidade de não ser convertida em lei.

Sob o prisma material, o Colegiado considerou que a norma impugnada contrariou o princípio da proibição de retrocesso socioambiental. Isso porque as alterações legislativas atingiram o núcleo essencial do direito fundamental ao meio ambiente ecologicamente equilibrado (art. 225 da CF).

Enfatizou, ainda, que a aplicação do princípio da proibição do retrocesso socioambiental não pode engessar a ação legislativa e administrativa, sendo forçoso admitir certa margem de discricionariedade às autoridades públicas em matéria ambiental (ADI 4.350/DF). **ADI 4717/DF, rel. Min. Cármen Lúcia, julgamento em 5.4.2018. (ADI-4717).**

As unidades de conservação poderão ser compostas por áreas públicas ou particulares, a depender da modalidade. Caso o Poder Público institua uma UC pública em área particular, salvo se o particular fizer a doação do espaço, será necessária a sua desapropriação, na modalidade utilidade pública, nos termos do Decreto-lei 3.365/1941 (art. 5.º, alínea *k*), devendo ser indenizada em pecúnia a terra nua e a cobertura florística explorável, e não em títulos públicos, pois essa intervenção estatal supressiva da propriedade é não sancionatória.

Frise-se que o artigo 45, da Lei do SNUC, exclui da indenização as espécies arbóreas declaradas imunes ao corte, os lucros cessantes, os juros compostos e as áreas que não tenham prova inequívoca do domínio anterior à criação da unidade de conservação.

Também será possível a desapropriação de áreas públicas, caso uma entidade política de maior abrangência territorial resolva criar UC em área de outra.

▸ **Importante!**

A criação de uma unidade de conservação deverá ser precedida de **estudos técnicos** e de **consulta pública** que permitam identificar a localização, a dimensão e os limites mais adequados para a unidade, sendo **dispensável** este último requisito para as **estações ecológicas e reservas biológicas**, pois foi presumido legalmente o interesse público.

▸ **Como esse assunto foi cobrado em concurso?**

No concurso da FCC para Procurador de São Luís em 2016, foi considerada correta a letra A: NÃO é obrigatória a realização de consulta pública para criação de Unidade de Conservação/categoria:

A) Estação Ecológica.

B) Reserva Particular do Patrimônio Natural.

C) Área de Preservação Permanente

D) Parque Nacional.

E) Reserva Extrativista.

Conquanto **não seja vinculante**, à míngua de previsão legal que lhe dê essa força, a consulta pública não poderá ser dispensada, sob pena invalidade do ato de criação.

▸ **Qual o entendimento do STF sobre o assunto?**

Quando da edição do Decreto de 27.02.2001, a Lei n.º 9.985/2000 não havia sido regulamentada. A sua regulamentação só foi implementada em 22 de agosto de 2002, com a edição do Decreto n.º 4.340/2002. **O processo de criação e ampliação das unidades de conservação deve ser precedido da regulamentação da lei, de estudos técnicos e de consulta pública. O parecer emitido pelo Conselho Consultivo do Parque não pode substituir a consulta exigida na lei.** O Conselho não tem poderes para representar a população local. Concedida a segurança, ressalvada a possibilidade da edição de novo decreto (MS 24.184, de 13.08.2003).

A ampliação dos limites territoriais de unidade de conservação também necessita de consulta pública e estudos técnicos no que concerne ao *acréscimo* proposto.

▸ **Qual o entendimento do STF sobre o assunto?**

Unidade de conservação. Estação ecológica. **Ampliação dos limites originais na medida do acréscimo,** mediante decreto do Presidente da República. Inadmissibilidade. Falta de estudos técnicos e de consulta pública. Requisitos prévios não satisfeitos. Nulidade do ato pronunciada. Ofensa a direito líquido e certo. Concessão do mandado de segurança. Inteligência do art. 66, §§ 2.º e 6.º, da Lei 9.985/2000. Votos vencidos. **A ampliação dos limites de estação ecológica, sem alteração dos limites originais, exceto pelo acréscimo proposto, não pode ser feita sem observância dos requisitos prévios de estudos técnicos e consulta pública** (MS 24.665, de 01.12.2004).

▸ **Qual o entendimento do STF sobre o assunto?**

De acordo com o STF, "o § 2.º do art. 22 da Lei nº 9.985/2000 não exige que os estudos técnicos estejam concluídos por ocasião das consultas públicas, mas, tão somente, por ocasião da criação da própria unidade de conservação" (MS 26.189 AgR, de 06.03.2013).

O **SNUC – Sistema Nacional de Unidades de Conservação**, instituído pela Lei 9.985/2000, é **constituído pelo conjunto das unidades de conservação federais, distritais, estaduais e municipais**, objetivando manter a diversidade biológica, através da preservação e restauração da diversidade dos ecossistemas naturais e da proteção das espécies ameaçadas de extinção, alcançando o tão sonhado desenvolvimento sustentável.

São órgãos responsáveis pela gestão do SNUC:

A) **órgão consultivo e deliberativo**: Conselho Nacional do Meio Ambiente – CONAMA;

B) **órgão central**: Ministério do Meio Ambiente (MMA);

C) **órgãos executores**: Instituto Chico Mendes de Conservação e Biodiversidade – ICMBIO e o Instituto Brasileiro do Meio Ambiente e dos Recursos Naturais Renováveis IBAMA, este em caráter supletivo; órgãos estaduais, distritais e municipais.

> **Importante!**
>
> As unidades de conservação se dividem em dois grandes grupos: ***Unidades de Proteção Integral*** e ***Unidades de Uso Sustentável***.
>
> Nas ***Unidades de Proteção Integral*** deverá ser observada a manutenção dos ecossistemas livres de alterações causadas por interferência humana, **se admitido, em regra, apenas o uso indireto dos seus atributos naturais.**

Ou seja, nesse grupo o objetivo básico é preservar a natureza, sendo admitido apenas o uso indireto (aquele que não envolve consumo, coleta, dano ou destruição dos recursos naturais) dos seus recursos naturais, com exceção dos casos previstos nesta Lei, sendo consideradas como zona rural para os efeitos legais.

> **Importante!**
>
> Integram o grupo das *unidades de proteção integral*: 1) **estação ecológica**; 2) **reserva biológica**; 3) **parque nacional**; 4) **monumento natural**; 5) **refúgio da vida silvestre**.

1. **Estação ecológica (ESEC)** – é a UC que se destina à preservação da natureza e à realização de pesquisas científicas, sendo de propriedade pública, proibida a visitação pública, exceto para fins educativos (art. 9.º, §§ 1.º, 2.º e 3.º).
2. **Reserva biológica (REBIO)** – é a UC que tem como objetivo a preservação integral da biota e demais atributos naturais existentes, sem a interferência humana direta, sendo de propriedade pública, proibida a visitação pública, exceto para fins educativos. Poderá haver pesquisa científica, se autorizada (art. 10, §§ 1.º a 3.º).
3. **Parque nacional (PN)** – é a UC de propriedade pública que tem o fito de preservar os ecossistemas naturais de grande relevância ecológica e beleza cênica, podendo haver pesquisas e atividades educativas, se autorizadas, bem como turismo ecológico (art. 11, §§ 1.º a 3.º). Será chamado de parque estadual, distrital ou municipal, se instituído pelas respectivas entidades políticas.
4. **Monumento natural (MONAT)** – é a UC que busca preservar sítios naturais raros, singulares ou de grande beleza cênica, admitida a visitação pública, podendo a área ser pública ou particular, se compatível (art. 12, §§ 1.º a 3.º).
5. **Refúgio da vida silvestre (RVS)** – é a UC que tenta preservar ambientes naturais típicos de reprodução de espécies ou comunidades da flora local e da fauna residente ou migratória, podendo a área ser pública ou particular, se compatível, admitidas a visitação pública e as pesquisas científicas, se autorizadas (art. 13, §§ 1.º a 4.º).

> **Como esse assunto foi cobrado em concurso?**
>
> No concurso do CESPE para Juiz Federal da 5ª Região em 2009, foram considerados errados os seguintes enunciados:

- O parque nacional pode ser criado e permanecer em área de domínio privado, com o objetivo de preservar ecossistemas naturais de grande relevância ecológica e beleza cênica, possibilitando a realização de pesquisas científicas e o desenvolvimento de atividades de educação ambiental, de recreação em contato com a natureza e de turismo ecológico.

- Compõem o grupo das unidades de proteção integral as seguintes categorias de unidades de conservação: reserva biológica, área de relevante interesse ecológico, floresta nacional e reserva de fauna.

No concurso do CESPE para Juiz Federal da 2ª Região em 2009, foi considerada correta a letra B: O Sistema Nacional de Unidades de Conservação classifica como unidade de proteção integral

A) a reserva biológica, que visa preservar ecossistemas naturais de grande relevância ecológica e beleza cênica, podendo abranger áreas particulares

B) a estação ecológica, que é área destinada à preservação da natureza e também, quando autorizada pela administração da unidade e sujeita às condições e restrições estabelecidas por esta, à realização de pesquisa científica.

C) a reserva da fauna, que visa proteger a fauna e estimular a realização de estudos tecnológicos e científicos sobre o manejo econômico sustentável de recursos faunísticos.

D) o refúgio da vida silvestre, cuja finalidade é resguardar os atributos excepcionais da natureza, com visitação pública sujeita às condições e restrições estabelecidas no plano de manejo da unidade.

E) a floresta nacional, que, diferentemente dos parques, possa ter seus recursos utilizados de forma sustentável.

Nas ***Unidades de Uso Sustentável*** dar-se-á a exploração do ambiente de maneira a garantir a perenidade dos recursos ambientais renováveis e dos processos ecológicos, mantendo a biodiversidade e os demais atributos ecológicos, de forma socialmente justa e economicamente viável.

O seu objetivo básico é compatibilizar a conservação da natureza com o uso sustentável de parcela dos seus recursos naturais.

▸ **Importante!**

Compõem o grupo das *unidades de uso sustentável*: 1) **Área de proteção Ambiental**; 2) **Área de relevante interesse ecológico**; 3) **Floresta nacional**; 4) **Reserva extrativista**; 5) **Reserva da fauna**; 6) **Reserva de desenvolvimento sustentável**; 7) **Reserva particular do patrimônio natural.**

1. **Área de proteção ambiental (APA)** – é a UC que poderá ser formada por áreas públicas ou particulares, em geral extensas, com certo grau de ocupação humana, com atributos bióticos, abióticos ou mesmo culturais, visando proteger a diversidade biológica, disciplinar o processo de ocupação e assegurar a sustentabilidade do uso dos recursos (art. 15, §§ 1.º a 5.º).

2. **Área de relevante interesse ecológico (ARIE)** – é a UC que poderá ser formada por áreas públicas ou particulares, em geral de pouca extensão, com pouca ou nenhuma ocupação humana, com características naturais extraordinárias ou que abriga exemplares raros da biota regional, visando a manter ecossistemas naturais de importância regional ou local (art. 16, §§ 1.º a 2.º).
3. **Floresta nacional (FLONA)** – é a UC de propriedade pública, composta por uma área coberta de vegetação predominantemente nativa, com o objetivo de manter o uso sustentável dos recursos e desenvolver a pesquisa científica, sendo permitida a ocupação por populações tradicionais (art. 17, §§ 1.º a 6.º).
4. **Reserva Extrativista (RESEX)** – é a UC de propriedade pública, utilizada pelas populações extrativistas tradicionais como condição de sobrevivência, que têm o uso concedido pelo Poder Público via contrato, podendo haver agricultura e criação de animais de pequeno porte, sendo permitidas a visitação pública e a pesquisa, proibidas a exploração de recursos minerais e a caça amadorística ou profissional (art. 18, §§ 1.º a 7.º).
5. **Reserva da fauna (REFAU)** – é a UC de propriedade pública, composta por área natural com animais nativos, adequada ao estudo científico, ligada ao manejo dos recursos faunísticos, permitida a visitação pública e proibida a caça amadorística ou profissional (art. 19, §§ 1.º a 4.º).
6. **Reserva de desenvolvimento sustentável (RDS)** – é a UC de propriedade pública, composta por área natural e que abriga populações tradicionais, cuja existência baseia-se em sistemas sustentáveis de exploração transmitidos por gerações, protegendo a natureza, permitidas a visitação pública e a pesquisa. Essas populações tradicionais terão direito ao uso concedido da área ocupada através de contrato com o Poder Público (art. 20, §§ 1.º a 6.º).
7. **Reserva particular do patrimônio natural (RPPN)** – é a UC de propriedade privada, gravada com perpetuidade, com o objetivo de conservar a diversidade biológica, apenas sendo permitidas a pesquisa e a visitação. Ressalte-se que esta modalidade, apesar de ser formalmente considerada como de uso sustentável, tem o regime jurídico de proteção integral, pois o inciso III do § 2.º do art. 21 da Lei 9.985/2000, foi vetado pelo Presidente porque previa o extrativismo na área (art. 21, §§ 1.º a 3.º).

▸ Como esse assunto foi cobrado em concurso?

No concurso do CESPE para Juiz Federal da 2ª Região em 2009, foi considerada correta a letra D: Quanto ao conceito, aos objetivos e às características de uma área de proteção ambiental, julgue os itens a seguir.

I – É uma área, em geral pequena, sem ocupação humana, dotada de atributos abióticos, bióticos, estéticos ou culturais especialmente importantes para a preservação da vida silvestre.

II – Tem como objetivos básicos proteger a diversidade biológica, disciplinar o processo de ocupação e assegurar a sustentabilidade do uso dos recursos naturais.

III – Pode ser constituída em propriedades privadas.

IV – Possui sistema de planejamento com ordenamento territorial indefinido.

Estão certos apenas os itens

A) I e II.

B) I e III.

C) I e IV.

D) II e III.

E) II e IV.

No concurso do CESPE para Juiz Federal da 1ª Região em 2009, foi considerada correta a letra E: Conforme o SNUC, área de relevante interesse ecológico é aquela

A) que tem como objetivo básico a conservação dos recursos hídricos de grande relevância ecológica e beleza cênica, deforma a possibilitar a realização de atividades de lazer em contato com a natureza.

B) que objetiva proteger a reprodução dos pequenos répteis nas áreas alagadas, assegurando condições para a existência ou reprodução de insetos que esses répteis utilizam para a alimentação dos filhotes.

C) que corresponde à zona de amortecimento das florestas de preservação permanente.

D) onde é proibida a ocupação humana, já que essa área, em geral extensa, possui atributos faunísticos de rara beleza, especialmente importantes para a qualidade de vida e para o bem-estar das espécies migratórias; e seu objetivo básico é proteger a postura dos ovos das aves de arribação.

E) onde há pouca ou nenhuma ocupação humana, que possui características naturais extraordinárias ou que abriga exemplares raros da biota regional, e cujos objetivos são manter os ecossistemas naturais de importância regional ou local e regular o uso admissível dessas áreas, de modo a compatibilizá-lo com os objetivos de conservação da natureza.

No concurso do CESPE para Juiz Federal da 5ª Região em 2009, foi considerado errado o seguinte enunciado: A área de proteção ambiental, dotada de atributos abióticos, bióticos, estéticos ou culturais especialmente importantes para a qualidade de vida e o bem-estar das populações humanas, é constituída apenas por terras públicas.

No concurso do CESPE para Procurador Federal em 2013, foi considerado certo o seguinte enunciado: As florestas nacional, estadual e municipal são consideradas unidades de conservação da natureza de posse e domínio públicos, em que se admite a permanência de populações tradicionais que nelas habitem, desde que obedecidas normas regulamentares e o respectivo plano de manejo.

No concurso da FCC para Juiz do Amapá em 2014, foi considerada correta a letra E: Na Fazenda Santa Rita está regularmente constituída uma Reserva Particular do Patrimônio Natural. O imóvel foi adquirido por um grupo empresarial que pretende desconstituir a citada reserva para explorar comercialmente sua área. Isto

A) É permitido, desde que haja compensação ambiental no mesmo bioma.

B) É permitido, desde que haja compensação ambiental.

C) Não é permitido, diante da impossibilidade de compensação ambiental.

D) Somente será permitido em até 2 anos da data de constituição da Reserva Particular do Patrimônio Natural e desde que haja compensação ambiental.

E) Não é permitido, diante do caráter de perpetuidade da Reserva Particular do Patrimônio Natural.

No concurso do CESPE para Advogado da União em 2015, foi considerado certo o seguinte enunciado: A floresta nacional é unidade de conservação de uso sustentável, de posse e de domínio públicos, cuja criação deve ser precedida de estudos técnicos e de consulta pública que permitam identificar a localização, a dimensão e os limites mais adequados para a unidade, com vistas ao seu objetivo básico de uso múltiplo sustentável dos recursos florestais e pesquisa científica.

No concurso para Promotor do PR em 2017, foi considerada falsa a letra D: Assinale a alternativa incorreta:

A) A Estação Ecológica tem como objetivo a preservação da natureza e a realização de pesquisas científicas.

B) O Parque Nacional tem como objetivo básico a preservação de ecossistemas naturais de grande relevância ecológica e beleza cênica, possibilitando a realização de pesquisas científicas e o desenvolvimento de atividades de educação e interpretação ambiental, de recreação em contato com a natureza e de turismo ecológico.

C) O Monumento Natural tem como objetivo básico preservar sítios naturais raros, singulares ou de grande beleza cênica.

D) A Área de Relevante Interesse Ecológico é uma área em geral de grande extensão, que tem como objetivo manter os ecossistemas naturais de importância local e regular o uso admissível dessas áreas.

E) A Reserva Extrativista é uma área utilizada por populações extrativistas tradicionais, cuja subsistência baseia-se no extrativismo e, complementarmente, na agricultura de subsistência e na criação de animais de pequeno porte, e tem como objetivos básicos proteger os meios de vida e a cultura dessas populações, e assegurar o uso sustentável dos recursos naturais da unidade.

O STF firmou que é incompatível buscar a realização de reforma agrária em área onde foi constituída reserva extrativista, sendo correto o entendimento da

Suprema Corte, pois a RESEX, de propriedade pública (devendo ser feita a desapropriação por utilidade pública das áreas privadas, acaso existentes), busca garantir a sustentabilidade do uso dos recursos naturais em favor dos povos tradicionais habitantes, que possuem direito ao contrato de concessão de uso da área, não se revelando pertinente a reforma agrária.

> ▸ **Qual o entendimento do STF sobre o assunto?**
>
> "Reserva extrativista. Conflito de interesse. Coletivo *versus* individual. Ante o estabelecido no art. 225 da CF, conflito entre os interesses individual e coletivo resolve-se a favor deste último. (...) **Não coabitam o mesmo teto, sob o ângulo constitucional, reserva extrativista e reforma agrária." (MS 25.284, rel. min. Marco Aurélio**, julgamento em 17-6-2010, Plenário, *DJE* de 13-8-2010.)

As unidades de conservação constam de rol taxativo, *exceto* se, a critério do CONAMA, as unidades de conservação estaduais, distritais ou municipais tenham características não contempladas nas categorias listadas na Lei do SNUC, conforme estatuído no parágrafo único, do artigo 6.º, do citado diploma.

Diga-se que a transformação de uma unidade de conservação de uso sustentável em proteção integral poderá ser feita pelo mesmo instrumento de criação (lei ou decreto), mas a recíproca só poderá se dar por lei, uma vez realizada a consulta pública.

> ▸ **Como esse assunto foi cobrado em concurso?**
>
> No concurso do CESPE para Juiz Federal da 5ª Região em 2009, foi considerado certo o seguinte enunciado: É possível a transformação, total ou parcial, de unidades de conservação do grupo de uso sustentável em unidades do grupo de proteção integral, por instrumento normativo do mesmo nível hierárquico do que criou a unidade, desde que se promova consulta pública que permita identificar a localização, a dimensão e os limites mais adequados para a unidade.

> ▸ **Importante!**
>
> As unidades de conservação terão uma **zona de amortecimento** para a sua proteção, **exceto a Área de Proteção Ambiental (APA) e a Reserva Particular do Patrimônio Natural (RPPN)**, na forma do artigo 25, da Lei do SNUC, composta por seu entorno, onde as atividades humanas estarão sujeitas a normas e restrições específicas, visando preservar o espaço especialmente protegido.

É definida pelo artigo 2.º, inciso XVIII, da Lei do SNUC, como "o entorno de uma unidade de conservação, onde as atividades humanas estão sujeitas a normas e restrições específicas, com o propósito de minimizar os impactos negativos sobre a unidade".

Essas zonas de amortecimento serão fixadas no ato de criação da unidade de conservação ou ulteriormente, sendo que deverão ser ouvidos previamente os proprietários ou possuidores afetados, pois terão uma restrição ao uso da propriedade ou posse. A Lei 9.985/2000 não definiu o tamanho da zona de amortecimento, o que deverá ser feito casuisticamente.

De sua vez, ainda foram previstos os **corredores ecológicos**, que são "porções de ecossistemas naturais ou seminaturais, que ligam unidades de conservação, possibilitando entre elas o fluxo de genes e o movimento da biota, facilitando a dispersão de espécies e a recolonização de áreas degradadas, bem como a manutenção de populações que demandem para a sua sobrevivência de áreas com extensão maior do que aquela das unidades individuais".

Um conjunto de unidades de conservação de categorias diferentes ou não, próximas, justapostas ou sobrepostas, e outras áreas protegidas públicas ou privadas formam um **mosaico**, que exige gestão integrada (artigo 26, da Lei do SNUC).

> **▸ Importante!**
>
> As unidades de conservação terão um **plano de manejo** aprovado pelo órgão ambiental, no prazo de cinco anos após a sua criação, em que será especificado de maneira *vinculante* todo o regime jurídico-ambiental a que se sujeitará a área, a exemplo da visitação, pesquisa e uso dos recursos, observados os parâmetros legais.

É conceituado legalmente como o "documento técnico mediante o qual, com fundamento nos objetivos gerais de uma unidade de conservação, se estabelece o seu zoneamento e as normas que devem presidir o uso da área e o manejo dos recursos naturais, inclusive a implantação das estruturas físicas necessárias à gestão da unidade".

O referido documento deverá abarcar toda a área da unidade, bem como a zona de amortecimento e os corredores ecológicos, sendo garantida a participação das populações residentes na sua aprovação, quando se tratar de Reservas Extrativistas, das Reservas de Desenvolvimento Sustentável, das Áreas de Proteção Ambiental e, quando couber, das Florestas Nacionais e das Áreas de Relevante Interesse Ecológico, pois em todas estas unidades há previsão de ocupação humana, realizando o Princípio da Participação Comunitária ou Cidadã.

Antes da criação de uma UC, será possível a instituição de **limitações administrativas provisórias** durante o trâmite dos estudos técnicos, **com prazo de até sete meses**, *improrrogável*, a fim de proteger cautelarmente a área, se houver risco de dano grave aos recursos naturais ali existentes, vedado o corte raso da vegetação nativa, salvo atividades agropecuárias, obras públicas ou outras atividades econômicas já em desenvolvimento licenciadas.

Poderá ser cobrada **taxa de visitação** quando se tratar de unidade de conservação de **proteção integral**, cujos recursos deverão ser aplicados nas áreas (artigo 35, da Lei do SNUC). Contudo, não foram definidos pressupostos básicos para a cobrança de um tributo pela lei, a exemplo da base de cálculo, alíquota e sujeitos ativo/passivo.

Com o advento da Lei 13.668/2018, poderão ser **concedidos serviços, áreas ou instalações** de unidades de conservação federais para a exploração de atividades de visitação voltadas à educação ambiental, à preservação e conservação do meio ambiente, ao turismo ecológico, à interpretação ambiental e à recreação em contato com a natureza, precedidos ou não da execução de obras de infraestrutura, mediante procedimento licitatório regido pela Lei nº 8.987, de 13 de fevereiro de 1995.

O edital da licitação poderá prever o custeio pelo contratado de ações e serviços de apoio à conservação, à proteção e à gestão da unidade de conservação, além do fornecimento de número predefinido de gratuidades ao Instituto Chico Mendes e de encargos acessórios, desde que os custos decorrentes dos encargos previstos no edital sejam considerados nos estudos elaborados para aferir a viabilidade econômica do modelo de uso público pretendido.

O ato autorizativo exarado pelo órgão gestor da unidade de conservação para a instalação e operação das atividades dispensa, com a anuência do Ibama, outras licenças e autorizações relacionadas ao controle ambiental a cargo de outros órgãos integrantes do Sistema Nacional de Meio Ambiente (Sisnama), exceto quando os impactos ambientais decorrentes dessas atividades forem considerados significativos ou ultrapassarem os limites territoriais da zona de amortecimento.

Ressalte-se que as unidades de conservação, em vez de serem geridas pelo Poder Público, também poderão ser por entidades integrantes do terceiro setor, especificamente as **organizações da sociedade civil de interesse público (OSCIPs)**, previsão legal que aparenta ser inconstitucional, pois importa em delegação do poder de polícia, que é atividade estatal indelegável, porquanto não se vislumbra como administrar uma UC sem exercer essa prerrogativa estatal.

Nos casos de atividades em UC que causem significativo impacto ambiental, de acordo com a literalidade original do artigo 36, da Lei do SNUC, o poluidor era obrigado a aplicar **pelo menos 0,5% dos custos totais do empreendimento** para apoiar a manutenção de unidades de conservação de proteção integral, sendo uma **espécie de indenização ou compensação por impacto ambiental**, em decorrência do *Princípio do Poluidor-pagador e do usuário pagador*.

Nesse sentido, a boa doutrina de ERIKA BECHARA (2009, p. 194-195):

> Pelo entendimento que temos da compensação ambiental, fazemos coro à corrente que sustenta ser ela uma **reparação de danos ambientais futuros**, ou seja, uma **reparação antecipada** ou **ex ante**, devida em virtude de danos não mitigáveis/não evitáveis, identificados antes mesmo de sua ocorrência concreta, quando do licenciamento ambiental da atividade.

> **▸ Importante!**
>
> Todavia, **apesar de o STF ter declarado a validade dessa indenização ambiental em controle abstrato de constitucionalidade, pronunciou a inconstitucionalidade com redução de texto da expressão "não pode ser inferior a meio por cento dos custos totais previstos para a implantação do empreendimento", constante do § 1.º, do artigo 36, da Lei 9.985/2000.**

> ▸ **Qual o entendimento do STF sobre o assunto?**
>
> **Ação Direta de Inconstitucionalidade. Art. 36 e seus §§ 1.º, 2.º e 3.º da Lei n.º 9.985, de 18 de julho de 2000. Constitucionalidade da compensação devida pela implantação de empreendimentos de significativo impacto ambiental. Inconstitucionalidade parcial do § 1.º do art. 36.** 1. O compartilhamento-compensação ambiental de que trata o art. 36 da Lei n.º 9.985/2000 não ofende o princípio da legalidade, dado haver sido a própria lei que previu o modo de financiamento dos gastos com as unidades de conservação da natureza. De igual forma, não há violação ao princípio da separação dos Poderes, por não se tratar de delegação do Poder Legislativo para o Executivo impor deveres aos administrados. 2. Compete ao órgão licenciador fixar o *quantum* da compensação, de acordo com a compostura do impacto ambiental a ser dimensionado no relatório - EIA/RIMA. 3. O art. 36 da Lei n.º 9.985/2000 densifica o princípio usuário-pagador, este a significar um mecanismo de assunção partilhada da responsabilidade social pelos custos ambientais derivados da atividade econômica. 4. **Inexistente desrespeito ao postulado da razoabilidade. Compensação ambiental que se revela como instrumento adequado à defesa e preservação do meio ambiente para as presentes e futuras gerações, não havendo outro meio eficaz para atingir essa finalidade constitucional. Medida amplamente compensada pelos benefícios que sempre resultam de um meio ambiente ecologicamente garantido em sua higidez.** 5. **Inconstitucionalidade da expressão 'não pode ser inferior a meio por cento dos custos totais previstos para a implantação do empreendimento', no § 1.º do art. 36 da Lei n.º 9.985/2000. O valor da compensação-compartilhamento é de ser fixado proporcionalmente ao impacto ambiental, após estudo em que se assegurem o contraditório e a ampla defesa. Prescindibilidade da fixação de percentual sobre os custos do empreendimento.** 6. Ação parcialmente procedente **(ADI 3.378, de 31.10.2007).**

Assim, **foi invalidado apenas o piso de 0,5% da compensação ambiental a ser calculado sobre o valor total do empreendimento**, que deverá ser proporcional ao dano causado, podendo agora ser inferior ao citado percentual.

Isso porque o instituto da compensação por significativo ambiental foi validado pela Suprema Corte, pois possui previsão legal e realiza o Princípio do Usuário--pagador, sendo uma forma de reequilibrar uma situação degradante do ambiente, pois os recursos serão revertidos à proteção ambiental a fim de compensar o dano ambiental.

Cabe ao órgão ambiental licenciador competente definir as unidades de conservação a serem beneficiadas, considerando as propostas apresentadas no EIA/RIMA e ouvido o empreendedor, podendo inclusive ser contemplada a criação de novas unidades de conservação.

No entanto, quando o empreendimento afetar unidade de conservação específica ou sua zona de amortecimento, o licenciamento só poderá ser concedido mediante autorização do órgão responsável por sua administração, e a unidade afetada, mesmo que não pertencente ao Grupo de Proteção Integral, deverá ser uma das beneficiárias da compensação definida neste artigo.

Por seu turno, os critérios para a fixação do *quantum* nas unidades de conservação federais foram instituídos pelo Decreto 6.848/2009. Com o novo regulamento, as regras básicas para o cálculo do valor da compensação ambiental são as seguintes:

A) Somente serão considerados os impactos negativos (uma única vez) com base no EIA-RIMA;

B) Não serão incluídos no cálculo da compensação ambiental os investimentos referentes aos planos, projetos e programas exigidos no procedimento de licenciamento ambiental para mitigação de impactos, bem como os encargos e custos incidentes sobre o financiamento do empreendimento, inclusive os relativos às garantias, e os custos com apólices e prêmios de seguros pessoais e reais.

O Grau de Impacto variará de 0% a 0,5% dos custos totais do empreendimento, ou seja, **agora há um teto de 0,5% que não existia antes**, o que revela um verdadeiro *retrocesso ambiental*, pois a compensação deveria ser proporcional ao impacto, inexistindo essa limitação na Lei 9.985/2000, o que demonstra que o ato regulamentar inovou em prejuízo das unidades de conservação.

Na esfera federal, caberá ao IBAMA elaborar esse cálculo, que posteriormente decidirá sobre a destinação dos recursos, observado o regramento do artigo 33, do Decreto 4.340/2002, ouvido o ICMBio.

Por força da Lei 13.668/2018, ficou o Instituto Chico Mendes e demais órgãos executores do Sistema Nacional de Unidades de Conservação da Natureza autorizados a **selecionar instituição financeira oficial, dispensada a licitação**, para criar e administrar fundo privado a ser integralizado com recursos oriundos da compensação ambiental de que trata o art. 36 da Lei nº 9.985, de 18 de julho de 2000, destinados às unidades de conservação instituídas pela União, cabendo à instituição financeira oficial contratada a responsabilidade pela execução, direta ou indireta, e pela gestão centralizada dos recursos de compensação ambiental destinados às unidades de conservação instituídas pela União e poderá, para a execução indireta, firmar contrato com instituições financeiras oficiais regionais.

Os valores devidos a título de compensação ambiental serão **atualizados** pelo Índice Nacional de Preços ao Consumidor Amplo Especial **(IPCA-E)** a partir da data de fixação da compensação ambiental pelo órgão licenciador.

Ademais, em regra, não será permitida a introdução em UC de espécies não autóctones (não originárias da unidade de conservação), salvo nas APAs, FLONAs, RESEXs e RDSs, se houver previsão no plano de manejo.

Outrossim, a autorização de pesquisas científicas dependerá da prévia autorização do gestor da UC, salvo em área de proteção ambiental ou em reserva particular do patrimônio natural.

Há permissivo legal para que os gestores das unidades de conservação recebam doações nacionais ou estrangeiras de qualquer natureza, com ou sem encargos, para auxiliar na implantação, gestão e manutenção do espaço.

As unidades de conservação criadas anteriormente à vigência da Lei 9.985/2000 e que não pertençam a nenhuma categoria listada, deverão ser reavaliadas em até dois anos para o seu reenquadramento, a exemplo dos hortos florestais e jardins botânicos.

A Lei 9.985/2000 ainda previu as **reservas da biosfera,** que constituem um modelo internacional ambiental de gestão integrada da UNESCO (Programa "O Homem e a Biosfera - MAB"), participativa e sustentável dos recursos naturais, podendo ser de domínio público ou privado[4], devendo ter um Conselho Deliberativo.

Poderão ser constituídas por uma ou várias áreas núcleo, uma ou várias zonas de amortecimentos, uma ou várias zonas de transição ou mesmo por unidades de conservação. Ou seja, tem um conteúdo largo.

No **Brasil**, a UNESCO já reconheceu as seguintes reservas da biosfera: **Mata Atlântica** (1991), **Cerrado** (1993), **Cinturão Verde da cidade de São Paulo** (1994), **Pantanal Mato-Grossense** (2000) **Caatinga** (2001), **Amazônia Central** (2001) e **Serra do Espinhaço** (2005).

8. MATA ATLÂNTICA

A tutela da Mata Atlântica, patrimônio nacional, foi intensificada com a edição da Lei 11.428/2006 (Lei do Bioma Mata Atlântica - LBMA), regulamentada pelo Decreto 6.660/2008.

Deveras, a Mata Atlântica é um bioma com alta diversidade biológica, mas que tem hoje menos de 8% da sua cobertura original, clamando por socorro. É formada por várias florestas, já tendo sido um bioma contínuo, como é atualmente a Floresta Amazônica, mas a ação antrópica a reduziu a núcleos relativamente isolados.

A primeira controvérsia sobre a Mata Atlântica está na identificação do seu conteúdo. Uma primeira corrente sustenta que a Mata Atlântica se limita a **floresta ombrófila densa**, composta pela faixa litorânea.

Um segundo entendimento, seguindo o Mapa de Vegetação do IBGE de 1988, abarca, além da **floresta ombrófila densa**, a **ombrófila com araucária**, as **florestas estacionais deciduais** e **semideciduais**, ainda inserindo ecossistemas ligados às ilhas oceânicas, restingas, manguezais, ilhas costeiras e campos de altitude.

A Lei 11.428/2006 - LBMA, para os seus fins, adotou uma definição ampla (artigo 2.º): "Para os efeitos desta Lei, consideram-se **integrantes do Bioma Mata Atlântica** as seguintes formações florestais nativas e ecossistemas associados, com as respectivas delimitações estabelecidas em mapa do Instituto Brasileiro de Geografia e Estatística - IBGE, conforme regulamento: **Floresta Ombrófila**

4. Vide artigo 41, da Lei 9.985/2000.

Densa; Floresta Ombrófila Mista, também denominada de Mata de Araucárias; **Floresta Ombrófila Aberta; Floresta Estacional Semidecidual**; e **Floresta Estacional Decidual**, bem como os manguezais, as **vegetações de restingas, campos de altitude, brejos interioranos** e **encraves florestais do Nordeste**". Ressalte-se que a nova lei apenas se aplica na área de abrangência referida.

O artigo 3.º, da LBMA, traz uma série de conceitos imprescindíveis para a sua interpretação, sendo curial transcrever a definição de **utilidade pública** e de **interesse social**:

> **VII – utilidade pública:**
>
> *a)* atividades de segurança nacional e proteção sanitária;
>
> *b)* as obras essenciais de infraestrutura de interesse nacional destinadas aos serviços públicos de transporte, saneamento e energia, declaradas pelo poder público federal ou dos Estados;
>
> **VIII – interesse social:**
>
> *a)* as atividades imprescindíveis à proteção da integridade da vegetação nativa, tais como: prevenção, combate e controle do fogo, controle da erosão, erradicação de invasoras e proteção de plantios com espécies nativas, conforme resolução do Conselho Nacional do Meio Ambiente – CONAMA;
>
> *b)* as atividades de manejo agroflorestal sustentável praticadas na pequena propriedade ou posse rural familiar que não descaracterizem a cobertura vegetal e não prejudiquem a função ambiental da área;
>
> *c)* demais obras, planos, atividades ou projetos definidos em resolução do Conselho Nacional do Meio Ambiente.

São elencados como **objetivo geral** o desenvolvimento sustentável e **como objetivo específico** a salvaguarda da biodiversidade, da saúde humana, dos valores paisagísticos, estéticos e turísticos, do regime hídrico e da estabilidade social, havendo previsão expressa dos **princípios da função socioambiental da propriedade, da equidade intergeracional, da prevenção, da precaução, do usuário-pagador, da transparência das informações e atos, da gestão democrática, da celeridade procedimental, da gratuidade dos serviços administrativos prestados ao pequeno produtor rural e às populações tradicionais e do respeito ao direito de propriedade.**

Com propriedade, a tutela legal variará a depender da natureza e do estágio da Mata Atlântica, classificada em:

- vegetação primária;
- vegetação secundária em estágio avançado de regeneração;
- vegetação secundária em estágio médio de regeneração;
- vegetação secundária em estágio inicial de regeneração.

Entrementes, a definição se dará casuisticamente pelo CONAMA, vedada a intervenção na vegetação primária e secundária em estágio avançado e médio de regeneração antes da edição do ato regulamentar. Nesse sentido, foi editada a Resolução CONAMA 388/2007, que ratificou os atos anteriores listados.

A LBMA ainda prevê que a citada classificação será mantida nos casos de incêndio, desmatamento ou qualquer outro tipo de intervenção não autorizada ou não licenciada.

O tema ainda é regulamentado pela Resolução CONAMA 417/2009, que dispõe sobre os parâmetros básicos para definição de vegetação primária e dos estágios sucessionais secundários da vegetação de Restinga na Mata Atlântica, bem como pela Resolução CONAMA 423/2010, que define os parâmetros básicos para identificação e análise da vegetação primária e dos estágios sucessionais da vegetação secundária nos Campos de Altitude associados ou abrangidos pela Mata Atlântica.

▸ **Importante!**

De acordo com o artigo 11, da LBMA, **o corte e a supressão de vegetação primária e secundária em estágio avançado e médio de regeneração são proibidos nas seguintes hipóteses:**

I - a vegetação:

A) abrigar espécies da flora e da fauna silvestres ameaçadas de extinção, em território nacional ou em âmbito estadual, assim declaradas pela União ou pelos Estados, e a intervenção ou o parcelamento puserem em risco a sobrevivência dessas espécies;

B) exercer a função de proteção de mananciais ou de prevenção e controle de erosão;

C) formar corredores entre remanescentes de vegetação primária ou secundária em estágio avançado de regeneração;

D) proteger o entorno das unidades de conservação; ou

E) possuir excepcional valor paisagístico, reconhecido pelos órgãos executivos competentes do Sistema Nacional do Meio Ambiente - SISNAMA;

II - o proprietário ou posseiro não cumprir os dispositivos da legislação ambiental, em especial as exigências da Lei 4.771, de 15 de setembro de 1965, no que respeita às Áreas de Preservação Permanente e à Reserva Legal.

Por seu turno, nos termos do artigo 14, da LBMA, caso não se verifique as hipóteses acima, a supressão de **vegetação primária e secundária em avançado estágio de regeneração** apenas poderá se dar no caso de **utilidade pública** ou para pesquisas científicas e práticas preservacionistas.

A **vegetação secundária em estágio médio de regeneração** apenas poderá se dar nas hipóteses de **utilidade pública** ou **interesse social**, em todos os casos em procedimento administrativo próprio, quando inexistir alternativa técnica e locacional ao empreendimento proposto.

Os artigos 23, III, e 31, § 1.º e § 2.º, da LBMA, ainda permitem a exploração da **vegetação secundária em estágio médio de regeneração** nas seguintes hipóteses:

> A) Quando necessários **ao pequeno produtor rural e populações tradicionais** para o exercício de atividades ou usos agrícolas, pecuários ou silviculturais imprescindíveis à sua subsistência e de sua família, ressalvadas as áreas de preservação permanente e, quando for o caso, após averbação da reserva legal, nos termos da Lei 4.771, de 15 de setembro de 1965;
>
> B) **Nos perímetros urbanos aprovados até a data de início de vigência desta Lei**, a supressão de vegetação secundária em estágio médio de regeneração somente será admitida, para fins de loteamento ou edificação, no caso de empreendimentos que garantam a preservação de vegetação nativa em estágio médio de regeneração em no mínimo **30%** (trinta por cento) da área total coberta por esta vegetação.
>
> C) **Nos perímetros urbanos delimitados após a data de início de vigência desta Lei**, a supressão de vegetação secundária em estágio médio de regeneração fica condicionada à manutenção de vegetação em estágio médio de regeneração em no mínimo **50%** (cinquenta por cento) da área total coberta por esta vegetação.

A citada supressão da vegetação secundária em estágio médio de regeneração poderá ser licenciada pelo respectivo município, se este possuir conselho de meio ambiente deliberativo e plano diretor, mesmo assim mediante prévia anuência do órgão estadual competente.

A LBMA, nos artigos 30 e 31, restringiu ainda mais a exploração da Mata Atlântica nas **áreas urbanas e regiões metropolitanas**, proibindo a supressão de **vegetação primária para fins de loteamento ou edificação**.

Nessas áreas, caso se trate de **vegetação secundária em estágio avançado de regeneração**, dependerá da data da aprovação do perímetro urbano, conforme previsto nos incisos I e II do artigo 30, a saber:

> I – **nos perímetros urbanos aprovados até a data de início de vigência desta Lei**, a supressão de vegetação secundária em estágio avançado de regeneração dependerá de prévia autorização do órgão estadual competente e somente será admitida, para fins de loteamento ou edificação, **no caso de empreendimentos que garantam a preservação de vegetação nativa em estágio avançado de regeneração em no mínimo 50% (cinquenta por cento) da área total coberta por esta vegetação**, ressalvado o disposto nos arts. 11, 12 e 17 desta Lei e atendido o disposto no Plano Diretor do Município e demais normas urbanísticas e ambientais aplicáveis;
>
> II – **nos perímetros urbanos aprovados após a data de início de vigência desta Lei, é vedada a supressão de vegetação secundária em estágio avançado de regeneração do Bioma Mata Atlântica para fins de loteamento ou edificação.**

Demais disso, nos termos do artigo 25, da LBMA, a exploração da **vegetação secundária em estágio inicial de regeneração** poderá ser licenciada. Contudo, **nos estados em que a vegetação primária e secundária remanescente do Bioma Mata Atlântica for inferior a 5% (cinco por cento) da área original, submeter-se-ão ao regime jurídico aplicável à vegetação secundária em estágio médio de regeneração, ressalvadas as áreas urbanas e regiões metropolitanas.**

Para fins de **MINERAÇÃO**, conforme preceitua o artigo 32, da LBMA, a exploração de vegetação secundária em estágio avançado e médio de regeneração poderá ser licenciada, desde que haja EIA-RIMA, inexistência de alternativa técnica e recuperação de área degradada.

De acordo com o artigo 9.º, da LBMA, "a exploração eventual, sem propósito comercial direto ou indireto, de espécies da flora nativa, para consumo nas propriedades ou posses das populações tradicionais ou de pequenos produtores rurais, independe de autorização dos órgãos competentes, conforme regulamento".

> **▸ Como esse assunto foi cobrado em concurso?**
>
> No concurso do CESPE para Procurador Federal de 2013, foi considerado certo o seguinte enunciado: Sob o regime jurídico aplicável ao bioma mata atlântica, fica dispensada de autorização pelos órgãos ambientais a hipótese de exploração eventual e sem fins comerciais de espécies florestais nativas para consumo em propriedades ou posses das populações tradicionais ou dos pequenos produtores rurais, sem prejuízo do apoio governamental no sentido de orientar o manejo e a exploração sustentáveis dessas espécies.

O artigo 2.º, do Decreto 6.660/2008, regulamentou esse dispositivo:

> **§ 1.º Considera-se exploração eventual sem propósito comercial direto ou indireto:**
>
> I – quando se tratar de lenha para uso doméstico:
>
> *a)* a retirada não superior a quinze metros cúbicos por ano por propriedade ou posse; e
>
> *b)* a exploração preferencial de espécies pioneiras definidas de acordo com o § 2.º do artigo 35;
>
> II – quando se tratar de madeira para construção de benfeitorias e utensílios na posse ou propriedade rural:
>
> *a)* a retirada não superior a vinte metros cúbicos por propriedade ou posse, a cada período de três anos; e
>
> *b)* a manutenção de exemplares da flora nativa, vivos ou mortos, que tenham função relevante na alimentação, reprodução e abrigo da fauna silvestre.
>
> § 2.º Para os efeitos do que dispõe o artigo 8.º da Lei 11.428, de 2006, a exploração prevista no *caput* fica limitada às áreas de vegetação secundária nos estágios inicial, médio e avançado de regeneração e à exploração ou corte de árvores nativas isoladas provenientes de formações naturais.

Contudo, neste caso, é vedada a exploração de espécies incluídas na Lista Oficial de Espécies da Flora Brasileira Ameaçadas de Extinção ou constantes de listas dos Estados, bem como aquelas constantes de listas de proibição de corte, objeto de proteção por atos normativos dos entes federativos.

Em aplicação ao Princípio do Poluidor-pagador, o artigo 17 da LBMA instituiu uma **medida de compensação ambiental**, condição indispensável ao licenciamento de supressão vegetal primária ou secundária em estágio médio ou avançado de regeneração, consistente na destinação de área equivalente à extensão da área desmatada, com as mesmas características ecológicas, na mesma bacia hidrográfica, sempre que possível na mesma microbacia hidrográfica, e, nos casos previstos nos artigos 30 e 31, em áreas localizadas no mesmo Município ou região metropolitana, **não se aplicando aos pequenos produtores rurais e às populações tradicionais, assim como nas supressões ilegais**.

Caso não seja possível a citada compensação ambiental, deverá o empreendedor perpetrar a reposição florestal, com espécies nativas, em área equivalente à desmatada, na mesma bacia hidrográfica **(região compreendida entre divisores de água, na qual toda a água aí precipitada escoa por um único exutório)** e, se possível, na mesma microbacia.

A LBMA determina que o Poder Público estimulará, por meio da criação de incentivos econômicos, a proteção da Mata Atlântica, conforme ulterior regulamentação, consoante seu artigo 33, mas já traz uma medida no artigo 35, em que "a conservação, em imóvel rural ou urbano, da **vegetação primária ou da vegetação secundária em qualquer estágio de regeneração do Bioma Mata Atlântica** cumpre função social e é de interesse público, podendo, a critério do proprietário, as áreas sujeitas à restrição de que trata esta Lei ser computadas para efeito da **Reserva Legal** e seu excedente utilizado para fins de **compensação ambiental ou instituição de cota de reserva ambiental**".

Os pequenos produtores rurais e as populações tradicionais que conservem em suas áreas a Mata Atlântica primária ou em estágio avançado ou médio de regeneração terão prioridade na concessão de créditos agrícolas pelas instituições financeiras.

Instituiu-se, outrossim, o **Fundo de Restauração do Bioma Mata Atlântica**, composto por recursos da União, doações e outros previstos em lei, a serem aplicados em projetos que envolvam conservação de remanescentes de vegetação nativa, pesquisa científica ou áreas a serem restauradas, implementados em Municípios que possuam plano municipal de conservação e recuperação da Mata Atlântica, devidamente aprovado pelo Conselho Municipal de Meio Ambiente, prioritariamente visando à conservação e recuperação das áreas de preservação permanente, reservas legais, reservas particulares do patrimônio natural e áreas do entorno de unidades de conservação.

9. TABELA-SÍNTESE DOS PONTOS PRINCIPAIS DO CAPÍTULO

ÁREAS DE PRESERVAÇÃO PERMANENTE – APP	ÁREA DE RESERVA LEGAL – ARL
Área protegida, coberta ou não por vegetação nativa, com a função ambiental de preservar os recursos hídricos, a paisagem, a estabilidade geológica e a biodiversidade, facilitar o fluxo gênico de fauna e flora, proteger o solo e assegurar o bem-estar das populações humanas	Área localizada no interior de uma propriedade ou posse rural, delimitada nos termos do art. 12 do novo CFlo, com a função de assegurar o uso econômico de modo sustentável dos recursos naturais do imóvel rural, auxiliar a conservação e a reabilitação dos processos ecológicos e promover a conservação da biodiversidade, bem como o abrigo e a proteção de fauna silvestre e da flora nativa

ÁREAS DE PRESERVAÇÃO PERMANENTE – APP	ÁREA DE RESERVA LEGAL – ARL
Previstas nos artigos 4.º e 6.º do novo CFlo, em **área urbana ou rural**.	Prevista no artigo 12 do novo CFlo, em **área rural**.
Exploração excepcional, apenas nas hipóteses de utilidade pública, interesse social ou intervenção eventual de baixo impacto ambiental.	Exploração apenas sob a forma de manejo florestal sustentável, que não permite o corte raso da vegetação.
Incidência *ex lege* (artigo 4.º) ou por meio de ato do Chefe do Poder Executivo (artigo 6.º).	Incidência *ex lege*, mas depende de delimitação a ser definida pelo órgão ambiental estadual, que deverá ser registrada no CAR.
Não há percentual de área da propriedade definido na lei, devendo ser seguida a delimitação prevista no art. 4.º.	A lei define os percentuais mínimos de área da propriedade (80%, 35% ou 20%), a depender da vegetação e da localização. Será delimitada em cada caso concreto.
Para o STJ, a vegetação não será indenizável em desapropriação. Para o STF, haverá indenização.	Haverá indenizabilidade limitada da mata em caso de desapropriação, desde que haja exploração via plano de manejo florestal aprovado (STJ).

UNIDADES DE CONSERVAÇÃO DE PROTEÇÃO INTEGRAL

UNIDADE	OBJETIVO	DOMÍNIO
Estação ecológica	Tem como objetivo a preservação da natureza e a realização de pesquisas científicas.	Público
Reserva biológica	Tem como objetivo a preservação integral da biota e demais atributos naturais existentes em seus limites, sem interferência humana direta ou modificações ambientais, excetuando-se as medidas de recuperação de seus ecossistemas alterados e as ações de manejo necessárias para recuperar e preservar o equilíbrio natural, a diversidade biológica e os processos ecológicos naturais.	Público
Parque Nacional	Tem como objetivo básico a preservação de ecossistemas naturais de grande relevância ecológica e beleza cênica, possibilitando a realização de pesquisas científicas e o desenvolvimento de atividades de educação e interpretação ambiental, de recreação em contato com a natureza e de turismo ecológico.	Público
Monumento Natural	Tem como objetivo básico preservar sítios naturais raros, singulares ou de grande beleza cênica.	Público ou privado
Refúgio da Vida Silvestre	Tem como objetivo proteger ambientes naturais onde se asseguram condições para a existência ou reprodução de espécies ou comunidades da flora local e da fauna residente ou migratória.	Público ou privado

UNIDADES DE CONSERVAÇÃO DE USO SUSTENTÁVEL

UNIDADE	OBJETIVO	DOMÍNIO
Área de proteção ambiental	É uma área em geral extensa, com um certo grau de ocupação humana, dotada de atributos abióticos, bióticos, estéticos ou culturais especialmente importantes para a qualidade de vida e o bem-estar das populações humanas, e tem como objetivos das populações humanas, e tem como objetivos básicos proteger a diversidade biológica, disciplinar o processo de ocupação e assegurar a sustentabilidade do uso dos recursos naturais.	Público ou privado
Área de relevante interesse ecológico	É uma área em geral de pequena extensão, com pouca ou nenhuma ocupação humana, com características naturais extraordinárias ou que abriga exemplares raros da biota regional, e tem como objetivo manter os ecossistemas naturais de importância regional ou local e regular o uso admissível dessas áreas, de modo a compatibilizá-lo com os objetivos de conservação da natureza.	Público ou privado
Floresta nacional	É uma área com cobertura florestal de espécies predominantemente nativas e tem como objetivo básico o uso múltiplo sustentável dos recursos florestais e a pesquisa científica, com ênfase em métodos para exploração sustentável de florestas nativas.	Público
Reserva extrativista	É uma área utilizada por populações extrativistas tradicionais, cuja subsistência baseia-se no extrativismo e, complementarmente, na agricultura de subsistência e na criação de animais de pequeno porte, e tem como objetivos básicos proteger os meios de vida e a cultura dessas populações, e assegurar o uso sustentável dos recursos naturais da unidade.	Público
Reserva da fauna	É uma área natural com populações animais de espécies nativas, terrestres ou aquáticas, residentes ou migratórias, adequadas para estudos técnico-científicos sobre o manejo econômico sustentável de recursos faunísticos.	Público
Reserva de desenvolvimento sustentável	É uma área natural que abriga populações tradicionais, cuja existência baseia-se em sistemas sustentáveis de exploração dos recursos naturais, desenvolvidos ao longo de gerações e adaptados às condições ecológicas locais e que desempenham um papel fundamental na proteção da natureza e na manutenção da diversidade biológica.	Público
Reserva particular do patrimônio natural	É uma área privada, gravada com perpetuidade, com o objetivo de conservar a diversidade biológica.	Privado

MATA ATLÂNTICA

Proibição absoluta de exploração	**Vegetação primária e secundária avançada e média**, nas hipóteses do artigo 11 da LBMA (espécies da fauna e flora ameaçadas de extinção, proteção de mananciais, formação de corredores, entorno de unidade de conservação, excepcional valor paisagístico e não respeito à APP e RL).
Exploração da vegetação primária	**Casos de utilidade pública:** (a) atividades de segurança nacional e proteção sanitária; (b) as obras essenciais de infraestrutura de interesse nacional destinadas aos serviços públicos de transporte, saneamento e energia, declaradas pelo poder público federal ou dos Estados. **Para pesquisas científicas ou práticas preservacionistas.**
Exploração da vegetação secundária em estado avançado de regeneração	Casos de **utilidade pública.** **Para pesquisa científica ou práticas preservacionistas.** Nas **áreas urbanas/regiões metropolitanas**, no caso do artigo 30, inciso I, da LBMA (nos perímetros urbanos aprovados até a data de início de vigência desta Lei, a supressão de vegetação secundária em estágio avançado de regeneração dependerá de prévia autorização do órgão estadual competente e somente será admitida, para fins de loteamento ou edificação, no caso de empreendimentos que garantam a preservação de vegetação nativa em estágio avançado de regeneração em no mínimo 50% (cinquenta por cento) da área total coberta por esta vegetação, ressalvado o disposto nos artigos 11, 12 e 17 desta Lei e atendido o disposto no Plano Diretor do Município e demais normas urbanísticas e ambientais aplicáveis). **Atividades de mineração**, com as condições do artigo 32 da LBMA.
Exploração da vegetação secundária em estado médio de regeneração	**Casos de utilidade pública.** **Casos de interesse social:** (a) as atividades imprescindíveis à proteção da integridade da vegetação nativa, tais como: prevenção, combate e controle do fogo, controle da erosão, erradicação de invasoras e proteção de plantios com espécies nativas, conforme resolução do Conselho Nacional do Meio Ambiente - CONAMA; (b) as atividades de manejo agroflorestal sustentável praticadas na pequena propriedade ou posse rural familiar que não descaracterizem a cobertura vegetal e não prejudiquem a função ambiental da área; (c) demais obras, planos, atividades ou projetos definidos em resolução do Conselho Nacional do Meio Ambiente. **Casos do artigo 23, III** (pequeno produtor e populações tradicionais) **e IV, da LBMA.** **Atividades de mineração**, com as condições do artigo 32 da LBMA.
Exploração da vegetação secundária em estado inicial de regeneração	**Possibilidade de exploração com licenciamento**. Contudo, nos Estados em que a vegetação primária e secundária remanescente do Bioma Mata Atlântica for inferior a 5% (cinco por cento) da área original, submeter-se-ão ao regime jurídico aplicável à vegetação secundária em estágio médio de regeneração, ressalvadas as áreas urbanas e regiões metropolitanas.

Capítulo 7

Política Nacional de Recursos Hídricos

1. FUNDAMENTOS E OBJETIVOS

A Lei 9.433/1997 não se limitou a regular o regime jurídico das águas, indo além ao instituir uma Política Nacional de Recursos Hídricos (PNRH), que tem como fundamentos (artigo 1.º):

> I – a água é um bem de domínio público;
>
> II – a água é um recurso natural limitado, dotado de valor econômico;
>
> III – em situações de escassez, o uso prioritário dos recursos hídricos é o consumo humano e a dessedentação de animais;
>
> IV– a gestão dos recursos hídricos deve sempre proporcionar o uso múltiplo das águas;
>
> V – a bacia hidrográfica é a unidade territorial para implementação da Política Nacional de Recursos Hídricos e atuação do Sistema Nacional de Gerenciamento de Recursos Hídricos;
>
> VI – a gestão dos recursos hídricos deve ser descentralizada e contar com a participação do Poder Público, dos usuários e das comunidades.

▸ **Como esse assunto foi cobrado em concurso?**

No concurso da CESGRANRIO para Advogado da Petrobrás em 2011, foi considerado certo o seguinte enunciado: A Política Nacional de Recursos Hídricos considera a água um bem de domínio público e dotado de valor econômico, sendo que a gestão dos recursos hídricos deve sempre proporcionar o uso múltiplo das águas.

▸ **Importante!**

O primeiro fundamento da PNRH é a ***natureza pública das águas***, inalienáveis, sendo permitida apenas a sua utilização, pois são bens de uso comum do povo federal, estadual ou distrital.

Hoje prevalece que inexistem águas de propriedade particular no Brasil, uma vez que, de acordo com os artigos 20, III, VI e VIII, e 26, I, da CF, as águas, quando não forem bens da União, serão dos Estados e, por analogia, do Distrito Federal, não havendo previsão de titularidade municipal. Veja-se:

> Artigo 20. São bens da União:
>
> [...]
>
> III - os lagos, rios e quaisquer correntes de água em terrenos de seu domínio, ou que banhem mais de um Estado, sirvam de limites com outros países, ou se estendam a território estrangeiro ou dele provenham, bem como os terrenos marginais e as praias fluviais;
>
> [...]
>
> VI - o mar territorial;
>
> [...]
>
> VIII - os potenciais de energia hidráulica;
>
> Artigo 26. Incluem-se entre os bens dos Estados:
>
> I - as águas superficiais ou subterrâneas, fluentes, emergentes e em depósito, ressalvadas, neste caso, na forma da lei, as decorrentes de obras da União.

Destarte, muitos dispositivos do Código de Águas não foram recepcionados pela Constituição Federal de 1988. Esse **processo de publicização das águas** decorre da sua escassez, especificamente das águas doces, em virtude do desperdício mundial e da poluição irracional das correntes de água, sendo estratégico para o Estado brasileiro converter as águas em bens públicos, visando uma tutela mais rígida para preservar os interesses nacionais, pois preservá-las com boa qualidade é imprescindível condição para a continuidade da vida em todas as suas formas.

▸ Qual o entendimento do STJ sobre o assunto?

"A água é bem público de uso comum (artigo 1.º da Lei 9.433/1997), **motivo pelo qual é insuscetível de apropriação pelo particular. O particular tem, apenas, o direito à exploração das águas subterrâneas mediante autorização do Poder Público, cobrada à devida contraprestação** (artigos 12, II, e 20, da Lei 9.433/1997)". (REsp 518.744, de 03.02.2004).

Ainda sobre esse julgado da Corte Superior, insta reproduzir passagem do voto do Ministro Relator Luiz Fux:

Todavia, conforme já afirmado, com a promulgação da Constituição Federal de 1988, o domínio da propriedade do subsolo onde fossem encontradas jazidas e demais recursos minerais **e os potenciais de energia hidráulica passou para a União (artigo 176) e a titularidade do domínio das águas superficiais ou subterrâneas, fluentes, emergentes e em depósito, foi conferida aos Estados (artigo 26, I).**

Por sua vez a Lei 9.433/1997, pois termo à possível subsistência de o domínio das águas ser conferido a particulares ao preceituar, em seu artigo 1.º, inciso I, que *'a água é um bem de domínio público'*.

[...]

Assim é que, no regramento jurídico vigente, somente poderá ser conferido ao particular o direito à exploração das águas subterrâneas mediante autorização do Poder Público, jamais o título de propriedade sobre estas aos proprietários do terreno, cobrada a devida contraprestação do particular, consoante o disposto nos artigos 12, II, e 20, da Lei 9.433/97 [...].

Ainda de acordo com o STJ, "hodiernamente, a Segunda Turma, por ocasião do julgamento do Resp 508.377/MS, em sessão realizada em 23/10/2007, sob a relatoria do eminente Ministro João Otávio de Noronha e voto-vista do Ministro Herman Benjamin, **reviu o seu posicionamento para firmar-se na linha de que a Constituição Federal aboliu expressamente a dominialidade privada dos cursos de água**, terrenos reservados e terrenos marginais, ao tratar do assunto em seu art. 20, inciso III" (passagem do REsp 763.591, de 26.08.2008).

▸ Como esse assunto foi cobrado em concurso?

No concurso do CESPE para Procurador do Estado do Amapá em 2006, foi considerado errado o seguinte enunciado: O governo federal e os governos estaduais podem, livremente, comercializar suas águas.

Atualmente se reconhece a água como um *recurso natural* renovável (ciclo hidrológico), porém *limitado*, dotado de *economicidade*, pois há um custo ambiental no seu uso que deverá ser mensurado pecuniariamente a fim de racionalizar o seu consumo, mas sem privar a população carente do mínimo necessário à sua dignidade.

▸ Importante!

A regra será o uso múltiplo das águas, a exemplo do consumo humano, desde para atender às necessidades básicas à recreação; dos animais; da indústria; da agricultura; para a navegação e geração de energia elétrica; recepção de esgotos etc. Contudo, há permissivo legal para a instituição de prioridades no uso da água pelos Planos de Recursos Hídricos, na forma do artigo 7.º, VIII, da Lei 9.433/1997.

Na hipótese do enfrentamento de ***situações de escassez, já há uma ordem de preferência de utilização para o consumo humano*** (para atender necessidades básicas, e não supérfluas) ***e a dessedentação de animais*** (esta prioridade possui carga biocêntrica), sendo válida a adoção de medidas administrativas restritivas temporárias.

A ***bacia hidrográfica*** é a área onde ocorre a drenagem das águas destinadas a um curso de água, normalmente um grande rio. Ou seja, normalmente vários cursos de água convergem para um rio principal, formando uma bacia hidrográfica. No Brasil, as principais são a Amazônica, a Araguaia-Tocantins, a dos rios Paraíba, São Francisco, Paraná, Paraguai, Paraíba do Sul e Uruguai.

Trata-se da unidade territorial sobre a qual será construída a PNRH e pautará a atuação dos órgãos e entidades responsáveis por sua execução.

Nos termos do novo Código Florestal, em bacias hidrográficas consideradas críticas, conforme previsto em legislação específica, o Chefe do Poder Executivo poderá, em ato próprio, estabelecer metas e diretrizes de recuperação ou conservação da vegetação nativa superiores às definidas no seu artigo 61-A, § 17, como projeto prioritário, ouvidos o Comitê de Bacia Hidrográfica e o Conselho Estadual de Meio Ambiente.

Com a finalidade de orientar, fundamentar e implementar o Plano Nacional de Recursos Hídricos, o Conselho Nacional de Recursos Hídricos editou a **Resolução 32/2003**, que instituiu **12 Regiões Hidrográficas**, assim consideradas como "o espaço territorial brasileiro compreendido por uma bacia, grupo de bacias ou sub-bacias hidrográficas contíguas com características naturais, sociais e econômicas homogêneas ou similares, com vistas a orientar o planejamento e gerenciamento dos recursos hídricos":

Regiões hidrográficas

O sexto fundamento da PNRH é a ***gestão descentralizada dos recursos hídricos***, que será tripartite, com a participação do Poder Público, das comunidades e dos usuários, atendendo o Princípio da Participação Comunitária ou Cidadã.

Importante destacar que os referidos fundamentos se encontram consentâneos com a **Declaração de Dublin**, fruto da Conferência Internacional sobre Água e Meio Ambiente, organizada pela ONU em janeiro de 1992, como preparação para a RIO-92, especialmente os seus mais relevantes princípios:

> 1. A água doce é um recurso finito e vulnerável, essencial para a conservação da vida, a manutenção do desenvolvimento e do meio ambiente.
>
> 2. O desenvolvimento e a gestão da água devem ser baseados em participação dos usuários, dos planejadores e dos decisores políticos, em todos os níveis.
>
> 3. As mulheres devem assumir papel essencial na conservação e gestão da água.
>
> 4. A água tem valor econômico em todos os seus usos competitivos; deve-se promover sua conservação e proteção.

De seu turno, as águas foram tratadas no Capítulo 18 da Agenda 21, tendo como objetivo geral "assegurar a oferta de água de boa qualidade para todos os habitantes, mantendo as funções hidrológicas, biológicas e químicas dos ecossistemas, adaptando as atividades do homem aos limites da natureza e lutando para combater as moléstias ligadas a água" (item 18.2).

No mais, por expressa disposição do artigo 4.º, da Lei 11.445/2007, que estabeleceu diretrizes básicas para o saneamento básico, **os recursos hídricos não integram os serviços públicos de saneamento básico**, vez que a sua utilização depende de outorga do Poder Público, regido pela Lei 9.433/1997.

O saneamento básico engloba o abastecimento de água potável, o esgotamento sanitário, a limpeza urbana e o manejo de resíduos sólidos, assim como a drenagem e manejo das águas pluviais urbanas (artigo 3.º da Lei 11.445/2007, com redação dada pela Lei 14.026/2020).

Posteriormente, o artigo 2.º da Lei de Recursos Hídricos fincou os objetivos da Política Nacional de Recursos Hídricos:

> I – assegurar à atual e às futuras gerações a necessária disponibilidade de água, em padrões de qualidade adequados aos respectivos usos;
>
> II – a utilização racional e integrada dos recursos hídricos, incluindo o transporte aquaviário, com vistas ao desenvolvimento sustentável;
>
> III – a prevenção e a defesa contra eventos hidrológicos críticos de origem natural ou decorrentes do uso inadequado dos recursos naturais.
>
> IV – incentivar e promover a captação, a preservação e o aproveitamento de águas pluviais. (inserido pelo Lei 13.501/2017).

A preocupação com a disponibilidade de águas de boa qualidade para as futuras gerações realiza o Princípio do Pacto Intergeracional ou Equidade, por meio da sua utilização sustentável, sendo finalidade da PNRH. Também se mostrou sensível o legislador com a prevenção das catástrofes naturais ou provocadas pelo homem, de modo que se utilizem os recursos hídricos com as devidas cautelas, a exemplo da manutenção da vegetação de preservação permanente ao longo dos rios ou quaisquer cursos de água (mata ciliar), pois tem a função ecológica de evitar o assoreamento dos rios e absorver parte na água na hipótese de enchentes.

▸ **Qual o entendimento do STJ sobre o assunto?**

De acordo com o STJ, "a Lei da Política Nacional de Recursos Hídricos significou notável avanço na proteção das águas no Brasil e deve ser interpretada segundo seus objetivos e princípios. Três são os objetivos dorsais da Lei 9.4433/97, todos eles com repercussão na solução da presente demanda: a preservação da disponibilidade quantitativa e qualitativa de água, para as presentes e futuras gerações; a sustentabilidade dos usos da água, admitidos somente os de cunho racional; e a proteção das pessoas e do meio ambiente contra os eventos hidrológicos críticos, desiderato que ganha maior dimensão em época de mudanças climáticas. Além disso, a Lei da Política Nacional de Recursos Hídricos apóia-se em uma série de princípios fundamentais, cabendo citar, entre os que incidem diretamente no litígio, o princípio da dominialidade pública (a água, dispõe a lei expressamente, é bem de domínio público), o princípio da finitude (a água é recurso natural limitado) e o princípio da gestão descentralizada e democrática" (REsp 994.120, de 25.08.2009).

2. INSTRUMENTOS

Com efeito, todo programa governamental para ser implementado necessita de **instrumentos**, tendo sido previstos (artigo 5.º) os **Planos de Recursos Hídricos** (foi aprovado em 2006, por meio da Resolução CNRH 58), que são planos diretores que visam fundamentar e orientar a implementação da PNRH e o seu gerenciamento, devendo ser elaborados por bacia hidrográfica, por Estado e nacionalmente.

Dentre outras previsões, deverá o Plano perpetrar um diagnóstico da atual situação de utilização das águas de determinada bacia hidrográfica, notadamente traçando os cenários futuros de consumo e as respectivas disponibilidades, promovendo um planejamento hídrico.

Deverá conter também as metas de racionalização e os projetos que deverão ser implementados para o seu atendimento, elencando as prioridades para a outorga de recursos hídricos, desde que respeite o consumo humano e a dessedentação de animais, quando houver situações de escassez.

Outrossim, o **enquadramento dos corpos de água em classes, segundo os usos preponderantes** é um relevante instrumento, sofrendo regulamentação pela Resolução CONAMA 357/2005, conforme será aprofundado no item 12.6.

Visa assegurar águas com qualidade compatível com os usos mais exigentes, assim como diminuir os custos de combate à poluição, por meio da adoção de ações preventivas permanentes.

> **Importante!**
>
> Outro indispensável instrumento é a **outorga dos direitos de uso de recursos hídricos**, que tem como objetivo assegurar o controle quantitativo e qualitativo dos usos de água e o efetivo exercício dos direitos de acesso à água.
>
> **Em regra, a utilização da água exige outorga, nas seguintes hipóteses:**
>
> A) derivação ou captação de parcela da água existente em um corpo de água para consumo final, inclusive abastecimento público, ou insumo de processo produtivo;
>
> B) extração de água de aquífero subterrâneo para consumo final ou insumo de processo produtivo;
>
> C) lançamento em corpo de água de esgotos e demais resíduos líquidos ou gasosos, tratados ou não, com o fim de sua diluição, transporte ou disposição final;
>
> D) aproveitamento dos potenciais hidrelétricos;
>
> E) outros usos que alterem o regime, a quantidade ou a qualidade da água existente em um corpo de água.

> **Qual o entendimento do STJ sobre o assunto?**
>
> A perfuração de poços demanda outorga: STJ, INFORMATIVO 525 – DIREITO ADMINISTRATIVO E AMBIENTAL. REGULAMENTAÇÃO DO ACESSO A FONTES DE ABASTECIMENTO DE ÁGUA. **É possível que decreto e portaria estaduais disponham sobre a obrigatoriedade de conexão do usuário à rede pública de água, bem como sobre a vedação ao abastecimento por poço artesiano, ressalvada a hipótese de inexistência de rede pública de saneamento básico.** Os estados membros da Federação possuem domínio de águas subterrâneas (art. 26, I, da CF), competência para legislar sobre a defesa dos recursos naturais e a proteção do meio ambiente (art. 24, VI, da CF) e poder de polícia para precaver e prevenir danos ao meio ambiente (art. 23, VI e XI, da CF). Assim, a intervenção desses entes sobre o tema não só é permitida como também imperativa. Vale acrescentar que o inciso II do art. 12 da Lei 9.433/1997 condiciona a extração de água do subterrâneo à respectiva outorga, o que se justifica pela notória escassez do bem, considerado como recurso limitado, de domínio público e de expressivo valor econômico. Nesse contexto, apesar de o art. 45 da Lei 11.445/2007 admitir soluções individuais de abastecimento de água, a interpretação sistemática do dispositivo não afasta o poder normativo e de polícia dos estados no que diz respeito ao acesso às fontes de abastecimento de água e à determinação de conexão obrigatória à rede pública. (REsp 1.306.093-RJ, **Rel. Min. Herman Benjamin, julgado em 28.05.2013).**

▸ **Como esse assunto foi cobrado em concurso?**

No concurso para Juiz Federal da 3ª Região em 2016, foi considerada correta a letra A: **Dadas as assertivas abaixo, assinale a alternativa correta. Sobre a gestão de recursos hídricos nacionais, é possível afirmar que:**

I - A jurisprudência do STJ firmou entendimento no sentido de que, como regra, tendo em vista a legislação vigente, há necessidade de outorga para a extração de água do subterrâneo por meio de poço artesiano.

II - Na forma dos arts. 20, III, e 26, I, da Constituição Federal, não mais existe propriedade privada de lagos, rios, águas superficiais ou subterrâneas, fluentes, emergentes ou em depósito, e quaisquer correntes de água. Nesses termos, a interpretação a ser conferida ao art. 11, caput, do Código de Águas ("São públicos dominicais, se não estiverem destinados ao uso comum, ou por algum título legítimo não pertencerem ao domínio particular"), que, teoricamente, coaduna-se com o sistema constitucional vigente e com a Lei das Águas (Lei 9.433/1997), é a de que, no que concerne a rios federais e estaduais, o título legítimo em favor do particular que afastaria o domínio pleno da União seria somente o decorrente de enfiteuse ou concessão, este último de natureza real.

III - Segundo a Lei nº 9433/1997, estão sujeitos a outorga pelo Poder Público os direitos dos usos de recursos hídricos, dentre outros, de derivação ou captação de parcela da água existente em um corpo de água para consumo final, inclusive abastecimento público, ou insumo de processo produtivo e de lançamento em corpo de água de esgotos e demais resíduos líquidos ou gasosos, tratados ou não, com o fim de sua diluição, transporte ou disposição final.

Estão corretas as assertivas:

A) I e III.

B) I, II e III.

C) II e III.

D) III.

O rol acima transcrito é exemplificativo, pois o último item é uma verdadeira hipótese aberta aos "outros usos", a ser regulamentado com razoabilidade e de maneira fundamentada pela Administração Pública, devendo ser demonstrada a necessidade de controle estatal de outras formas de utilização das águas.

Por uma falha normativa, o texto seco da Lei 9.433/97 permitiu o lançamento de efluentes não tratados em corpo de água. No entanto, o artigo 3.º da Resolução CONAMA 430/2011 exige o prévio tratamento do efluente antes do lançamento.

A outorga de direito de uso de recursos hídricos é definida como o ato administrativo mediante o qual a autoridade outorgante competente faculta ao requerente o direito de uso dos recursos hídricos, por prazo determinado, nos

termos e condições expressas no respectivo ato, consideradas as legislações específicas vigentes (Artigo 3.º, II, da Resolução 65/2006, do CNRH).

> ▸ **Importante!**
> **A outorga do uso da água terá prazo de até 35 anos, renovável, devendo ser onerosa**, ficando condicionada às prioridades de uso estabelecidas nos Planos de Recursos Hídricos e deverá respeitar a classe em que o corpo de água estiver enquadrado e a manutenção de condições adequadas ao transporte aquaviário, quando for o caso, consoante determinação do artigo 13, da Lei 9.433/1997.

De acordo com o artigo 6.º, da Resolução 16/2001-CNRH, deverão ser respeitados os seguintes limites de prazo, que serão prorrogáveis:

> I – até dois anos, para início da implantação do empreendimento objeto da outorga;
>
> II – até seis anos, para conclusão da implantação do empreendimento projetado.

Estes prazos poderão ser ampliados quando o porte e a importância social e econômica do empreendimento o justificar, ouvido o Conselho de Recursos Hídricos competente.

A outorga de direito de uso de recursos hídricos para concessionárias e autorizadas de serviços públicos e de geração de energia hidrelétrica, bem como suas prorrogações, vigorará por prazo coincidente com o do correspondente contrato de concessão ou ato administrativo de autorização.

Se a água for bem da União, competirá à Agência Nacional de Águas – ANA outorgar o seu uso, mediante **autorização**, cabendo delegação aos estados e ao Distrito Federal. Caso a água seja estadual ou distrital, a estes entes caberá exercer essa competência.

> ▸ **Importante!**
> Poderá ser suspensa a outorga, total ou parcialmente, temporária ou definitivamente, caso:
> - o outorgado descumpra os seus condicionantes;
> - deixe de utilizá-la por três anos consecutivos (caducidade);
> - haja situação de calamidade pública;
> - ocorra necessidade de prevenir ou reprimir grave degradação ambiental;
> - haja necessidade de atendimento de uso prioritário, inexistindo fontes alternativas;
> - para a manutenção da navegabilidade do corpo de água.

Ou seja, o ato de outorga não passa a integrar o patrimônio do beneficiário, sendo ato precário passível de revogação ou suspensão nas hipóteses acima listadas, razão pela qual ostenta a **natureza de autorização administrativa**, conquanto tenha prazo que limite a sua precariedade, desnaturando, em parte, o seu regime jurídico, pois a revogação apenas poderá se dar nas hipóteses previstas acima. O seu pagamento não tem índole tributária, podendo se enquadrar como um preço público.

Nos termos do artigo 25, da Resolução 16/2001-CNRH, a outorga de direito de uso de recursos hídricos extingue-se, sem qualquer direito de indenização ao usuário, nas seguintes circunstâncias:

I - morte do usuário - pessoa física;

II - liquidação judicial ou extrajudicial do usuário - pessoa jurídica; e

III - término do prazo de validade de outorga sem que tenha havido tempestivo pedido de renovação.

No entanto, no caso de morte do outorgado, os herdeiros ou inventariantes do usuário outorgado, se interessados em prosseguir com a utilização da outorga, deverão solicitar em até 180 dias da data do óbito, a retificação do ato administrativo da portaria, que manterá seu prazo e condições originais, quando da definição do(s) legítimo(s) herdeiro(s), sendo emitida nova portaria, em nome deste(s).

A título de exemplo de delegação, foi editada a Resolução 51/2008 - ANA -, que transferiu o exercício da competência para outorga no uso da água das bacias dos rios Poti e Longa ao Estado do Ceará.

A análise dos pleitos de outorga deverá considerar a interdependência das águas superficiais e subterrâneas e as interações observadas no ciclo hidrológico visando à gestão integrada dos recursos hídricos.

Será possível haver transferência da outorga a terceiros, desde que seja aprovada pela autoridade outorgante e devendo objeto de novo ato administrativo indicando o novo titular.

A outorga de direito de uso da água para o lançamento de efluentes será dada em quantidade de água necessária para a diluição da carga poluente, que pode variar ao longo do prazo de validade da outorga, com base nos padrões de qualidade da água correspondentes à classe de enquadramento do respectivo corpo receptor e/ou em critérios específicos definidos no correspondente plano de recursos hídricos ou pelos órgãos competentes.

> **Importante!**
>
> O artigo 6.º, da Lei 9.984/2000, ainda prevê que a ANA poderá perpetrar **outorgas preventivas**, com a finalidade de declarar a disponibilidade de água para os usos requeridos, não conferindo direito de uso de recursos hídricos e se destinando a reservar a vazão passível de outorga, possibilitando aos investidores o planejamento de empreendimentos que necessitem desses recursos. O prazo de validade da outorga preventiva será fixado levando-se em conta a complexidade do planejamento do empreendimento, *limitando-se ao máximo de três anos*, cabível prorrogação.

Na outorga de águas federais, a ANA ainda deverá fixar os prazos máximos de até dois anos (para início da implantação do empreendimento objeto da outorga) e de até seis anos (para conclusão da implantação do empreendimento projetado), podendo ser ampliados, quando o porte e a importância social e econômica do empreendimento o justificarem, ouvido o Conselho Nacional de Recursos Hídricos.

Já as outorgas de direito de uso de recursos hídricos para concessionárias e autorizadas de serviços públicos e de geração de energia hidrelétrica vigorarão por prazos coincidentes com os dos correspondentes contratos de concessão ou atos administrativos de autorização, na forma do artigo 5.º, § 4.º, da Lei 9.984/2000.

Outrossim, para licitar a concessão ou autorizar o uso de potencial de energia hidráulica em corpo de água de domínio da União, a Agência Nacional de Energia Elétrica – ANEEL deverá promover, junto à ANA, a prévia obtenção de declaração de reserva de disponibilidade hídrica.

> **▸ Importante!**
>
> Excepcionalmente, *independe de outorga* o uso da água para acumulação de volumes, derivações, captações e lançamentos considerados insignificantes, assim como o uso para a satisfação das necessidades de pequenos núcleos populacionais rurais.

> **▸ Como esse assunto foi cobrado em concurso?**
>
> No concurso da FCC para Procurador do Estado de São Paulo em 2012, foi considerada correta a letra B:
>
> Considerando o disposto no art. 12 da Lei Federal 9.433/1977, que instituiu a Política Nacional de Recursos Hídricos e criou o Sistema Nacional de Gerenciamento de Recursos Hídricos, duas das hipóteses de uso de recursos hídricos cujos direitos de uso estão sujeitos a outorga pelo Poder Público, são
>
> A) derivações, captações e lançamentos considerados insignificantes; e uso de recursos hídricos para a satisfação das necessidades de pequenos núcleos populacionais, distribuídos no meio rural.
>
> B) extração de água de aquífero subterrâneo para consumo final ou insumo de processo produtivo; e lançamento em corpo de água de esgotos e demais resíduos líquidos ou gasosos, tratados ou não, com o fim de sua diluição, transporte ou disposição final.
>
> C) extração de água de aquífero subterrâneo para consumo final ou insumo de processo produtivo; e uso de recursos hídricos para a satisfação das necessidades de pequenos núcleos populacionais, distribuídos no meio rural.
>
> D) uso de recursos hídricos para a satisfação das necessidades de pequenos núcleos populacionais, distribuídos no meio rural; e lançamento em corpo de água de esgotos e demais resíduos líquidos

ou gasosos, tratados ou não, com o fim de sua diluição, transporte ou disposição final.

E) lançamento em corpo de água de esgotos e demais resíduos líquidos ou gasosos, tratados ou não, com o fim de sua diluição, transporte ou disposição final e derivações, captações; e lançamentos considerados insignificantes.

▸ **Como esse assunto foi cobrado em concurso?**

No concurso da FGV para Analista da CODEBA 2016, foi considerada correta a letra B: Analise o fragmento a seguir.

"Acerca da disciplina legal dos recursos hídricos no ordenamento jurídico brasileiro, é correto afirmar que a água é bem de domínio ____, recurso natural ____, sendo possível a sua ____ pelo Poder Público, a qual não é necessária nos casos de ____."

Assinale a opção que completa corretamente as lacunas do fragmento acima.

A) compartilhado – limitado – concessão – captações consideradas insignificantes

B) público – limitado – outorga – captações consideradas insignificantes

C) público – ilimitado – concessão – aproveitamento hidrelétrico de menor capacidade

D) semipúblico – limitado – outorga – aproveitamento hidrelétrico de menos capacidade

E) semipúblico – ilimitado – concessão – acumulação de volumes de água considerados insignificantes

▸ **Como esse assunto foi cobrado em concurso?**

(2018/FCC/ SABESP/Advogado) De acordo com a Lei nº 9.433/1997, o uso de recursos hídricos para a satisfação das necessidades de pequenos núcleos populacionais, distribuídos no meio rural e a extração de água de aquífero subterrâneo para consumo final ou insumo de processo produtivo

A) independe e depende de outorga do Poder Público, respectivamente.

B) independem de outorga do Poder Público.

C) dependem de outorga do Poder Público.

D) depende e independe de outorga de Poder Público, respectivamente.

E) somente dependem de outorga do Poder Público quando o prazo da conduta for superior a três anos.

Letra A, certa.

Andou bem o legislador ao não definir genericamente na Lei 9.433/1997 o que é considerado como uso insignificante da água para fins de dispensa de outorga, uma vez que essa análise deve ser casuística. Nessa trilha, caberá ao

Conselho Nacional de Recursos Hídricos ou ao Conselho Estadual, a depender da titularidade das águas, definir a quantidade considerada insignificante, mediante proposta do respectivo Comitê de Bacia Hidrográfica (artigo 38, V, da Lei 9.433/1997).

Outrossim, importante lembrar que a concessão da outorga não dispensa o prévio licenciamento ambiental, inclusive a elaboração do EIA-RIMA, caso a atividade seja apta a causar significativa degradação ambiental, a exemplo da atividade prevista no inciso VII, do artigo 2.º, da Resolução CONAMA 01/1986.

Nesse sentido, antes da concessão da licença prévia, quando prevista na legislação estadual, deverá o órgão ambiental licenciador exigir do empreendedor a **manifestação prévia**, definida pela Resolução CNRH 65/2006 como "todo ato administrativo emitido pela autoridade outorgante competente, inserido no procedimento de obtenção da outorga de direito de uso de recursos hídricos, que corresponda à outorga preventiva ou à declaração de reserva de disponibilidade hídrica, como definidas na Lei 9.984, de 17 de julho de 2000, destinado a reservar a vazão passível de outorga, possibilitando aos investidores o planejamento de empreendimentos que necessitem desses recursos".

Outrossim, **a outorga de uso de recursos hídricos é pressuposto para a concessão da licença de instalação e de operação** para empreendimentos que utilizem recursos hídricos acima dos limites de isenção, devendo ser previamente exigida pelo órgão do SISNAMA.

De arremate, por determinação constitucional, o aproveitamento dos recursos hídricos em terras indígenas, inclusive os potenciais energéticos, depende de autorização do Congresso Nacional, ouvidas as comunidades afetadas, nos termos do artigo 231, §3º, da CF.

A **cobrança do uso de recursos hídricos** é o quarto instrumento que visa reconhecer a água como bem econômico e dar notoriedade ao seu real valor à vida, bem como incentivar a racionalização do seu uso e obter recursos financeiros para o financiamento de programas e intervenções contemplados nos planos de recursos hídricos.

De acordo com o novo Código Florestal (art. 41, II, *d*), o programa de apoio e incentivo à conservação do meio ambiente poderá destinar parte dos recursos arrecadados com a cobrança pelo uso da água para a manutenção, recuperação ou recomposição das Áreas de Preservação Permanente, de Reserva Legal e de uso restrito na bacia de geração da receita como medida de compensação pelas medidas de conservação ambiental necessárias para o cumprimento dos objetivos do CFlo.

Na fixação dos valores cobrados deverão ser observados a quantidade de água retirada, bem como o montante de esgotos lançados e sua nocividade ao meio ambiente, sendo os valores arrecadados prioritariamente prioritariamente aplicados na respectiva bacia hidrográfica no financiamento de estudos, programas, projetos ou obras previstos nos Planos de Recursos Hídricos.

▸ Como esse assunto foi cobrado em concurso?

(2018/CESPE/PGM - Manaus – AM/Procurador do Município) Julgue o próximo item, relativo a recursos hídricos e florestais. Valores arrecadados com a cobrança pelo uso de recursos hídricos podem ser aplicados em bacia hidrográfica distinta daquela em que forem gerados tais valores.

Questão certa.

▸ Qual o entendimento do STJ sobre o assunto?

É entendimento do STJ que o faturamento do serviço de fornecimento de água com base na tarifa progressiva, de acordo com as categorias de usuários e as faixas de consumo, é legítimo e atende ao interesse público, porquanto estimula o uso racional dos recursos hídricos (REsp 861.661, 1.ª Turma, de 13.11.2007. Também nesse sentido a Súmula 407).

O quinto instrumento arrolado é a **compensação aos municípios**. Contudo, o artigo 24, que o regulamentava, foi vetado pelo Presidente da República, com as seguintes razões:

> O estabelecimento de mecanismo compensatório aos Municípios não encontra apoio no texto da Carta Magna, como é o caso da compensação financeira prevista no § 1.º do artigo 20 da Constituição, que abrange exclusivamente a exploração de recursos hídricos para fins de geração de energia elétrica.
>
> A par de acarretar despesas adicionais para a União, o disposto no § 2.º trará como consequência a impossibilidade de utilização da receita decorrente da cobrança pelo uso de recursos hídricos para financiar eventuais compensações. Como decorrência, a União deverá deslocar recursos escassos de fontes existentes para o pagamento da nova despesa.
>
> Além disso, a compensação financeira poderia ser devida em casos em que o poder concedente fosse diverso do federal, como, por exemplo, decisões de construção de reservatórios por parte de Estado ou Município que trouxesse impacto sobre outro Município, com incidência da compensação sobre os cofres da União.

O último instrumento é o **Sistema de Informações sobre Recursos Hídricos**, que visa a coleta, o tratamento, o armazenamento e a recuperação de informações sobre os recursos hídricos e fatores que intervêm em sua gestão.

Tem por objetivo, de acordo com o artigo 27, da Lei 9.433/1997, "I – reunir, dar consistência e divulgar os dados e informações sobre a situação qualitativa e quantitativa dos recursos hídricos no Brasil; II – atualizar permanentemente as informações sobre disponibilidade e demanda de recursos hídricos em todo o território nacional; III – fornecer subsídios para a elaboração dos Planos de Recursos Hídricos".

Seus princípios básicos são a descentralização da obtenção e produção de dados e informações, a coordenação unificada do sistema e o acesso aos dados e informações garantido a toda a sociedade.

3. SISTEMA NACIONAL DE GERENCIAMENTO DE RECURSOS HÍDRICOS

O Sistema Nacional de Gerenciamento de Recursos Hídricos conta com a seguinte composição:

- o *Conselho Nacional de Recursos Hídricos;*
- a *Agência Nacional de Águas;*
- os *Conselhos de Recursos Hídricos dos Estados e do Distrito Federal;*
- os *Comitês de Bacia Hidrográfica;*
- os *órgãos dos poderes públicos federal, estaduais, do Distrito Federal e municipais cujas competências se relacionem com a gestão de recursos hídricos;*
- as *Agências de Água.*

O SINGREH tem os seguintes **objetivos** (artigo 32 da Lei 9.433/ 1997):

> "I – coordenar a gestão integrada das águas;
>
> II – arbitrar administrativamente os conflitos relacionados com os recursos hídricos;
>
> III – implementar a Política Nacional de Recursos Hídricos;
>
> IV – planejar, regular e controlar o uso, a preservação e a recuperação dos recursos hídricos;
>
> V – promover a cobrança pelo uso de recursos hídricos".

Nos termos do Decreto 10.000/2019, o **CNRH** é um órgão consultivo e deliberativo, integrante da Estrutura Regimental do Ministério do Desenvolvimento Regional, desde a Lei 13.844/2019.

O Conselho Nacional de Recursos Hídricos será gerido por: I - 1 (um) Presidente, que será o Ministro de Estado do Desenvolvimento Regional; II - 1 (um) Secretário-Executivo, que será o titular do órgão integrante da estrutura do Ministério do Desenvolvimento Regional responsável pela gestão dos recursos hídricos.

Dentre outras competências arroladas no artigo 35, da Lei 9.433/1997, as suas **principais atribuições** são:

- a compatibilização dos planejamentos de recursos hídricos nacionais, regionais, estaduais e dos setores usuários;
- ser a última instância para arbitrar conflitos entre Conselhos Estaduais de Recursos Hídricos;
- aprovar propostas de instituição dos Comitês de Bacia Hidrográfica;
- aprovar e acompanhar a execução do Plano Nacional de Recursos Hídricos;
- estabelecer critérios gerais para a outorga de direitos de uso de recursos hídricos.

Por força da Lei 12.334/2010, foram criadas novas atribuições para o CNRH:

- zelar pela implementação da Política Nacional de Segurança de Barragens;
- estabelecer diretrizes para implementação da PNSB, aplicação de seus instrumentos e atuação do Sistema Nacional de Informações sobre Segurança de Barragens;
- apreciar o Relatório de Segurança de Barragens, fazendo, se necessário, recomendações para melhoria da segurança das obras, bem como encaminhá-lo ao Congresso Nacional.

Com fulcro no artigo 4.º, VI, da Lei 9.984/2000, também competirá ao Conselho Nacional de Recursos Hídricos definir os valores a serem cobrados pelo uso de recursos hídricos de domínio da União, com base nos mecanismos e quantitativos sugeridos pelos Comitês de Bacia Hidrográfica.

Outrossim, nas bacias federais, será o Conselho Nacional de Recursos Hídricos quem definirá as acumulações, derivações, captações e lançamentos considerados como insignificantes para fins de dispensa de outorga de uso de recursos hídricos, na forma do quanto previsto no artigo 1.º, XX, do seu Regimento Interno.

A **Agência Nacional de Águas – ANA** é uma autarquia federal em regime especial criada pela Lei 9.984/2000, que atua como agente normativo e regulador do setor, vinculada anteriormente ao Ministério do Meio Ambiente, com a função de implementar a PNRH.

Por força da **Lei 13.844/2019**, a ANA passou a ser vinculada ao **Ministério do Desenvolvimento Regional.**

A ANA será dirigida por Diretoria Colegiada composta de 5 (cinco) membros, nomeados pelo Presidente da República, com mandatos não coincidentes de 5 (cinco) anos, vedada a recondução, sendo um deles o Diretor-Presidente, e terá em sua estrutura uma Procuradoria, uma Ouvidoria e uma Auditoria.

As suas competências específicas vêm listadas em um extenso rol constante do artigo 4.º da Lei 9.984/2000, destacando-se:

- supervisionar, controlar e avaliar as ações e atividades decorrentes do cumprimento da legislação federal pertinente aos recursos hídricos;
- disciplinar, em caráter normativo, a implementação, a operacionalização, o controle e a avaliação dos instrumentos da Política Nacional de Recursos Hídricos;
- **outorgar, por intermédio de autorização, o direito de uso de recursos hídricos em corpos de água de domínio da União;**
- fiscalizar os usos de recursos hídricos nos corpos de água de domínio da União;

- regular e fiscalizar, quando envolverem corpos d'água de domínio da União, a prestação dos serviços públicos de irrigação, se em regime de concessão, e adução de água bruta, cabendo-lhe, inclusive, a disciplina, em caráter normativo, da prestação desses serviços, bem como a fixação de padrões de eficiência e o estabelecimento de tarifa, quando cabíveis, e a gestão e auditagem de todos os aspectos dos respectivos contratos de concessão, quando existentes.

Por sua vez, os **Conselhos de Recursos Hídricos dos Estados e do Distrito Federal** não tiveram as suas estruturas e competências discriminadas na Lei 9.433/1997, pois as respectivas entidades políticas deverão aprovar as suas próprias leis, que devem ser compatíveis com a norma federal.

Contudo, dentro das competências de outros integrantes do SINGREH, já foram presumidas duas atribuições dos Conselhos Estaduais ou do Distrito Federal: fixar acumulações, derivações, captações e lançamentos de pouca expressão, para efeito de isenção da obrigatoriedade de outorga de direitos de uso de recursos hídricos, de acordo com os domínios destes; autorizar a criação das Agências de Águas das suas bacias hidrográficas.

Os **Comitês de Bacia Hidrográfica** são órgãos colegiados com atribuições normativas, deliberativas e consultivas a serem exercidas na bacia hidrográfica de sua jurisdição, estando vinculados ao Conselho Nacional, Estadual ou Distrital de Recursos Hídricos, a depender da entidade política proprietária da bacia hidrográfica, sendo as suas reuniões e votações públicas, dando-se à sua convocação ampla divulgação.

Eles não terão necessariamente como zona de atuação uma determinada bacia hidrográfica, podendo chegar a abarcar um grupo de bacias hidrográficas contíguas, ou, por outro lado, se limitar a uma sub-bacia hidrográfica de tributário do curso de água principal da bacia, ou de tributário desse tributário.

Compete aos Comitês aprovar o Plano de Recursos Hídricos da respectiva bacia e acompanhar a sua execução, assim como arbitrar em primeira instância os conflitos atinentes aos recursos hídricos.

Também é sua atribuição propor ao Conselho Nacional e aos Conselhos Estaduais (ou do Distrito Federal) de Recursos Hídricos as acumulações, derivações, captações e lançamentos de pouca expressão, para efeito de isenção da obrigatoriedade de outorga de direitos de uso de recursos hídricos, de acordo com os domínios destes, e estabelecer os mecanismos de cobrança pelo uso de recursos hídricos e sugerir os valores a serem cobrados.

Ainda competirá ao Comitê de Bacia Hidrográfica arbitrar, em primeira instância administrativa, os conflitos relacionados aos recursos hídricos, bem como estabelecer critérios e promover o rateio de custo das obras de uso múltiplo, de interesse comum ou coletivo.

Deverão, ainda, promover o debate sobre os recursos hídricos e a articulação das entidades intervenientes, bem como estabelecer critérios e promover o rateio de custo das obras de uso múltiplo, de interesse comum ou coletivo.

> **▸ Como esse assunto foi cobrado em concurso?**
>
> No concurso para Juiz Federal da 5ª Região em 2017, foi considerada correta a letra E: Os comitês de bacias hidrográficas são: A) competentes para implantar e gerir o Sistema Nacional de Informações sobre Segurança de Barragens. B) competentes para outorgar o direito de uso de recursos hídricos em corpos de água de domínio da União, mediante permissão. C) incompetentes para aprovar o Plano de Recursos Hídricos da bacia. D) incompetentes para arbitrar administrativamente conflitos relacionados a recursos hídricos. E) incompetentes para o exercício do poder de polícia.

As decisões tomadas pelos Comitês de Bacia Hidrográfica poderão ser objeto de recurso de competência do Conselho Nacional ou Estadual de Recursos Hídricos, conforme seja federal ou estadual a respectiva bacia.

Na sua composição far-se-ão presentes representantes da União, dos Estados ou Distrito Federal e dos municípios da respectiva bacia hidrográfica, bem como representantes dos usuários e das entidades civis de recursos hídricos com comprovada atuação na bacia.

Caso a bacia envolva terras indígenas, ainda farão parte do Comitê representantes da FUNAI (na cota da União) e da respectiva comunidade indígena. Se abarcar rios fronteiriços e transfronteiriços de gestão compartilhada, a representação da União deverá incluir um representante do Ministério das Relações Exteriores.

> **▸ Como esse assunto foi cobrado em concurso?**
>
> No concurso do CESPE para Promotor do Estado da Bahia em 2014, foi considerado certo o seguinte enunciado: No que se refere ao direito ambiental, julgue o item a seguir. Os comitês de bacia hidrográfica são constituídos por usuários das águas e por entidades civis de recursos hídricos com atuação comprovada na bacia, entre outros membros, conforme dispõe a Lei n.º 9.433/1997.

> **▸ Como esse assunto foi cobrado em concurso?**
>
> No concurso do CESPE para Juiz do Amazonas em 2016, foi considerada correta a letra B: Com relação aos recursos hídricos, assinale a opção correta.
>
> A) Compete ao Comitê Nacional de Recursos Hídricos organizar, implantar e gerir o Sistema Nacional de Informações sobre Segurança de Barragens.
>
> B) Além do representante da FUNAI, os comitês de bacias hidrográficas de rios que abranjam terras indígenas incluirão representante das comunidades indígenas.
>
> C) Conforme a localização dos corpos d'água, seu domínio divide-se entre a União, os estados (e por analogia o DF) e os municípios.

D) As competências dos comitês de bacias hidrográficas incluem o exercício do poder de polícia.

E) Cabe à Agência Nacional de Águas, outorgar, mediante permissão, o direito de uso de recursos hídricos em corpos de água de domínio da União, dos estados e do DF.

Importante dispositivo legal assegura a efetividade da participação da sociedade civil organizada, pois a representação do Poder Público foi limitada à metade do total de membros, cabendo aos respectivos regimentos internos disciplinar especificamente a composição e as formas de indicação, observadas as regras gerais instituídas pela Resolução 05/2000, da lavra do Conselho Nacional de Recursos Hídricos.

Por fim, as **Agências de Água** funcionarão como Secretarias Executivas dos Comitês de Bacia Hidrográfica, podendo assessorar mais de um Comitê, dependendo a sua criação de autorização do Conselho Nacional ou Estadual de Recursos Hídricos, condicionada à prévia existência do Comitê e à viabilidade financeira decorrente da cobrança de recursos hídricos na área de sua atuação.

Dentre outras, as competências das Agências de Água são a elaboração do Plano de Recursos Hídricos para apreciação do respectivo Comitê de Bacia Hidrográfica; efetuar, mediante delegação do outorgante, a cobrança pelo uso de recursos hídricos; acompanhar a administração financeira dos recursos arrecadados com a cobrança pelo uso de recursos hídricos em sua área de atuação.

Também lhes caberá fazer as seguintes proposições ao Comitê da Bacia Hidrográfica: o enquadramento dos corpos de água nas classes de uso, para encaminhamento ao respectivo Conselho Nacional ou Conselhos Estaduais de Recursos Hídricos, de acordo com o domínio destes; os valores a serem cobrados pelo uso de recursos hídricos; o plano de aplicação dos recursos arrecadados com a cobrança pelo uso de recursos hídricos e o rateio de custo das obras de uso múltiplo, de interesse comum ou coletivo.

Ou seja, as Agências de Água serão as "pontas" do SINGREH, atuando como órgãos executores dos Comitês de Bacia Hidrográfica.

Ainda será possível que as *organizações civis de recursos hídricos* componham o SINGREH, desde que legalmente constituídas e sejam (artigo 47, Lei 9.433/1997):

> I – consórcios e associações intermunicipais de bacias hidrográficas;
>
> II – associações regionais, locais ou setoriais de usuários de recursos hídricos;
>
> III – organizações técnicas e de ensino e pesquisa com interesse na área de recursos hídricos;
>
> IV – organizações não governamentais com objetivos de defesa de interesses difusos e coletivos da sociedade;
>
> V – outras organizações reconhecidas pelo Conselho Nacional ou pelos Conselhos Estaduais de Recursos Hídricos.

Outrossim, estas entidades civis poderão exercer as funções de Agências de Água enquanto estas não forem constituídas ou se houver delegação temporária dos Conselhos de Recursos Hídricos, tendo em conta a autorização do artigo 51 da Lei 9.433/1997.

Conforme previsto na Lei 10.881/2004, no âmbito federal, a ANA poderá firmar *contratos de gestão*, por prazo determinado, com as entidades sem fins lucrativos referidas, que receberem delegação do Conselho Nacional de Recursos Hídricos – CNRH para exercer funções de competência das Agências de Água, relativas a recursos hídricos de domínio da União, que inclusive poderão receber recursos orçamentários e o uso de bens públicos necessários ao cumprimento dos contratos de gestão, por meio de permissão de uso, dispensada a licitação.

4. PADRÕES DE QUALIDADE DA ÁGUA

O estabelecimento de padrões de qualidade ambiental é um dos instrumentos legais para a execução da Política Nacional do Meio Ambiente, cabendo ao CONAMA instituir normas, critérios e padrões relativos ao controle e à manutenção da qualidade do meio ambiente com vistas ao uso racional dos recursos ambientais, **principalmente os hídricos**[1].

De sua vez, o **enquadramento das águas,** de modo a identificar as classes adequadas aos usos múltiplos definidos nos Planos de Recursos Hídricos, é medida de extrema importância, pois prima pelo uso racional desse elemento indispensável à manutenção da vida, sendo considerado como "o estabelecimento da meta ou objetivo de qualidade da água (classe) a ser, obrigatoriamente, alcançado ou mantido em um segmento de corpo de água, de acordo com os usos preponderantes pretendidos, ao longo do tempo"[2].

Por seu turno, o **CONAMA** editou a **Resolução 357/2005**, complementada pela Resolução 430/2011, que dispõe sobre a classificação e diretrizes ambientais para o enquadramento dos corpos de água superficiais, bem como estabelece as condições e padrões de lançamento de efluentes, classificando as águas em **doces** (salinidade de até 0,5‰), **salobras** (salinidade acima de 0,5‰ e inferior a 30‰) e **salinas** (acima de 30‰), todas repartidas em **13 classes** de destinação no total, ainda havendo uma subdivisão em classes.

> **▸ Como esse assunto foi cobrado em concurso?**
>
> No concurso da FCC para Juiz de Direito de Goiás em 2012, foi considerada correta a letra D: A técnica vigente de proteção dos recursos hídricos prevê a classificação dos corpos d'água em:

1. Artigos 8.º, VI, e 9.º, I, ambos da Lei 6.938/1981.
2. Artigo 2.º, XX, da Resolução CONAMA 357/2005.

A) três classes (doces, salobras e salinas) e o estabelecimento de diferentes padrões, assim entendidos os usos permitidos e tolerados em cada uma das classes.
B) três classes (especial, classe 1 e classe 2) e o estabelecimento de diferentes padrões, assim entendidos os usos permitidos e tolerados em cada uma das classes.
C) classes previamente definidas segundo a salubridade, variáveis conforme a bacia hidrográfica e as condições especiais fixadas pelos respectivos comitês.
D) diversas classes e o estabelecimento de padrões compatíveis, segundo a qualidade requerida para os seus usos preponderantes.
E) diversas classes, conforme o grau de poluição existente, e o estabelecimento de diferentes padrões, de acordo com as metas de regeneração do meio aquático fixadas pela autoridade ambiental.

Nessa Resolução foram estabelecidos padrões de qualidade da água, sendo curial a realização de exames laboratoriais.

A citada Resolução criou padrões de qualidade para as águas, bem como determinou em seu artigo 24 que o lançamento de efluentes de fonte poluidora em corpos de águas apenas poderá ocorrer após o devido tratamento, observados os padrões do ato regulamentar.

Já a **Resolução CONAMA 274/2000** define os padrões de qualidade da água destinada a balneabilidade (recreação e contato primário), podendo haver águas **próprias** (excelentes, muito boas ou satisfatórias) e **impróprias**, devendo, neste último, caso se justifique a medida, ser interditada a praia ou o balneário.

Por sua vez, a **Resolução CONAMA 396/2008** disciplina as águas subterrâneas, ou seja, as que correm natural ou artificialmente no subsolo, sendo bens dos Estados federados e do Distrito Federal, promovendo a sua classificação de acordo com os padrões de qualidade.

5. TABELA-SÍNTESE DOS PONTOS PRINCIPAIS DO CAPÍTULO

FUNDAMENTOS	I – a água é um bem de domínio público; II – a água é um recurso natural limitado, dotado de valor econômico; III – em situações de escassez, o uso prioritário dos recursos hídricos é o consumo humano e a dessedentação de animais;
FUNDAMENTOS	IV – a gestão dos recursos hídricos deve sempre proporcionar o uso múltiplo das águas; V – a bacia hidrográfica é a unidade territorial para implementação da Política Nacional de Recursos Hídricos e atuação do Sistema Nacional de Gerenciamento de Recursos Hídricos; VI – a gestão dos recursos hídricos deve ser descentralizada e contar com a participação do Poder Público, dos usuários e das comunidades.

OBJETIVOS	I - assegurar à atual e às futuras gerações a necessária disponibilidade de água, em padrões de qualidade adequados aos respectivos usos; II - a utilização racional e integrada dos recursos hídricos, incluindo o transporte aquaviário, com vistas ao desenvolvimento sustentável; III - a prevenção e a defesa contra eventos hidrológicos críticos de origem natural ou decorrentes do uso inadequado dos recursos naturais.
INSTRUMENTOS	I - os Planos de Recursos Hídricos; II - o enquadramento dos corpos de água em classes, segundo os usos preponderantes da água; III - a outorga dos direitos de uso de recursos hídricos; IV - a cobrança pelo uso de recursos hídricos; V - a compensação a municípios; VI - o Sistema de Informações sobre Recursos Hídricos.
SINGREH	I - o Conselho Nacional de Recursos Hídricos; I-A - a Agência Nacional de Águas; II - os Conselhos de Recursos Hídricos dos Estados e do Distrito Federal; III - os Comitês de Bacia Hidrográfica; IV - os órgãos dos poderes públicos federal, estaduais, do Distrito Federal e municipais cujas competências se relacionem com a gestão de recursos hídricos; V - as Agências de Água.

Capítulo 8

Patrimônio Cultural Brasileiro

1. COMPOSIÇÃO E COMPETÊNCIA MATERIAL

De acordo com o *caput* do artigo 216, da Constituição Federal, "constituem **o patrimônio cultural brasileiro** os bens de natureza **material e imaterial**, tomados individualmente ou em conjunto, **portadores de referência à identidade, à ação, à memória dos diversos grupos formadores da sociedade brasileira**".

> **Como esse assunto foi cobrado em concurso?**
>
> No concurso da FGV para Juiz do Pará em 2007, foi considerado certo o seguinte enunciado: O patrimônio cultural brasileiro é constituído por bens de natureza material e imaterial, tomados individualmente ou em conjunto, portadores de referência à identidade, à ação e à memória dos diferentes grupos formadores da sociedade brasileira.

Deveras, atualmente não apenas os bens tangíveis poderão integrar o patrimônio cultural brasileiro, mas também os imateriais, estando superada a restrita composição de patrimônio histórico e artístico nacional contida no artigo 1.º, do Decreto-lei 25/1937.

> **Importante!**
>
> Com efeito, os incisos do artigo 216 da Lei Maior trazem **exemplos** de bens materiais e imateriais integrantes do patrimônio cultural brasileiro:
>
> **I – as formas de expressão;**
>
> **II – os modos de criar, fazer e viver;**
>
> **III – as criações científicas, artísticas e tecnológicas;**
>
> **IV – as obras, objetos, documentos, edificações e demais espaços destinados às manifestações artístico-culturais;**
>
> **V – os conjuntos urbanos e sítios de valor histórico, paisagístico, artístico, arqueológico, paleontológico, ecológico e científico.**

Um exemplo específico de bem reconhecido por lei como integrante do patrimônio cultural brasileiro é o *conhecimento tradicional associado ao patrimônio genético*, nos termos do artigo 8.º, da Lei 13.123/2016.

Vale registrar que é competência material comum entre União, estados, Distrito Federal e municípios proteger os documentos, as obras e outros bens de valor histórico, artístico e cultural, os monumentos, as paisagens naturais notáveis e os sítios arqueológicos, assim como impedir a evasão, a destruição e a descaracterização de obras de arte e de outros bens de valor histórico, artístico ou cultural, nos moldes do artigo 23, incisos III e IV, da Constituição Federal de 1988.

▸ Como esse assunto foi cobrado em concurso?

No concurso da FGV para Juiz do Pará em 2007, foi considerado certo o seguinte enunciado: União, Estados, Municípios e Distrito Federal têm competência comum para proteger os documentos, as obras e outros bens de valor histórico, artístico e cultural, os monumentos, as paisagens naturais notáveis e os sítios arqueológicos, bem como para preservar as florestas, a fauna e a flora.

Vale registrar que as competências comuns ambientais de que trata o artigo 23, da Constituição, devem ser reguladas via lei complementar (no caso, a LC 140/2011). É inconstitucional, por exemplo, norma estadual que transfere competência de proteção ao patrimônio cultural aos municípios, por se tratar de dever irrenunciável do estado membro da federação, que não poderá se demitir do seu dever constitucional sobrecarregando, indevidamente, os municípios, devendo ter uma ação conjunta.

▸ Qual o entendimento do STF sobre o assunto?

Federação: **competência comum: proteção do patrimônio comum, incluído o dos sítios de valor arqueológico (CF, arts. 23, III, e 216, V): encargo que não comporta demissão unilateral.** Lei estadual 11.380, de 1999, do Estado do Rio Grande do Sul, confere aos Municípios em que se localizam a proteção, a guarda e a responsabilidade pelos sítios arqueológicos e seus acervos, no Estado, o que vale por excluir, a propósito de tais bens do patrimônio cultural brasileiro (CF, art. 216, V), o dever de proteção e guarda e a consequente responsabilidade não apenas do Estado, mas também da própria União, incluídas na competência comum dos entes da Federação, que substantiva incumbência de natureza qualificadamente irrenunciável. A inclusão de determinada função administrativa no âmbito da competência comum não impõe que cada tarefa compreendida no seu domínio, por menos expressiva que seja, haja de ser objeto de ações simultâneas das três entidades federativas: donde, a previsão, no parágrafo único do art. 23, CF, de lei complementar que fixe normas de cooperação (v. sobre monumentos arqueológicos e pré-históricos, a Lei 3.924/1961), cuja edição, porém, é da competência da União e, de qualquer modo, não abrange o poder de demitirem-se a União ou os Estados dos encargos constitucionais de proteção dos bens de valor arqueológico para **descarregá-los ilimitadamente sobre os Municípios.**

[ADI 2.544, rel. min. Sepúlveda Pertence, j. 28-6-2006, P, *DJ* de 17-11-2006.].

▸ **Como esse assunto foi cobrado em concurso?**

No concurso para Procurador da República em 2015, foi considerada correta a letra A: LEI ESTADUAL CONFERIA A PROTEÇÃO, GUARDA E RESPONSABILIDADE PELOS SÍTIOS ARQUEOLÓGICOS E SEUS ACERVOS AOS MUNICÍPIOS EM QUE SE LOCALIZASSEM.

A) Essa lei foi declarada inconstitucional porque a competência comum para proteger os sítios arqueológicos não pode ser afastada do Estado e da União.

B) Essa lei foi declarada inconstitucional porque a competência legislativa sobre responsabilidade por dano a bens de valor histórico e paisagístico é privativa da União.

C) Essa lei foi considerada constitucional porque o Estado possui competência legislativa suplementar exclusiva para cuidar da proteção ao patrimônio histórico-cultural.

D) Essa lei foi considerada constitucional porque se trata de competência dos municípios para legislar sobre assuntos de interesse local.

Ademais, também é inconstitucional lei estadual que declara integrantes do patrimônio científico-cultural do Estado os sítios paleontológicos e arqueológicos localizados em seus Municípios, pois as cavidades naturais subterrâneas e os sítios arqueológicos e pré-históricos são bens da União (art. 20, IX, da CF), sendo de competência federal da sua gestão, havendo invasão de competência do ente central, pois a sua proteção não poderá se dar exclusivamente no âmbito estadual.

▸ **Qual o entendimento do STF sobre o assunto?**

Ação Direta de Inconstitucionalidade. 2. Artigo 251 da Constituição do Estado de Mato Grosso e Lei Estadual nº 7.782/2002, "que declara integrantes do patrimônio científico-cultural do Estado os sítios paleontológicos e arqueológicos localizados em Municípios do Estado de Mato Grosso". 3. Violação aos artigos 23, inciso III e 216, inciso V, da Constituição. Precedente: ADI 2.544, Rel. Min. Sepúlveda Pertence. 4. Ação julgada procedente (ADI 3.525/2007).

Desde o advento da Emenda 42/2003, foi facultado aos Estados e ao Distrito Federal vincular a fundo estadual de fomento à cultura até 0,5% (cinco décimos por cento) de sua receita tributária líquida, para o financiamento de programas e projetos culturais, vedada a aplicação desses recursos no pagamento de despesas com pessoal e encargos sociais, serviço da dívida ou qualquer outra despesa corrente não vinculada diretamente aos investimentos ou ações apoiados.

2. PLANO NACIONAL DE CULTURA, SISTEMA NACIONAL DE CULTURA, POLÍTICA NACIONAL DE CULTURA VIVA E INSTRUMENTOS DE PROTEÇÃO

A Emenda 48/2005, que inseriu o § 3.º, no artigo 215, da Constituição Federal, previu o **Plano Nacional de Cultura**, a ser instituído por lei, visando à defesa do patrimônio cultural brasileiro; a promoção, difusão e produção de bens culturais; a formação de pessoal qualificado para a gestão da cultura; a democratização do acesso à cultura e a valorização da diversidade étnica e regional.

Finalmente foi promulgada a Lei 12.343, de 02.12.2010, que instituiu o Plano Nacional de Cultura e criou o Sistema Nacional de Informações e Indicadores Culturais.

De efeito, o Plano Nacional de Cultura foi previsto com duração de dez anos, de acordo com o Anexo da Lei 12.343/2010, previsto em cinco Capítulos, sendo a coordenação executiva do Ministério da Cultura.

Deverá o Plano Nacional de Cultura ser revisto periodicamente para atualização e aperfeiçoamento, sendo prevista a primeira revisão após quatro anos da data da publicação da Lei 12.343/2010.

Para assegurar recursos para a execução do Plano, o **Fundo Nacional de Cultura**, por meio de seus fundos setoriais, será o principal mecanismo de fomento às políticas culturais. O FNC é um fundo público constituído de recursos destinados exclusivamente à execução de programas, projetos ou ações culturais.

Deverão ser formuladas e desenvolvidas políticas públicas para a efetivação do Plano Nacional de Cultura, fomentando a cultura de forma ampla, protegendo e promovendo a diversidade cultural, a criação artística e suas manifestações e as expressões culturais, individuais ou coletivas, de todos os grupos étnicos e suas derivações sociais, reconhecendo a abrangência da noção de cultura em todo o território nacional e garantindo a multiplicidade de seus valores e formações.

Entretanto, os estados, o Distrito Federal e os municípios apenas aderirão ao Plano Nacional de Cultura se quiserem, por intermédio de termo de adesão voluntária, devendo, nesta hipótese, elaborar os seus planos decenais até um ano após a assinatura do termo de adesão voluntária, podendo a União oferecer assistência técnica e financeira aos entes da federação que aderirem.

Também é possível que outros entes públicos e privados colaborem com o Plano Nacional de Cultura, tais como empresas, organizações corporativas e sindicais, organizações da sociedade civil, fundações, pessoas físicas e jurídicas que se mobilizem para a garantia dos princípios, objetivos, diretrizes e metas do PNC, estabelecendo termos de adesão específicos.

A implementação do Plano Nacional de Cultura observará os seguintes **princípios**: I – liberdade de expressão, criação e fruição; II – diversidade cultural; III – respeito aos direitos humanos; IV – direito de todos à arte e à cultura; V – direito à informação, à comunicação e à crítica cultural; VI – direito à memória e às tradições; VII – responsabilidade socioambiental; VIII – valorização da cultura como vetor do desenvolvimento sustentável; IX – democratização das instâncias de formulação das políticas culturais; X – responsabilidade dos agentes públicos pela implementação das políticas culturais; XI – colaboração entre agentes públicos e privados para o desenvolvimento da economia da cultura; XII – participação e controle social na formulação e acompanhamento das políticas culturais.

O PNC tem os seguintes objetivos:

> I – reconhecer e valorizar a diversidade cultural, étnica e regional brasileira;
>
> II – proteger e promover o patrimônio histórico e artístico, material e imaterial;
>
> III – valorizar e difundir as criações artísticas e os bens culturais;
>
> IV – promover o direito à memória por meio dos museus, arquivos e coleções;
>
> V – universalizar o acesso à arte e à cultura;
>
> VI – estimular a presença da arte e da cultura no ambiente educacional;
>
> VII – estimular o pensamento crítico e reflexivo em torno dos valores simbólicos;
>
> VIII – estimular a sustentabilidade socioambiental;
>
> IX – desenvolver a economia da cultura, o mercado interno, o consumo cultural e a exportação de bens, serviços e conteúdos culturais;
>
> X – reconhecer os saberes, conhecimentos e expressões tradicionais e os direitos de seus detentores;
>
> XI – qualificar a gestão na área cultural nos setores público e privado;
>
> XII – profissionalizar e especializar os agentes e gestores culturais;
>
> XIII – descentralizar a implementação das políticas públicas de cultura;
>
> XIV – consolidar processos de consulta e participação da sociedade na formulação das políticas culturais;
>
> XV – ampliar a presença e o intercâmbio da cultura brasileira no mundo contemporâneo;
>
> XVI – articular e integrar sistemas de gestão cultural.

A Lei 12.343/2010, artigo 9.º, ainda criou o **Sistema Nacional de Informações e Indicadores Culturais**, de caráter declaratório e ampla publicidade, que objetiva:

> I – coletar, sistematizar e interpretar dados, fornecer metodologias e estabelecer parâmetros à mensuração da atividade do campo cultural e das necessidades sociais por cultura, que permitam a formulação, monitoramento, gestão e avaliação das políticas públicas de cultura e das políticas culturais em geral, verificando e racionalizando a implementação do PNC e sua revisão nos prazos previstos;

II - disponibilizar estatísticas, indicadores e outras informações relevantes para a caracterização da demanda e oferta de bens culturais, para a construção de modelos de economia e sustentabilidade da cultura, para a adoção de mecanismos de indução e regulação da atividade econômica no campo cultural, dando apoio aos gestores culturais públicos e privados;

III - exercer e facilitar o monitoramento e avaliação das políticas públicas de cultura e das políticas culturais em geral, assegurando ao poder público e à sociedade civil o acompanhamento do desempenho do PNC.

Será obrigatória a inserção e atualização permanente de dados no Sistema Nacional de Informações e Indicadores Culturais pela União e pelos estados, Distrito Federal e municípios que vierem a aderir ao Plano.

Ainda foi previsto o **Sistema Nacional de Cultura - SNC**, a ser criado por lei específica, sendo o principal articulador federativo do Plano Nacional de Cultura, estabelecendo mecanismos de gestão compartilhada entre os entes federados e a sociedade civil.

Outrossim, coube à **Emenda 71/2012**, que inseriu o artigo 216-A, na Constituição, prever o **Sistema Nacional de Cultura**, a ser disciplinado por lei federal, organizado em regime de colaboração, de forma descentralizada e participativa, instituindo um processo de gestão e promoção conjunta de políticas públicas de cultura, democráticas e permanentes, pactuadas entre os entes da Federação e a sociedade, **tendo por objetivo promover o desenvolvimento humano, social e econômico com pleno exercício dos direitos culturais.**

O Sistema Nacional da Cultura conta com a seguinte estrutura federativa (art. 216-A, § 2.º, CF):

I - órgãos gestores da cultura;

II - conselhos de política cultural;

III - conferências de cultura;

IV - comissões intergestores;

V - planos de cultura;

VI - sistemas de financiamento à cultura;

VII - sistemas de informações e indicadores culturais;

VIII - programas de formação na área da cultura;

IX - sistemas setoriais de cultura.

O **fundamento** do Sistema Nacional de Cultura é a Política Nacional de Cultura e suas diretrizes estabelecidas no Plano Nacional de Cultura, devendo observar os seguintes **princípios** (art. 216-A, § 1.º, CF):

I - diversidade das expressões culturais;

II - universalização do acesso aos bens e serviços culturais;

> III – fomento à produção, difusão e circulação de conhecimento e bens culturais;
>
> IV – cooperação entre os entes federados, os agentes públicos e privados atuantes na área cultural;
>
> V – integração e interação na execução das políticas, programas, projetos e ações desenvolvidas;
>
> VI – complementaridade nos papéis dos agentes culturais;
>
> VII – transversalidade das políticas culturais;
>
> VIII – autonomia dos entes federados e das instituições da sociedade civil;
>
> IX – transparência e compartilhamento das informações;
>
> X – democratização dos processos decisórios com participação e controle social;
>
> XI – descentralização articulada e pactuada da gestão, dos recursos e das ações;
>
> XII – ampliação progressiva dos recursos contidos nos orçamentos públicos para a cultura.

Caberá aos Estados, o Distrito Federal e os Municípios organizar seus respectivos sistemas de cultura em leis próprias.

Por sua vez, a Lei 13.018, de 22 de julho de 2014 aprovou a Política Nacional de Cultura Viva, tomando por base a parceria da União, dos Estados, do Distrito Federal e dos Municípios com a sociedade civil no campo da cultura, com o objetivo de ampliar o acesso da população brasileira às condições de exercício dos direitos culturais, que possui os seguintes objetivos:

> I – garantir o pleno exercício dos direitos culturais aos cidadãos brasileiros, dispondo-lhes os meios e insumos necessários para produzir, registrar, gerir e difundir iniciativas culturais;
>
> II – estimular o protagonismo social na elaboração e na gestão das políticas públicas da cultura;
>
> III – promover uma gestão pública compartilhada e participativa, amparada em mecanismos democráticos de diálogo com a sociedade civil;
>
> IV – consolidar os princípios da participação social nas políticas culturais;
>
> V – garantir o respeito à cultura como direito de cidadania e à diversidade cultural como expressão simbólica e como atividade econômica;
>
> VI – estimular iniciativas culturais já existentes, por meio de apoio e fomento da União, dos Estados, do Distrito Federal e dos Municípios;
>
> VII – promover o acesso aos meios de fruição, produção e difusão cultural;
>
> VIII – potencializar iniciativas culturais, visando à construção de novos valores de cooperação e solidariedade, e ampliar instrumentos de educação com educação;

> IX - estimular a exploração, o uso e a apropriação dos códigos, linguagens artísticas e espaços públicos e privados disponibilizados para a ação cultural.

A sua implementação é de responsabilidade do Ministério da Cultura, dos Estados, do Distrito Federal e dos Municípios integrantes do Sistema Nacional de Cultura.

A Política Nacional de Cultura Viva busca gerar benefícios à sociedade e prioritariamente aos povos, grupos, comunidades e populações em situação de vulnerabilidade social e com reduzido acesso aos meios de produção, registro, fruição e difusão cultural, que requeiram maior reconhecimento de seus direitos humanos, sociais e culturais ou no caso em que estiver caracterizada ameaça a sua identidade cultural, valendo-se dos seguintes instrumentos:

> I - pontos de cultura: entidades jurídicas de direito privado sem fins lucrativos, grupos ou coletivos sem constituição jurídica, de natureza ou finalidade cultural, que desenvolvam e articulem atividades culturais em suas comunidades;
>
> II - pontões de cultura: entidades com constituição jurídica, de natureza/finalidade cultural e/ou educativa, que desenvolvam, acompanhem e articulem atividades culturais, em parceria com as redes regionais, identitárias e temáticas de pontos de cultura e outras redes temáticas, que se destinam à mobilização, à troca de experiências, ao desenvolvimento de ações conjuntas com governos locais e à articulação entre os diferentes pontos de cultura que poderão se agrupar em nível estadual e/ou regional ou por áreas temáticas de interesse comum, visando à capacitação, ao mapeamento e a ações conjuntas;
>
> III - Cadastro Nacional de Pontos e Pontões de Cultura: integrado pelos grupos, coletivos e pessoas jurídicas de direito privado sem fins lucrativos que desenvolvam ações culturais e que possuam certificação simplificada concedida pelo Ministério da Cultura.

Os pontos e pontões de cultura constituem elos entre a sociedade e o Estado, com o objetivo de desenvolver ações culturais sustentadas pelos princípios da autonomia, do protagonismo e da capacitação social das comunidades locais, sendo beneficiárias de premiação de iniciativas culturais ou de modalidade específica de transferência de recursos, e selecionadas por edital público para o recebimento de recursos.

Poderão ainda estabelecer parceria e intercâmbio com as escolas e instituições da rede de educação básica, do ensino fundamental, médio e superior, do ensino técnico e com entidades de pesquisa e extensão.

Na esfera federal, foi criado o IPHAN - Instituto do Patrimônio Histórico e Artístico Nacional, autarquia federal vinculada ao Ministério da Cultura, através da Lei 8.029/1990, a quem compete proteger, fiscalizar, promover, estudar e pesquisar o patrimônio cultural brasileiro.

> ▸ **Importante!**
>
> Por sua vez, o artigo 216, § 1.º, da Constituição Federal, aponta um rol **exemplificativo** de instrumentos de defesa do patrimônio cultural brasileiro: **inventários, registros, vigilância, tombamento e desapropriação.**

O **inventário** é um instrumento de proteção consistente em uma lista de bens culturais, materiais ou imateriais, em que se descreve e identifica de maneira pormenorizada o bem, que poderá ser alvo posteriormente de registro, tombamento ou mesmo desapropriação.

É um instrumento de grande utilização internacional na proteção do patrimônio cultural, previsto expressamente no Brasil apenas com o advento do atual ordenamento constitucional.

Em que pese ainda não ter sido regulamentado em termos federais, o que seria de grande importância para definir o seu regime jurídico, é de larga utilização pelo Instituto do Patrimônio Histórico e Artístico Nacional – IPHAN, que noticia a elaboração de 58 inventários de bens imateriais e 20 em andamento[1].

A **vigilância** é o instrumento que deve ser interpretado em sua acepção comum para a defesa do patrimônio cultural brasileiro, a exemplo da contratação de pessoas para prevenir a pichação em edifícios tombados.

Já a **desapropriação** é a modalidade supressiva de intervenção do Estado na propriedade privada, ou mesmo na pública (estadual, distrital e municipal). Para a proteção de bens culturais, a modalidade adequada é a desapropriação por *utilidade pública*, de competência comum a todas as entidades políticas, não sancionatória, nos moldes do Decreto-lei 3.365/1941 (art. 5.º, alínea "k").

Serão vistos a seguir o **registro** e o **tombamento**, instrumentos mais utilizados para a proteção do patrimônio cultural brasileiro.

3. REGISTRO

É o instrumento de tutela de **bens culturais imateriais**, pois a intangibilidade faz com que a tutela por meio do tombamento não seja compatível com a sua morfologia.

No âmbito federal, foi regulamentado pelo Decreto 3.551/2000, **tendo como referência a continuidade histórica do bem e sua relevância nacional para a memória, a identidade e a formação da sociedade brasileira.**

Deveras, foram criados na esfera federal quatro livros de registro, cujo rol é exemplificativo, sendo possível a abertura de novos (art. 1.º, § 1.º, Decreto 3.551/2000):

1. Disponível em: ‹http://portal.iphan.gov.br/portal/montarDetalheConteudo.do?id=12310&sigla=Institucional&retorno=detalheInstitucional›.

I - **Livro de Registro dos Saberes**, onde serão inscritos conhecimentos e modos de fazer enraizados no cotidiano das comunidades;

II - **Livro de Registro das Celebrações**, onde serão inscritos rituais e festas que marcam a vivência coletiva do trabalho, da religiosidade, do entretenimento e de outras práticas da vida social;

III - **Livro de Registro das Formas de Expressão**, onde serão inscritas manifestações literárias, musicais, plásticas, cênicas e lúdicas;

IV - **Livro de Registro dos Lugares**, onde serão inscritos mercados, feiras, santuários, praças e demais espaços onde se concentram e reproduzem práticas culturais coletivas.

Decidirá sobre o registro o Conselho Consultivo do Patrimônio Cultural, com prévio parecer do IPHAN e, uma vez realizado, o bem receberá o título de "Patrimônio Nacional do Brasil".

O bem registrado terá a seguinte proteção jurídica (artigo 6.º, do Decreto 3.551/2000):

I - documentação por todos os meios técnicos admitidos, cabendo ao IPHAN manter banco de dados com o material produzido durante a instrução do processo.

II - ampla divulgação e promoção.

O IPHAN fará a reavaliação dos bens culturais registrados, **pelo menos a cada dez anos**, e a encaminhará ao Conselho Consultivo do Patrimônio Cultural para decidir sobre a revalidação do título de "Patrimônio Cultural do Brasil".

Negada a revalidação, será mantido apenas o registro, como referência cultural de seu tempo. Ou seja, o ato administrativo de registro tem natureza precária, *rebus sic stantibus*.

De acordo com sítio do IPHAN[2] já foram registrados:

1. Ofício das Paneleiras de Goiabeiras
2. Arte Kusiwa - Pintura Corporal e Arte Gráfica Wajãpi
3. Círio de Nossa Senhora de Nazaré
4. Samba de Roda do Recôncavo Baiano
5. Modo de Fazer Viola-de-Cocho
6. Ofício das Baianas de Acarajé
7. Jongo no Sudeste
8. Cachoeira de Iauaretê - Lugar sagrado dos povos indígenas dos Rios Uaupés e Papuri
9. Feira de Caruaru

2. Disponível em: <http://www.iphan.gov.br>.

10. Frevo
11. Tambor de Crioula do Maranhão
12. Matrizes do Samba no Rio de Janeiro: Partido Alto, Samba de Terreiro e Samba-Enredo
13. Modo artesanal de fazer Queijo de Minas, nas regiões do Serro e das serras da Canastra e do Salitre
14. Roda de Capoeira
15. Ofício dos mestres de capoeira
16. Modo de fazer Renda Irlandesa (Sergipe)
17. O toque dos Sinos em Minas Gerais
18. Ofício de Sineiro
19. Festa do Divino Espírito Santo de Pirenópolis (Goiás)
20. Ritual Yaokwa do Povo Indígena Enawene Nawe
21. Sistema Agrícola Tradicional do Rio Negro
22. Festa de Sant' Ana de Caicó
23. Complexo Cultural do Bumba meu boi do Maranhão
24. Saberes e Práticas Associados aos Modos de Fazer Bonecas Karajá
25. Rtixòkò: expressão artística e cosmológica do Povo Karajá
26. Fandango Caiçara
27. Festa do Divino Espírito Santo de Paraty
28. Festividades do Glorioso São Sebastião na região do Marajó;
29. Produção Tradicional e Práticas Socioculturais Associadas à Cajuína no Piauí.

▸ **Como esse assunto foi cobrado em concurso?**

No concurso do CESPE para Juiz Federal da 5ª Região em 2007, foi considerado certo o seguinte enunciado: Os modos de criar e de fazer enraizados no cotidiano de comunidades, tais como técnicas tradicionais de construção naval, integram o patrimônio cultural brasileiro, sendo meio idôneo para a sua proteção o registro.

No concurso da FCC para Juiz do Ceará em 2014, foi considerada certa a letra C: O Conselho de Defesa do Patrimônio Cultural de determinado Município estudou uma dança folclórica típica do local, pretendendo preservá-la. Para tanto,

A) Não poderá proteger a dança, por se tratar de patrimônio imaterial.

B) Encaminhará o estudo à Secretaria de Cultura do Estado, diante da incompetência municipal para a preservação do patrimônio cultural.

C) Poderá registrar tal dança folclórica por se tratar de patrimônio imaterial.

D) Encaminhará o estudo ao IPHAN, uma vez que os municípios não possuem competência para a tutela do patrimônio cultural.

E) Efetivará o tombamento da citada dança folclórica.

4. TOMBAMENTO

O tombamento está previsto no artigo 216, § 1.º, da CF e está regulamentado pelo Decreto-lei 25, de 30.11.1937 (Lei Geral do Tombamento), que possui algumas disposições só aplicáveis a União, sendo, simultaneamente, lei nacional e federal em sentido estrito.

Em **sentido amplo**, pode ser definido como *um procedimento administrativo que veicula uma modalidade não supressiva de intervenção concreta do Estado na propriedade privada ou mesmo pública, de índole declaratória, que tem o condão de limitar o uso, o gozo e a disposição de um bem, gratuito (em regra), permanente e indelegável, destinado à preservação do patrimônio cultural material (móvel ou imóvel), dos monumentos naturais e dos sítios e paisagens de feição notável, pela própria natureza ou por intervenção humana.*

Já em **sentido estrito**, o tombamento é o *ato administrativo de inscrição de um bem material em um dos Livros de Tombo.*

A sua **natureza jurídica** é um tema altamente polêmico, sendo três as principais correntes doutrinárias: limitação administrativa ao direito de propriedade, servidão administrativa e uma modalidade autônoma de intervenção.

▸ **Importante!**

A competência para proteger os documentos, as obras e outros bens de valor histórico, artístico e cultural, os monumentos, as paisagens naturais notáveis e os sítios arqueológicos, bem como para impedir a evasão, a destruição e a descaracterização de obras de arte e de outros bens de valor histórico, artístico ou cultural é comum entre todas as entidades políticas (art. 23, III e IV, da CRFB). Destarte, **admite-se o tombamento de um mesmo bem por mais de uma entidade política**.

▸ **Como esse assunto foi cobrado em concurso?**

No concurso do CESPE para Juiz Federal da 5ª Região em 2007, foi considerado certo o seguinte enunciado: Por ser comum a competência material para proteção do patrimônio cultural, a União, o estado e o município podem, simultaneamente, instituir tombamento sobre um mesmo bem, desde que haja relevância histórico-cultural de âmbito local, regional ou nacional.

Ademais, a União, os estados e o Distrito Federal detêm competência concorrente para legislar sobre proteção ao patrimônio histórico, cultural, artístico, turístico e paisagístico (art. 24, VII, da CRFB), assim como os municípios (art. 30, I e II, da CRFB).

Podem ser objeto de tombamento **bens materiais** integrantes do patrimônio cultural, móveis ou imóveis, tomados individualmente ou em sua coletividade. **Os bens imateriais serão objeto de registro, e não do tombamento**, a exemplo do acarajé e da capoeira.

Este, inclusive, é o entendimento do IPHAN sobre o tombamento: "Pode ser aplicado aos bens móveis e imóveis, de interesse cultural ou ambiental. É o caso de fotografias, livros, mobiliários, utensílios, obras de arte, edifícios, ruas, praças, cidades, regiões, florestas, cascatas etc. **Somente é aplicado aos bens materiais** de interesse para a preservação da memória coletiva"[3].

Lamentavelmente, sem acompanhar a evolução do patrimônio cultural no Brasil e no mundo, no âmbito do Direito Administrativo, é forte a doutrina que ainda sustenta a possibilidade de se tombar um bem imaterial[4], ao contrário do que entendem os doutrinadores ambientais.

> **▸ Importante!**
> O tombamento poderá ser **voluntário**, caso o proprietário consinta, **ou compulsório**, sendo neste caso o ato administrativo executório, assegurado o direito de defesa do proprietário. Outrossim, poderá ser **individual** ou **coletivo**, pois existem bens culturais que deve ser coletivamente protegidos, a exemplo de uma importante biblioteca ou mesmo de uma cidade histórica. **O tombamento de bens públicos é denominado "de ofício".**

> **▸ Qual o entendimento do STJ sobre o assunto?**
> Há precedente do STJ (ROMS 18.952, de 26.04.2005) que admitiu o tombamento por um município de bem federal, mesmo sem a concordância da União, ao argumento de que não se trata de supressão da propriedade, pois o Decreto-lei 3.365/1941 veda a desapropriação nesta hipótese. Mas é preciso observar o contraditório, ante a incidência direta desta garantia constitucional.

> **▸ Importante!**
> É prevista uma cautelar administrativa denominada de **tombamento provisório**, que visa proteger o bem até o tombamento definitivo, equiparado a este, salvo para efeito de registro, surtindo efeitos a partir da notificação do proprietário. O **tombamento definitivo** (em sentido estrito) é o ato administrativo acabado consistente na inscrição do bem no Livro de Tombo.

---

3. Disponível em: <http://portal.iphan.gov.br/portal/montarPaginaSecao.do?id=12576&retorno=paginaIphan>.
4. A exemplo do posicionamento de Maria Sylvia Zanella Di Pietro (2003, p. 134).

Na esfera federal são quatro livros de tombo:

A) Arqueológico, Etnográfico e Paisagístico;

B) Histórico;

C) Belas Artes;

D) Artes Aplicadas.

No âmbito federal, deverá ser apresentado parecer do Conselho Consultivo do Patrimônio Cultural; após essa apresentação, será notificado o proprietário para se manifestar em 15 dias. Posteriormente, o parecer será ou não homologado pelo Ministro da Cultura (Lei 6.292/1975), cabendo recurso ao Presidente da República (Decreto-lei 3.866/1941).

Pelo visto, caso o parecer seja contrário ao tombamento, não é possível que o Ministro da Cultura o determine, pois a homologação é um ato administrativo vinculado que busca confirmar o anterior.

Vale ressaltar que o **registro cartorial** apenas dará publicidade ao tombamento, não o constituindo, que terá eficácia desde a notificação do tombamento provisório ou inscrição em Livro de Tombo. Se **imóvel**, deverá ser perpetrado no Cartório de Registro de Imóveis e, se **móvel**, no Cartório de Registro de Títulos e Documentos.

> **Importante!**
>
> **As coisas tombadas não poderão em nenhum caso ser destruídas, demolidas ou mutiladas. No caso de restauração ou pintura, deve o proprietário pedir autorização** (ato administrativo precário e discricionário) **prévia do órgão ambiental cultural que tombou o bem.** As móveis não poderão sair do Brasil, salvo a curto prazo, se autorizado, sob pena de sequestro.

Na vizinhança da coisa tombada imóvel, sem prévia autorização, não se poderá fazer construção que impeça ou afete a visibilidade do bem tombado, nem colocar anúncios ou cartazes, sob pena de multa equivalente a 50% do valor do objeto. Esta área não é determinada pela lei federal, devendo ser fixada casuisticamente.

Caberá ao proprietário arcar com os custos de manutenção e reparação, salvo se demonstrar não possuir recursos disponíveis, devendo neste caso o Poder Público arcar com estes dentro de seis meses, sob pena de cancelamento do tombamento.

Era previsto ainda o **direito de preferência** na aquisição de bens privados tombados em favor do Poder Público, a começar pela União, em 30 dias, sob pena de nulidade da transferência. Na execução, havia o direito de remissão, exercível em até cinco dias após a assinatura do auto de arrematação. **Mas esta regra, que constava do artigo 22 do Decreto-lei 25/1937 foi expressamente revogada pelo artigo 1.072 do CPC/2015.**

Em compensação, o CPC/2015 constituiu um direito de preferência judicial voltado ao Poder Público apenas no caso de leilão de bem tombado, tendo a União, os Estados e os Municípios terão, nessa ordem, o direito de preferência na arrematação, em igualdade de oferta.

Logo, salvo no caso de leilão judicial de bem tombado, o proprietário não mais terá a obrigação normativa de dar preferência aos entes públicos como condição de validade da alienação de bem tombado, quer móvel ou imóvel.

Ademais, **os bens públicos tombados são inalienáveis aos particulares**, pois estão afetados à preservação ambiental, apenas admitindo-se transferência entre pessoas jurídicas públicas.

Prevalece doutrinariamente que é possível a instituição do tombamento por **lei ou judicialmente**. Esta é a melhor posição, inclusive tendo previsão legal implícita nos tipos dos delitos capitulados nos artigos 62 e 63 da Lei 9.605/1998.

Inclusive, **há casos de lei federais que promoveram tombamento**. É o caso da Lei 10.413/2002, que determinou o tombamento dos bens culturais das empresas incluídas no **Programa Nacional de Desestatização**, determinando que os **bens culturais móveis e imóveis**, assim definidos no art. 10 do Decreto-Lei no 25, de 30 de novembro de 1937, serão tombados e desincorporados do patrimônio das empresas incluídas no Programa Nacional de Desestatização de que trata a Lei no 9.491, de 9 de setembro de 1997, passando a integrar o acervo histórico e artístico da União.

No entanto, é forçoso lembrar que existe precedente do STF que não admitiu a instituição do tombamento por lei, ao frágil argumento de violação ao Princípio da Separação dos Poderes, sendo supostamente atividade exclusiva do Poder Executivo.

▸ **Qual o entendimento do STF sobre o assunto?**

EMENTA: AÇÃO DIRETA DE INCONSTITUCIONALIDADE. LEI DISTRITAL N. 1.713, DE 3 DE SETEMBRO DE 1.997. QUADRAS RESIDENCIAIS DO PLANO PILOTO DA ASA NORTE E DA ASA SUL. ADMINISTRAÇÃO POR PREFEITURAS OU ASSOCIAÇÕES DE MORADORES. TAXA DE MANUTENÇÃO E CONSERVAÇÃO. SUBDIVISÃO DO DISTRITO FEDERAL. FIXAÇÃO DE OBSTÁCULOS QUE DIFICULTEM O TRÂNSITO DE VEÍCULOS E PESSOAS. BEM DE USO COMUM. **TOMBAMENTO. COMPETÊNCIA DO PODER EXECUTIVO PARA ESTABELECER AS RESTRIÇÕES DO DIREITO DE PROPRIEDADE. VIOLAÇÃO DO DISPOSTO NOS ARTIGOS 2.º, 32 E 37, INCISO XXI, DA CONSTITUIÇÃO DO BRASIL.** 1. A Lei n. 1.713 autoriza a divisão do Distrito Federal em unidades relativamente autônomas, em afronta ao texto da Constituição do Brasil - artigo 32 - que proíbe a subdivisão do Distrito Federal em Municípios. 2. Afronta a Constituição do Brasil o preceito que permite que os serviços públicos sejam prestados por particulares, independentemente de licitação [artigo 37, inciso XXI, da CB/88]. 3. Ninguém é obrigado a associar-se em "condomínios" não regularmente instituídos. 4. O artigo 4.º da lei possibilita a fixação de obstáculos a fim de dificultar a entrada e saída de veículos nos limites externos das quadras ou conjuntos. Violação do direito à circulação, que é a manifestação mais característica do direito de locomoção. A Administração não poderá impedir o trânsito de pessoas no que toca aos bens de uso comum. **5. O tombamento é constituído mediante ato do Poder Executivo que estabelece o alcance da limitação ao direito de propriedade. Incompetência do Poder Legislativo no que toca a essas restrições, pena de violação ao disposto no artigo 2.º da Constituição do Brasil.** 6. É incabível a delegação da execução de determinados serviços públicos às "Prefeituras" das quadras, bem como a instituição de taxas remuneratórias, na medida em que essas "Prefeituras" não detêm capacidade tributária. 7. Ação direta julgada procedente para declarar a inconstitucionalidade da Lei n. 1.713/97 do Distrito Federal (ADI 1.706, de 09.04.2008).

Inclusive, existe um **tombamento feito diretamente pela Constituição Federal de 1988**, que incide sobre os **documentos e sítios detentores de reminiscências históricas dos antigos quilombos** (§ 5.º, do artigo, 216).

A indenização pelo tombamento é um tema que causa polêmica na doutrina. Em regra não caberá, salvo demonstração de prejuízo efetivo, desde que haja restrição ao exercício do direito de propriedade, sendo este o entendimento do STJ (RESP 401.264, de 05.09.2002).

▸ **Qual o entendimento do STJ sobre o assunto?**

REsp 1359534 / MA - 20/02/2014 - **EFEITOS DO TOMBAMENTO** 3. Emanação da função memorativa do direito de propriedade, o tombamento, voluntário ou compulsório, produz três órbitas principais de efeitos. **Primeiro,** acarreta afetação ao patrimônio histórico, artístico e natural do bem em tela, com a consequente declaração sobre ele de conjunto de ônus de interesse público, sem que, como regra, implique desapropriação, de maneira a assegurar sua conservação para a posteridade. **Segundo,** institui obrigações concretas - de fazer, de não fazer e de suportar - incidentes sobre o proprietário, mas também sobre o próprio Estado. **Terceiro,** abre para a Administração Pública e para a coletividade, depositárias e guardiãs em nome das gerações futuras, a possibilidade de exigirem, em juízo, cumprimento desses deveres negativos e positivos, inclusive a restauração do bem ao status quo ante, sob regime de responsabilidade civil objetiva e solidária, sem prejuízo de indenização por danos causados, até mesmo morais coletivos.

4. "O ato de tombamento, seja ele **provisório ou definitivo,** tem por finalidade preservar o bem identificado como de valor cultural, contrapondo-se, inclusive, aos interesses da propriedade privada, não só limitando o exercício dos direitos inerentes ao bem, mas também obrigando o proprietário às medidas necessárias à sua conservação" (REsp 753.534/MT, Rel. Ministro Castro Meira, Segunda Turma, DJe 10/11/2011).

5. Vigora no Brasil **proibição legal absoluta de destruição, demolição e mutilação de bens tombados** (art. 17, caput, do Decreto-lei 25/1937), vale dizer, um regime de preservação plena, universal e perpétua. Aos que violam a proibição legal, além dos remédios e cominações previstos no

Decreto 25/1937 e da **responsabilidade civil objetiva e solidária**, aplicam-se sanções criminais e, no caso de contribuição ativa ou passiva de servidor público, penas disciplinares e as previstas na Lei da Improbidade Administrativa. Irrelevante, em âmbito de defesa, o "jogo de empurra", tão comum, como pernicioso, entre União, Estados e Municípios.

6. A notificação ao Poder Público, pelo proprietário do bem tombado, de que não dispõe de recursos para realizar obras de conservação e reparação (art. 19 do Decreto-Lei 25/1937), não o libera para simplesmente abandonar a coisa à sua própria sorte e ruína, sobretudo porque o ordenamento coloca à sua disposição mecanismos gratuitos para forçar a ação do Estado, bastando provocar o Ministério Público ou a Defensoria Pública.

RESPONSABILIDADE SOLIDÁRIA 7. Como bem decidiu o Tribunal de origem, são responsáveis solidariamente pela preservação de imóvel urbano em situação de risco, em face ao abandono e descaso e pelos danos causados ao patrimônio histórico e cultural, todo aquele a quem incumbe protegê-lo ou quem, direta ou indiretamente, contribua para o desrespeito, entre os quais se incluem o **proprietário**, mesmo que **locador**, e o **Poder Público**.

TOMBAMENTO GERAL 8. Segundo a jurisprudência do STJ, quanto à natureza das obrigações que do ato decorrem, inexiste distinção entre tombamento **individualizado e global** (também chamado geral ou de conjunto): "Não é necessário que o tombamento geral, como no caso da cidade de Tiradentes, tenha procedimento para individualizar o bem (art. 1º do Decreto-Lei n. 25/37). As restrições do art. 17 do mesmo diploma legal se aplicam a todos os que tenham imóvel na área tombada" (REsp 1.098.640/MG, Rel. Ministro Humberto Martins, Segunda Turma, DJe 25/6/2009).

REsp 1129103 / SC, DE 8/2/2011 - É possível, contudo, que o tombamento de determinados bens, ou mesmo a imposição de limitações administrativas, tragam prejuízos aos seus proprietários, gerando, a partir de então, **a obrigação de indenizar**.

Assim, a questão deverá ser analisada casuisticamente, à luz de alguns parâmetros: deve-se observar se o atual proprietário já adquiriu o bem tombado, pois neste caso ele assumiu as restrições, sendo descabida a reparação; é curial verificar se o bem tombado é isolado ou faz parte de um conjunto, a exemplo de uma cidade integrante do patrimônio cultural, pois a generalidade poderá excluir qualquer direito de indenização.

Obtempera Paulo Affonso Leme Machado (2003, p. 926) que "o tombamento instituído como medida geral num bairro, cidade ou área rural não dá direito à indenização. Do contrário, como medida particular e não geral, enseja direito à indenização".

Por seu turno, com base no velho Código Civil, o prazo prescricional para exercício dessa pretensão indenizatória é vintenário (STJ, REsp 307.535, de 12.03.2002), passando a ser trienal com o Código Civil em vigor.

> ▸ **Como esse assunto foi cobrado em concurso?**
>
> No concurso do CESPE para Juiz Federal da 5ª Região em 2007, foi considerado certo o seguinte enunciado: Pelo instituto do tombamento, o proprietário fica impedido de usar e gozar livremente o bem dotado de relevância histórico-cultural, havendo direito a indenização quando a propriedade perder sua capacidade plena de utilização econômica.

Embora incomum, é possível que haja o **destombamento**, a exemplo do equívoco na valoração cultural de um bem ou vício no processo administrativo. O artigo 19, § 2.º, do Decreto-lei 25/1937, prevê o cancelamento do tombamento quando o Poder Público não arcar com as obras de restauração, na hipótese de o proprietário não possuir recursos disponíveis, mas nesta hipótese o artigo 1.º, parágrafo único, da Lei 6.292/1975, exige parecer do Conselho Consultivo e homologação do Ministro da Cultura.

5. TABELA-SÍNTESE DOS PONTOS PRINCIPAIS DO CAPÍTULO

Composição do patrimônio cultural brasileiro	Constituem patrimônio cultural brasileiro os bens de natureza material e imaterial, tomados individualmente ou em conjunto, portadores de referência à identidade, à ação, à memória dos diferentes grupos formadores da sociedade brasileira, nos quais se incluem: I - as formas de expressão; II - os modos de criar, fazer e viver; III - as criações científicas, artísticas e tecnológicas; IV - as obras, objetos, documentos, edificações e demais espaços destinados às manifestações artístico-culturais; V - os conjuntos urbanos e sítios de valor histórico, paisagístico, artístico, arqueológico, paleontológico, ecológico e científico.
Instrumentos de proteção	Inventários, registros, vigilância, tombamento e desapropriação, e de outras formas de acautelamento e preservação.
Registro	É o instrumento de tutela de bens culturais imateriais, tendo como referência a continuidade histórica do bem e sua relevância nacional para a memória, a identidade e a formação da sociedade brasileira.
Tombamento (sentido amplo)	Procedimento administrativo que veicula uma modalidade de não supressiva de intervenção concreta do Estado na propriedade privada ou mesmo pública, de índole declaratória, que tem o condão de limitar o uso, o gozo e a disposição de um bem, gratuito (em regra), permanente e indelegável, destinado à preservação do patrimônio cultural material (móvel ou imóvel), dos monumentos naturais e dos sítios e paisagens de feição notável, pela própria natureza ou por intervenção humana.
Tombamento (sentido estrito)	Ato administrativo de inscrição de um bem material em um dos Livros de Tombo.

Capítulo 9

Responsabilidade Civil por Danos Ambientais

1. INTRODUÇÃO

A responsabilidade civil por danos ao meio ambiente é certamente um dos temas mais controvertidos no âmbito do Direito Ambiental, sendo curial destacar a importante contribuição do Superior Tribunal de Justiça na evolução da proteção ambiental, pois a interpretação dada à legislação ambiental brasileira pela referida Corte vem ampliando as possibilidades de reparação dos danos ao ambiente.

De efeito, tem berço constitucional a previsão da reparação civil ambiental, pois "as condutas e atividades consideradas lesivas ao meio ambiente sujeitarão os infratores, pessoas físicas ou jurídicas, a sanções penais e administrativas, **independentemente da obrigação de reparar os danos causados**", na forma do artigo 225, § 3.º, da Constituição Federal.

Ou seja, inexiste *bis in idem* na aplicação das sanções penais e administrativas juntamente com a reparação dos danos, uma vez que a regra é a independência entre as instâncias, salvo disposição legal em sentido contrário.

No ordenamento jurídico brasileiro, em especial no Código Civil, a indenização apenas visa recompor o bem jurídico lesado, não tendo normalmente caráter sancionatório e pedagógico, não sendo este um regime jurídico adequado à proteção ambiental, pois não atende ao Princípio da Prevenção.

Com propriedade, se deve priorizar a inibição do dano ambiental, mediante as tutelas de prevenção, haja vista normalmente não ser possível se restaurar *in natura* o estado anterior do bem ambiental degradado, mas apenas se promover uma medida específica de compensação ambiental a fim de aproximar o ecossistema a seu estado original.

Vale frisar que é competência concorrente entre a União, os estados e o Distrito Federal legislar sobre responsabilidade por dano ao meio ambiente (CF, art. 24, VIII), inclusive os municípios, que poderão legislar sobre o tema de acordo com o interesse local, bem como suplementar a legislação federal e a estadual no que couber (CF, art. 30, I e II).

Ademais, a responsabilidade civil ambiental do minerador já veio consagrada na Lei Maior, **pois aquele que explorar recursos minerais fica obrigado a**

recuperar o meio ambiente degradado, de acordo com solução técnica exigida pelo órgão público competente, na forma da lei (CF, art. 225, §2º).

2. O POLUIDOR (RESPONSÁVEL PELA REPARAÇÃO)

O **poluidor** será o responsável pela reparação dos danos ambientais, assim considerado **"a pessoa física ou jurídica, de direito público ou privado, responsável, direta ou indiretamente, por atividade causadora de degradação ambiental", na forma do** artigo 3.º, inciso IV, da Lei 6.938/1981.

> **▸ Como esse assunto foi cobrado em concurso?**
>
> No concurso do CESPE para Juiz de Direito do Pará em 2007, foi considerado certo o seguinte enunciado: É responsável pela reparação de danos ambientais, independentemente de culpa, a pessoa física ou jurídica, de direito público ou privado, responsável, direta ou indiretamente, por atividade causadora de degradação ambiental.

A *degradação ambiental*, por sua vez, é uma expressão com acepção mais ampla que a poluição, pois é qualquer alteração adversa das características do meio ambiente, enquanto a *poluição* é a degradação da qualidade ambiental resultante de atividades que, direta ou indiretamente:

- prejudiquem a saúde, a segurança e o bem-estar da população;
- criem condições adversas às atividades sociais e econômicas;
- afetem desfavoravelmente a biota;
- afetem as condições estéticas ou sanitárias do meio ambiente;
- lancem matérias ou energia em desacordo com os padrões ambientais estabelecidos.

> **▸ Como esse assunto foi cobrado em concurso?**
>
> **(2019/CESPE/PGM CAMPO GRANDE/PROCURADOR)** Poluição é a alteração adversa das características do meio ambiente mediante o lançamento de matérias ou energia em desacordo com padrões ambientais estabelecidos.
>
> Gabarito: certo

A poluição poderá ser lícita ou ilícita. Se uma pessoa desmata parte da vegetação de sua fazenda amparada por regular licenciamento ambiental, haverá uma poluição lícita, pois realizada dentro dos padrões de tolerância da legislação ambiental e com base em licença, o que exclui qualquer responsabilidade administrativa ou criminal do poluidor.

De maneira inexorável, o homem precisa poluir para viver, a exemplo do corte de árvores e do lançamento de esgotos, mas deve fazê-lo de maneira sustentável, ou seja, observando a capacidade de suporte dos ecossistemas, conforme padrões máximos de poluição editados pelo Poder Público.

A depender do grau, muitas vezes a poluição consegue ser absorvida pelos ecossistemas, de modo a não gerar necessariamente um dano ambiental.

> **▸ Importante!**
>
> **Contudo, mesmo a poluição licenciada não exclui a responsabilidade civil do poluidor, na hipótese de geração de danos ambientais, pois esta não é sancionatória, e sim reparatória.**

Note-se que mesmo as pessoas jurídicas de direito público poderão ser consideradas poluidoras, por atos comissivos ou omissivos. Assim, quando explora diretamente uma atividade econômica, a exemplo do ramo petrolífero, através de empresa estatal, a Administração Pública poderá se enquadrar como poluidora direta.

Outrossim, a concessão de uma licença ambiental irregular por um órgão ambiental que culmine em degradação ambiental, colocará o Poder Público na condição de poluidor indireto.

No caso de **entidade ambiental que se omite na fiscalização de atividades poluidoras**, conquanto não seja entendimento pacificado internamente, já decidiu o Superior Tribunal de Justiça ser a **responsabilidade subjetiva**, seguindo a tradicional doutrina administrativista, que exige a culpa administrativa para a responsabilização da Administração Pública (REsp 647.493, de 22.05.2007).

Contudo, os últimos precedentes do STJ, inclusive da sua 2.ª Turma, declararam a responsabilidade objetiva do Estado por danos ambientais, mesmo em se tratando de omissão na fiscalização ambienta, quando a omissão de cumprimento adequado do seu dever de fiscalizar for determinante para a concretização ou o agravamento do dano causado pelo seu causador direto.

> **▸ Qual o entendimento do STJ sobre o assunto?**
>
> Qualquer que seja a qualificação jurídica do degradador, público ou privado, no Direito brasileiro a responsabilidade civil pelo dano ambiental é de natureza objetiva, solidária e ilimitada, sendo regida pelos princípios do poluidor-pagador, da reparação *in integrum*, da prioridade da reparação *in natura*, e do favor *debilis*, este último a legitimar uma série de técnicas de facilitação do acesso à Justiça, entre as quais se inclui a inversão do ônus da prova em favor da vítima ambiental. Precedentes do STJ. **Ordinariamente, a responsabilidade civil do Estado, por omissão, é subjetiva ou por culpa, regime comum ou geral esse que, assentado no art. 37 da Constituição Federal, enfrenta duas exceções principais. Primeiro, quando a responsabilização objetiva do ente público decorrer de expressa previsão legal, em microssistema especial, como na proteção do meio ambiente (Lei 6.938/1981, art. 3.º, IV, c/c o art. 14, § 1.º).** Segundo, quando as circunstâncias indicarem a presença de um *standard* ou dever de ação estatal mais rigoroso do que aquele que jorra, consoante a construção doutrinária e jurisprudencial, do texto constitucional (REsp 1.071.741, de 24.03.2009).

A jurisprudência predominante no STJ é no sentido de que, em matéria de proteção ambiental, há responsabilidade civil do Estado quando a **omissão de cumprimento adequado do seu dever de fiscalizar for determinante para a concretização ou o agravamento do dano causado pelo seu causador direto** (AgRg no REsp 1001780, de 27/9/2011).

SÚMULA N. 618 - A inversão do ônus da prova aplica-se às ações de degradação ambiental (Corte Especial, julgado em 24/10/2018, DJe 30/10/2018).

▸ Como esse assunto foi cobrado em concurso?

No concurso da VUNESP para Juiz do Rio de Janeiro em 2016, foi considerada correta a letra B: A responsabilidade civil do Estado, por dano ambiental, em caso de omissão de cumprimento adequado do seu dever de fiscalizar, será

A) subsidiária, se a omissão for determinante para concretização ou agravamento do dano, pois a responsabilidade é subjetiva.

B) solidária, se a omissão for determinante para concretização ou agravamento do dano, porém de execução subsidiária.

C) subsidiária, independentemente da omissão ser determinante para concretização ou agravamento do dano.

D) solidária, independentemente da omissão ser determinante para concretização ou agravamento do dano, pois a responsabilidade é subjetiva.

E) solidária, ainda que a omissão não seja determinante para concretização ou agravamento do dano.

Mesmo que o Estado se enquadre como poluidor indireto por sua inércia em evitar o dano ambiental, após a reparação deverá regressar contra o poluidor direto.

▸ Qual o entendimento do STJ sobre o assunto?

DANOS AMBIENTAIS. RESPONSABILIDADE SOLIDÁRIA. A questão em causa diz respeito à responsabilização do Estado por danos ambientais causados pela invasão e construção, por particular, em unidade de conservação (parque estadual). A Turma entendeu haver responsabilidade solidária do Estado quando, devendo agir para evitar o dano ambiental, mantém-se inerte ou atua de forma deficiente. A responsabilização decorre da omissão ilícita, a exemplo da falta de fiscalização e de adoção de outras medidas preventivas inerentes ao poder de polícia, as quais, ao menos indiretamente, contribuem para provocar o dano, até porque o poder de polícia ambiental não se exaure com o embargo à obra, como ocorreu no caso. Há que ponderar, entretanto, que essa cláusula de solidariedade não pode implicar benefício para o particular que causou a degradação ambiental com sua ação, em detrimento do erário. **Assim, sem prejuízo da responsabilidade solidária, deve o Estado – que não provocou diretamente o dano nem obteve proveito com sua omissão**

– **buscar o ressarcimento dos valores despendidos do responsável direto, evitando, com isso, injusta oneração da sociedade.** Com esses fundamentos, deu-se provimento ao recurso. Precedentes citados: AgRg no Ag 973.577-SP, *DJ* 19.12.2008; REsp 604.725-PR, *DJ* 22.08.2005; AgRg no Ag 822.764-MG, *DJ* 02.08.2007, e REsp 647.493-SC, *DJ* 22.10.2007. **REsp 1.071.741-SP, Rel. Min. Herman Benjamin, julgado em 24.03.2009.**

Destarte, pela dicção legal, não apenas o causador direto pelos danos ambientais será responsabilizado, mas também o indireto, existindo dois responsáveis: **o poluidor direto e o poluidor indireto**.

▸ **Como esse assunto foi cobrado em concurso?**

(2019/CESPE/Procurador de Boa Vista/RR) Rafaela capturou, para sua criação doméstica de pássaros, duas jandaias amarelas, espécie que consta na lista federal de fauna ameaçada de extinção. João, fiscal do órgão ambiental competente, assistiu à captura dos animais, mas, por amizade a Rafaela, omitiu-se. Tempo depois, Rafaela, residente em Boa Vista – RR, decidiu pedir autorização para a guarda dos pássaros à Secretaria de Serviços Públicos e Meio Ambiente do Município de Boa Vista. No momento da solicitação, ela relatou ter tido a permissão de João para levar para casa as duas aves.

Acerca dessa situação hipotética, julgue o item a seguir à luz da lei que regulamenta crimes ambientais, do Decreto n.º 6.514/2008 e do entendimento dos tribunais superiores.

O Ministério Público poderá propor ação civil pública em desfavor de Rafaela e do município de Boa Vista, ante a omissão da Secretaria de Serviços Públicos e Meio Ambiente, que não atuou para evitar o dano, apesar da ciência da conduta de Rafaela.

Gabarito: certo

Há uma tendência específica no Direito Ambiental em buscar responsabilizar quem tem mais condições de arcar com os prejuízos ambientais, com base na doutrina americana do "bolso profundo", uma vez que prevalece que **todos os poluidores são responsáveis solidariamente pelos danos ambientais**, conforme já se pronunciou o Superior Tribunal de Justiça.

Inexiste a formação de litisconsórcio passivo obrigatório, sendo facultativo, devendo eventual regresso entre poluidores se operar em ação autônoma.

▸ **Qual o entendimento do STJ sobre o assunto?**

Ementa: **PROCESSUAL CIVIL. RECURSO ESPECIAL. AÇÃO CIVIL PÚBLICA. DANO AMBIENTAL. LITISCONSÓRCIO PASSIVO NECESSÁRIO. INEXISTÊNCIA. PRECEDENTES DO STJ. PROVIMENTO DO RECURSO ESPECIAL.** "1. No caso dos autos, o Ministério Público Estadual ajuizou ação civil pública por dano ambiental contra o Estado de Roraima, em face da irregular atividade de exploração de argila, barro e areia em área degradada, a qual foi cedida à Associação dos Oleiros Autônomos de Boa Vista sem a realização de qualquer procedimento de proteção ao meio ambiente. Por ocasião da sentença, os pedidos foram julgados procedentes, a fim de condenar o Estado de Roraima à suspensão das referidas atividades, à realização de estudo de impacto ambiental e ao pagamento de indenização pelo dano ambiental causado. O Tribunal de origem, ao analisar a controvérsia, reconheceu a existência de litisconsórcio passivo necessário em relação aos particulares (oleiros) que exerciam atividades na área em litígio e anulou o processo a partir da citação. 2. Na hipótese examinada, não há falar em litisconsórcio passivo necessário, e, consequentemente, em nulidade do processo, mas tão-somente em litisconsórcio facultativo, pois os oleiros que exercem atividades na área degradada, embora, em princípio, também possam ser considerados poluidores, não devem figurar, obrigatoriamente, no pólo passivo na referida ação. Tal consideração decorre da análise do inciso IV do art. 3º da Lei 6.938 /81, que considera "poluidor, a pessoa física ou jurídica, de direito público ou privado, responsável, direta ou indiretamente, por atividade causadora de degradação ambiental". Assim, a ação civil pública por dano causado ao meio ambiente pode ser proposta contra o responsável direto ou indireto, ou contra ambos, em face da responsabilidade solidária pelo dano ambiental". REsp 771619 RR 2005/0128457-7 (STJ) . Data de publicação: 11/02/2009

▸ Como esse assunto foi cobrado em concurso?

No concurso da VUNESP para Juiz do Rio de Janeiro em 2016, foi considerada correta a letra A: Um Município, no interior de Minas Gerais, pretende, em sede recursal, a inclusão do referido Estado no polo passivo da Ação Civil Pública, que visa a reparação e prevenção de danos ambientais causados por deslizamentos de terras em encostas habitadas. Segundo regra geral quanto ao dano ambiental e urbanístico, e segundo posição do STJ, o litisconsórcio, nesses casos é

A) facultativo, mesmo havendo múltiplos agentes poluidores.

B) obrigatório, no caso de causas concorrentes.

C) facultativo, pois os responsáveis pela degradação ambiental não são coobrigados solidários.

D) necessário, quando o ato envolve particular e poder público.

E) facultativo, quando envolve ato do particular e necessário quando envolve ato da Administração Pública.

Um caso com previsão legal expressa de poluidor indireto encontra-se insculpido no artigo 2.º, § 4.º, da Lei 11.105/2005 (Lei de Biossegurança), em que os financiadores de atividades que envolvam organismos geneticamente modificados – OGMs devem exigir dos executores Certificado de Qualidade em Biossegurança, emitido pela CTNBio, **"sob pena de se tornarem corresponsáveis pelos eventuais efeitos decorrentes do descumprimento desta Lei ou de sua regulamentação".**

Também nessa trilha, o artigo 12, da Lei 6.938/1981, exige que as entidades e órgãos oficiais de crédito condicionem a sua concessão ao prévio licenciamento ambiental das suas atividades, mediante a aprovação dos respectivos projetos.

Impende salientar que **o STJ passou a admitir a inversão do ônus da prova nas ações de reparação dos danos ambientais**, com base no interesse público da reparação e no Princípio da Precaução (REsp 972.902, de 25.08.2009; REsp 1.060.753-SP, de 1.º.12.2009), sendo uma ótima técnica de julgamento na hipótese de dúvida probatória (*non liquet*), pois poderá ser carreado ao suposto poluidor o ônus de comprovar que inexiste dano ambiental a ser reparado, ou, se existente, que este não foi de sua autoria.

Ademais, além de se fundamentar no **aspecto material** (*ope legis*), mormente no Princípio da Precaução (*in dubio pro natura ou salute*), a inversão do ônus da prova na ação de reparação do dano ambiental também encontra **fundamento processual** (*ope judicis*), pois a regra do artigo 6.º, do CDC, tem aplicação em defesa de todos os direitos coletivos e difusos.

> ▸ **Qual o entendimento do STJ sobre o assunto?**
>
> Nesse sentido, no julgamento do REsp 883.656, de 09.03.2010, já decidiu o STJ que "no Direito Ambiental brasileiro, a inversão do ônus da prova é de ordem substantiva e *ope legis*, direta ou indireta (esta última se manifesta, p. ex., na derivação inevitável do princípio da precaução), como também de cunho estritamente processual e *ope judicis* (assim, no caso de hipossuficiência da vítima, verossimilhança da alegação ou outras hipóteses inseridas nos poderes genéricos do juiz, emanação natural do seu ofício de condutor e administrador do processo). Como corolário do princípio *in dubio pro natura*, 'justifica-se a inversão do ônus da prova, transferindo para o empreendedor da atividade potencialmente perigosa o ônus de demonstrar a segurança do empreendimento, a partir da interpretação do art. 6.º, VIII, da Lei 8.078/1990 c/c o art. 21 da Lei 7.347/1985, conjugado ao Princípio Ambiental da Precaução' (REsp 972.902/RS, Rel. Min. Eliana Calmon, Segunda Turma, DJe 14.9.2009), técnica que sujeita aquele que supostamente gerou o dano ambiental a comprovar 'que não o causou ou que a substância lançada ao meio ambiente não lhe é potencialmente lesiva'" (REsp 1.060.753/SP, Rel. Min. Eliana Calmon, Segunda Turma, DJe 14.12.2009).

Vale destacar que inversão do ônus da prova não deverá se proceder apenas por ocasião da sentença, e sim anteriormente, preferencialmente no despacho saneador, em respeito ao Princípio do Contraditório, para que o réu saiba perfeitamente que terá a missão de desconstituir a presunção de veracidade dos fatos declinados pelo autor, não sendo surpreendido apenas na sentença, consoante acertada jurisprudência do STJ (REsp 802.832, j. 13.04.2011).

De acordo com o artigo 373, §1º, do CPC/2015, nos casos previstos em lei ou diante de peculiaridades da causa relacionadas à impossibilidade ou à excessiva dificuldade de cumprir o encargo ou à maior facilidade de obtenção da prova do fato contrário, poderá o juiz atribuir o ônus da prova de modo diverso, desde que o faça por decisão fundamentada, caso em que deverá dar à parte a oportunidade de se desincumbir do ônus que lhe foi atribuído.

Logo, o CPC/2015 confirma a posição do STJ, preservando o Princípio do Contraditório, pois casa haja a inversão é necessário oportunizar ao réu o direito de produz as provas necessárias para demonstrar que o dano ambiental existe ou não foi o autor.

Outro instrumento importante para garantir a reparação dos danos ambientais é a **desconsideração da personalidade jurídica**, que na esfera ambiental é informada pela Teoria Menor, pois não se exige o abuso da personalidade jurídica para a sua concretização.

De acordo com o artigo 4.º da Lei 9.605/1998, **"poderá ser desconsiderada a pessoa jurídica sempre que sua personalidade for obstáculo ao ressarcimento de prejuízos causados à qualidade do meio ambiente"**.

> **▸ Como esse assunto foi cobrado em concurso?**
>
> No concurso do CESPE para Advogado da União em 2012, foi considerado certo o seguinte enunciado: Tratando-se de matéria ambiental, admite-se a desconsideração da pessoa jurídica sempre que sua personalidade seja obstáculo ao ressarcimento de prejuízos causados à qualidade do meio ambiente.

Na esfera ambiental adota-se a Teoria Menor da desconsideração, e não a Maior, pois não é necessário o abuso da personalidade jurídica como condição para a desconsideração, bastando, por exemplo, a mera insuficiência patrimonial do ente moral para responder a execução.

> **▸ Qual o entendimento do STJ sobre o assunto?**
>
> "A teoria menor da desconsideração, acolhida em nosso ordenamento jurídico excepcionalmente no Direito do Consumidor e no Direito Ambiental, incide com a mera prova de insolvência da pessoa jurídica para o pagamento de suas obrigações, independentemente da existência de desvio de finalidade ou de confusão patrimonial" (REsp 279.273, de 4/12/2003).

3. NEXO CAUSAL

O nexo causal é o vínculo que une conduta e resultado lesivo, variando a sua determinação de acordo com a teoria que se adote. **É pressuposto indispensável para toda a responsabilização civil, mesmo a objetiva lastreada pela Teoria do Risco Integral.**

▸ **Como esse assunto foi cobrado em concurso?**

No concurso do CESPE para Procurador do Município de Salvador em 2015, foi considerada correta a letra B: O rompimento da barragem de uma empresa de mineração provocou o vazamento de um bilhão de litros de resíduos de lama tóxica, a qual percorreu vários quilômetros, atingiu várias cidades nos arredores e inundou casas, provocando o desabrigamento de várias famílias. Em razão disso, o MP entrou com ACP contra a empresa, a fim de buscar indenização pelos danos ambientais causados à coletividade e, além disso, o ressarcimento dos prejuízos materiais e morais sofridos pelos moradores. Com referência a essa situação hipotética, assinale a opção correta.

A) Caso a empresa seja condenada a ressarcir os danos ambientais causados, o valor terá de ser depositado em um fundo para ressarcimento dos particulares que se habilitarem na fase de execução da sentença.

B) De acordo com a teoria do risco integral, não basta a ocorrência do ato ilícito para a configuração da obrigação de indenizar por parte da empresa mineradora, sendo necessária a configuração do nexo causal entre o evento danoso e o dano causado.

C) A responsabilidade pelo dano ambiental poderá ser afastada caso fique comprovado em juízo que foram obtidas pela empresa todas as licenças ambientais para operação das atividades de mineração.

D) Caso fique comprovado que, além do rompimento da barragem, fortes chuvas concorreram para a inundação das casas, ter-se-á uma excludente de responsabilidade que afastará a obrigação da empresa de indenizar os danos sofridos.

E) O MP tem legitimidade para pleitear indenização por danos à coletividade, mas não poderia ajuizar a ação para ressarcimento dos danos materiais e morais sofridos pelos particulares.

Entretanto, de maneira inovadora (pois não era previsto expressamente na legislação ambiental), **há precedentes do STJ que expressamente admitiram excepcionalmente a responsabilidade civil ambiental independente de nexo de causalidade**.

▸ **Qual o entendimento do STJ sobre o assunto?**

1. **A responsabilidade por danos ambientais é objetiva e, como tal, não exige a comprovação de culpa, bastando a constatação do dano e do nexo de causalidade. 2. Excetuam-se à regra, *dispensando a prova do nexo de causalidade*, a responsabilidade de adquirente de imóvel já danificado porque, independentemente de ter sido ele ou o dono anterior o real causador dos estragos, imputa-se ao novo proprietário a responsabilidade pelos danos. Precedentes do STJ.** 3. A solidariedade nessa hipótese decorre da dicção dos arts. 3.º, inc. IV, e 14, § 1.º, da Lei 6.398/1981 (Lei da Política Nacional do Meio Ambiente). 4. Se possível identificar o real causador do desastre ambiental, a ele cabe a responsabilidade de reparar o dano, ainda que solidariamente com o atual

proprietário do imóvel danificado. 5. Comprovado que a empresa Furnas foi responsável pelo ato lesivo ao meio ambiente a ela cabe a reparação, apesar de o imóvel já ser de propriedade de outra pessoa jurídica. 6. É inadmissível discutir em recurso especial questão não decidida pelo Tribunal de origem, pela ausência de prequestionamento. 7. É deficiente a fundamentação do especial que não demonstra contrariedade ou negativa de vigência a tratado ou lei federal. 8. Recurso especial parcialmente conhecido e não provido **(REsp. 1.056.540, de 25.08.2009)**.

▸ **Qual o entendimento do STJ sobre o assunto?**

O erro na concessão de licença ambiental não configura fato de terceiro capaz de interromper o nexo causal na reparação por lesão ao meio ambiente. REsp 1.612.887-PR, Rel. Min. Nancy Andrighi, Terceira Turma, por unanimidade, julgado em 28/04/2020, DJe 07/05/2020

Esse regime de responsabilização ambiental do proprietário ou possuidor do bem degradado, independentemente de ter sido o autor do ato lesivo ao ambiente, foi positivado pela Lei 12.651/2012, que aprovou o **novo Código Florestal brasileiro.**

▸ **Importante!**

De acordo com o seu artigo 2.º, § 2.º, **"as obrigações previstas nesta Lei têm natureza real e são transmitidas ao sucessor, de qualquer natureza, no caso de transferência de domínio ou posse do imóvel rural"**.

Por conseguinte, o regime de reparação civil dos danos ambientais pela obrigação *propter rem* passou a ter previsão expressa na legislação florestal brasileira, sendo reproduzida em outras passagens do novo CFlo (artigos 7.º, § 2.º, e 66, § 1.º).

▸ **Como esse assunto foi cobrado em concurso?**

No concurso do CESPE para Advogado da União em 2012, foi considerado errado o seguinte enunciado: **Se tiver ocorrido, antes da transferência de prioridade (*rectius* propriedade) de imóvel rural, supressão parcial da vegetação situada em área de preservação permanente, o adquirente desse imóvel, comprovada sua boa-fé, não será parte legítima para responder a ação cível com pedido de restauração da área deteriorada.**

▸ **Qual o entendimento do STJ sobre o assunto?**

Ainda de acordo com o STJ, "para o fim de apuração do nexo de causalidade no dano ambiental, equiparam-se quem faz, quem não faz quando deveria fazer, quem deixa fazer, quem não se importa que façam, quem financia para que façam, e quem se beneficia quando outros fazem" (REsp 650.728, de 23.10.2007), tendo em conta que são responsáveis pela reparação tantos os poluidores diretos quanto os indiretos.

Súmula 623: As obrigações ambientais possuem natureza *propter rem*, sendo admissível cobrá-las do proprietário ou possuidor atual e/ou dos anteriores, à escolha do credor.

4. RESPONSABILIDADE OBJETIVA

Não há previsão literal na Constituição Federal de 1988 a responsabilidade civil objetiva do poluidor por danos ambientais, exceto no que concerne aos danos nucleares, a teor do seu artigo 21, XXIII, "d", valendo registrar que muitos doutrinadores entendem-na presente implicitamente, a exemplo de Celso Antonio Pacheco Fiorillo (2008, p. 57), sendo este o melhor entendimento.

Vê-se que mundialmente a responsabilidade civil subjetiva perde campo para a objetiva, afastando-se a culpa e inserindo-se o risco, especialmente na esfera ambiental, pois o poluidor deve adicionar por estimativa o custo de eventuais danos ambientais nas despesas do empreendimento que mantém.

Deveras, é posição amplamente prevalecente que é **objetiva** essa responsabilidade civil ambiental no Brasil, em razão do **§ 1.º, do artigo 14, da Lei 6.938/1981:**

> § 1.º **Sem obstar a aplicação das penalidades previstas neste artigo, *é o poluidor obrigado, independentemente da existência de culpa*, a indenizar ou reparar os danos causados ao meio ambiente e a terceiros, afetados por sua atividade.** O Ministério Público da União e dos Estados terá legitimidade para propor ação de responsabilidade civil e criminal, por danos causados ao meio ambiente.

▸ **Como esse assunto foi cobrado em concurso?**

No concurso do CESPE para Procurador do Estado em 2009, foi considerada correta a letra A: No âmbito da responsabilidade civil ambiental, o bem jurídico objeto de proteção é o meio ambiente, como bem de uso comum do povo, indisponível e indivisível, suscetível de ser reparado, independentemente de reparação de danos individuais imposto aos titulares do objeto material do dano. Acerca do regime da responsabilidade civil ambiental brasileira, segundo a legislação e jurisprudência dos tribunais superiores, assinale a opção correta.

A) A responsabilidade civil ambiental independe de culpa.

B) A existência de crime ambiental exclui a busca da responsabilidade civil.

C) Empresa multada administrativamente não pode ser obrigada a reparar os danos cometidos.

D) Não cabe responsabilização civil ambiental por obra licenciada regularmente.

E) A reparação do dano deve ser feita tendo em vista a capacidade econômica do agente poluidor.

No concurso do CESPE para Juiz Federal da 5ª Região em 2011, foi considerado errado o seguinte enunciado: A pessoa jurídica de direito público ou privado responsável, direta ou indiretamente, por atividade causadora de degradação ambiental fica obrigada, independentemente de culpa, a indenizar ou reparar os danos causados ao ambiente; no que se refere a pessoa física, porém, faz-se necessário o elemento subjetivo para configurar sua responsabilidade civil.

Logo, desde o advento da Lei 6.938/1981, há previsão legal genérica no Brasil da responsabilidade civil objetiva por danos ao meio ambiente, sendo irrelevante a demonstração de culpa do poluidor.

▸ **Como esse assunto foi cobrado em concurso?**

No concurso da FGV para Juiz do Pará em 2007, foi considerado errado o seguinte enunciado: Até a promulgação da Constituição da República, a responsabilidade civil por danos ambientais no Brasil dependia da prova de que a conduta do agente causador do dano foi culposa.

▸ **Importante!**

Esse dispositivo foi recepcionado pelo novo ordenamento constitucional, havendo precedentes do **Superior Tribunal de Justiça** afirmando que se trata de responsabilidade civil objetiva na sua modalidade mais forte, ou seja, norteada pela **Teoria do Risco Integral, em que não se quebra o vínculo de causalidade pelo fato de terceiro, caso fortuito ou força maior.**

▸ **Qual o entendimento do STJ sobre o assunto?**

DIREITO CIVIL. RESPONSABILIDADE CIVIL OBJETIVA. DANO AMBIENTAL. **A responsabilidade por dano ambiental é objetiva e pautada no risco integral, não se admitindo a aplicação de excludentes de responsabilidade**. Conforme a previsão do art. 14, § 1.º, da Lei n. 6.938/1981, recepcionado pelo art. 225, §§ 2.º e 3.º, da CF, a responsabilidade por dano ambiental, fundamentada na teoria do risco integral, pressupõe a existência de uma atividade que implique riscos para a saúde e para o meio ambiente, impondo-se ao empreendedor a obrigação de prevenir tais riscos (princípio da prevenção) e de internalizá-los em seu processo produtivo (princípio do poluidor-pagador). Pressupõe, ainda, o dano ou risco de dano e o nexo de causalidade entre a atividade e o resultado, efetivo ou potencial, não cabendo invocar a aplicação de excludentes de responsabilidade. Precedente citado: REsp 1.114.398-PR, *DJe* 16.02.2012 (REPETITIVO). **REsp 1.346.430-PR, Rel. Min. Luis Felipe Salomão, julgado em 18.10.2012.**

A tese contemplada no julgamento do REsp n. 1.114.398/PR (Relator Ministro SIDNEI BENETI, julgado em 8.2.2012, DJe 16.2.2012), sob o rito do art. 543-C, no tocante à teoria do risco integral e da responsabilidade objetiva ínsita ao dano ambiental (arts. 225, § 3º, da CF e 14, § 1.º, da Lei n. 6.938/1981), aplica-se perfeitamente à espécie, sendo irrelevante o questionamento sobre a diferença entre as excludentes de responsabilidade civil suscitadas na defesa de cada caso. Precedentes.

▸ Como esse assunto foi cobrado em concurso?

No concurso do CESPE para Juiz Federal em 2007, foi considerado certo o seguinte enunciado: De acordo com a teoria do risco integral, a responsabilidade civil por dano ambiental não é afastada em face da ocorrência de caso fortuito, e o agente causador do dano fica sujeito à obrigação de repará-lo.

(2018/CESPE/PGM - Manaus – AM/Prova: Procurador do Município) Com base na jurisprudência dos tribunais superiores, julgue o item a seguir, acerca da responsabilidade por dano ambiental e dos crimes ambientais.

De acordo com o STJ, a responsabilidade por dano ambiental é objetiva e regida pela teoria do risco integral.

Questão certa.

▸ Importante!

É firme a jurisprudência do STJ no sentido de que, nos danos **ambientais, incide a teoria do risco integral, advindo daí o caráter objetivo da responsabilidade, com expressa previsão constitucional (art. 225, § 3.º,** da CF) e legal (art. 14, § 1.º, da Lei n. **6.938/1981), sendo, por conseguinte, descabida a alegação de excludentes de responsabilidade, bastando, para tanto, a ocorrência de resultado prejudicial ao homem e ao ambiente advindo de uma ação ou omissão do responsável** (STJ, REsp 1.175.907, de 19.08.2014). Aliás, frise-se que a **pretensão reparatória ambiental imaterial é perpétua, porquanto não sujeita a prazo prescricional.**

▸ Qual o entendimento do STJ sobre o assunto?

5. Tratando-se de direito difuso, a reparação civil assume grande amplitude, com profundas implicações na espécie de responsabilidade do degradador que é objetiva, fundada no simples risco ou no simples fato da atividade danosa, independentemente da culpa do agente causador do dano.

6. O direito ao pedido de reparação de danos ambientais, dentro da logicidade hermenêutica, está protegido pelo manto da imprescritibilidade, por se tratar de direito inerente à vida, fundamental e essencial à afirmação dos povos, independentemente de não estar expresso em texto legal.

7. Em matéria de prescrição cumpre distinguir qual o bem jurídico tutelado: se eminentemente privado seguem-se os prazos normais das ações indenizatórias; se o bem jurídico é indisponível, fundamental, antecedendo a todos os demais direitos, pois sem ele não há vida, nem saúde, nem trabalho, nem lazer, considera-se imprescritível o direito à reparação.

8. *O dano ambiental inclui-se dentre os direitos indisponíveis e como tal está dentre os poucos acobertados pelo manto da imprescritibilidade a ação que visa reparar o dano ambiental.* (REsp 1.112.117, de 10.11.2009).

▸ **Qual o entendimento do STF sobre o assunto?**

Tema 999 em Repercussão Geral: "É imprescritível a pretensão de reparação civil de dano ambiental".

Vale registrar que o **dano pessoal** decorrente de acidente ambiental está sujeito ao **prazo prescricional**, a exemplo da contaminação ecológica geradora de doença, a exemplo do câncer. Mas o prazo prescricional **quinquenal** não começará a correr da data do acidente ambiental, e sim do dia da ciência da vítima.

▸ **Qual o entendimento do STJ sobre o assunto?**

De acordo com o STJ, "considera-se como termo a quo da contagem do prazo prescricional quinquenal previsto no art. 27 do CDC, para ajuizamento de ação de reparação de dano moral decorrente de prejuízos à saúde advindos do acidente ambiental, a data da ciência inequívoca pelo autor de que a doença diagnosticada (câncer) decorreu da contaminação do solo e do lençol freático por produtos químicos lançados pela ré. A notificação pública da poluição ambiental não pode ser considerada como termo inicial da contagem do referido prazo prescricional, porquanto os efeitos nocivos à saúde da população não surgiram imediatamente a ela, mas nos anos subsequentes (AgRg no AgRg no AREsp 608324 / RS, de 5/5/2016).

▸ **Como esse assunto foi cobrado em concurso?**

No concurso do CESPE em 2017 para Juiz Federal da 5ª Região, a letra A foi considerada correta: O Ministério Público ajuizou ações na esfera cível e criminal contra empresa exploradora de petróleo, alegando prejuízos decorrentes de vazamento de óleo combustível em águas marinhas. O vazamento de óleo resultou na mortandade da fauna aquática e o Instituto Brasileiro do Meio Ambiente e dos Recursos Naturais Renováveis (IBAMA) determinou, então, a imediata proibição de pesca na região, por seis meses. Na fase de provas, foram provadas a regularidade das instalações da empresa, que contava com as melhores tecnologias disponíveis, e a idoneidade dos esforços para a reparação do problema, tendo o prejuízo ocorrido por motivo de força maior. Determinado pescador profissional ajuizou ação indenizatória individual pelos mesmos fatos, requerendo danos materiais e morais. A respeito dessa situação hipotética, assinale a opção **correta**: A) A pretensão indenizatória na ação civil pública pelo dano ambiental difuso é imprescritível. B) A pretensão do pescador é imprescritível. C) A responsabilidade da empresa pela poluição gerada é objetiva em todas as ações. D) Se reconhecida processualmente, a força maior afastará a obrigação de indenizar. E) O reconhecimento da força maior como determinante do dano não tem repercussão na ação criminal.

De arremate, insta frisar que a responsabilidade civil ambiental objetiva ainda é prevista especificamente no artigo 4.º, da Lei 6.453/1977 (atividades nucleares) e no artigo 20, da Lei 11.105/2005 (biossegurança).

5. DANOS AMBIENTAIS

Na seara privada, liga-se o dano ao prejuízo ao patrimônio de alguém. Mesmo nos casos de danos extrapatrimoniais (morais, em sentido amplo), acaba-se indenizando em pecúnia, ante a sua irreparabilidade natural.

No Direito Ambiental existem inúmeras especificidades que impedem a adoção integral da linha privatística. Em primeiro lugar, tecnicamente, o dano ambiental normalmente é irreparável *in natura*, pois um jacaré retirado do seu *habitat* por certo lapso de tempo não mais se readaptará ao mesmo ou uma floresta desmatada não poderá ser colada, podendo-se no máximo reflorestar e constituir novo ecossistema similar.

Assim, uma vez **impossibilitada à reparação (ou restauração) em espécie, que é prioritária, dever-se-á partir para uma compensação ambiental ou, em último caso, a indenização em pecúnia.**

Como exemplo, tome-se o caso do desmate de uma floresta nativa amazônica. Tecnicamente, conforme afirmam os técnicos, os danos serão irreparáveis, pois o mesmo ecossistema não terá as mesmas características de outrora, não só em relação à mata, mas também no que concerne aos animais, solo, eventuais águas etc.

Neste caso, deve-se partir para a compensação ambiental, ou seja, buscar-se-á a adoção de medidas específicas com o intuito de aproximar ao máximo o ecossistema degradado de suas condições originais.

Logo, o poluidor deverá ser compelido a reflorestar a área com as espécies nativas e, se viável, reinserir animais silvestres da mesma espécie, entre outras medidas indicadas. Em termos de ação civil pública, apenas em último caso recolher-se-á a indenização para o fundo instituído pelo artigo 13, da Lei 7.347/1985 (Lei da Ação Civil Pública), que destina à recuperação de bens coletivos lesados.

Para evitar a multiplicação do ajuizamento de demandas individuais, o STJ passou a entender que o ajuizamento da ação coletiva pode gerar a suspensão das ações individuais com o mesmo objeto:

> ▸ **Qual o entendimento do STJ sobre o assunto?**
>
> A questão controvertida consiste em definir a necessidade ou não de suspensão das ações individuais em que se pleiteia indenização por dano moral em razão de suposta exposição à contaminação ambiental decorrente da exploração de jazida de chumbo no Município de Adrianópolis-PR até o julgamento das Ações Civis Públicas em trâmite na Vara Federal Ambiental, Agrária e Residual de Curitiba. Registre-se, de início, que "não é possível haver litispendência entre ações coletivas e ações individuais, por não ser viável uma perfeita identidade entre seus três elementos".
>
> **Contudo, previu o Código de Defesa do Consumidor - CDC, em seu art. 94, de forma excepcional, a possibilidade de integração do lesado ao feito na qualidade de litisconsorte, verificando-se assim, a possibilidade de intervenção dos interessados, a título de litisconsortes**

do autor legitimado (na ação coletiva), e que serão alcançados, por conseguinte, por essa atuação. Apesar disso, o referido litisconsórcio deverá ser examinado com temperamento, uma vez que existem peculiaridades processuais que deverão ser adequadas à respectiva tutela coletiva, pois, apesar de assumir a condição de litisconsorte (facultativo e unitário – em que a decisão deverá ser uniforme com relação a todos), "não poderá apresentar novas demandas, ampliando o objeto litigioso da ação coletiva à consideração de seus direitos pessoais, o que contrariaria todo o espírito de 'molecularização' da causa". É que o art. 103, § 1º, do CDC ressalva que os efeitos da coisa julgada previstos nos incisos I e II não prejudicarão interesses e direitos individuais dos integrantes da coletividade, do grupo, da categoria ou da classe; e o § 3º do mesmo dispositivo esclarece que os efeitos da coisa julgada, de que cuida o art. 16, c/c o art. 13 da Lei n. 7.347/1985, não prejudicarão as ações de indenização por danos pessoalmente sofridos, propostas individualmente ou na forma prevista nesse Código, mas, se procedente o pedido, beneficiarão as vítimas e seus sucessores, que poderão proceder à liquidação e à execução, nos termos dos arts. 96 a 99. **No recurso repetitivo REsp n. 1.110.549/RS, relator Ministro Sidnei Beneti, restou consolidado o entendimento de que, ajuizada ação coletiva atinente à macrolide geradora de processos multitudinários, suspendem-se as ações individuais, no aguardo do julgamento da ação coletiva.** No mesmo diapasão, a Primeira Seção, por ocasião também de julgamento de recurso repetitivo, REsp n. 1.353.801/RS, relator Ministro Mauro Campbell Marques, invocando o repetitivo da Segunda Seção, sufragou o entendimento de que, **ajuizada ação coletiva atinente à macrolide geradora de processos multitudinários, suspendem-se as ações individuais**, no aguardo do julgamento da ação coletiva, ponderando que a coletivização da demanda, seja no polo ativo, seja no polo passivo, é um dos meios mais eficazes para a realização do acesso à justiça, porquanto, além de **reduzir os custos**, consubstancia-se em instrumento para a **concentração de litigantes em um polo**, evitando-se, assim, os problemas decorrentes dos inúmeros procedimentos semelhantes. Assim, **o mais prudente é o sobrestamento dos feitos individuais até a solução definitiva do litígio coletivo.** REsp 1.525.327-PR, Rel. Min. Luis Felipe Salomão, **Segunda Seção,** por unanimidade, julgado em 12/12/2018, DJe 01/03/2019 **(Tema 923).**

É plenamente possível a cominação de obrigação de reparação com a indenização pecuniária cumulativamente, inclusive com a obrigação de não fazer (cessar o dano) até que haja a recuperação total do dano, se possível.

▸ **Qual o entendimento do STJ sobre o assunto?**

3. A restauração *in natura* nem sempre é suficiente para reverter ou recompor integralmente, no terreno da responsabilidade civil, o dano ambiental causado, daí não exaurir o universo dos deveres associados aos princípios do poluidor-pagador e da reparação *in integrum.*

4. A reparação ambiental deve ser feita da forma mais completa possível, de modo que a condenação a recuperar a área lesionada não

exclui o dever de indenizar, sobretudo pelo dano que permanece entre a sua ocorrência e o pleno restabelecimento do meio ambiente afetado (= dano interino ou intermediário), bem como pelo dano moral coletivo e pelo dano residual (= degradação ambiental que subsiste, não obstante todos os esforços de restauração).

5. A cumulação de obrigação de fazer, não fazer e pagar não configura *bis in idem*, porquanto a indenização não é para o dano especificamente já reparado, mas para os seus efeitos remanescentes, reflexos ou transitórios, com destaque para a privação temporária da fruição do bem de uso comum do povo, até sua efetiva e completa recomposição, assim como o retorno ao patrimônio público dos benefícios econômicos ilegalmente auferidos.

6. Recurso Especial parcialmente provido para reconhecer a possibilidade, em tese, de cumulação de indenização pecuniária com as obrigações de fazer voltadas à recomposição in natura do bem lesado, com a devolução dos autos ao Tribunal de origem para que verifique se, na hipótese, há dano indenizável e para fixar eventual *quantum debeatur*. (Recurso Especial 1.180.078, de 02.12.2010).

▸ **Como esse assunto foi cobrado em concurso?**

No concurso do CESPE para Procurador Federal em 2010, foi considerado certo o seguinte enunciado: Por meio da ação civil pública pode-se buscar tanto a cessação do ato lesivo ao meio ambiente, a reparação do que for possível e, até mesmo, a indenização por danos irreparáveis caso tenham ocorrido.

O Superior Tribunal de Justiça vem classificando o dano ambiental em individual e coletivo, aplicando o regime de responsabilidade civil objetiva pela Teoria do Risco Integral em ambos os casos.

▸ **Qual o entendimento do STJ sobre o assunto?**

Informativo 544– DIREITO AMBIENTAL. RESPONSABILIDADE CIVIL OBJETIVA POR DANO AMBIENTAL PRIVADO. **O particular que deposite resíduos tóxicos em seu terreno, expondo-os a céu aberto, em local onde, apesar da existência de cerca e de placas de sinalização informando a presença de material orgânico, o acesso de outros particulares seja fácil, consentido e costumeiro, responde objetivamente pelos danos sofridos por pessoa que, por conduta não dolosa, tenha sofrido, ao entrar na propriedade, graves queimaduras decorrentes de contato com os resíduos.** A responsabilidade civil por danos ambientais, seja por lesão ao meio ambiente propriamente dito (**dano ambiental público**), seja por ofensa a direitos individuais (**dano ambiental privado**), é objetiva, fundada na **teoria do risco integral**, em face do disposto no art. 14, § 1.º, da Lei 6.938/1981, que consagra o princípio do poluidor-pagador. A responsabilidade objetiva fundamenta-se na noção de risco social, que está implícito em determinadas atividades, como a indústria, os meios de transporte de massa, as fontes de energia. Assim, a responsabilidade objetiva, calcada na teoria do risco, é uma imputação atribuída por lei a determinadas pessoas para ressarcirem os danos provocados por atividades exercidas no seu interesse e sob seu controle, sem que se proceda a qualquer indagação sobre o elemento subjetivo da conduta do agente ou de seus prepostos, bastando a relação de causalidade entre o dano sofrido pela vítima e a situação de risco criada pelo agente. Imputa-se objetivamente a obrigação de indenizar a quem conhece e domina a fonte de origem do risco, devendo, em face do interesse social, responder pelas consequências lesivas da sua atividade independente de culpa. REsp 1.373.788-SP, **Rel. Min. Paulo de Tarso Sanseverino, julgado em 06.05.2014.**

Outrossim, por meio de sua 2.ª Turma, o STJ vem admitindo a condenação em **dano moral coletivo** do poluidor, presumindo a ocorrência dos danos às presentes e futuras gerações.

▸ **Qual o entendimento do STJ sobre o assunto?**

2. Segundo a jurisprudência do STJ, a logicidade hermenêutica do art. 3.º da Lei 7.347/1985 permite a cumulação das condenações em obrigações de fazer ou não fazer e indenização pecuniária em sede de ação civil pública, a fim de possibilitar a concreta e cabal reparação do dano ambiental pretérito, já consumado. Microssistema de tutela coletiva.

3. O dano ao meio ambiente, por ser bem público, gera repercussão geral, impondo conscientização coletiva à sua reparação, a fim de resguardar o direito das futuras gerações a um meio ambiente ecologicamente equilibrado. **4. O dano moral coletivo ambiental atinge direitos de personalidade do grupo massificado, sendo desnecessária a demonstração de que a coletividade sinta a dor, a repulsa, a indignação, tal qual fosse um indivíduo isolado. 5. Recurso especial provido, para reconhecer, em tese, a possibilidade de cumulação de indenização pecuniária com as obrigações de fazer, bem como a condenação em danos morais coletivos, com a devolução dos autos ao Tribunal de origem para que verifique se, no caso, há dano indenizável e fixação do eventual quantum *debeatur*** (REsp 1.269.494, de 24.09.2013).

Súmula 629: Quanto ao dano ambiental, é admitida a condenação do réu à obrigação de fazer ou à de não fazer cumulada com a de indenizar.

▸ **Importante!**

Normalmente a **obrigação de não fazer** imposta ao poluidor objetiva a cessação da lesão ao meio ambiente a fim de não agravá-la, ao passo que a **obrigação de fazer** se destina à reparação ou compensação do dano ambiental. A **indenização** é destinada ao fundo de recomposição de bens lesados. **É plenamente cabível a cumulação destas condenações, inexistindo *bis in idem*.**

▸ **Qual o entendimento do STJ sobre o assunto?**

De acordo com o STJ, no julgamento do Recurso Especial 1.198.727, de 14.08.2012, "ao responsabilizar-se civilmente o infrator ambiental, não se deve confundir prioridade da recuperação *in natura* do bem degradado com impossibilidade de cumulação simultânea dos deveres de repristinação natural (obrigação de fazer), compensação ambiental e indenização em dinheiro (obrigação de dar), e abstenção de uso e de nova lesão (obrigação de não fazer)".

▸ **Como esse assunto foi cobrado em concurso?**

No concurso da VUNESP para Juiz do Rio de Janeiro em 2016, foi considerada correta a letra D: As queimadas frequentemente são utilizadas, sem autorização, para desmatamento de mata nativa, e representam a negação da modernidade da agricultura e pecuária brasileiras, confrontando-se com os fundamentos mais elementares do Direito Ambiental. Quem queima, ao fazê-lo, afeta, degrada ou destrói o meio ambiente, o que lhe impõe alguns deveres. Quanto à possibilidade de cumulação no pedido de obrigação de fazer, de não fazer (reparar a área afetada) e de pagar quantia certa (indenização), a jurisprudência do STJ tem se firmado no sentido de permitir:

A) a cumulação de obrigações de fazer, de não fazer e de indenizar, que têm natureza de obrigação de eficácia real.

B) a cumulação de obrigações de fazer, de não fazer e de indenizar, na busca da proteção mitigada.

C) a cumulação de obrigações de fazer, de não fazer e indenizar, que têm natureza conglobante.

D) a cumulação de obrigações de fazer, de não fazer e de indenizar, que têm natureza propter rem, na busca da proteção integral do meio ambiente.

E) a cumulação de obrigações de fazer, de não fazer e de indenizar, que têm natureza conglobante, na busca da proteção integral do meio ambiente.

Pode-se definir o **dano ambiental** como qualquer prejuízo causado ao meio ambiente por uma ação ou omissão humana.

Note-se que a norma determina que o poluidor responderá pela degradação ambiental, assim considerada qualquer alteração adversa das características do meio ambiente.

Todavia, é preciso vislumbrar que **nem toda atividade humana impactante ao meio ambiente configurará dano ambiental, mas apenas quando se ultrapassar a capacidade natural de absorção ambiental**, o que deve ser feito casuisticamente e com proporcionalidade, sem se descurar da natureza sinergética dos danos ambientais.

Por tudo isso, mais do que nunca, **tratando-se do meio ambiente, é curial prevenir, pois em regra não é possível remediar**. Nesse sentido, cresce em importância o manejo da **tutela inibitória do dano ambiental**, em que se busca impedir a ocorrência dos prejuízos intoleráveis ao meio ambiente, notadamente por meio da ação civil pública ou popular, os mesmo com o uso de medidas administrativas e criminais, a exemplo da interdição e da instituição de crimes de perigo.

Mesmo que mínimo, o dano ambiental é sempre passível de responsabilização civil, que não detém natureza punitiva no Brasil (ao contrário da criminal e administrativa), e sim ressarcitória, razão pela qual o **Princípio da Insignificância não possui compatibilidade com a instância ambiental cível**.

> **Qual o entendimento do STJ sobre o assunto?**
>
> O princípio da insignificância não possui substrato teórico apto a viabilizar a sua incidência na esfera da responsabilidade civil ambiental.
>
> Toda conduta de degradação ambiental lesiona o bem jurídico tutelado, pois a defesa de nossas biotas perpassa pela prevenção e preservação, logo, por mais que o dano seja ínfimo (baixa destruição da biota), a lesão à educação socioambiental afasta o requisito da mínima lesividade da conduta (AREsp 667867 / SP, de 17/10/2018).

> **Importante!**
>
> Insta aduzir que a degradação tolerada socialmente, amparada em regular licenciamento ambiental, dentro dos padrões fixados pela legislação ambiental, não isenta o poluidor de responder civilmente pelos danos ambientais, **pois a reparação não tem a natureza jurídica de sanção civil, já que visa recompor o estado ambiental anterior ou compensá-lo.**

Apesar de poder parecer em uma análise jurídica mais apressada, não há nenhum contrassenso jurídico em permitir administrativamente uma atividade impactante para depois exigir do poluidor a reparação do dano ambiental, justamente em razão da independência das esferas e da natureza não sancionatória da reparação.

Mais uma vez invoca-se a lição de Paulo Affonso Leme Machado (2003, p. 343):

A licença ambiental não libera o empreendedor licenciado de seu dever de reparar o dano ambiental. Essa licença, se integralmente regular, retira o caráter de ilicitude administrativa do ato, mas não afasta a responsabilidade civil de reparar. A ausência de ilicitude administrativa irá impedir a própria Administração Pública de sancionar o prejuízo ambiental; mas nem por isso haverá irresponsabilidade civil.

> **Qual o entendimento do STJ sobre o assunto?**
>
> Nesse sentido, de acordo com o STJ, "não há falar em caráter de punição à luz do ordenamento jurídico brasileiro – que não consagra o instituto de direito comparado dos danos punitivos (*punitive damages*) –, haja vista que a responsabilidade civil por dano ambiental prescinde da culpa e que revestir a compensação de caráter punitivo propiciaria

o *bis in idem* (pois, como firmado, a punição imediata é tarefa específica do direito administrativo e penal)" (Informativo 538, REsp 1.354.536-SE, Rel. Min. Luis Felipe Salomão, julgado em 26.03.2014).

▸ **Como esse assunto foi cobrado em concurso?**

No concurso do CESPE para Procurador do Estado do ES em 2008, foi considerado errado o seguinte enunciado: Com a finalidade de resguardar o meio ambiente, a legislação prevê controles prévios por parte de autoridades públicas, materializados mediante licenças, autorizações, permissões, estudos e relatórios de impactos ambientais destinados a verificar a observância das normas de direito ambiental pelos respectivos destinatários. Assim, a aprovação da atividade e a outorga de licença pela autoridade competente liberam o empreendedor da responsabilidade pelo eventual dano que vier a causar ao meio ambiente e a terceiro.

Ressalte-se que **o meio ambiente equilibrado é bem difuso, de uso comum do povo, diverso dos bens que o integram**, adquirindo natureza própria, autônoma e imaterial. Assim, uma pessoa poderá ser proprietária de uma floresta, mas todas as outras terão o direito ao uso sustentável daqueles recursos naturais, apenas podendo o seu titular utilizá-los nos limites tolerados pela legislação ambiental, após regular licenciamento ambiental.

Destarte, **o dano ambiental sempre terá uma vertente não patrimonial difusa, podendo, por via reflexa, atingir o patrimônio material, público ou privado**. Isso não impede que pessoas determináveis (interesses coletivos em sentido estrito), um grupo determinado (interesses individuais homogêneos) ou mesmo um indivíduo tenham maiores prejuízos com o dano ambiental, a exemplo do proprietário de uma floresta desmatada ilicitamente por invasores, o que poderá gerar a concorrência de ações individuais com coletivas.

Ainda é necessário apontar o **caráter multifacetário do dano ambiental**, que se apresenta na seara ecológica, ética, patrimonial e temporal.

▸ **Qual o entendimento do STJ sobre o assunto?**

5. Nas demandas ambientais, por força dos princípios do poluidor-pagador e da reparação *in integrum*, admite-se a condenação do réu, simultânea e agregadamente, em obrigação de fazer, não fazer e indenizar. Aí se encontra típica obrigação cumulativa ou conjuntiva. Assim, na interpretação dos arts. 4.º, VII, e 14, § 1.º, da Lei da Política Nacional do Meio Ambiente (Lei 6.938/81), e do art. 3.º da Lei 7.347/85, a conjunção "ou" opera com valor aditivo, não introduz alternativa excludente. **Essa posição jurisprudencial leva em conta que o dano ambiental é multifacetário (ética, temporal, ecológica e patrimonialmente falando, sensível ainda à diversidade do vasto universo de vítimas, que vão do indivíduo isolado à coletividade, às gerações futuras e aos próprios processos ecológicos em si mesmos considerados).** 6. Se o bem

ambiental lesado for imediata e completamente restaurado ao *status quo ante* (*reductio ad pristinum statum*, isto é, restabelecimento à condição original), não há falar, ordinariamente, em indenização. Contudo, a possibilidade técnica, no futuro (= prestação jurisdicional prospectiva), de restauração *in natura* nem sempre se mostra suficiente para reverter ou recompor integralmente, no terreno da responsabilidade civil, as várias dimensões do dano ambiental causado; por isso não exaure os deveres associados aos princípios do poluidor-pagador e da reparação *in integrum*". (Recurso Especial 1.198.727, de 14.08.2012).

Uma forma interessante de assegurar a reparação integral ou parcial do dano tem sido a celebração do seguro ambiental, a exemplo do que ocorre comumente nos EUA e Inglaterra, mas ainda de pouco uso no Brasil, apesar de ser instrumento da Política Nacional do Meio Ambiente.

A instituição pelo Poder Público de fundos ambientais afetados à reparação civil ambiental também é um opção política interessante, que ainda não foi implementada efetivamente no Brasil.

▸ Como esse assunto foi cobrado em concurso?

No concurso da FCC para Juiz do Ceará em 2014, foi considerada correta a letra E: O Estado Beta ajuizou uma ação civil pública em face de José Benedito visando retirá-lo de área de Parque Estadual, bem como a recuperação dos danos ambientais causados ao local. Durante a ação, ficou comprovado que: (i) o réu não tem título da área que ocupa com sua casa de veraneio, (ii) a ocupação ocorreu em momento posterior à criação do Parque Estadual, (iii) o réu possui no local criação de gado, galinha e porco. A ação deverá ser julgada

A) Parcialmente procedente, apenas para retirar o réu do local.
B) Parcialmente procedente, apenas para impor ao réu um regramento específico de utilização do local.
C) Extinta, sem resolução de mérito, diante da falta de legitimidade do Estado Beta para figurar no polo ativo da ação.
D) Improcedente, diante da hipossuficiência do réu.
E) Procedente, uma vez comprovados os requisitos da responsabilidade civil ambiental.

Por fim, na fixação da indenização por dano material decorrente de responsabilidade ambiental extracontratual, a **correção monetária e os juros de mora** dar-se-ão desde a data da ocorrência do dano ambiental.

▸ Qual o entendimento do STJ sobre o assunto?

"PROCESSUAL CIVIL. AGRAVO INTERNO. EMBARGOS DE DIVERGÊNCIA. RESPONSABILIDADE CIVIL OBJETIVA. INDENIZAÇÃO POR DANO AMBIENTAL. TERMO INICIAL DA CORREÇÃO MONETÁRIA. SÚMULA 43 DO STJ. **1. A indenização por dano material oriunda de responsabilidade civil objetiva extracontratual,**

tem, como termo inicial da correção monetária, a data do evento danoso, nos termos da Súmula 43 do STJ. Precedentes" (Corte Especial, AgInt nos EDcl nos EREsp 1312355, de 5/10/2016). "Termo inicial de incidência dos **juros** moratórios na data do evento danoso.- Nos termos da Súmula 54/STJ, os **juros** moratórios incidem a partir da data do fato, no tocante aos valores devidos a título de **dano** material e moral" (REsp 1114398, de 8/2/2012, 2ª Seção, repetitivo).

Já no caso de dano moral ambiental a incidência da correção monetária dar-se-á desde a data do arbitramento.

▸ **Qual o entendimento do STJ sobre o assunto?**

Consolidou-se nesta Corte o entendimento de que, em se tratando de responsabilidade extracontratual, como é o caso dos autos, os juros de mora fluirão a partir do evento danoso (Súmula nº 54 do STJ) e o termo inicial da atualização da indenização fixada a título de dano moral situa-se na data do arbitramento (Súmula nº 362 do STJ). AgRg no AREsp 820193 / MA, de 21/2/2017.

6. TABELA-SÍNTESE DOS PONTOS PRINCIPAIS DO CAPÍTULO

RESPONSABILIDADE CIVIL DANOS AO MEIO AMBIENTE	
Previsão legal	Arts. 225, § 3.º, da Constituição e art. 14, § 1.º, da Lei 6.938/1981.
Responsável	Poluidor direto e indireto, pessoa física ou jurídica, de direito público ou privado, que causar degradação ambiental. É solidária. Novo proprietário, possuidor ou detentor a qualquer título de imóvel com passivo ambiental (obrigação *propter rem*).
Natureza	Objetiva, norteada pela Teoria do Risco Integral (posição do STJ). No caso da Administração Pública, a responsabilidade pela omissão na fiscalização será objetiva, se relevante na concretização ou ampliação do dano ambiental (STJ), assegurado o regresso contra o poluidor direto.
Excludentes	Inexistência de dano ambiental ou quando a degradação não tem nexo com a atividade da pessoa.
Espécies de danos	Patrimonial (patrimônio ambiental) e extrapatrimonial (moral) individual e coletivo. O STJ usa a diferenciação entre dano ambiental público (meio ambiente) e privado (reflexo do dano público no patrimônio privado).
Imprescritibilidade	De acordo com o STJ, a pretensão para a reparação do dano ambiental é perpétua.
Inversão do ônus da prova	É admitida pelo STJ nas ações de reparação com base no Princípio da Precaução e no interesse público da reparação do dano ambiental.

RESPONSABILIDADE CIVIL DANOS AO MEIO AMBIENTE	
Desconsideração da personalidade jurídica	De acordo com o artigo 4.º, da Lei 9.605/1998, poderá ser desconsiderada a pessoa jurídica sempre que sua personalidade for obstáculo ao ressarcimento de prejuízos causados à qualidade do meio ambiente. Adota-se a Teoria Menor.
Natureza jurídica	Ressarcitória, não sendo punitiva (STJ). Admite-se cumulação de condenações (não fazer, fazer e pagar).

7. TESES REPETITIVAS DO STJ

Diante da enorme incidência em concursos públicos, compilamos neste tópico as teses repetitivas sobre responsabilidade civil por dano ambiental aprovadas pelo Superior Tribunal de Justiça:

Tema 436 – Tese firmada: É parte legítima para ação de indenização o pescador profissional artesanal, com início de atividade profissional registrada no Departamento de Pesca e Agricultura do Ministério da Agricultura e do Abastecimento anteriormente ao fato, ainda que a emissão da carteira de pescador profissional tenha ocorrido posteriormente.

Tema 438 – Tese firmada: A alegação de culpa exclusiva de terceiro pelo acidente em causa, como excludente de responsabilidade, deve ser afastada, ante a incidência da teoria do risco integral e da responsabilidade objetiva ínsita ao dano ambiental (art. 225, § 3º, da CF e do art. 14, § 1º, da Lei nº 6.938/81), responsabilizando o degradador em decorrência do princípio do poluidor-pagador.

Tema 439 – Tese firmada: É devida a indenização por dano moral patente o sofrimento intenso do pescador profissional artesanal, causado pela privação das condições de trabalho, em consequência do dano ambiental.

Tema 440 – Tese firmada: Os juros moratórios incidem a partir da data do fato, no tocante aos valores devidos a título de dano material e moral.

Tema 680 – Tese firmada: Para demonstração da legitimidade para vindicar indenização por dano ambiental que resultou na redução da pesca na área atingida, o registro de pescador profissional e a habilitação ao benefício do seguro-desemprego, durante o período de defeso, somados a outros elementos de prova que permitam o convencimento do magistrado acerca do exercício dessa atividade, são idôneos à sua comprovação.

Tema 681 – Tese firmada: A responsabilidade por dano ambiental é objetiva, informada pela teoria do risco integral, sendo o nexo de causalidade o fator aglutinante que permite que o risco se integre na unidade do ato, sendo descabida a invocação, pela empresa responsável pelo dano ambiental, de excludentes de responsabilidade civil para afastar a sua obrigação de indenizar.

Tema 707 – Tese firmada: a) a responsabilidade por dano ambiental é objetiva, informada pela teoria do risco integral, sendo o nexo de causalidade o fator aglutinante que permite que o risco se integre na unidade do ato, sendo descabida a invocação, pela empresa responsável pelo dano ambiental, de excludentes de responsabilidade civil para afastar sua obrigação de indenizar; b) em decorrência do acidente, a empresa deve recompor os danos materiais e morais causados; c) na fixação da indenização por danos morais, recomendável que o arbitramento seja feito caso a caso e com moderação, proporcionalmente ao grau de culpa, ao nível socioeconômico do autor, e, ainda, ao porte da empresa, orientando-se o juiz pelos critérios sugeridos pela doutrina e jurisprudência, com razoabilidade, valendo-se de sua experiência e bom senso, atento à realidade da vida e às peculiaridades de cada caso, de modo a que, de um lado, não haja enriquecimento sem causa de quem recebe a indenização e, de outro, haja efetiva compensação pelos danos morais experimentados por aquele que fora lesado.

Tema 834 – Tese firmada: O dano material somente é indenizável mediante prova efetiva de sua ocorrência, não havendo falar em indenização por lucros cessantes dissociada do dano efetivamente demonstrado nos autos; assim, se durante o interregno em que foram experimentados os efeitos do dano ambiental houve o período de 'defeso' – incidindo a proibição sobre toda atividade de pesca do lesado –, não há cogitar em indenização por lucros cessantes durante essa vedação.

Capítulo 10

Infrações Administrativas Ambientais

1. INTRODUÇÃO

A Constituição Federal, no seu artigo 225, § 3.º, prevê a incidência cumulativa das **sanções administrativas** e penais contra os infratores ambientais, independentemente da reparação civil dos danos.

Logo, uma conduta poderá gerar a responsabilidade das pessoas físicas ou jurídicas nas três instâncias, que normalmente são independentes, salvo quando houver expressa previsão legal em sentido contrário.

Neste caso, a regra geral é a competência material comum entre todos os entes políticos para proteger o meio ambiente e controlar a poluição em todas as suas formas, assim como legislar concorrente sobre florestas, caça, pesca, fauna, conservação da natureza, defesa do solo e dos recursos naturais, proteção do meio ambiente e controle da poluição.

Destarte, **cada entidade política terá a atribuição de instituir as suas próprias infrações administrativo-ambientais por lei**, que uma vez consumadas culminarão a aplicação de penalidades administrativas com base no poder de polícia ambiental, observado o devido processo legal, especialmente com a ampla possibilidade de defesa, mediante a oportunização de instrução probatória, representação por advogado e recurso a autoridade superior, entre outras garantias.

É muito importante salientar que **a competência para o licenciamento ambiental não se confunde com a atribuição para exercer a fiscalização ambiental**, podendo ser exercidos por diferentes esferas, já que todos os entes federados possuem competência constitucional para o controle da poluição, na forma do artigo 23, VI, da Constituição.

> ▸ **Qual o entendimento do STJ sobre o assunto?**
>
> Processual civil. Administrativo. Ambiental. Multa. Conflito de atribuições comuns. Omissão de órgão estadual. Potencialidade de dano ambiental a bem da União. Fiscalização do IBAMA. Possibilidade. **1. Havendo omissão do órgão estadual na fiscalização, mesmo que outorgante da licença ambiental, pode o IBAMA exercer o seu poder de polícia administrativa, pois não há confundir competência para licenciar com competência para fiscalizar.** 2. A contrariedade à norma pode ser anterior ou superveniente à outorga da licença, portanto a aplicação da sanção não está necessariamente vinculada à esfera do ente federal

que a outorgou. **3. O pacto federativo atribuiu competência aos quatro entes da federação para proteger o meio ambiente através da fiscalização.** 4. A competência constitucional para fiscalizar é comum aos órgãos do meio ambiente das diversas esferas da federação, inclusive o artigo 76 da Lei Federal 9.605/1998 prevê a possibilidade de atuação concomitante dos integrantes do SISNAMA. **5. Atividade desenvolvida com risco de dano ambiental a bem da União pode ser fiscalizada pelo IBAMA, ainda que a competência para licenciar seja de outro ente federado.** Agravo regimental provido (AgRg no REsp 711.405/PR, j. 28.04.2009).

Todavia, de acordo com o artigo 17, *caput*, da Lei Complementar 140/2011, **"compete ao órgão responsável pelo licenciamento ou autorização, conforme o caso, de um empreendimento ou atividade, lavrar auto de infração ambiental e instaurar processo administrativo para a apuração de infrações à legislação ambiental cometidas pelo empreendimento ou atividade licenciada ou autorizada"**.

Assim sendo, a LC 140/2011 deu prioridade ao órgão ambiental licenciador para o exercício do poder de polícia ambiental por meio da lavratura de auto de infração, caso consumado um ilícito administrativo-ambiental.

Entende-se que continua sendo possível que os órgãos ambientais das esferas que não licenciaram o empreendimento exerçam o seu poder de polícia ambiental, pois se trata de competência material comum.

▸ **Importante!**

Nesse sentido, pontifica o artigo 17, § 3.º, da LC 140/2011, que "o disposto no *caput* deste artigo **não impede o exercício pelos entes federativos da atribuição comum de fiscalização da conformidade de empreendimentos e atividades efetivas ou potencialmente poluidores ou utilizadores de recursos naturais com a legislação ambiental em vigor, prevalecendo o auto de infração ambiental lavrado por órgão que detenha a atribuição de licenciamento ou autorização a que se refere o *caput***".

Pontifica o artigo 7.º, XIII, da LC 140/2011, que compete à União exercer o controle e fiscalizar as atividades e empreendimentos cuja atribuição para licenciar ou autorizar, ambientalmente, for cometida à União.

O mesmo foi previsto para os Estados, o Distrito Federal e os Municípios nos artigos 8.º, XIII, e 9.º, XIII, todos da Lei Complementar 140/2011, sendo esta a **regra geral atual: ordinariamente, quem licenciou é que irá fiscalizar**, sem prejuízo das ações dos demais entes, na forma do artigo do citado diploma.

2. INFRAÇÃO AMBIENTAL DO ARTIGO 70 DA LEI 9.605/1998 E SUA REGULAMENTAÇÃO

No âmbito federal, a infração administrativa ambiental é tratada genericamente pela Lei 9.605/1998, no seu Capítulo VI (artigos 70 a 76). Deveras, essa norma jurídica não é exclusivamente penal, ressaltando-se que os Capítulos I, II e III também se aplicam à responsabilização administrativa, no que for compatível.

A infração administrativa ambiental federal foi regulamentada pelo relevante Decreto 3.179/1999, hoje revogado pelo Decreto 6.514/2008, que veio aperfeiçoar a antiga regulamentação.

▸ **Importante!**

De acordo com o *caput* do artigo 70, da Lei 9.605/1998, **"considera-se infração administrativa ambiental toda ação ou omissão que viole as regras jurídicas de uso, gozo, promoção, proteção e recuperação do meio ambiente"**, dispositivo que revogou o tipo administrativo elencado no *caput* do artigo 14, da Lei 6.938/1981.

▸ **Como esse assunto foi cobrado em concurso?**

No concurso do CESPE para Procurador do Estado de Alagoas em 2008, foi considerado certo o seguinte enunciado: Infração administrativa ambiental é toda ação ou omissão que viole as regras jurídicas de uso, gozo, promoção, proteção e recuperação do meio ambiente

No concurso do CESPE para Juiz Federal da 5ª Região em 2001, foi considerado certo o seguinte enunciado: Para efeito de responsabilidade administrativa, considera-se infração administrativa ambiental toda ação ou omissão que viole as regras jurídicas de uso, gozo, promoção, proteção e recuperação do ambiente, podendo qualquer pessoa que constatar infração ambiental dirigir representação às autoridades competentes para que exerçam o poder de polícia.

É importante notar que a ocorrência de dano ambiental não é exigida para a consumação do citado tipo administrativo, em consonância com o Princípio da Prevenção, sendo bastante que o agente, por ação ou omissão, infrinja a legislação administrativa ambiental, existindo infrações de dano e de perigo.

Poderá ser autor dessa infração tanto as pessoas físicas ou jurídicas, mas neste último caso exige-se que o ato tenha sido praticado por seu representante legal ou contratual, no interesse ou benefício da entidade moral, conforme determina o artigo 3.º, da Lei 9.605/1998.

Questão **polêmica** é a definição da **natureza jurídica da responsabilidade administrativa ambiental**, ou seja, se depende ou não da demonstração de culpa do agente.

Para PAULO AFFONSO LEME MACHADO (2003, p. 299), "das dez sanções previstas no art. 72 da Lei 9.605/1998 (incs. I a XI), somente a multa simples utilizará o critério da responsabilidade com culpa; e as outras nove sanções, inclusive a multa diária, irão utilizar o critério da responsabilidade sem culpa ou objetiva, continuando a seguir o sistema da Lei 6.938/1981, onde não há necessidade de serem aferidos o zelo e a negligência do infrator submetido ao processo". Esta parece ser a interpretação mais consentânea com o texto da Lei 9.605/1998.

Já para Vladimir Passos de Freitas, citado por Édis Milaré (2005, p. 761), "a responsabilidade é objetiva e o dever de recuperar o meio ambiente decorre de simples prova do prejuízo. Esta foi a intenção do legislador, pois a Lei 9.605/1998 em momento algum faz a distinção excluindo a responsabilidade de quem não se houve com culpa. Aliás, há casos em que a mera omissão já é suficiente para configurar infração".

Uma terceira posição é adotada por Édis Milaré (2005, p. 73):

> Sendo assim, a responsabilidade administrativa ambiental caracteriza-se por constituir um sistema híbrido entre a responsabilidade civil objetiva e a responsabilidade penal subjetiva: de um lado, de acordo com a definição de infração administrativa no art. 70 da Lei 9.605/1998, a responsabilidade administrativa prescinde de culpa; de outro, porém, ao contrário da esfera civil, não dispensa a ilicitude da conduta para que seja ela tida como infracional, além de caracterizar-se pela pessoalidade, decorrente de sua índole repressiva.

▸ **Importante!**

O tema era bem controverso e oscilante entre as Turmas da 1ª Seção do STJ. No entanto, em 16/8/2016, a 2ª Turma aderiu ao posicionamento da 1ª Turma, adotando a **responsabilidade administrativa subjetiva.**

▸ **Qual o entendimento do STJ sobre o assunto?**

1ª Turma do STJ: "A responsabilidade civil ambiental é objetiva; porém, tratando-se de responsabilidade administrativa ambiental, o terceiro, proprietário da carga, por não ser o efetivo causador do dano ambiental, responde subjetivamente pela degradação ambiental causada pelo transportador" **(AgRg no AREsp 62584, de 18/6/2015).**

2ª Turma do STJ: "Todavia, os presentes autos tratam de questão diversa, a saber a natureza da responsabilidade administrativa ambiental, bem como a demonstração de existência ou não de culpa, já que a controvérsia é referente ao cabimento ou não de multa administrativa. Sendo assim, o STJ possui jurisprudência no sentido de que, 'tratando-se de responsabilidade administrativa ambiental, o terceiro, proprietário da carga, por não ser o efetivo causador do dano ambiental, responde subjetivamente pela degradação ambiental causada pelo transportador' (AgRg no AREsp 62.584/RJ, Rel. Ministro Sérgio Kukina, Rel. p/ acórdão Ministra Regina Helena Costa, Primeira Turma, DJe 7.10.2015). 'Isso porque a aplicação de penalidades administrativas não obedece à lógica da responsabilidade objetiva da esfera cível (para reparação dos danos causados), mas deve obedecer à sistemática da teoria da culpabilidade, ou seja, a conduta deve ser cometida pelo alegado transgressor, com demonstração de seu elemento subjetivo, e com demonstração do nexo causal entre a conduta e o dano'. (REsp 1.251.697/PR, Rel. Ministro Mauro Campbell Marques, Segunda Turma, DJe 17.4.2012)". **(REsp 1401500, de 16/8/2016).**

A responsabilidade administrativa ambiental é de natureza subjetiva. EREsp 1.318.051-RJ, Rel. Min. Mauro Campbell Marques, Primeira Seção, por unanimidade, julgado em 08/05/2019, DJe 12/06/2019

▸ **Como esse assunto foi cobrado em concurso?**

No concurso do CESPE para Advogado da União em 2015, foi considerado certo o seguinte enunciado: Conforme jurisprudência do STJ, ao contrário da responsabilidade administrativa ambiental, em que se exige pessoalidade da conduta, a responsabilidade civil ambiental pode ser exigida do novo proprietário do empreendimento, que deverá promover a recomposição da área de preservação permanente ilegalmente ocupada.

Por seu turno, não viola o Princípio da Estrita Legalidade a instituição de um tipo genérico por lei, a ser regulamentado via decreto, como ocorre com o citado diploma, uma vez que até em Direito Penal Ambiental já se admite a criação de normas penais em branco heterogêneas, ante o caráter concretista e interdisciplinar do meio ambiente.

Nesse sentido, a doutrina de Vladimir e Gilberto Passos de Freitas (2006, p. 360):

> Poderá acontecer que um artigo de lei seja genérico e atribua à autoridade administrativa o poder de definir as hipóteses em que ocorrerá a infração. Aí é preciso fazer-se uma distinção. A delegação pura e simples à administração é vedada. Mas deixar ao Poder Executivo a especificação das hipóteses é possível, pois nem sempre se consegue, na lei, relacionar todas as situações passíveis de sanção. O que não se admite mesmo é que uma simples portaria ou resolução crie uma figura infracional e imponha multa.

Nessa trilha já decidiu STJ, que manteve autuação do IBAMA em razão da existência do artigo 70, da Lei 9.605/1998.

▸ **Qual o entendimento do STJ sobre o assunto?**

Infração administrativa ambiental. Princípio. Legalidade. Consta que foi lavrado, em desfavor do recorrido, auto de infração fundado no art. 46 da Lei n. 9.605/1998, em razão de ele ter recebido vários metros cúbicos de madeira serrada em pranchas desacompanhadas da licença expedida pelo órgão ambiental competente. O acórdão recorrido concluiu que esse artigo tipifica crime cometido contra o meio ambiente, e não infração administrativa. Desse modo, apenas o juiz criminal, em regular processo penal, poderia impor as penalidades previstas naquele dispositivo legal. Diante disso, é certo afirmar que a aplicação de sanção administrativa (exercício do poder de polícia) somente se torna legítima, em respeito ao princípio da legalidade, quando o ato praticado estiver definido em lei como infração administrativa. Porém, conquanto se refira a tipo penal, a norma em comento, combinada com o disposto no art. 70 da referida lei, o qual define a infração administrativa ambiental, confere toda a sustentação legal necessária à imposição da pena administrativa, sem dar azo à violação do princípio da legalidade estrita (REsp 1.091.486-RO, Rel. Min. Denise Arruda, j. 02.04.2009).

Esse é o entendimento que prevalece amplamente nos tribunais brasileiros. O que deve ser observado é se o ato regulamentar tem fundamento legal em sentido estrito, o que não ocorreu com inúmeros autos de infração lavrados pelo IBAMA no passado, antes do advento da Lei 9.605/1998, culminando com a sua anulação pelo Poder Judiciário.

▸ **Importante!**

No artigo 72, da Lei 9.605/1998, foram elencadas as seguintes sanções administrativas:

I - advertência;

II - multa simples;

III - multa diária;

IV - apreensão dos animais, produtos e subprodutos da fauna e flora, instrumentos, petrechos, equipamentos ou veículos de qualquer natureza utilizados na infração;

V - destruição ou inutilização do produto;

VI - suspensão de venda e fabricação do produto;

VII - embargo de obra ou atividade;

VIII - demolição de obra;

IX - suspensão parcial ou total de atividades;

X - (*Vetado.*);

XI - restritiva de direitos.

▸ **Como esse assunto foi cobrado em concurso?**

No concurso do CESPE para Procurador do Estado de Alagoas em 2008, foi considerada errada a letra D: As sanções administrativas de cunho ambiental encontram-se previstas em diferentes normas do SISNAMA, entre elas a Lei n.º 9.605/1998. As sanções administrativas previstas nessa lei não incluem a

A) advertência.

B) multa diária.

C) multa simples.

D) falência da empresa.

E) destruição ou inutilização de produto.

A dosimetria das sanções será norteada pelos critérios do artigo 6.º, da Lei 9.605/1998, consoante a gravidade do fato, os antecedentes do infrator e a sua situação econômica.

▸ **Como esse assunto foi cobrado em concurso?**

(2020 Banca: CESPE / CEBRASPE Órgão: MPE-CE Prova: CESPE / CEBRASPE - 2020 - MPE-CE - Analista Ministerial - Direito) À luz da Lei de Crimes Ambientais (Lei n.º 9.605/1998), julgue o item seguinte. A situação econômica do infrator de crime ambiental deverá ser observada pela autoridade competente na gradação da penalidade de multa.

Gabarito: certo.

O cometimento de mais de uma infração administrativa pelo infrator o sujeita à aplicação cumulativa de sanções, conforme texto expresso do § 1.º, do artigo 72 da Lei.

Caberá a **advertência** pelo cometimento de qualquer infração administrativa, sem prejuízo das demais sanções cominadas. O artigo 5.º, Decreto 6.514/2008, prevê a possibilidade de aplicação dessa penalidade para as infrações de menor lesividade ambiental, quando a multa máxima cominada não ultrapassa R$ 1.000,00.

Já a aplicação da **multa simples** pressupõe negligência ou dolo, nos moldes do § 3.º, do artigo 72, da Lei 9.605/1998, quando o infrator já foi advertido e deixou de sanar as irregularidades, bem como opuser embaraço à fiscalização, cabendo a **multa diária** nas hipóteses de infração permanente.

> **▸ Como esse assunto foi cobrado em concurso?**
>
> No concurso do CESPE para Advogado da União em 2015, foi considerado errado o seguinte enunciado: Na zona costeira nordestina, uma empresa estrangeira construiu um empreendimento turístico hoteleiro de grande porte próximo ao mar, sem o licenciamento ambiental prévio exigido por lei, ocupando ilegalmente área de preservação permanente na margem de um rio e afetando diretamente uma comunidade lindeira composta em sua maioria por pescadores.
>
> Seis meses após a inauguração do empreendimento, o empresário estrangeiro vendeu o negócio a uma empresa brasileira, que vem operando o hotel há cerca de um ano, sem, contudo, ter efetuado ainda a regularização do licenciamento ambiental.
>
> Além disso, após reclamações provenientes da comunidade afetada, foram constatados os seguintes problemas: ausência de recolhimento e de disposição adequados dos resíduos líquidos e sólidos, com prejuízos ao bem-estar da referida comunidade; e impedimento de livre acesso à praia, o que prejudicou as atividades econômicas dos pescadores da comunidade.
>
> Com referência a essa situação hipotética, julgue os itens a seguir em consonância com as normas ambientais e a jurisprudência pertinente.
>
> A legislação veda a aplicação de multa no caso de responsabilização administrativa do empreendimento por não elaborar o prévio licenciamento ambiental, devendo ser aplicada advertência com a indicação de prazo para a regularização do licenciamento junto ao órgão competente.

A **apreensão** recairá sobre os produtos e instrumentos da infração administrativa ambiental, podendo haver a liberação de animais no hábitat natural. Os produtos e subprodutos da fauna não perecíveis serão destruídos ou doados a instituições científicas, culturais ou educacionais.

> **▸ Qual o entendimento do STJ sobre o assunto?**
>
> **O transporte em quantidade excessiva de madeira, não acobertada pela respectiva guia de autorização, legitima a apreensão de toda a mercadoria.** REsp 1.784.755-MT, Rel. Min. Og Fernandes, Segunda Turma, por unanimidade, julgado em 17/09/2019, DJe 01/10/2019

Com o advento da Lei 13.052/2014, a norma ficou clara ao priorizar a libertação dos animais em seu hábitat natural e, se não for possível por questões sanitárias (a nova norma deveria ter dito por questões ecológicas), serão entregues a jardins zoológicos, fundações ou entidades assemelhadas, para guarda e cuidados sob a responsabilidade de técnicos habilitados.

Ou seja, os instrumentos ou produtos da infração serão alvo de *perdimento administrativo*, passando a integrar o patrimônio do ente ambiental.

▸ Como esse assunto foi cobrado em concurso?

No concurso da FGV para Juiz do Estado do Pará em 2009, foi considerada correta a letra A: No que se refere à apreensão pela autoridade de produtos e instrumentos em razão de infrações administrativas ambientais, quanto à destinação dos objetos apreendidos, analise as afirmativas a seguir.

I. As madeiras ilegalmente extraídas poderão ser doadas a instituições hospitalares e penais.

II. Os produtos e subprodutos da fauna não perecíveis poderão ser destruídos.

III. Os instrumentos utilizados na prática da infração serão vendidos, garantida a sua descaracterização por meio da reciclagem.

IV. Os animais que estiverem presos não poderão mais ser libertados, devendo ser entregues a jardins zoológicos, fundações ou entidades assemelhadas.

A) se somente as afirmativas I, II e III estiverem corretas.

B) se somente as afirmativas II, III e IV estiverem corretas.

C) se somente as afirmativas I, III e IV estiverem corretas.

D) se somente as afirmativas I, II e IV estiverem corretas.

E) se todas as afirmativas estiverem corretas.

Vale registrar que não possui base normativa na Lei 9.605/98 a autoridade administrativa condicionar a liberação do veículo apreendido ao imediato pagamento da multa antes de transcorrer todo o trâmite do processo administrativo ambiental, inclusive a fase recursal.

▸ Qual o entendimento do STJ sobre o assunto?

Informativo 625 PROCESSO	REsp 1.133.965-BA, Rel. Min. Mauro Campbell Marques, Primeira Seção, por unanimidade, julgado em 25/04/2018, DJe 11/05/2018 **(Tema 405)**
RAMO DO DIREITO	DIREITO ADMINISTRATIVO, DIREITO AMBIENTAL

TEMA	Poder de polícia. Apreensão de veículo utilizado no carregamento de madeira sem autorização. Art. 25, § 4º, da Lei n. 9.605/1998. Art. 2º, § 6º, inc. VIII, do Decreto n. 3.179/1999. Liberação condicionada ao pagamento de multa. Inviabilidade. Liberação condicionada ao oferecimento de defesa administrativa. Possibilidade. Fiel depositário na pessoa do proprietário. **Tema 405**.

▸ **Qual o entendimento do STJ sobre o assunto?**

A autoridade administrativa deve notificar o proprietário do veículo locado para oportunizar que comprove a sua boa-fé antes de decidir sobre a destinação do bem apreendido pela prática de infração ambiental. AREsp 1.084.396-RO, Rel. Min. Og Fernandes, Segunda Turma, por unanimidade, julgado em 19/09/2019, DJe 18/10/2019

Se não houver utilidade ou seu uso for ilícito, aí deverá ser adotada a penalidade da **destruição ou inutilização do produto** da infração ambiental.

As sanções de **destruição ou inutilização do produto; de suspensão de venda e fabricação do produto; de embargo de obra ou atividade; de demolição de obra e de suspensão parcial ou total de atividades** deverão ser aplicadas quando o produto, a obra a atividade ou estabelecimento não estiverem obedecendo às prescrições legais ou regulamentares.

Aliás, embora reconheça que o tema é bem controverso, **o STJ já decidiu que a penalidade administrativa de demolição não é autoexecutória**, ao menos no caso de **obra já conclusa**, cabendo ao órgão ambiental postular autorização judicial para a sua execução, pois existente o interesse de agir.

▸ **Qual o entendimento do STJ sobre o assunto?**

AMBIENTAL E ADMINISTRATIVO. INFRAÇÃO ADMINISTRATIVA. DEMOLIÇÃO DE EDIFÍCIO IRREGULAR. AUTOEXECUTORIEDADE DA MEDIDA. ART. 72, INC. VIII, DA LEI N. 9.605/1998 (DEMOLIÇÃO DE OBRA). PECULIARIDADES DO CASO CONCRETO. INTERESSE DE AGIR CONFIGURADO. 1. Trata-se de recurso especial em que se discute a existência de interesse, por parte do Ibama, em ajuizar ação civil pública na qual se busca a demolição de edifício reputado irregular à luz de leis ambientais vigentes. 2. A origem entendeu que a demolição de obras é sanção administrativa dotada de autoexecutoriedade, razão pela qual despicienda a ação judicial que busque sua incidência. **O Ibama recorre pontuando não ser atribuível a autoexecutoriedade à referida sanção. 3. Mesmo que a Lei n. 9.605/1998 autorize a demolição de obra como sanção às infrações administrativas de cunho ambiental, a verdade é que existe forte controvérsia acerca de sua autoexecutoriedade (da demolição de obra). 4. Em verdade, revestida ou não a sanção do referido**

> **atributo, a qualquer das partes (Poder Público e particular) é dado recorrer à tutela jurisdicional, porque assim lhe garante a Constituição da República (art. 5.º, inc. XXXV) – notoriamente quando há forte discussão, pelo menos em nível doutrinário, acerca da possibilidade de a Administração Pública executar *manu militari* a medida.** 5. Além disso, no caso concreto, não se trata propriamente de demolição de obra, pois o objeto da medida é edifício já concluído – o que intensifica a problemática acerca da incidência do art. 72, inc. VIII, da Lei n. 9.605/1998. 6. Por fim, não custa pontuar que a presente ação civil pública tem como objetivo, mais do que a demolição do edifício, também a recuperação da área degradada. 7. Não se pode falar, portanto, em falta de interesse de agir. 8. Recurso especial provido (REsp 789.640, de 27.10.2009).

Dessa forma, o IBAMA ou qualquer outra entidade ambiental integrante do SISNAMA tem interesse-necessidade de agir para propor ação judicial que vise autorizar a demolição de obra conclusa.

Ademais, são elencadas como espécies **de penalidade restritiva de direitos** (artigo 72, § 8.º):

- I – suspensão de registro, licença ou autorização;
- II – cancelamento de registro, licença ou autorização;
- III – perda ou restrição de incentivos e benefícios fiscais;
- IV – perda ou suspensão da participação em linhas de financiamento em estabelecimentos oficiais de crédito;
- V – proibição de contratar com a Administração Pública, pelo período de até três anos.

> **▸ Qual o entendimento do STJ sobre o assunto?**
>
> De acordo com o STJ, "o acórdão recorrido está em consonância com a jurisprudência do STJ firmada no sentido de que **não tem respaldo legal a exigência do Ibama de condicionar a retirada do bloqueio da empresa no sistema Documento de Origem Florestal - DOF/SISFLORA ao pagamento de multa, por infração à legislação ambiental. Exceção feita na hipótese em que o sujeito continua a infringir as normas vigentes, situação não comprovada nos autos**" (REsp 1676464 / PA, de 16/8/2018).

O valor das multas variará entre R$ 50,00 (cinquenta reais) e R$ 50.000.000,00 (cinquenta milhões de reais), corrigidos periodicamente pelos índices legais, sendo o produto arrecadado destinado ao Fundo Nacional do Meio Ambiente, Fundo Naval e fundos estaduais e municipais do meio ambiente.

Outrossim, priorizando a tutela em natura do meio ambiente do que uma arrecadação de recursos financeiros, pois a penalidade administrativa pecuniária tem natureza sancionatória e educativa, sendo apenas um instrumento e não um fim em si mesmo, o § 4.º, do artigo 72, da Lei 9.605/1998, prevê que **a multa**

simples poderá ser convertida em serviços de preservação, melhoria e recuperação da qualidade ambiental.

Regulamentando esta disposição, o art. 141, do Decreto 6.514/2008, veda a referida conversão da multa quando não houver dano direto ao meio ambiente ou quando a recuperação da área degradada puder ser realizada pela simples regeneração natural.

Para tanto, deverá ser celebrado um termo de compromisso que também terá validade civil. Ou seja, o infrator poderá adimplir a sua responsabilidade civil e administrativa com uma única medida, por meio da recuperação ou compensação do dano ambiental. Trata-se de uma zona de tangência entre essas duas esferas.

▸ **Como esse assunto foi cobrado em concurso?**

No concurso do CESPE para Juiz Federal da 1ª Região em 2015, foi considerada correta a letra C: Acerca do poder de polícia ambiental, da responsabilidade ambiental e das infrações ambientais no âmbito federal, assinale a opção correta de acordo com a legislação vigente.

A) Na apuração de infrações administrativas ambientais, aplicar-se-á prescrição intercorrente quando os processos instaurados ficarem paralisados por mais de dois anos sem julgamento ou despacho.

B) Uma vez aplicada advertência para os casos de infrações de menor potencial ofensivo, o órgão ambiental não poderá aplicar multa pelo mesmo fato.

C) O cumprimento de termo de compromisso perante o órgão ambiental relativo à conversão de multa simples em prestação de serviços de preservação do meio ambiente, obedecidas as exigências legais, provoca efeitos tanto na esfera administrativa quanto na esfera civil.

D) Haverá ilegalidade na aplicação de sanções administrativas cuja fundamentação jurídica específica indique ilícito constante de decreto regulamentar, visto que a responsabilização administrativa ambiental exige descrição de fatos ilícitos em lei.

E) O Instituto Chico Mendes de Conservação da Biodiversidade é incompetente para a lavratura dos autos de infrações cometidas no interior de unidade de conservação federal, dado que o poder de polícia ambiental no âmbito federal é exclusivo do IBAMA.

▸ **Importante!**

Visando evitar a imposição de multas pelo mesmo fato em mais de uma esfera, o artigo 76, da Lei 9.605/1998, prevê que "o pagamento de multa imposta pelos Estados, Municípios, Distrito Federal ou Territórios substitui a multa federal na mesma hipótese de incidência", que possui aplicação supletiva à regra do artigo 17, §3º, da LC 140/2011, que deve prevalecer nas situações em que existiu licenciamento ambiental (regra mais nova), deixando o artigo 76, da Lei 9.605/1998 para as situações em que não houve licenciamento.

Trata-se de dispositivo legal de duvidosa constitucionalidade, uma vez que prioriza a aplicação de sanções administrativas pecuniárias pelas entidades ambientais locais, sempre afastando a atuação federal, o que aparentemente viola a competência material comum para a preservação ambiental.

Tal dispositivo poderá gerar um conflito entre entes políticos, pois bastará uma multa estadual, distrital ou municipal pelo mesmo fato para afastar a federal, independentemente do valor e do momento da imposição, o que não se mostra razoável.

Logo, deverá prevalecer a primeira multa imposta, o que privilegia a célere atuação administrativa do órgão ambiental e que melhor respeita a competência comum para a preservação do meio ambiente.

Em regulamentação ao artigo 76, da Lei 9.605/1998, o artigo 12 do Regulamento aponta uma interessante saída que se mostra compatível com o atual ordenamento constitucional, pois prevê que a substituição da multa se dará até o limite do Decreto 6.514/2008, ou seja, se a multa federal for maior a substituição será parcial, bem como será condicionada ao efetivo pagamento ao Poder Público local.

> **▸ Qual o entendimento do STJ sobre o assunto?**
>
> **A cobrança por Município de multa relativa a danos ambientais já paga à União anteriormente, pelo mesmo fato, não configura *bis in idem*.** REsp 1.132.682-RJ, Rel. Min. Herman Benjamin, Segunda Turma, por unanimidade, julgado em 13/12/2016, DJe 12/03/2020

De acordo com o STJ, não há margem legal para interpretação de que a multa paga à União impossibilita a cobrança daquela aplicada pelo Município, sob pena de *bis in idem*, uma vez que a atuação conjunta dos poderes públicos, de forma cooperada, na tutela do meio ambiente, é dever imposto pela Constituição Federal.

> **▸ Importante!**
>
> Com efeito, uma vez constatada a consumação de infração administrativo-ambiental, a competência para a lavratura de auto de infração será de agente de uma das entidades que compõem o Sistema Nacional do Meio Ambiente – SISNAMA ou das Capitanias dos Portos, do Ministério da Marinha, sendo possível haver delegação às polícias militares ou outros órgãos criados para atuar na área ambiental, pois a regra é a possibilidade de delegação de competências administrativas, salvo quando exclusivas, para a edição de atos regulamentares ou decisão de recursos, nos moldes dos artigos 12 e 13, da Lei 9.784/1999.

> **▸ Como esse assunto foi cobrado em concurso?**
>
> No concurso do CESPE em 2017 para a DPU, foi considerado errado o seguinte enunciado: Um agricultor autuado por infração ambiental solicitou auxílio da DP. No auto de infração, constam: a conduta de impedir

a regeneração natural de floresta localizada em APP, por manter a área como pasto; a indicação da pena de multa em razão da ilegalidade. Segundo o agricultor, na verificação, os agentes públicos federais afirmaram ser possível a responsabilização nas esferas administrativa, criminal e civil. Ele argumentou, por fim, que comprou a propriedade já no estado atual e que desconhecia as supostas ilegalidades. Com referência a essa situação hipotética, julgue os itens que se seguem.

Enunciado: O auto de infração em apreço só terá legalidade se tiver sido lavrado por **autoridade policial** e contiver o valor da multa, cujo pagamento, entretanto, só deverá ser feito após o julgamento administrativo, já que depende de confirmação de incidência.

Como o ICMBIO faz parte do SISNAMA (art. 6º, inciso III, da Lei 6.938/81), nada impede a lavratura por fiscal da autarquia em unidade de conservação, que, inclusive, multou a SAMARCO no valor total de R$ 143 milhões. A multa é referente aos impactos causados à Área de Proteção Ambiental (APA) Costa das Algas, ao Refúgio de Vida Silvestre (RVS) de Santa Cruz e à zona de amortecimento da Reserva Biológica (Rebio) de Comboios localizadas no Espírito Santo, as três unidades de conservação (UCs) federais são administradas pelo ICMBio e os autos foram lavrados por técnicos da autarquia.

Muito embora haja claro *bis in idem* após o advento do artigo 70, da Lei 9.605/98, a jurisprudência do STJ vem admitindo a aplicação conjunta de multa do IBAMA e da Capitania dos Portos pelo mesmo derramamento de óleo.

▸ Qual o entendimento do STJ sobre o assunto?

Administrativo e processual civil. Agravo regimental no recurso especial. Ação anulatória de multa administrativa. Derramamento de óleo na Praia de Tramandaí/RS. Multas aplicadas pela Capitania dos Portos e pelo Ibama. Possibilidade. Dissídio não comprovado. 1. Não se conhece do recurso especial interposto com base na alínea "c" do permissivo constitucional, quando a divergência não é demonstrada nos termos em que exigido pela legislação processual de regência (art. 541, parágrafo único, do CPC, c/c art. 255 do RISTJ). A mera transcrição de ementas não serve à demonstração do dissídio, sendo necessário o cotejo analítico entre os acórdãos recorrido e paradigma, com a demonstração da identidade ou semelhança entre as peculiaridades dos casos confrontados. **2. A multa aplicada pela Capitania dos Portos, em decorrência de derramamento de óleo, não exclui a possibilidade de aplicação de multa pelo IBAMA.** Precedentes: REsp 673.765/RJ, Rel. Ministro Luiz Fux, Primeira Turma, DJ 26.09.2005; REsp 467.212/RJ, Rel. Ministro Luiz Fux, Primeira Turma, DJ 15.12.2003. 3. Agravo regimental não provido (STJ, AgRg no REsp 1268832, de 06.12.2012).

Demais disso, o artigo 17-Q, da Lei 6.938/1981, autoriza expressamente que o IBAMA celebre convênios com os estados, os municípios e o Distrito Federal para desempenharem atividades de fiscalização ambiental.

▸ **Qual o entendimento do STJ sobre o assunto?**

Competência. Polícia Militar Ambiental. ***In casu*****, constatou-se dos autos que foi celebrado convênio entre o Ibama e a Polícia Militar Ambiental de Estado-membro, tendo por objeto estabelecer um regime de mútua cooperação entre convenentes a fim de executar ações fiscalizatórias voltadas para a preservação e conservação do meio ambiente e dos recursos naturais renováveis, conforme prevê o art. 17-Q da Lei n. 6.938/1981,** que trata da Política Nacional do Meio Ambiente. Diante disso, a Turma negou provimento ao recurso ao entendimento de que, sendo a Polícia Militar Ambiental órgão do Estado, atua em nome dele e, assim, é competente para a lavratura de auto de infração ambiental (REsp 1.109.333-SC, Rel. Min. Francisco Falcão, j. 14.04.2009).

Inclusive, o STJ vem admitindo que a lavratura dos autos de infração pelo IBAMA não é atividade exclusiva dos analistas ambientais, desde que haja designação para atuar na fiscalização ambiental.

▸ **Qual o entendimento do STJ sobre o assunto?**

MANDADO DE SEGURANÇA. IBAMA. PODER DE POLÍCIA. COMPETÊNCIA PARA LAVRAR A INFRAÇÃO. I – Cuida-se mandado de segurança impetrado contra o Superintendente do INSTITUTO BRASILEIRO DO MEIO AMBIENTE E DOS RECURSOS NATURAIS RENOVÁVEIS – IBAMA, com o objetivo de anular o Auto de Infração n.º 247103-D, decorrente da apreensão de agrotóxicos originários do Paraguai, lavrado por Técnico Ambiental. Ordem concedida em razão da incompetência da autoridade que lavrou o auto. II – **A Lei n.º 9.605/1998 do SISNAMA, o poder para lavrar autos de infração e instaurar processos administrativos, desde que designados para as atividades de fiscalização, o que para a hipótese, ocorreu com a Portaria n.º 1.273/1998.** III – Este entendimento encontra-se em consonância com o teor da Lei n.º 11.516/2007, que acrescentou o parágrafo único ao artigo 6.º, da Lei n.º 10.410/2002, referendando a atribuição do exercício das atividades de fiscalização aos titulares dos cargos de técnico ambiental (REsp 1.057.292, de 23.10.2007).

Por conseguinte, se o servidor que lavrar o auto de infração não estiver designado para tanto, entende o STJ que o ato administrativo deverá ser anulado.

▸ **Qual o entendimento do STJ sobre o assunto?**

COMPETÊNCIA. INFRAÇÃO AMBIENTAL. AUTUAÇÃO. A Turma, por maioria, manteve a decisão do tribunal de origem que concluiu pela nulidade do auto de infração ambiental lavrado por autarquia estadual. In casu, **asseverou-se que o servidor responsável pela autuação não foi previamente designado para a atividade fiscalizatória, o que contraria o disposto nos arts. 70, § 1.º, da Lei n. 9.605/1998 e 6.º, parágrafo único, da Lei n. 10.410/2002.** Ressaltou-se, ainda, que a ratificação de parecer que discutia apenas a competência do ór gão ambiental para a referida prática, e não do agente público, não consistiu em convalidação do ato administrativo, já que não houve expressa manifestação da autoridade hierárquica superior com esse objetivo. Precedente citado: REsp 1.057.292-PR, DJe 18.08.2008. **REsp 1.166.487-MG, Rel. Min. Eliana Calmon, julgado em 17.08.2010.**

▸ **Importante!**

A autoridade ambiental que se omitir na apuração do ilícito ambiental terá corresponsabilidade pela infração se dela tiver conhecimento e puder agir.

▸ **Como esse assunto foi cobrado em concurso?**

(2019/CESPE/Procurador de Boa Vista/RR) Rafaela capturou, para sua criação doméstica de pássaros, duas jandaias amarelas, espécie que consta na lista federal de fauna ameaçada de extinção. João, fiscal do órgão ambiental competente, assistiu à captura dos animais, mas, por amizade a Rafaela, omitiu-se. Tempo depois, Rafaela, residente em Boa Vista – RR, decidiu pedir autorização para a guarda dos pássaros à Secretaria de Serviços Públicos e Meio Ambiente do Município de Boa Vista. No momento da solicitação, ela relatou ter tido a permissão de João para levar para casa as duas aves.

Acerca dessa situação hipotética, julgue o item a seguir à luz da lei que regulamenta crimes ambientais, do Decreto n.º 6.514/2008 e do entendimento dos tribunais superiores.

João, o fiscal que teve conhecimento da captura irregular dos pássaros, mas não impediu a conduta, responderá solidariamente com Rafaela.

Gabarito: certo

▸ **Como esse assunto foi cobrado em concurso?**

No concurso **do CESPE** para Juiz do Amazonas 2016, foi considerada correta a letra D: O fiscal de determinado órgão ambiental constatou que um madeireiro cortava árvores de espécies protegidas. O madeireiro apresentou autorização para cortar exemplares que apresentavam risco de queda, mas, dado o excesso de espécimes cortados, o fiscal considerou que a situação configurava tanto infração administrativa como crime ambiental. Considerou, ainda, após exame da autorização, que o documento estava em desacordo com as normas ambientais aplicáveis, inclusive por vício de competência. Com base nessa situação hipotética, assinale a opção correta acerca de infrações ambientais e poder de polícia.

A) É correto afirmar que o órgão de lotação do fiscal é o IBAMA.

B) Cabem ao fiscal a lavratura do auto de infração ambiental e a instauração tanto do processo administrativo quanto do inquérito criminal contra o madeireiro.

C) Para a lavratura do auto de infração, é desnecessária análise do elemento subjetivo do madeireiro, pois a responsabilidade civil por dano ambiental é objetiva.

D) Se deixar de proceder à apuração mediante processo administrativo próprio, o fiscal poderá ser corresponsabilizado pelo corte ilegal das árvores.

E) A concessão de autorização em desacordo com as normas ambientais só configura crime se tiver havido dolo do servidor que a concedeu.

O auto de infração deverá ser lavrado em impresso próprio, com a identificação do autuado, a descrição clara e objetiva das infrações administrativas constatadas e a indicação dos respectivos dispositivos legais e regulamentares infringidos, não devendo conter emendas ou rasuras que comprometam sua validade, nos termos do artigo 97, do Decreto 6.514/2008.

Caso apresente vício sanável, caberá a convalidação do auto de infração pela autoridade administrativa superior, desde que seja reaberto novo prazo de defesa ao autuado, a exemplo de mácula em sua forma.

Todavia, o vício insanável ensejará a pronuncia de nulidade do auto de infração e o arquivamento do processo administrativo, assim considerado aquele em que a correção da autuação implica modificação do fato descrito no auto de infração.

Frise-se que o erro no enquadramento legal da infração não implica vício insanável, podendo ser alterado pela autoridade julgadora mediante decisão fundamentada que retifique o auto de infração.

Mesmo sendo decretada a nulidade do auto de infração, se estiver caracterizada a conduta ou atividade lesiva ao meio ambiente, deverá ser lavrado novo auto, observadas as regras relativas à prescrição.

▸ **Importante!**

Por seu turno, o artigo 71, da Lei 9.605/1998, traz regras gerais sobre o procedimento administrativo, como o prazo de 20 dias para o oferecimento de defesa, de 30 dias para julgamento e de outros 20 para recurso à autoridade administrava superior, tendo aplicação supletiva a Lei 9.784/1999, que trata do processo administrativo federal em termos gerais, no que for compatível.

▸ **Como esse assunto foi cobrado em concurso?**

No concurso da VUNESP para Juiz do Mato Grosso em 2009, foi considerada correta a letra A: No tocante ao prazo máximo a ser observado em um processo administrativo para apuração de infração ambiental, é correto afirmar que será de

A) vinte dias para o infrator oferecer defesa ou impugnação contra o auto de infração, contados da data da ciência da autuação.

B) vinte dias para a autoridade competente julgar o auto de infração, contados da data da sua lavratura, apresentada ou não a defesa ou impugnação.

C) quarenta dias para o infrator oferecer defesa ou impugnação contra o auto de infração, contados da data da sua lavratura.

D) quarenta dias para a autoridade competente julgar o auto de infração, contados da data da ciência da autuação.

E) quarenta dias para o pagamento de multa, contados da data do recebimento da notificação.

A matéria é atualmente regulamentada pelos artigos 113/133, do Decreto 6.514/2008, bem como pela Instrução Normativa IBAMA 14/2009.

Após o recurso à autoridade superior, ainda caberá outro para o CONAMA, de acordo com a previsão do art. 130, do Decreto 6.514/2008.

Todavia, ante a revogação do inciso III, do art. 8.º, da Lei 6.938/1981 pela Lei 11.941/2009, o CONAMA não é mais obrigatoriamente a última instância administrativa para avaliação das penalidades administrativas impostas pelo IBAMA.

De acordo com o artigo 5.º, da Instrução Normativa IBAMA 10/2012, das decisões proferidas em grau de recurso pelos Superintendentes ou pela Câmara Recursal criada no âmbito da Presidência do IBAMA, não caberá recurso.

Ou seja, atualmente o referido ato regulamentar do IBAMA retirou a competência recursal do CONAMA para julgar os autos de infração lavrados pelo IBAMA, em que pese à determinação contrária que consta no artigo 130, do Decreto 6.514/2008, ato regulamentar de hierarquia superior.

Por força do Decreto 9.760/2019, restou constituídos nas entidades federais do SISNAMA um **Núcleo de Conciliação Ambiental**, quem competirá:

> I – realizar a análise preliminar da autuação para:
>
> *a)* convalidar de ofício o auto de infração que apresentar vício sanável, por meio de despacho saneador, após o pronunciamento do órgão da Procuradoria-Geral Federal que atue perante a unidade administrativa da entidade responsável pela autuação;
>
> *b)* declarar nulo o auto de infração que apresentar vício insanável, por meio de despacho fundamentado, após o pronunciamento do órgão da Procuradoria-Geral Federal que atue perante a unidade administrativa da entidade responsável pela autuação; e
>
> *c)* decidir sobre a manutenção da aplicação das medidas administrativas; e
>
> II - realizar a audiência de conciliação ambiental para:
>
> *a)* explanar ao autuado as razões de fato e de direito que ensejaram a lavratura do auto de infração;
>
> *b)* apresentar as soluções legais possíveis para encerrar o processo, tais como o desconto para pagamento, o parcelamento e a conversão da multa

em serviços de preservação, melhoria e recuperação da qualidade do meio ambiente;

c) decidir sobre questões de ordem pública; e

d) homologar a opção do autuado por uma das soluções de que trata a alínea "b".

Haverá a realização de uma **audiência administrativa de conciliação ambiental**, podendo o autuado, no prazo de vinte dias, contado da data da ciência da autuação, apresentar defesa contra o auto de infração, cuja fluência fica sobrestada até a data de realização da audiência de conciliação ambiental.

Boa parte das infrações administrativas ambientais previstas no Decreto 6.514/2008 também são consideradas crimes ambientais pela Lei 9.605/1998, mas o seu rol é mais extenso, como não poderia deixar de ser, pois o Direito Penal é (ou deveria ser) a *ultima ratio*.

Na Subseção I estão previstas as infrações contra a fauna (arts. 24 a 42); na II as infrações contra a flora (arts. 43 a 60-A); na III as infrações relativas à poluição e outras (arts. 61 a 71); na IV as infrações contra o ordenamento urbano e o patrimônio cultural (arts. 72 a 75); na V as infrações contra a Administração Ambiental (arts. 76 a 83) e na VI as infrações cometidas exclusivamente em unidades de conservação (arts. 84 a 93).

Aliás, quando uma conduta for considerada simultaneamente delito e infração administrativa, a absolvição criminal por inexistência do fato ou autoria vinculará a Administração Pública Ambiental, por aplicação analógica do artigo 935, do Código Civil, que visa harmonizar a responsabilidade civil e criminal, uma vez que não é possível que se reconheçam ou se neguem a autoria e a existência de um fato em uma instância e ocorra o contrário em outra, o que geraria uma insegurança jurídica.

Assim, privilegiou-se a instância penal, por normalmente ser a que se cerca de maiores garantias em favor do acusado, em razão do grande peso do direito fundamental de liberdade.

▸ **Importante!**

No que concerne à prescrição do Poder Público federal para a imposição de penalidade pelo cometimento de infrações administrativas ambientais, valem as prescrições da Lei 9.873/1999, ao prever que "prescreve em cinco anos a ação punitiva da Administração Pública Federal, direta e indireta, no exercício do poder de polícia, objetivando apurar infração à legislação em vigor, contados da data da prática do ato ou, no caso de infração permanente ou continuada, do dia em que tiver cessado".

Todavia, "quando o fato objeto da ação punitiva da Administração também constituir crime, a prescrição reger-se-á pelo prazo previsto na lei penal". Ainda é prevista a **prescrição intercorrente**, incidente no procedimento administrativo paralisado por mais de três anos, pendente de julgamento ou despacho, cujos autos serão arquivados de ofício ou mediante requerimento da parte interessada, sem prejuízo da apuração da responsabilidade funcional decorrente da paralisação, se for o caso.

A Lei 9.873/1999 foi alterada pela Lei 11.941/2009, passando a prever o novel art. 1.º-A que: "constituído definitivamente o crédito não tributário, após o término regular do processo administrativo, prescreve em 5 (cinco) anos a ação de execução da administração pública federal relativa a crédito decorrente da aplicação de multa por infração à legislação em vigor".

▸ **Qual o entendimento do STJ sobre o assunto?**

Súmula 467. Prescreve em cinco anos, contados do término do processo administrativo, a pretensão da Administração Pública de promover a execução da multa por infração ambiental.

A prescrição da pretensão executória somente começará a correr quando for possível a cobrança da multa pelo órgão ambiental pela imutabilidade do ato administrativo sancionatório, quer pelo exaurimento recursal, quer pelo transcurso *in albis* do prazo recursal.

▸ **Qual o entendimento do STJ sobre o assunto?**

Prescreve em cinco anos, contados do término do processo administrativo, a pretensão da Administração Pública de promover a execução da multa por infração ambiental. Súmula n. 467/STJ. 5. "Ora, não sendo possível a cobrança por ausência de definitividade do crédito, não há que se falar em início do prazo prescricional, que só começará a correr quando vencido o crédito sem pagamento, o que se dará com o término do processo administrativo - julgamento definitivo do último recurso - ou com a fluência do prazo para a impugnação administrativa do crédito decorrente da multa aplicada. Assim, a tese da recorrente - de que o termo inicial tem início na data da infração - não encontra amparo, pois não se admite que a fluência do prazo seja anterior à data em que se torna possível a exigência do crédito (REsp n. 1.112.577/SP, julgado segundo a sistemática do art. 543-C do CPC). 6. Agravo regimental não provido (STJ, AgRg no REsp 1363437, de 12.11.2013).

▸ **Como esse assunto foi cobrado em concurso?**

No concurso da VUNESP para Juiz do Mato Grosso em 2009, foi considerada correta a letra C: Admite-se prescrição intercorrente em processo administrativo para aplicação de sanção administrativa ambiental, no caso de A) instrução deficiente do processo, que demande a realização de novas diligências pela autoridade processante.

B) falta de identificação do agente, que leve à suspensão do processo decorrente de auto de infração por um ano.

C) paralisação do processo por mais de três anos, quando pendente de julgamento ou despacho pela autoridade administrativa.

D) decurso do prazo de cinco anos entre a instauração do processo e seu trânsito em julgado na esfera administrativa.

E) suspensão do feito por prazo maior do que aquele definido pela legislação penal para a prescrição do crime respectivo, quando a infração também for capitulada como tipo penal.

No concurso do CESPE para Juiz Federal da 5ª Região, foi considerada correta a letra E: Em um processo administrativo sancionador no âmbito do IBAMA, foi proferida decisão — ainda sujeita a recurso — aplicando multa ao autor de infração administrativa ambiental. A respeito dessa situação hipotética, é correto inferir que: A) a infração administrativa sob análise está tipificada também como contravenção penal. B) a aplicação de multa foi antecedida pela aplicação da pena de advertência em processo anterior. C) a multa aplicada é prevista em portaria do IBAMA. D) a admissibilidade de recurso administrativo está condicionada ao prévio depósito do valor da multa. E) ainda não está em curso o prazo prescricional para a cobrança da multa.

3. HIPÓTESES DE SUSPENSÃO E CONVERSÃO DA PUNIBILIDADE ADMINISTRATIVA NO NOVO CÓDIGO FLORESTAL

Vale registrar que o novo Código Florestal previu uma hipótese de suspensão da punibilidade administrativa ambiental (artigo 14, § 2.º). É que, **protocolada a documentação exigida para análise da localização da área de reserva legal, ao proprietário ou possuidor rural não poderá ser imputada sanção administrativa**, inclusive restrição a direitos, por qualquer órgão ambiental competente integrante do SISNAMA, em razão da não formalização da área de reserva legal.

Outrossim, no Capítulo XIII da Lei 12.651/2012, foi previsto que no período entre a publicação do novo CFlo (28.05.2012) e a implantação do Programa de Recuperação Ambiental em cada Estado e no Distrito Federal, bem como após a adesão do interessado ao PRA e enquanto estiver sendo cumprido o termo de compromisso, **o proprietário ou possuidor não poderá ser autuado por infrações cometidas antes de 22 de julho de 2008**, relativas à supressão irregular de vegetação em Áreas de Preservação Permanente, de Reserva Legal e de uso restrito.

Assim sendo, os órgãos ambientais do SISNAMA não poderão autuar os proprietários e possuidores por ocupações consolidadas até 22.07.2008 em APP, reserva legal ou áreas de uso restrito.

Apenas com a aprovação do PRA pelos estados e pelo Distrito Federal, caso não haja adesão pelo interessado no prazo de um ano, contado a partir da sua implantação, prorrogável por uma única vez, por igual período, por ato do Chefe do Poder Executivo, poderão os órgãos ambientais aplicar as penalidades administravas aos antigos infratores nessas áreas protegidas.

Insta salientar que, a partir da **assinatura do termo de compromisso**, serão **suspensas as sanções** decorrentes das infrações relativas à supressão irregular de vegetação em Áreas de Preservação Permanente, de Reserva Legal e de uso restrito até 22 de julho de 2008, e, **cumpridas as obrigações estabelecidas no PRA ou no termo de compromisso** para a regularização ambiental das exigências do novo CFlo, nos prazos e condições neles estabelecidos, **as multas referidas serão consideradas como convertidas em serviços de preservação, melhoria e recuperação da qualidade do meio ambiente**, regularizando o uso de áreas rurais consolidadas conforme definido no PRA.

Os PRAs deverão prever as sanções a serem aplicadas pelo não cumprimento dos Termos de Compromisso, na forma do art. 17 do Decreto 7.830/2012 e das disposições do Decreto 8.235/2014.

> ▸ **Qual o entendimento do STJ sobre o assunto?**
>
> O Superior Tribunal de Justiça, através da sua 2.ª Turma, no julgamento da petição no Recurso Especial 1.240.122, de 02.10.2012, relatado pelo Ministro Herman Benjamin, fez a correta interpretação do artigo 59, do Código Florestal de 2012, que traz a necessidade do cumprimento do termo de compromisso de reparação do dano como condição de conversão das multas ambientais: 4. Ademais, como deixa claro o novo Código Florestal (art. 59), o legislador não anistiou geral e irrestritamente as infrações ou extinguiu a ilicitude de condutas anteriores a 22 de julho de 2008, de modo a implicar perda superveniente de interesse de agir. Ao contrário, a recuperação do meio ambiente degradado nas chamadas áreas rurais consolidadas continua de rigor, agora por meio de procedimento administrativo, no âmbito de Programa de Regularização Ambiental - PRA, após a inscrição do imóvel no Cadastro Ambiental Rural - CAR (§ 2.º) e a assinatura de Termo de Compromisso (TC), valendo este como título extrajudicial (§ 3.º). Apenas a partir daí "serão suspensas" as sanções aplicadas ou aplicáveis (§ 5.º, grifo acrescentado). Com o cumprimento das obrigações previstas no PRA ou no TC, "as multas" (e só elas) "serão consideradas convertidas em serviços de preservação, melhoria e recuperação da qualidade do meio ambiente". 5. Ora, se os autos de infração e multas lavrados tivessem sido invalidados pelo novo Código ou houvesse sido decretada anistia geral e irrestrita das violações que lhe deram origem, configuraria patente contradição e ofensa à lógica jurídica a mesma lei referir-se a "suspensão" e "conversão" daquilo que não mais existiria: o legislador não suspende, nem converte o nada jurídico. Vale dizer, os autos de infração já constituídos permanecem válidos e blindados como atos jurídicos perfeitos que são - apenas a sua exigibilidade monetária fica suspensa na esfera administrativa, no aguardo do cumprimento integral das obrigações estabelecidas no PRA ou no TC. Tal basta para bem demonstrar que se mantém incólume o interesse de agir nas demandas judiciais em curso, não ocorrendo perda de objeto e extinção do processo sem resolução de mérito (CPC,art. 267, VI).

4. TABELA-SÍNTESE DOS PONTOS PRINCIPAIS DO CAPÍTULO

Definição de infração administrativa ambiental	Considera-se infração administrativa ambiental toda ação ou omissão que viole as regras jurídicas de uso, gozo, promoção, proteção e recuperação do meio ambiente.

Fases do processo	I - vinte dias para o infrator oferecer defesa ou impugnação contra o auto de infração, contados da data da ciência da autuação; II - trinta dias para a autoridade competente
Fases do processo	julgar o auto de infração, contados da data da sua lavratura, apresentada ou não a defesa ou impugnação; III - vinte dias para o infrator recorrer da decisão condenatória à instância superior do Sistema Nacional do Meio Ambiente - SISNAMA, ou à Diretoria de Portos e Costas, do Ministério da Marinha, de acordo com o tipo de autuação; IV - cinco dias para o pagamento de multa, contados da data do recebimento da notificação.
Penalidades	Advertência; multa simples; multa diária; apreensão dos animais, produtos e subprodutos da fauna e flora, instrumentos, petrechos, equipamentos ou veículos de qualquer natureza utilizados na infração; destruição ou inutilização do produto; suspensão de venda e fabricação do produto; embargo de obra ou atividade; demolição de obra; suspensão parcial ou total de atividades; restritiva de direitos.
Prescrição da pretensão punitiva	- 5 anos, salvo se fato também for crime, situação na qual aplicar-se-á a prescrição do Código Penal. - 3 anos (prescrição intercorrente), nos casos de processos paralisados.
Prescrição da pretensão executória	- 5 anos, a contar da constituição definitiva do crédito não tributário.

5. TESES REPETITIVAS DO STJ

Diante da enorme incidência em concursos públicos, compilamos neste tópico as teses repetitivas sobre responsabilidade administrativa ambiental aprovadas pelo Superior Tribunal de Justiça:

Tema 146 - Tese firmada: É de cinco anos o prazo para a cobrança da multa aplicada ante infração administrativa ao meio ambiente, nos termos do Decreto nº 20.910/32, o qual que deve ser aplicado por isonomia, à falta de regra específica para regular esse prazo prescricional.

Tema 147 - Tese firmada: Em se tratando de multa administrativa, a prescrição da ação de cobrança somente tem início com o vencimento do crédito sem pagamento, quando se torna inadimplente o administrado infrator.

Tema 324 - Tese firmada: É de cinco anos o prazo decadencial para se constituir o crédito decorrente de infração à legislação administrativa.

Tema 325 - Tese firmada: O prazo decadencial para constituição do crédito decorrente de infração à legislação administrativa 'conta-se da data da infração', 'caso se trate de ilícito instantâneo.

Tema 326 - Tese firmada: O prazo decadencial para constituição do crédito decorrente de infração à legislação administrativa, 'no caso de infração permanente ou continuada, conta-se do dia em que tiver cessado' o ilícito.

Tema 327 - Tese firmada: Interrompe-se o prazo decadencial para a constituição do crédito decorrente de infração à legislação administrativa: a) pela notificação ou citação do indiciado ou executado, inclusive por meio de edital; b) por qualquer ato inequívoco, que importe apuração do fato; pela decisão condenatória recorrível; por qualquer ato inequívoco que importe em manifestação expressa de tentativa de solução conciliatória no âmbito interno da administração pública federal.

Tema 328 - Tese firmada: É de três anos o prazo para a conclusão do processo administrativo instaurado para se apurar a infração administrativa ('prescrição intercorrente').

Tema 329 - Tese firmada: Prescreve em cinco anos, contados do término do processo administrativo, a pretensão da Administração Pública de promover a execução da multa por infração ambiental.

Tema 330 - Tese firmada: O termo inicial do prazo prescricional para o ajuizamento da ação executória 'é a constituição definitiva do crédito, que se dá com o término do processo administrativo de apuração da infração e constituição da dívida'.

Tema 331 - Tese firmada: São causas de interrupção do prazo prescricional: a) o despacho do juiz que ordenar a citação em executivo fiscal; b) o protesto judicial; c) qualquer ato judicial que constitua em mora o devedor; d) qualquer ato inequívoco, ainda que extrajudicial, que importe em reconhecimento do débito pelo devedor; e) qualquer ato inequívoco que importe em manifestação expressa de tentativa de solução conciliatória no âmbito interno da administração pública federal.

Capítulo 11

Crimes Ambientais

1. RESPONSABILIDADE PENAL DA PESSOA JURÍDICA

É comum a responsabilização criminal das pessoas jurídicas nos países que adotam o sistema jurídico consuetudinário (*common law*). Nas nações que seguem o sistema romano-germânico, como a França (desde 1994) e o Brasil, já se admite a responsabilização penal de pessoas jurídicas, neste último nos crimes ambientais e nos delitos contra a ordem econômica, financeira e economia popular.

De acordo com o § 5.º, do artigo 173, da CF, ainda pendente de regulamentação, "a lei, sem prejuízo da responsabilidade individual dos dirigentes da pessoa jurídica, estabelecerá a responsabilidade desta, sujeitando-a às punições compatíveis com sua natureza, nos atos praticados contra a ordem econômica e financeira e contra a economia popular".

A tutela penal do meio ambiente tem o seu núcleo na Lei 9.605/1998 (Lei dos Crimes Ambientais), que revogou quase todos os tipos do Código Penal, bem como a legislação extravagante que tutelava o meio ambiente e, ainda, a maior parte das contravenções penais constantes do Código Florestal.

Essa lei regulamentou o quanto disposto no artigo 225, § 3.º, da Constituição Federal de 1988, ao se prever pioneiramente no Brasil a responsabilidade penal da pessoa jurídica, conjuntamente com as pessoas físicas (sistema da dupla imputação).

Eis o dispositivo regulamentador da Lei 9.605/1998:

> **Art. 3.º As pessoas jurídicas serão responsabilizadas administrativa, civil e penalmente conforme o disposto nesta Lei, nos casos em que a infração seja cometida por decisão de seu representante legal ou contratual, ou de seu órgão colegiado, no interesse ou benefício da sua entidade.**
>
> **Parágrafo único. A responsabilidade das pessoas jurídicas não exclui a das pessoas físicas, autoras, coautoras ou partícipes do mesmo fato.**

Logo, o legislador ordinário, ao regulamentar o citado preceito constitucional, adotou a corrente doutrinária que aceita a responsabilização penal da pessoa jurídica, porém **com condicionantes**, ao contrário dos EUA, que não impõem maiores requisitos.

Dessarte, para que a pessoa jurídica responda por um crime ambiental no Brasil, será preciso que dois pressupostos sejam preenchidos cumulativamente, conforme previsto no artigo 3.º, da Lei 9.605/1998:

- A infração penal seja cometida **por decisão de seu representante legal ou contratual, ou de seu órgão colegiado;**
- A infração penal seja cometida **no interesse ou benefício da sua entidade.**

> **▸ Como esse assunto foi cobrado em concurso?**
>
> No concurso do CESPE para Procurador do Estado de Sergipe em 2017, foi considerada correta a Letra A: Ao praticar conduta lesiva ao meio ambiente na esfera penal, uma pessoa jurídica A) poderá ser responsabilizada, se a conduta for cometida por decisão do seu representante legal e em benefício da empresa. B) poderá ser responsabilizada, embora o instituto da desconsideração da pessoa jurídica seja inaplicável aos crimes ambientais. C) poderá ser responsabilizada, mesmo que o ato não tenha sido praticado para benefício econômico da empresa. D) não poderá ser responsabilizada, caso o tipo penal seja praticado pelo sócio minoritário da empresa. E) não poderá ser responsabilizada, se for trancada a ação penal direcionada contra pessoa física diretamente envolvida.

Por conseguinte, se no exercício da gestão da empresa, o seu dirigente determina a prática de um crime ambiental apenas em benefício próprio, sem qualquer proveito ou interesse da pessoa jurídica, esta não poderá ser responsabilizada.

> **▸ Como esse assunto foi cobrado em concurso?**
>
> **No concurso da** CAIP-IMES/BAHIAGÁS/Analista de Processos Organizacionais/Direito em 2016, foi considerada FALSA a letra A: A intervenção do direito penal para proteção do meio ambiente é necessária, em vista da relevância social do bem tutelado, cuja agressão atenta contra interesses coletivos e difusos. As normas gerais, não penais, se mostram insuficientes à proteção de determinados direitos gerando a necessidade da intervenção do direito penal. Assinale a alternativa INCORRETA dentre as proposições seguintes:
>
> A) Sujeitos ativos dos crimes ambientais, por força constitucional e mais tarde reforçada pela Lei nº 9.605/98 (Lei de Crimes Ambientais), são somente as pessoas físicas.
>
> B) A Lei 9.605/98 complementou o dispositivo constitucional prevendo a responsabilidade penal da pessoa jurídica, limitada aos casos em que a infração seja cometida por decisão de seu representante legal ou contratual, ou de seu órgão colegiado, no interesse ou benefício de sua entidade.
>
> C) A lei penal ambiental é legislação especial, que não busca o encarceramento do infrator, sendo os objetivos principais a prevenção do risco, a reparação do dano e a educação do infrator e da sociedade.

D) A responsabilização penal, por dano ambiental das pessoas jurídicas possui regramento próprio distinto das pessoas jurídicas e está prevista no art. 21 da Lei 9.605/98. Os arts. 22, 23 e 24 da lei citada também trazem a previsão de alguns institutos penais aplicáveis.

E) Basicamente a legislação ambiental tipifica contravenções penais e crimes como condutas ofensivas ao meio ambiente. Seguindo a doutrina penal, a distinção entre crime e contravenção segue o quanto majorado pela pena, ou seja, penas mais brandas são processadas e julgadas como contravenções enquanto que aquelas condutas apenas com penas mais severas seguem sua característica de crime.

Outrossim, se um funcionário de uma pessoa jurídica sem poder de gestão, por si só, comete um delito ambiental do exercício do trabalho, a pessoa jurídica não responderá criminalmente, haja vista que o crime não foi cometido por determinação do representante da empresa.

Impende ressaltar que o STF e o STJ vêm admitindo de maneira uníssona a responsabilidade penal da pessoa jurídica por crime ambiental, conquanto boa parte da doutrina penal ainda não a admita ("a pessoa jurídica não poderá delinquir").

▸ **Qual o ANTIGO entendimento do STJ sobre o assunto?**

Considerando que a atuação da pessoa jurídica ocorre por intermédio das pessoas físicas que apresenta, **o STJ não vinha acatando denúncia por crime ambiental apenas contra o ente moral**, pois, "excluindo-se da denúncia a pessoa física, torna-se inviável o prosseguimento da ação penal, tão somente, contra a pessoa jurídica. Não é possível que haja a responsabilização penal da pessoa jurídica dissociada da pessoa física, que age com elemento subjetivo próprio" (passagem do RHC 24.239, de 10.06.2010).

Ainda de acordo com a **antiga posição do STJ**, "para a validade da tramitação de feito criminal em que se apura o cometimento de delito ambiental, na peça exordial devem ser denunciados tanto a pessoa jurídica como a pessoa física (sistema ou teoria da dupla imputação). Isso porque a responsabilização penal da pessoa jurídica não pode ser desassociada da pessoa física – quem pratica a conduta com elemento subjetivo próprio. Oferecida denúncia somente contra a pessoa jurídica, falta pressuposto para que o processo-crime desenvolva-se corretamente. Recurso ordinário provido, para declarar a inépcia da denúncia e trancar, consequentemente, o processo-crime instaurado contra a Empresa Recorrente, sem prejuízo de que seja oferecida outra exordial, válida" (RMS 37.293, de 02.05.2013).

De acordo com a **antiga posição do STJ**, destaque-se que "a necessidade de dupla imputação nos crimes ambientais **não tem como fundamento o princípio da indivisibilidade**, o qual não tem aplicação na ação penal pública. Aplica-se em razão de não se admitir a responsabilização penal da pessoa jurídica dissociada da pessoa física" (STJ, AgRg no REsp 898.302, j. 07.12.2010).

▸ **Como esse assunto foi cobrado em concurso?**

No concurso do CESPE para Juiz Federal da 5ª Região em 2011 foi considerado errado o seguinte enunciado: Consoante a jurisprudência do STJ, a necessidade de dupla imputação nos crimes ambientais tem como fundamento o princípio da indivisibilidade, o qual se aplica, por exceção, nessa hipótese, e por não se admitir responsabilização penal da pessoa jurídica dissociada da pessoa física.

▸ **Importante!**

No entanto, o Supremo Tribunal Federal não acatou o entendimento do STJ. Em 6 de agosto de 2013, no julgamento do RE 548.181, por 3 votos a 2, a 1.ª Turma do STF admitiu em tese a possibilidade de condenação da pessoa jurídica por crime ambiental e a absolvição das pessoas físicas, inclusive o gestor da empresa. Isso porque o STF desvinculou a responsabilidade penal da pessoa jurídica em relação às pessoas físicas supostamente autoras e partícipes do delito ambiental, em interpretação ao artigo 225, § 3.º, da Constituição.

▸ **Qual o entendimento do STF sobre o assunto?**

Informativo 714 - Crime ambiental: absolvição de pessoa física e responsabilidade penal de pessoa jurídica - 1. É admissível a condenação de pessoa jurídica pela prática de crime ambiental, ainda que absolvidas as pessoas físicas ocupantes de cargo de presidência ou de direção do órgão responsável pela prática criminosa. Com base nesse entendimento, a 1.ª Turma, por maioria, conheceu, em parte, de recurso extraordinário e, nessa parte, deu-lhe provimento para cassar o acórdão recorrido. Neste, a imputação aos dirigentes responsáveis pelas condutas incriminadas (Lei 9.605/98, art. 54) teria sido excluída e, por isso, trancada a ação penal relativamente à pessoa jurídica. Em preliminar, a Turma, por maioria, decidiu não apreciar a prescrição da ação penal, porquanto ausentes elementos para sua aferição. Pontuou-se que o presente recurso originara-se de mandado de segurança impetrado para trancar ação penal em face de responsabilização, por crime ambiental, de pessoa jurídica. Enfatizou-se que a problemática da prescrição não estaria em debate, e apenas fora aventada em razão da demora no julgamento. Assinalou-se que caberia ao magistrado, nos autos da ação penal, pronunciar-se sobre essa questão. Vencidos os Ministros Marco Aurélio e Luiz Fux, que reconheciam a prescrição. O Min. Marco Aurélio considerava a data do recebimento da denúncia como fator interruptivo da prescrição. Destacava que não poderia interpretar a norma de modo a prejudicar aquele a quem visaria beneficiar. Consignava que a lei não exigiria a publicação da denúncia, apenas o seu recebimento e, quer considerada a data de seu recebimento ou de sua devolução ao cartório, a prescrição já teria incidido. RE 548.181/PR, rel. Min. Rosa Weber, de 06.08.2013.

Crime ambiental: absolvição de pessoa física e responsabilidade penal de pessoa jurídica – 2. **No mérito, anotou-se que a tese do STJ, no sentido de que a persecução penal dos entes morais somente se poderia ocorrer se houvesse, concomitantemente, a descrição e imputação de uma ação humana individual, sem o que não seria admissível a responsabilização da pessoa jurídica, afrontaria o art. 225, § 3.º, da CF. Sublinhou-se que, ao se condicionar a imputabilidade da pessoa jurídica à da pessoa humana, estar-se-ia quase que a subordinar a responsabilização jurídico-criminal do ente moral à efetiva condenação da pessoa física. Ressaltou-se que, ainda que se concluísse que o legislador ordinário não estabelecera por completo os critérios de imputação da pessoa jurídica por crimes ambientais, não haveria como pretender transpor o paradigma de imputação das pessoas físicas aos entes coletivos.** Vencidos os Ministros Marco Aurélio e Luiz Fux, que negavam provimento ao extraordinário. Afirmavam que o art. 225, § 3.º, da CF não teria criado a responsabilidade penal da pessoa jurídica. Para o Min. Luiz Fux, a mencionada regra constitucional, ao afirmar que os ilícitos ambientais sujeitariam "os infratores, pessoas físicas ou jurídicas, a sanções penais e administrativas", teria apenas imposto sanções administrativas às pessoas jurídicas. Discorria, ainda, que o art. 5.º, XLV, da CF teria trazido o princípio da pessoalidade da pena, o que vedaria qualquer exegese a implicar a responsabilidade penal da pessoa jurídica. Por fim, reputava que a pena visaria à ressocialização, o que tornaria impossível o seu alcance em relação às pessoas jurídicas. **RE 548.181/PR, rel. Min. Rosa Weber, 06.08.2013.**

▸ **Qual o ATUAL entendimento do STJ sobre o assunto?**

Mesmo sem a manifestação do Plenário do STF, no ano de 2015 o STJ reviu a sua posição, afastando a dupla imputação obrigatória nos crimes ambientais, ao receber denúncia ajuizada apenas contra pessoa jurídica por delito ambiental no julgamento do RMS 39.173, de 6/8/2015: "PENAL E PROCESSUAL PENAL. RECURSO EM MANDADO DE SEGURANÇA. **RESPONSABILIDADE PENAL DA PESSOA JURÍDICA POR CRIME AMBIENTAL: DESNECESSIDADE DE DUPLA IMPUTAÇÃO CONCOMITANTE À PESSOA FÍSICA E À PESSOA JURÍDICA.** 1. Conforme orientação da 1ª Turma do STF, "O art. 225, § 3º, da Constituição Federal não condiciona a responsabilização penal da pessoa jurídica por crimes ambientais à simultânea persecução penal da pessoa física em tese responsável no âmbito da empresa. A norma constitucional não impõe a necessária dupla imputação" (RE 548181, Relatora Min. ROSA WEBER, Primeira Turma, julgado em 6/8/2013, acórdão eletrônico *DJe*-213, divulg. 29/10/2014, public. 30/10/2014). 2. Tem-se, assim, que é possível a responsabilização penal da pessoa jurídica por delitos ambientais independentemente da responsabilização concomitante da pessoa física que agia em seu nome. Precedentes desta Corte. 3. A personalidade fictícia atribuída à pessoa jurídica não pode servir de artifício para a prática de condutas espúrias por parte das pessoas naturais responsáveis pela sua condução".

> ▸ **Importante!**
>
> Desta forma, nota-se que na atualidade tanto o STF quanto o STJ admitem a imputação de responsabilidade penal à pessoa jurídica sem a obrigatoriedade de imputação simultânea de crime ambiental a pessoa natural, adotando o **sistema de dupla imputação não necessariamente concomitante.**

Ademais, note-se que para ser responsabilizado **o representante legal de grande empresa deverá ter ingerência direta sobre o fato penalmente relevante, pois inexiste responsabilidade penal objetiva**, ante o Princípio Constitucional da Culpabilidade, uma vez que deverá haver nexo causal.

> ▸ **Qual o entendimento do STF sobre o assunto?**
>
> *Habeas corpus*. 2. Responsabilidade penal objetiva. 3. Crime ambiental previsto no art. 2.º da Lei n.º 9.605/1998. 4. Evento danoso: vazamento em um oleoduto da Petrobrás. 5. Ausência de nexo causal. 6. Responsabilidade pelo dano ao meio ambiente não atribuível diretamente ao dirigente da Petrobrás. 7. Existência de instâncias gerenciais e de operação para fiscalizar o estado de conservação dos 14 mil quilômetros de oleodutos. 8. Não configuração de relação de causalidade entre o fato imputado e o suposto agente criminoso. 8. Diferenças entre conduta dos dirigentes da empresa e atividades da própria empresa. 9. Problema da assinalagmaticidade em uma sociedade de risco. 10. Impossibilidade de se atribuir ao indivíduo e à pessoa jurídica os mesmos riscos. 11. *Habeas corpus* concedido (STF, HC 83.554, de 16.08.2005).

> ▸ **Qual o entendimento do STJ sobre o assunto?**
>
> Nesse sentido, entende o STJ que "somente deve ser punido aquele que tem o poder de direcionar a ação da pessoa jurídica e que tem responsabilidade pelos atos praticados, sempre tendo como fundamento a existência de culpa e dolo – sob pena de operar-se a responsabilidade objetiva" (HC 119.511, de 21.10.2010).

Mas no caso de pequena empresa é possível presumir a responsabilidade do gestor pelo delito ambiental, pois inexistem variados agentes que poderiam cometer o crime.

> ▸ **Qual o entendimento do STJ sobre o assunto?**
>
> Tem esta Turma entendido que, não sendo o caso de grande pessoa jurídica, onde variados agentes poderiam praticar a conduta criminosa em favor da empresa, mas sim de **pessoa jurídica de pequeno porte**, onde as decisões são unificadas no gestor e vem o crime da pessoa jurídica em seu favor, **pode então admitir-se o nexo causal entre o resultado da conduta constatado pela atividade da empresa e a responsabilidade pessoal**, por culpa subjetiva, de seu gestor (RHC 71019, 6ª Turma, de 16/8/2016).

Questão polêmica é saber se as pessoas jurídicas de direito público também poderão ser responsabilizadas criminalmente na esfera ambiental, entendendo Paulo Affonso Leme Machado (2003, p. 668) que é plenamente possível, uma vez que a Lei 9.605/1998, muito menos a Constituição Federal, restringiu o alcance da tutela penal, devendo-se aplicar apenas as sanções compatíveis com a sua condição.

Contudo, tendo em conta que a Administração Pública deve sempre se pautar pela legalidade dos seus atos buscando a finalidade pública, crê-se que é irrazoável tentar imputar aos entes públicos eventual responsabilização criminal, devendo-se alcançar apenas os seus agentes, mesmo porque é impossível juridicamente a aplicação de determinadas sanções, a exemplo da liquidação forçada.

Ademais, inexiste funcionalidade na aplicação de pena às pessoas jurídicas públicas, pois por via transversa toda a coletividade estará sendo sancionada, sendo mais efetivo responsabilizar os agentes públicos ímprobos.

Nessa trilha, obtemperam Vladimir e Gilberto Passos de Freitas (2006, p. 70):

> A pessoa jurídica, a nosso ver, deve ser de Direito Privado. Isto porque a pessoa jurídica de Direito Público (União, Estados, Distrito Federal, Municípios, autarquias e fundações públicas) não podem cometer ilícito penal no seu interesse ou benefício. Elas, ao contrário das pessoas de natureza privada, só podem perseguir fins que alcancem o interesse público. Quando isso não acontece é porque o administrador público agiu com desvio de poder. Em tal hipótese só a pessoa natural pode ser responsabilizada penalmente. A norma legal não foi expressa a respeito. Além disso, eventual punição não teria sentido. Imagine-se um município condenado à pena de multa: ela acabaria recaindo sobre os munícipios que recolhem tributos à pessoa jurídica. Idem restrição de direitos – por exemplo, a pena restritiva de prestação de serviços à comunidade (art. 9.º) seria inviável, já que cabe ao Poder Público prestar tais serviços. Seria redundância.

▸ **Como esse assunto foi cobrado em concurso?**

No concurso do MP/PR para Promotor de Justiça em 2008, foi cobrado este tema na seguinte questão DISSERTATIVA: A responsabilidade penal em sede de crimes ambientais pode colher a pessoa jurídica de direito público? Justifique a resposta, lançando os argumentos que embasam a posição adotada.

Por fim, registre-se que **as pessoas jurídicas não poderão ser pacientes na ação constitucional de *habeas corpus***, uma vez que obviamente não têm direito de locomoção, consoante já decidiu o STF (HC 92.921, 1.ª Turma, de 19.08.2008; HC 88.747, 1.ª Turma, de 15.09.2009) e o STJ (HC 93.967, 5.ª Turma, de 08.04.2008).

> ▸ **Qual o entendimento do STF sobre o assunto?**
>
> ***HABEAS CORPUS*. NEGATIVA DE SEGUIMENTO. AGRAVO REGIMENTAL. PESSOA FÍSICA. REPRESENTANTE LEGAL DE PESSOA JURÍDICA QUE SE ACHA PROCESSADA CRIMINALMENTE POR DELITO AMBIENTAL. AUSÊNCIA DE CONSTRANGIMENTO ILEGAL A SER REPARADO. CABIMENTO DO HC. AGRAVO REGIMENTAL DESPROVIDO. 1. O *habeas corpus* é via de verdadeiro atalho que só pode ter por alvo – lógico – a 'liberdade de locomoção' do indivíduo, pessoa física. E o fato é que esse tipo de l**iberdade espacial ou geográfica é o bem jurídico mais fortemente protegido por uma ação constitucional. Não podia ser diferente, no corpo de uma Constituição que faz a mais avançada democracia coincidir com o mais depurado humanismo. Afinal, habeas corpus é, literalmente, ter a posse desse bem personalíssimo que é o próprio corpo. Significa **requerer ao Poder Judiciário um salvo-conduto que outra coisa não é senão uma expressa ordem para que o requerente preserve, ou, então, recupere a sua autonomia de vontade para fazer do seu corpo um instrumento de geográficas idas e vindas. Ou de espontânea imobilidade, que já corresponde ao direito de nem ir nem vir, mas simplesmente ficar. Autonomia de vontade, enfim, protegida contra 'ilegalidade ou abuso de poder' – parta de quem partir –, e que somente é de cessar por motivo de 'flagrante delito ou por ordem escrita e fundamentada de autoridade judiciária competente, salvo nos casos de transgressão militar ou crime propriamente militar, definidos em lei' (inciso LXI do art. 5.º da Constituição). 2. Na concreta situação dos autos, a pessoa jurídica da qual o paciente é representante legal se acha processada por delitos ambientais. Pessoa Jurídica que somente poderá ser punida com multa e pena restritiva de direitos. Noutro falar: a liberdade de locomoção do agravante não está, nem mesmo indiretamente, ameaçada ou restringida. 3. Agravo regimental desprovido** (HC 88.747, 1.ª Turma, de 15.09.2009).

> ▸ **Qual o entendimento do STJ sobre o assunto?**
>
> De acordo com o STJ, "por não configurar ofensa à liberdade de locomoção, deve ser mantido o entendimento do Tribunal de origem, de que a via do habeas corpus é inadequada para pleitear o trancamento da ação penal em relação à pessoa jurídica" (RHC 48172, de 20/10/2015).

2. A FIGURA DO GARANTIDOR

Interessantíssimo é o conteúdo da parte final do artigo 2.º, da Lei 9.605/1998, *litteris:*

> Art. 2.º Quem, de qualquer forma, concorre para a prática dos crimes previstos nesta Lei, incide nas penas a estes cominadas, na medida da sua culpabilidade, bem como o diretor, o administrador, o membro de conselho e de órgão técnico, o auditor, o gerente, o preposto ou mandatário de pessoa jurídica, *que, sabendo da conduta criminosa de outrem, deixar de impedir a sua prática, quando podia agir para evitá-la.*

Este dispositivo criou nova hipótese de **garantidor** para as pessoas naturais que mantenham vínculos com pessoa jurídica, a exemplo do artigo 13, § 2.º, do Código Penal, sendo possível a consumação de crimes ambientais omissivos impróprios (comissivos por omissão), ou seja, que exijam resultado naturalístico.

Logo, se uma das pessoas acima listadas sabia que um crime ambiental material iria se consumar, a exemplo do desmatamento ou da poluição irregular, mas queda-se inerte, quando podia agir para evitá-los, responderá por um crime comissivo pela simples omissão.

Nesse sentido, o STF manteve o curso de ação penal movida contra administrador de pessoa jurídica com base no artigo 2.º, da Lei 9.605/1998 (HC 94.842, de 26.05.2009).

> ▸ **Qual o entendimento do STJ sobre o assunto?**
>
> "A conduta omissiva não deve ser tida como irrelevante para o crime ambiental, devendo da mesma forma ser penalizado aquele que, na condição de diretor, administrador, membro do conselho e de órgão técnico, auditor, gerente, preposto ou mandatário da pessoa jurídica, tenha conhecimento da conduta criminosa e, tendo poder para impedi-la, não o fez" (HC 92.822/SP, Rel. Ministro ARNALDO ESTEVES LIMA, Rel. p/ Acórdão Ministro NAPOLEÃO NUNES MAIA FILHO, QUINTA TURMA, julgado em 17/06/2008, DJe 13/10/2008).

3. COMPETÊNCIA PARA JULGAMENTO

> ▸ **Importante!**
>
> No que concerne à ***competência* para julgamento dos crimes ambientais,** hoje a questão encontra-se pacificada na jurisprudência do STF e do STJ, sendo, **em regra, da *Justiça Estadual,* salvo se o delito for consumado contra bens, serviços ou interesse da União, de suas autarquias ou empresas públicas** (art. 109, inciso IV, da Constituição Federal), valendo lembrar que a Justiça Federal não tem competência para julgar contravenções penais.

Assim, considerando que a Lei 9.605/1998 não define a competência para o julgamento dos crimes ambientais, **o STJ resolveu cancelar a Súmula 91**, que previa a competência da Justiça Federal para processar e julgar os crimes praticados contra a fauna.

> ▸ **Qual o entendimento do STJ sobre o assunto?**
>
> 1. A partir da edição da Lei n.º 9.605/1998, os delitos contra o meio ambiente passaram a ter disciplina própria, não se definindo, contudo, a Justiça competente para conhecer das respectivas ações penais, certamente em decorrência do contido nos artigos 23 e 24 da Constituição Federal, que estabelecem ser da competência comum da União, Estados,

Distrito Federal e Municípios proteger o meio ambiente, preservando a fauna, bem como legislar concorrentemente sobre essas matérias. 2. **Deve ser verificado se o delito foi praticado em detrimento de bens, serviços ou interesse da União ou de suas entidades autárquicas ou empresas públicas, a teor do disposto no artigo 109, IV, da Carta Magna, de forma a firmar ou não a competência da Justiça Federal. 3. Tratando-se de suposta infração cometida em área particular, inexistente qualquer circunstância determinante de especial interesse da União, declara-se a competência da Justiça Estadual** (STJ, CC 30.260, de 22.02.2006).

Caso o parágrafo único, do artigo 26, não tivesse sido vetado pelo Presidente da República, aí sim os crimes previstos na Lei 9.605/1998 seriam de competência da Justiça Federal, apenas se investindo de jurisdição federal a Justiça Estadual quando o município do local da consumação do crime não tivesse órgão da Justiça Federal.

Deveras, **também será de competência da Justiça Federal o julgamento dos crimes ambientais previstos em tratado internacional ratificado pelo Brasil quando, iniciada a execução no Brasil, o resultado tenha ou devesse ocorrer fora do país, assim como a recíproca** (art. 109, inciso V, da CF).

Outrossim, **os delitos ambientais cometidos a bordo de navios ou aeronaves também serão de competência da Justiça Federal**, a teor do art. 109, IX, da Constituição Federal. São exemplos de crimes ambientais de competência da **Justiça Federal:**

▸ **Qual o entendimento do STF e do STJ sobre o assunto?**

A) Descartar resíduos tóxicos sobre rio que atravessa o Estado de Alagoas, pois é bem da União por cortar mais de um estado da federação **(STF, RE 454740/AL, rel. Min. Marco Aurélio, 28.4.2009).** Por outro lado, vale frisar que o STJ que "embora o delito tenha ocorrido em rio interestadual, na espécie, os danos ambientais decorrentes da prática da pesca predatória possuem apenas dimensão local, restringindo-se ao Município de Coromandel/MG, motivo pelo qual deve ser aplicada a regra da competência da jurisdição estadual" **(STJ, 3ª Seção, AgRg no CC 145487, de 28/9/2016);**

B) Crime de liberação, no meio ambiente, de organismos geneticamente modificados – plantação de soja transgênica/safra 2001. Prejuízo a interesses da União, porquanto há reflexos concretos da utilização desta tecnologia de plantio na Política Agrícola Nacional e na Balança Comercial de Exportação de nosso País **(STJ, CC 41.279, de 28.04.2004);**

C) Crime contra a fauna. Manutenção em cativeiro de espécies em extinção. IBAMA. Interesse de Autarquia Federal **(STJ, CC 37.137, DJ 14.04.2003).** No mesmo sentido o julgamento do CC 145875, 3ª Seção do STJ, de 10/8/2016: "Assim sendo, o interesse a reger a atração da competência para a justiça federal não deve ser geral, mas específico. Seja dizer, é necessária a indicação de um animal cuja espécie esteja indicada na Lista Nacional de Espécies da Fauna Brasileira

AMEAÇADA DE EXTINÇÃO, PREVISTO NA INSTRUÇÃO NORMATIVA N. 3, DE 27 DE MAIO DE 2003, DO MINISTÉRIO DO MEIO AMBIENTE;

D) Apuração de suposto crime ambiental ocorrido em área que passou a integrar parque nacional administrado pelo IBAMA **(STJ, CC 88.013, de 27.02.2008);**

E) Crime ambiental praticado em área de preservação permanente localizada às margens de rio cujo curso d'água banha mais de um Estado da Federação. Interesse da União caracterizado de acordo com a redação do art. 20, III, da Constituição Federal **(STJ, 55.130, de 28.02.2007);**

F) Delito em tese cometido no interior de área de proteção ambiental localizada no Entorno do Parque Nacional do Itatiaia, criado pelo Decreto 1.713/1937 **(STJ, CC 92.722, de 24.03.2010);**

G) A pretensa conduta criminosa contra o meio ambiente teria ocorrido em uma Zona de Amortecimento do Parque Nacional de Araucárias, que foi criada pela União **(STJ, CC 89.811, de 03.04.2008);**

H) PENAL E PROCESSO PENAL. CONFLITO NEGATIVO DE COMPETÊNCIA. **EXTRAÇÃO DE CASCALHO SEM AUTORIZAÇÃO. ART. 55 DA LEI 9.605/1998. PROPRIEDADE PRIVADA. IRRELEVÂNCIA. RECURSO MINERAL. BEM DA UNIÃO.** ART. 20, IX, DA CF. COMPETÊNCIA DA JUSTIÇA FEDERAL. ART. 109, IV, DA CF.

1. **Cuidando-se de delito contra bem da União, explicitamente trazido no artigo 20 da Constituição Federal, mostra-se irrelevante o local de sua prática, pois onde o legislador constituinte não excepcionou, não cabe ao intérprete fazê-lo** (STJ, CC 116.477, **de 25.05.2011).**

I) PENAL E PROCESSO PENAL. CONFLITO NEGATIVO DE COMPETÊNCIA. CRIME CONTRA O MEIO AMBIENTE. ART. 34, INCISO II, C/C ART. 29 DA LEI 9.605/1998. **PESCA PROIBIDA EM ÁREA ADJACENTE À ESTAÇÃO ECOLÓGICA DO TAIM/RS – UNIDADE DE CONSERVAÇÃO FEDERAL. OFENSA A BENS, SERVIÇOS OU INTERESSES DA UNIÃO**, SUAS AUTARQUIAS, OU EMPRESAS PÚBLICAS. COMPETÊNCIA DO **JUÍZO FEDERAL.**

1. Tendo sido o suposto delito cometido em área do entorno de Unidade de Conservacão Federal, **vislumbra-se prejuízo à União, Autarquias Federais ou Empresas Públicas Federais**, motivo pelo qual o processamento e julgamento de crime contra a fauna competem à Justiça Estadual[1].

2. **Conflito conhecido e provido para declarar competente o Juízo Federal da 1.ª Vara de Rio Grande/RS, suscitado** (STJ, CC 115.282, de 08.06.2011).

J) CONFLITO DE COMPETÊNCIA. PENAL. CRIME CONTRA O MEIO AMBIENTE. PESCA COM PETRECHOS PROIBIDOS. ART. 34, INCISO II, DA LEI 9.605/1998. LAGOA SITUADA NO ENTORNO DE UNIDADE DE CONSERVAÇÃO FEDERAL. COMPETÊNCIA DO SUSCITADO. INEXISTÊNCIA DE LESÃO AO MEIO AMBIENTE. ATIPICIDADE MATERIAL DA CONDUTA. CONCESSÃO DE *HABEAS CORPUS* DE OFÍCIO PARA DETERMINAR O TRANCAMENTO DA AÇÃO PENAL.

---

1. Houve erro material do STJ ao se referir à Justiça Estadual.

1. A competência da Justiça Federal, expressa no art. 109, IV, da Carta Magna, restringe-se às hipóteses em que os crimes ambientais são perpetrados em detrimento de bens, serviços ou interesses da União, suas autarquias ou empresas públicas.
2. Delito em tese cometido no entorno da Estação Ecológica do Taim, unidade de conservação federal, criada pelo Decreto 92.963/1986.
3. Logo, sendo a área vizinha a outra submetida a regime especial (bem da União), compete à Justiça Federal processar e julgar o feito, nos termos do art. 109, inciso IV, da Carta Magna.
4. Considerando-se a inexistência de lesão ao meio ambiente (fauna aquática), tendo em vista que não foi apreendido com o acusado nenhum pescado, deve ser reconhecida a atipicidade material da conduta.
5. Conflito conhecido para declarar competente o Juízo Federal da 1.ª Vara de Rio Grande – RS, concedendo-se, de ofício, ordem de habeas corpus para trancar a ação penal (STJ, 100.852, 3.ª Seção, de 28.04.2010).

L) CONFLITO DE COMPETÊNCIA. INQUÉRITO POLICIAL. SUPOSTO CRIME AMBIENTAL PRATICADO EM ÁREA DE PROTEÇÃO AMBIENTAL, INSTITUÍDA POR DECRETO PRESIDENCIAL, SUJEITA À RESTRIÇÃO ADMINISTRATIVA AO USO DA PROPRIEDADE E A INCENTIVOS E INVESTIMENTOS DO GOVERNO FEDERAL. INTERESSE DA UNIÃO CARACTERIZADO. COMPETÊNCIA DA JUSTIÇA FEDERAL.

1. Crime ambiental, praticado em detrimento de bens, interesses ou serviços da União, conduz ao reconhecimento da competência da Justiça Federal. *In casu*, a suposta ocorrência de depósito indevido de terra em área de proteção ambiental da Bacia do Rio Paraíba do Sul, instituída por Decreto Presidencial, sujeita à restrição administrativa ao uso da propriedade e a incentivos e investimentos do Governo Federal, indica a competência da Justiça Federal.
2. Conflito conhecido para declarar competente o Juízo da 1.ª Vara Federal em Guarulhos da 19.ª Subseção Judiciária de São Paulo **(STJ, CC 109.707, de 14.04.2010)**.

▸ Como esse assunto foi cobrado em concurso?

No concurso do CESPE para Procurador Federal em 2007 foi considerado errado o seguinte enunciado: Em caso de desmatamento criminoso em unidade de conservação no DF, administrada pela União, o autor do crime será processado e julgado pela justiça do DF.

No mesmo concurso, foi considerado certo o seguinte: Crime de pesca realizado em rio interestadual deve ser julgado no juízo federal competente, ao passo que crime de pesca realizado em rio estadual deve ser objeto de denúncia de membro do Ministério Público estadual respectivo.

São exemplos de crimes ambientais de competência da **Justiça Estadual:**

▸ **Qual o entendimento do STF e do STJ sobre o assunto?**

A) Tendo o crime de desmatamento ocorrido em propriedade particular, área que já pertenceu – hoje não mais – a Parque Estadual, não há se falar em lesão a bem da União. Ademais, como o delito não foi praticado em detrimento do IBAMA, que apenas fiscalizou a fazenda do réu, ausente prejuízo para a União **(STJ, CC 99.294, de 12.08.2009)**;

B) *Crime ambiental. Artigo 46, parágrafo único, da Lei n.º 9.605/1998. Transporte de madeira sem autorização do IBAMA, autarquia federal. Justiça comum estadual.* Hipótese em que não se configura a competência da Justiça Federal para o processo e julgamento do feito, nos termos do art. 109, inciso IV, da Carta Magna, porque o interesse da União, no caso, se manifesta de forma genérica ou indireta **(STF, RE 349.186, de 22.10.2002)**;

C) A proximidade da APA, por si só, não serve para determinar o interesse da União, visto que o Decreto 99.274/1990 estabelece tão somente que a atividade que possa causar dano na área situada num raio de 10 km da Unidade de Conservação ficará sujeita às normas editadas pelo CONAMA, o que não significa que a referida área será tratada como a própria Unidade de Conservação, tampouco que haverá interesse direto da União sobre ela. O fato de o IBAMA ser responsável pela administração e a fiscalização da APA, conforme entendimento desta Corte Superior, não atrai, por si só, a competência da Justiça Federal, notadamente no caso em que a edificação foi erguida fora da APA, sendo cancelado o Enunciado 91/STJ, que dispunha que 'compete à Justiça Federal processar e julgar os crimes praticados contra a fauna **(STJ, HC 38.649, de 25.04.2006)**;

D) Consoante iterativa jurisprudência do Superior Tribunal de Justiça compete à Justiça Estadual o processo e julgamento de feito que objetive a apuração de possível crime ambiental, consistente na extração de areia sem a devida autorização do órgão competente, quando perpetrado em propriedade particular. *In casu*, não restou demonstrada a existência de eventual lesão a bens, serviços ou interesses da União, a ensejar a atração da competência da Justiça Federal **(STJ, AgRg no CC 30.932/SP, *DJ* 05.05.2003)**;

E) "O mero fato de índio figurar como autor do delito ambiental, sem nenhuma conotação especial, não enseja o deslocamento da causa para a Justiça Federal, conforme enunciado da Súmula 140/STJ" **(STJ, CC 93.120, 3.ª Seção, de 09.06.2010)**;

F) Quando a área desmatada era particular à época do delito, e, posteriormente, transformada em área de preservação por Decreto Presidencial, a competência para processar e julgar a causa é da Justiça Estadual, perpetuando-se a jurisdição **(STJ, CC 99.541, 3.ª Seção, de 37.10.2010)**;

G) "CONFLITO NEGATIVO DE COMPETÊNCIA. CRIME AMBIENTAL. APREENSÃO DE ESPÉCIMES DA FAUNA SILVESTRE SEM A DEVIDA LICENÇA DO ÓRGÃO COMPETENTE. AUSÊNCIA DE INTERESSE DIRETO DA UNIÃO. COMPETÊNCIA DA JUSTIÇA ESTADUAL. 1. A preservação do meio ambiente é matéria de competência comum da União, dos Estados, do Distrito Federal e dos Municípios, nos termos do art. 23, incisos VI e VII, da Constituição Federal. 2. A Justiça Federal somente será competente para processar e julgar crimes ambientais quando caracterizada lesão a bens, serviços ou interesses da União, de suas autarquias ou empresas públicas, em conformidade com o art. 109, inciso IV, da Carta Magna. 3. Na hipótese, verifica-se que o Juízo Estadual declinou de sua competência tão somente pelo fato de o auto de infração ter sido lavrado pelo IBAMA, circunstância que se justifica em razão da competência comum da União para apurar possível crime ambiental, não sendo suficiente, todavia, por si só, para atrair a competência da Justiça Federal" **(STJ, CC 113.345, de 22.08.2012);**

H) "RECURSO ORDINÁRIO EM *HABEAS CORPUS*. 1. CRIME AMBIENTAL. ART. 46. DA LEI Nº 9.605/98. INSERÇÃO DE DADOS FALSOS EM SISTEMA ESTADUAL DE CONTROLE DE MOVIMENTAÇÃO DE PRODUTO FLORESTAL (EXTRAÇÃO IRREGULAR DE MADEIRA). 2. COMPETÊNCIA DA JUSTIÇA ESTADUAL. 3. RECURSO PROVIDO. 1. A proteção ao meio ambiente é matéria de competência comum da União, Estados, Distrito Federal e dos Municípios, nos termos do art. 23, inciso VI, da Constituição Federal. Inexistindo dispositivo expresso, constitucional ou legal, sobre qual a Justiça competente quanto aos crimes ambientais, tem-se, em regra, que o processo e o julgamento desses crimes é da competência da Justiça Comum Estadual. 2. A caracterização da fraude na inserção de dados inseridos no sistema SISFLORA/PA - sistema eletrônico de controle de dados ambiental mantido e organizado pelo Estado do Pará -, cujo objetivo era a obtenção de guias florestais para dar aparência de legalidade à atividade ilícita de extração de madeira, representa apenas violação reflexa aos bens, serviços e interesses da União, não atraindo, assim, a competência da Justiça Federal para julgar o feito, pois não caracterizada a violação ao art. 109, IV, da Constituição Federal" **(STJ, RHC 35.551, de 11/06/2013).**

4. DESCONSIDERAÇÃO DA PERSONALIDADE JURÍDICA

De índole civil ou mesmo administrativa, disposição interessante para a proteção ao meio ambiente é a contida no artigo 4.º, da Lei 9.605/1998:

> **Art. 4.º Poderá ser desconsiderada a pessoa jurídica sempre que sua personalidade for obstáculo ao ressarcimento de prejuízos causados à qualidade do meio ambiente.**

Em que pese se tratar de lei predominantemente criminal, cuida-se de uma hipótese de **desconsideração da personalidade jurídica**, em que se poderá declarar a ineficácia episódica da personalidade notadamente nas ações reparatórias dos danos ambientais.

Entende-se que é uma modalidade de *disregard of legal entity* norteada pela **Teoria Menor**, não se exigindo abuso da personalidade jurídica, bastando, por exemplo, a simples impossibilidade de a pessoa jurídica arcar com a reparação ambiental, podendo atingir os sócios e os gestores do ente de existência moral, a exemplo do que ocorre no Código de Defesa do Consumidor.

> **▸ Qual o entendimento do STJ sobre o assunto?**
>
> "A teoria menor da desconsideração, acolhida em nosso ordenamento jurídico excepcionalmente no Direito do Consumidor e no Direito Ambiental, incide com a mera prova de insolvência da pessoa jurídica para o pagamento de suas obrigações, independentemente da existência de desvio de finalidade ou de confusão patrimonial. Para a teoria menor, o risco empresarial normal às atividades econômicas não pode ser suportado pelo terceiro que contratou com a pessoa jurídica, mas pelos sócios e/ou administradores desta, ainda que estes demonstrem conduta administrativa proba, isto é, mesmo que não exista qualquer prova capaz de identificar conduta culposa ou dolosa por parte dos sócios e/ou administradores da pessoa jurídica" (REsp 279.273, de 04.12.2003).

O STJ vem acatando a desconsideração da personalidade jurídica na fase de execução processual, não sendo obrigatória a sua pronúncia na fase de conhecimento, pois mesmo após a formação da coisa julgada o sócio ou gestor da empresa terá direito ao contraditório e à ampla defesa.

> **▸ Qual o entendimento do STJ sobre o assunto?**
>
> INFORMATIVO 501. DESCONSIDERAÇÃO DA PERSONALIDADE JURÍDICA. INTIMAÇÃO DO SÓCIO. A Turma, por maioria, entendeu pela desnecessidade da citação do sócio para compor o polo passivo da relação processual, na qual o autor/recorrido pediu a aplicação da teoria da desconsideração da personalidade jurídica da empresa, haja vista o uso abusivo da sua personalidade e a ausência de bens para serem penhorados. In casu, o recorrido entabulou contrato particular de compromisso de compra e venda de imóvel com a construtora recorrente, porém, apesar de cumprir a sua parte no contrato, não recebeu a contraprestação. No entendimento da douta maioria, é suficiente a intimação do sócio da empresa, ocasião em que será oportunizada a sua defesa, ainda mais quando o processo encontra-se na fase de cumprimento de sentença, onde o recorrente fará jus à ampla defesa e ao contraditório, pois, poderá impugnar o pedido ou oferecer exceção de pré-executividade. REsp 1.096.604-DF, **Rel. Luis Felipe Salomão, julgado em 02.08.2012.**

O artigo 133 e seguintes do CPC/2015 instituiu um incidente processual para a desconsideração da personalidade jurídica, a ser instaurado a pedido da parte ou do Ministério Público, quando lhe couber intervir no processo, aplicável à desconsideração inversa da personalidade jurídica.

O incidente de desconsideração é cabível em todas as fases do processo de conhecimento, no cumprimento de sentença e na execução fundada em título executivo extrajudicial, sendo dispensado quando a desconsideração da personalidade jurídica for requerida na petição inicial, hipótese em que será citado o sócio ou a pessoa jurídica.

Instaurado o incidente, o sócio ou a pessoa jurídica será citado para manifestar-se e requerer as provas cabíveis no prazo de 15 dias e, concluída a instrução, se necessária, o incidente será resolvido por decisão interlocutória.

Uma vez acolhido o pedido de desconsideração, a alienação ou a oneração de bens, havida em fraude de execução, será ineficaz em relação ao requerente.

5. A DOSIMETRIA DAS SANÇÕES

É certo que a Lei 9.605/1998 forma um microssistema jurídico, apenas se aplicando as disposições do CP e CPP subsidiariamente (artigo 79, da Lei 9.605/1998).

Existem regras especiais para a dosimetria da sanção penal, presentes na Lei 9.605/1998, que se juntam às circunstâncias do art. 59 do Código Penal, utilizadas na primeira fase na dosimetria:

> Art. 6.º Para imposição e gradação da penalidade, a autoridade competente observará:
>
> I - a gravidade do fato, tendo em vista os motivos da infração e suas consequências para a saúde pública e para o meio ambiente;
>
> II - os antecedentes do infrator quanto ao cumprimento da legislação de interesse ambiental;
>
> III - a situação econômica do infrator, no caso de multa.

6. AS PENAS RESTRITIVAS DE DIREITO DAS PESSOAS FÍSICAS

as penas restritivas de direito para **pessoas físicas** estão previstas no artigo 8.º, da Lei 9.605/1998, **inovando-se** com relação ao Código Penal ao arrolar a ***suspensão parcial ou total de atividades e o recolhimento domiciliar***, e não se prevendo a **limitação de fim de semana e a perda de bens e valores**:

> Art. 8.º As penas restritivas de direito são:
>
> I - prestação de serviços à comunidade;
>
> II - interdição temporária de direitos;
>
> III - suspensão parcial ou total de atividades;
>
> IV - prestação pecuniária;
>
> V - recolhimento domiciliar.

▸ Como esse assunto foi cobrado em concurso?

No concurso da Planejar para Procurador do Município de Lauro de Freitas em 2016, a letra E foi apontada como falsa: As penas restritivas de direito, conforme dispõe a Lei nº 9.605, de 12 de fevereiro de 1998, sobre as sanções penais e administrativas derivadas de condutas e atividades lesivas ao meio ambiente são elencadas abaixo, exceto:

A) prestação de serviços à comunidade;
B) interdição temporária de direitos;
C) suspensão parcial ou total de atividades;
D) prestação pecuniária;
E) recolhimento em sistema prisional.

As referidas penas alternativas foram adaptadas para melhor servir ao meio ambiente. A **prestação de serviços à comunidade** consiste na atribuição ao condenado de tarefas gratuitas junto a parques e jardins públicos e unidades de conservação, e, no caso de dano da coisa particular, pública ou tombada, na restauração desta, se possível.

Já a **interdição temporária de direitos** é dividida nas seguintes modalidades:

- proibição de o condenado contratar com o Poder Público, de receber incentivos fiscais ou quaisquer outros benefícios;
- proibição de participar de licitações, pelo prazo de cinco anos, no caso de crimes dolosos, e de três anos, no de crimes culposos.

A **suspensão de atividades** será aplicada quando estas não estiverem obedecendo às prescrições legais, a exemplo do desenvolvimento de atividade impactante sem licença ambiental ou em desconformidade com a obtida.

Já a **prestação pecuniária** consistirá no pagamento em dinheiro à vítima ou à entidade pública ou privada com fim social, de importância, fixada pelo juiz, não inferior a um salário mínimo nem superior a trezentos e sessenta salários mínimos, sendo o valor pago deduzido do montante de eventual reparação civil a que for condenado o infrator.

Por fim, o **recolhimento domiciliar** baseia-se na autodisciplina e senso de responsabilidade do condenado, que deverá, sem vigilância, trabalhar, frequentar curso ou exercer atividade autorizada, permanecendo recolhido nos dias e horários de folga em residência ou em qualquer local destinado a sua moradia habitual, conforme estabelecido na sentença condenatória.

▸ **Como esse assunto foi cobrado em concurso?**

No concurso do CESPE para Juiz de Sergipe em 2008, foi considerada correta a letra E: As penas restritivas de direito especificamente aplicáveis aos crimes ambientais, previstas na Lei n.º 9.605/1998, NÃO INCLUEM

A) o recolhimento domiciliar.
B) a prestação pecuniária à vítima ou à entidade pública ou privada com fim social.
C) a prestação de serviços à comunidade junto a parques públicos.
D) a suspensão total de atividade que não obedecer à prescrição legal.
E) a proibição de participar de licitação por prazo indeterminado.

7. AS PENAS DAS PESSOAS JURÍDICAS

Para as pessoas jurídicas, o artigo 21 da Lei de Crimes Ambientais prevê as sanções de **multa, restritiva de direitos e prestação de serviços à comunidade**, como se esta última não fosse uma espécie da segunda.

> **Como esse assunto foi cobrado em concurso?**
>
> No concurso do MP/PR para Promotor de Justiça em 2008, foi considero correto o seguinte enunciado: A pessoa jurídica pode ser responsabilizada pela prática de crimes ambientais, desde que a infração tenha sido cometida no seu interesse ou benefício e que decorra de decisão de seu representante legal ou contratual, ou de seu colegiado.
>
> As penas aplicáveis à pessoa jurídica em decorrência da prática de crimes ambientais, isolada, cumulativamente ou alternativamente, são multa, restritivas de direitos e prestação de serviços à comunidade.

Com propriedade, a multa será calculada segundo os critérios do Código Penal que, revelando-se ineficaz, ainda que aplicada no valor máximo, poderá ser aumentada até três vezes, tendo em vista o valor da vantagem econômica auferida.

Já a prestação de serviços à comunidade consistirá no custeio de programas e de projetos ambientais, na execução de obras de recuperação de áreas degradadas, na manutenção de espaços públicos ou em contribuições a entidades ambientais ou culturais públicas.

Por sua vez, o artigo 22 lista as espécies de penas restritivas de direitos:

> Art. 22. As penas restritivas de direitos da pessoa jurídica são:
>
> I – suspensão parcial ou total de atividades;
>
> II – interdição temporária de estabelecimento, obra ou atividade;
>
> III – proibição de contratar com o Poder Público, bem como dele obter subsídios, subvenções ou doações.

A suspensão de atividades será aplicada quando estas não estiverem obedecendo às disposições legais ou regulamentares, relativas à proteção do meio ambiente.

A interdição será aplicada quando o estabelecimento, obra ou atividade estiver funcionando sem a devida autorização, ou em desacordo com a concedida, ou com violação de disposição legal ou regulamentar.

A proibição de contratar com o Poder Público e dele obter subsídios, subvenções ou doações não poderá exceder o prazo de dez anos.

8. APREENSÃO DOS PRODUTOS E DOS INSTRUMENTOS DO CRIME AMBIENTAL

Verificada a ocorrência de um delito contra o meio ambiente, a autoridade policial deverá promover a apreensão dos produtos e dos instrumentos do crime, mediante a lavratura do respectivo auto de apreensão, na forma do artigo 25, da Lei 9.605/1998.

Se possível a sua readaptação, os animais serão libertados em seu *habitat*. Como em muitas hipóteses essa medida não será possível, pois o animal não conseguirá sobreviver com a sua reinserção natural, deverão ser entregues a jardins zoológicos, fundações ou entidades assemelhadas, desde que fiquem sob a responsabilidade de técnicos habilitados.

Com o advento da Lei 13.052/2014, a norma ficou clara ao priorizar a libertação dos animais em seu hábitat natural e, se não for possível por questões sanitárias (a nova norma deveria ter dito por questões ecológicas), serão entregues a jardins zoológicos, fundações ou entidades assemelhadas, para guarda e cuidados sob a responsabilidade de técnicos habilitados.

Normalmente os animais são os produtos dos crimes ambientais contra a fauna, mas excepcionalmente poderão figurar como instrumentos do delito, a exemplo de cães utilizados para a prática da caça clandestina.

Em razão do *periculum in mora*, na hipótese de produtos perecíveis ou madeiras, serão estes avaliados e doados a instituições científicas, hospitalares, penais e outras com fins beneficentes.

Com o advento da Lei 13.052/2014, o artigo 25 passou a prever que o órgão autuante zelará para que os animais sejam mantidos em condições adequadas de acondicionamento e transporte que garantam o seu bem-estar físico até a sua entrega a jardins zoológicos, fundações ou entidades assemelhadas.

Por outro lado, os produtos e subprodutos da fauna não perecíveis serão destruídos (se não for possível o seu aproveitamento) ou doados a instituições científicas, culturais ou educacionais.

Ademais, os instrumentos utilizados na prática da infração serão vendidos, garantida a sua descaracterização por meio da reciclagem, a exemplo do que ocorre com as motosserras, em que os motores poderão se utilizados em cadeiras de rodas em favor de pessoas portadoras de necessidades especiais.

Vale salientar que o perdimento dos instrumentos e produtos do crime em favor da União é um efeito automático da sentença penal condenatória, na forma do artigo 91, do Código Penal, ressalvado o direito do lesado ou de terceiro de boa-fé.

A peculiaridade da Lei Ambiental é que todos os instrumentos utilizados para a prática da infração penal contra o meio ambiente serão alvo de perdimento, enquanto a regra geral adotada pelo Código Penal apenas abarca os instrumentos que consistam em coisas cujo fabrico, alienação, uso, porte ou detenção constitua fato ilícito.

9. A LIQUIDAÇÃO FORÇADA DA PESSOA JURÍDICA

A pessoa jurídica constituída ou utilizada, preponderantemente, com o fim de permitir, facilitar ou ocultar a prática de crime definido nesta Lei terá decretada sua liquidação forçada, seu patrimônio será considerado instrumento do crime e como tal perdido em favor do Fundo Penitenciário Nacional.

Conquanto não listada expressamente como sanção, o artigo 24 permite a liquidação forçada da pessoa jurídica, quando foi constituída preponderantemente para praticar delitos ambientais, sendo o patrimônio considerado instrumento do crime.

Há quem entenda que é efeito secundário da sentença condenatória, equivalente à "morte civil", sendo para parte da doutrina inconstitucional.

Crê-se que é regra válida, pois a Constituição Federal possibilita a extinção de associações após a coisa julgada (art. 5.º, inciso XIX). Além disso, a vedação a penas cruéis apenas se volta às pessoas físicas, e não às pessoas jurídicas.

▸ Qual o entendimento do STJ sobre o assunto?

De acordo com o STJ, "a Lei Ambiental previu para as pessoas jurídicas penas autônomas de multas, de prestação de serviços à comunidade, restritivas de direitos, **liquidação forçada** e desconsideração da pessoa jurídica, todas adaptadas à sua natureza jurídica" (passagem do REsp 610114, de 17.11.2005).

▸ Como esse assunto foi cobrado em concurso?

No concurso da FCC para Juiz do Amapá em 2014, foi considerada correta a letra B: Provou-se em ação penal que a empresa Alfa Ltda. foi constituída com o fim de facilitar a prática de crime definido na Lei de Crimes Ambientais (Lei Federal nº 9.605/1998). De acordo com a citada Lei, o Juiz, na sentença, deverá

A) Suspender as atividades da empresa pelo prazo máximo de 5 anos.

B) Decretar a liquidação forçada da empresa, sendo seu patrimônio considerado instrumento do crime e como tal perdido em favor do Fundo Penitenciário Nacional.

C) Dar ciência ao Ministério Público para que apure eventuais irregularidades no campo do direito civil.

D) Notificar a Junta Comercial.

E) Proibir a empresa de operar sem licença ambiental.

10. CIRCUNSTÂNCIAS ATENUANTES E AGRAVANTES

Foram criadas circunstâncias agravantes e atenuantes específicas a serem utilizadas na segunda fase da dosimetria da pena:

Art. 14. São circunstâncias que atenuam a pena:

I – baixo grau de instrução ou escolaridade do agente;

II – arrependimento do infrator, manifestado pela espontânea reparação do dano, ou limitação significativa da degradação ambiental causada;

III – comunicação prévia pelo agente do perigo iminente de degradação ambiental;

IV – colaboração com os agentes encarregados da vigilância e do controle ambiental.

Art. 15. São circunstâncias que agravam a pena, quando não constituem ou qualificam o crime:

I – reincidência nos crimes de natureza ambiental;

II – ter o agente cometido a infração:

a) para obter vantagem pecuniária;

b) coagindo outrem para a execução material da infração;

c) afetando ou expondo a perigo, de maneira grave, a saúde pública ou o meio ambiente;

d) concorrendo para danos à propriedade alheia;

e) atingindo áreas de unidades de conservação ou áreas sujeitas, por ato do Poder Público, a regime especial de uso;

f) atingindo áreas urbanas ou quaisquer assentamentos humanos;

g) em período de defeso à fauna;

h) em domingos ou feriados;

i) à noite;

j) em épocas de seca ou inundações;

l) no interior do espaço territorial especialmente protegido;

m) com o emprego de métodos cruéis para abate ou captura de animais;

n) mediante fraude ou abuso de confiança;

o) mediante abuso do direito de licença, permissão ou autorização ambiental;

p) no interesse de pessoa jurídica mantida, total ou parcialmente, por verbas públicas ou beneficiada por incentivos fiscais;

q) atingindo espécies ameaçadas, listadas em relatórios oficiais das autoridades competentes;

r) facilitada por funcionário público no exercício de suas funções.

▸ **Como esse assunto foi cobrado em concurso?**

No concurso do CESPE para Defensor Público do Piauí em 2009, foi considerada errada a seguinte questão: Os crimes contra a fauna praticados durante a noite, aos sábados e aos domingos aumentam as respectivas penas.

No concurso da FCC para Juiz de SC em 2017, foi considerada correta a letra D: São agravantes expressamente previstas na Lei ambiental nº 9.605/98 cometer a infração

I. concorrendo para danos à propriedade alheia.

II. em domingos ou feriados.

III. mediante fraude ou abuso de confiança.

IV. com abuso de poder ou violação de dever inerente a cargo, ofício, ministério ou profissão.

V. à noite.

Está correto o que se afirma APENAS em

A) II e III.

B) I, III e IV.

C) I, III e V.

D) I, II, III e V.

E) II, IV e V.

(2018/CESPE/PC-MA/Delegado de Polícia Civil/adaptada) É circunstância agravante, quando não constitui ou qualifica o crime, a prática de crimes ambientais em domingos, feriados ou à noite.

Questão certa.

Em razão do seu extenso rol, entende-se que estas agravantes afastam as previstas no Código Penal. O mesmo ocorre com as circunstâncias atenuantes, à exceção da cláusula aberta insculpida no artigo 66, do Código Penal, em que se prevê que a pena poderá ser ainda atenuada em razão de circunstância relevante, anterior ou posterior ao crime, embora não prevista expressamente em lei.

11. A SUSPENSÃO CONDICIONAL DA PENA

De sua vez, o ***sursis*** (suspensão condicional da pena) também tem regra especial, pois será cabível quando a pena privativa de liberdade não for superior a **três anos**:

> Art. 16. Nos crimes previstos nesta Lei, a suspensão condicional da pena pode ser aplicada nos casos de condenação a pena privativa de liberdade não superior a três anos.

▸ **Como esse assunto foi cobrado em concurso?**

No concurso do CESPE para Advogado da União em 2008, foi considerada certa a seguinte questão: A Lei de Crimes Ambientais prevê a suspensão condicional da pena nos casos de condenação a pena privativa de liberdade não superior a três anos.

De acordo com o artigo 77, do Código Penal, em regra, observadas outras condições, será cabível o *sursis* se a condenação em pena privativa de liberdade não ultrapassar a dois anos.

12. A INICIATIVA DA AÇÃO PENAL

> ▸ **Importante!**
>
> A ação penal será de **iniciativa pública incondicionada**, em todos os crimes previstos na Lei 9.605/1998, nos termos do artigo 26, tendo em conta que a coletividade sempre será afetada por um delito ambiental, pois a preservação ambiental é bem difuso, em que pese poder afetar de maneira direta um grupo de pessoas.

13. A SUSPENSÃO CONDICIONAL DO PROCESSO

Existem regras especiais para a suspensão condicional do processo (art. 28), também conhecida impropriamente como *sursis* processual.

Transcreve-se o dispositivo:

> Art. 28. As disposições do art. 89 da Lei n.º 9.099, de 26 de setembro de 1995, aplicam-se aos crimes de menor potencial ofensivo definidos nesta Lei, com as seguintes modificações:
>
> I – a declaração de extinção de punibilidade, de que trata o § 5.º do artigo referido no *caput*, dependerá de laudo de constatação de reparação do dano ambiental, ressalvada a impossibilidade prevista no inciso I do § 1.º do mesmo artigo;
>
> II – na hipótese de o laudo de constatação comprovar não ter sido completa a reparação, o prazo de suspensão do processo será prorrogado, até o período máximo previsto no artigo referido no *caput*, acrescido de mais um ano, com suspensão do prazo da prescrição;
>
> III – no período de prorrogação, não se aplicarão as condições dos incisos II, III e IV do § 1.º do artigo mencionado no *caput*;
>
> IV – findo o prazo de prorrogação, proceder-se-á à lavratura de novo laudo de constatação de reparação do dano ambiental, podendo, conforme seu resultado, ser novamente prorrogado o período de suspensão, até o máximo previsto no inciso II deste artigo, observado o disposto no inciso III;
>
> V – esgotado o prazo máximo de prorrogação, a declaração de extinção de punibilidade dependerá de laudo de constatação que comprove ter o acusado tomado as providências necessárias à reparação integral do dano.

Entre outros requisitos, é certo que o artigo 89, da Lei 9.099/1995, prevê a possibilidade da concessão da suspensão condicional do processo nos crimes cuja pena mínima não ultrapasse um ano. Contudo, de maneira confusa, o artigo 28, da Lei 9.605/1998, prevê a aplicabilidade desse instituto aos crimes de menor potencial ofensivo, o que dificulta a exegese do dispositivo.

Ademais disso, **a extinção da punibilidade após o período de prova depende da reparação do dano ambiental**, conforme atestado em laudo de constatação, **salvo impossibilidade comprovada de fazê-lo.**

14. A PROPOSTA DE APLICAÇÃO DE PENA RESTRITIVA DE DIREITOS

Caso o delito ambiental seja de menor potencial ofensivo, a proposta de aplicação de pena restritiva de direitos (transação penal), prevista no artigo 76, da Lei 9.099/1995, tem um requisito especial previsto no artigo 27, da Lei 9.605/1998, que é a prévia composição do dano ambiental, salvo em casos de comprovada impossibilidade.

> ▸ **Como esse assunto foi cobrado em concurso?**
>
> **(2018/CESPE/PC-MA/Delegado de Polícia Civil/adaptada)**
>
> Em regra, em se tratando de crimes ambientais de menor potencial ofensivo, é possível a transação penal sem a prévia composição do dano ambiental.
>
> Questão errada

15. A SUBSTITUIÇÃO DA PENA PRIVATIVA DE LIBERDADE

O artigo 7.º, da Lei 9.605/1998, seguiu **quase** a mesma sistemática do Código Penal, prevendo a substituição da pena privativa de liberdade pela restritiva de direitos nos delitos culposos ou dolosos **com pena inferior a quatro anos**, caso as circunstâncias sejam favoráveis.

Há uma sutil diferença porque a substituição prevista no artigo 44, I, do CP, menciona pena privativa de liberdade não superior a quatro anos.

Ou seja, uma pena privativa de liberdade de exatos quatro anos não poderá ser convertida em restritiva de direitos à luz do artigo 7.º, da Lei 9.605/1998, o que não ocorre nos crimes que não sejam ambientais.

16. SENTENÇA CONDENATÓRIA E REPARAÇÃO

Nos moldes do artigo 20, da Lei 9.605/1998, a sentença condenatória, sempre que possível, deverá fixar o valor mínimo para a reparação dos danos causados, quer para o eventual ofendido direto ou para a coletividade em geral.

17. O PRINCÍPIO DA INSIGNIFICÂNCIA

O Princípio da Insignificância ou Bagatela tem o condão de excluir a tipicidade material da conduta formalmente descrita como infração penal, em razão da inexpressiva lesão a bem juridicamente tutelado por norma penal.

Em que pese a grande controvérsia a respeito, nos crimes ambientais vem-se aceitando a sua aplicação, *conforme precedentes do STJ*, mas é preciso muito cuidado em razão da sinergia dos danos ambientais.

▸ **Qual o entendimento do STJ sobre o assunto?**

1. O princípio da insignificância, que está diretamente ligado aos postulados da fragmentariedade e intervenção mínima do Estado em matéria penal, tem sido acolhido pelo magistério doutrinário e jurisprudencial tanto desta Corte, quanto do colendo Supremo Tribunal Federal, como causa supralegal de tipicidade. Vale dizer, uma conduta que se subsuma perfeitamente ao modelo abstrato previsto na legislação penal pode vir a ser considerada atípica por força deste postulado. 2. Entretanto, é imprescindível que a aplicação do referido princípio se dê de forma prudente e criteriosa, razão pela qual é necessária a presença de certos elementos, tais como (I) a mínima ofensividade da conduta do agente; (II) a ausência total de periculosidade social da ação; (III) o ínfimo grau de reprovabilidade do comportamento e (IV) a inexpressividade da lesão jurídica ocasionada, consoante já assentado pelo colendo Pretório Excelso (HC 84.412/SP, Rel. Min. CELSO DE MELLO, *DJU* 19.04.04). 3. **Para incidir a norma penal incriminadora, é indispensável que a pesca com equipamentos proibidos possa, efetivamente, causar risco às espécies ou ao ecossistema; nada disso, todavia, se verifica no caso concreto, em que dois pescadores, utilizando-se de somente uma rede - rede esta considerada ilegal porque superior em 50 centímetros ao limite legalmente estabelecido, como registrado no aresto -, tinham retirado da represa apenas 2 quilogramas de peixes, de espécie diversas.** 4. Evidente a atipicidade material da conduta, pela desnecessidade de movimentar a máquina estatal, com todas as implicações conhecidas, para apurar conduta desimportante para o Direito Penal, por não representar ofensa a qualquer bem jurídico tutelado pela Lei Ambiental **(STJ, HC 112.840, de 23.03.2010)**.

Ainda de acordo com o STJ (HC 238.344, de 15.08.2013), "não obstante seja possível a aplicação do princípio da insignificância aos tipos penais que tutelam a proteção do meio ambiente, a depender do grau de reprovabilidade, relevância da periculosidade social e ofensividade da conduta cometida pelo agente, **tal aferição deve ser realizada com cautela, dada a fundamentalidade do direito ao meio ambiente ecologicamente equilibrado, inerente às presentes e futuras gerações (princípio da equidade intergeracional)**".

▸ **Importante!**

Por sua vez, a Suprema Corte aplicou a bagatela ao delito do artigo 40, da Lei 9.605/1998, em processo de apuração de crime ambiental supostamente praticado pelo falecido Deputado Federal Clodovil Hernandes, no julgamento da Ação Penal 439, de 12.06.2008, pois a área degradada no Parque Estadual da Serra do Mar correspondia a 0,0652 hectares.

No dia 21 de agosto de 2012 o STF voltou a aplicar o Princípio da Bagatela a um delito ambiental. O acusado foi flagrado com 12 camarões pescados em período proibido, incorrendo em tese no delito do artigo 34, da Lei 9.605/1998. Contudo, a Suprema Corte julgou a sua conduta como insignificante.

▸ **Qual o entendimento do STF sobre o assunto?**

Princípio da insignificância e crime ambiental. A 2.ª Turma, por maioria, **concedeu habeas corpus para aplicar o princípio da insignificância em favor de condenado pelo delito descrito no art. 34, caput, parágrafo único, II, da Lei 9.605/1998** ("Art. 34: Pescar em período no qual a pesca seja proibida ou em lugares interditados por órgão competente: ... Parágrafo único. Incorre nas mesmas penas quem: ... II - pesca quantidades superiores às permitidas, ou mediante a utilização de aparelhos, petrechos, técnicas e métodos não permitidos"). No caso, o paciente fora flagrado ao portar 12 camarões e rede de pesca fora das especificações da Portaria 84/2002 do IBAMA. **Prevaleceu o voto do Min. Cezar Peluso, que reputou irrelevante a conduta em face do número de espécimes encontrados na posse do paciente.** O Min. Gilmar Mendes acresceu ser evidente a desproporcionalidade da situação, porquanto se estaria diante de típico crime famélico. Asseverou que outros meios deveriam reprimir este tipo eventual de falta, pois não seria razoável a imposição de sanção penal à hipótese. Vencido o Min. Ricardo Lewandowski, que denegava a ordem, tendo em conta a objetividade da lei de defesa do meio ambiente. Esclarecia que, apesar do valor do bem ser insignificante, o dispositivo visaria preservar a época de reprodução da espécie que poderia estar em extinção. Ressaltava que o paciente teria reiterado essa prática, embora não houvesse antecedente específico nesse sentido. HC 112563/SC, rel. orig. Min. Ricardo Lewandowski, red. p/ o acórdão Min. Cezar Peluso, 21.8.2012 (HC 112563).

No entanto, o tema hoje é controvertido no STF, pois a **1ª Turma** negou a aplicação do Princípio da Insignificância ao delito do artigo 34 da Lei 9.605/98, ao argumento de que "**a natureza do bem protegido – o meio ambiente – afasta a construção jurisprudencial do crime de bagatela**".

Informativo STF 901 -Princípio da insignificância e pesca no período de defeso

O princípio da bagatela não se aplica ao crime previsto no art. 34, "caput" c/c parágrafo único, II, da Lei 9.605/1998.

Com base nesse entendimento, a Primeira Turma denegou a ordem de "habeas corpus" em que se pleiteava a aplicação do princípio da insignificância à realização de pesca em período de defeso com o **uso de método não permitido,** ante a alegada irrelevância do dano ambiental causado pela pesca de sete quilos de camarão.

A Turma afirmou que as circunstâncias da prática delituosa não afastam a configuração do tipo penal. Tais circunstâncias devem repercutir na fixação da pena. Ademais, a natureza do bem protegido – o meio ambiente – afasta a construção jurisprudencial do crime de bagatela. HC 122560/SC, rel. Min. Marco Aurélio, julgamento em **8.5.2018.** (HC-122560).

18. COMENTÁRIO GERAL SOBRE OS TIPOS

Em tipos penais, a tutela é assim dividida no Capítulo V:

- **Crimes contra a Fauna (Seção I)** – Artigos 29/37;
- **Contra a Flora (Seção II)** – Artigos 38/53;
- **Poluição e outros Crimes Ambientais (Seção III)** – Artigos 54/61;
- **Contra o Ordenamento Urbano e o Patrimônio Cultural (Seção IV)** – Artigos 62/65;
- **Contra a Administração Ambiental (Seção V)** – Artigos 66/69-A.

Como não poderia deixar de ser nesta área, em que pese o Princípio da Estrita Legalidade, o legislador utilizou inúmeros conceitos jurídicos indeterminados que em Direito Penal são chamados de **elementos normativos do tipo**, pois é nítido o caráter interdisciplinar do Direito Ambiental.

Além disso, por serem abertos, muitos tipos precisam ser complementados por outros atos (**normas penais em branco ou descontinuidade normativo-típica**), que normalmente são produzidos pelo Poder Executivo (normas penais em branco heterogêneas), uma vez que não é possível a especificação pela lei ante as peculiaridades de cada situação concreta, a exemplo do delito capitulado no artigo 34[2], em que é preciso um ato regulamentar para indicar o local ou período proibido para a pesca.

Com propriedade, em muitos casos não há outra saída para a tipificação dos delitos ambientais, em que o legislador instituiu uma descontinuidade normativo-típica, exigindo-se os complementos por atos do Poder Executivo, a quem cabe exercer tipicamente a função administrativa de proteção ao meio ambiente.

Todavia, uma questão deve ser ponderada. Se é certo que ninguém pode se escusar de cumprir a lei alegando que a desconhece – conforme disposto no artigo 3.º, da Lei de Introdução ao Código Civil, aplicável a todo o ordenamento jurídico nacional, em decorrência de uma ficção jurídica que busca garantir a efetividade da legislação –, crê-se que esse dispositivo deve ser aplicado com reservas aos atos do Poder Público que não sejam lei em sentido estrito, no caso os complementos às normais penais em branco contidas de maneira esparsa na Lei 9.605/1998.

Deveras, deve haver uma presunção relativa de conhecimento desses complementos heterogêneos, facultando-se ao agente demonstrar que realmente não tinha ciência da ilicitude de sua conduta (erro de proibição).

Como exemplo, cite-se o período de vedação da pesca em razão da reprodução dos peixes. Esse período normalmente é fixado anualmente com variações, por inúmeros atos da Administração Pública ambiental, às vezes variando em um mesmo rio, a depender da localização. São dezenas ou até centenas de atos todos os anos!

Logo, se uma pessoa é flagrada pescando no primeiro dia da proibição e comprova que no ano anterior a proibição ainda não estava vigente naquele mesmo

2. Art. 34. Pescar em período no qual a pesca seja proibida ou em lugares interditados por órgão competente:
Pena – detenção de um ano a três anos ou multa, ou ambas as penas cumulativamente.

dia, não tendo sido veiculado na imprensa o novo período anual, não é razoável que se puna o agente. A interpretação do Direito não pode conduzir a absurdos.

Considera-se **pesca para fins penais** todo ato tendente a retirar, extrair, coletar, apanhar, apreender ou capturar espécimes dos grupos dos peixes, crustáceos, moluscos e vegetais hidróbios, suscetíveis ou não de aproveitamento econômico, ressalvadas as espécies ameaçadas de extinção, constantes nas listas oficiais da fauna e da flora, na forma do artigo 30, da Lei 9.605/1998.

Por seu turno, boa parte dos delitos é de menor potencial ofensivo, existindo **figuras culposas nos artigos 38, 40, 41, 49, 54, 62, 67 e 68** da Lei 9.605/1998. Poucos delitos não se sujeitam a substituição da pena privativa de liberdade pela restritiva de direitos (a partir de quatro anos), a exemplo dos artigos 35 e 40. Existem crimes de dano e de perigo, sendo que estes devem ser privilegiados ante o caráter irreparável dos danos ambientais, em regra, à luz do Princípio da Prevenção.

Sempre a coletividade será sujeito passivo dos crimes ambientais, mesmo que o delito afete diretamente algum membro da sociedade, a exemplo do desmatamento ilegal de floresta particular.

▸ Importante!

Existem causas **excludentes de ilicitude** no que concerne ao **abate de animais**, previstas no artigo 37, da Lei 9.605/1998:

- Em estado de necessidade, para saciar a fome do agente ou de sua família;
- Para proteger lavouras, pomares e rebanhos da ação predatória ou destruidora de animais, desde que legal e expressamente autorizado pela autoridade competente;
- Por ser nocivo o animal, desde que assim caracterizado pelo órgão competente.

▸ Como esse assunto foi cobrado em concurso?

No concurso do CESPE para Defensor Público do PI em 2009, foram consideradas erradas as seguintes questões:

- Abater um animal para proteger lavoura é um ato que independe de autorização.
- O abate de animal, ainda que este seja considerado nocivo pelo órgão competente, é considerado crime.

Vários crimes ambientais não exigem efetivo dano ambiental para a sua consumação, sendo classificados como **delitos de perigo**, em observância ao *Princípio da Prevenção*, pois é preciso se antecipar às ações lesivas mais agressivas ao ambiente, tipificando a mera ameaça ao bem ambiental protegido pela norma penal incriminadora, ante o caráter irreparável *in natura* que tradicionalmente marca o dano ambiental, a exemplo dos delitos dos artigos 34, 52 e 60, da Lei 9.605/1998.

Vale registrar que, mesmo em se tratando de delitos ambientais materiais, o Ministério Público poderá ajuizar a denúncia durante o trâmite do processo administrativo no órgão ambiental, não sendo a conclusão da atuação administrativa condição de procedibilidade da ação penal, em razão da independência das instâncias de responsabilização ambiental.

> ▸ **Qual o entendimento do STJ sobre o assunto?**
>
> **CRIMES CONTRA O MEIO AMBIENTE (ARTIGOS 39 E 40 DA LEI 9.605/1998). ALEGADA FALTA DE JUSTA CAUSA PARA A PERSECUÇÃO PENAL. DESNECESSIDADE DE CONCLUSÃO DO PROCESSO ADMINISTRATIVO PARA O OFERECIMENTO DA DENÚNCIA. INDEPENDÊNCIA ENTRE AS ESFERAS ADMINISTRATIVA E CRIMINAL.** CONSTRANGIMENTO ILEGAL INEXISTENTE. 1. O trancamento de ação penal na via do *habeas corpus* é medida excepcional, só admitida quando restar provada, inequivocamente, sem a necessidade de exame valorativo do conjunto fático ou probatório, a atipicidade da conduta, a ocorrência de causa extintiva da punibilidade, ou, ainda, a ausência de indícios de autoria ou de prova da materialidade do delito. Precedentes. **2. No caso dos autos, muito embora os crimes ambientais pelos quais o paciente foi acusado (artigos 39 e 40 da Lei 9.605/1998) sejam materiais, dependendo da ocorrência de dano para que possam se caracterizar, não há dúvidas de que o Ministério Público não precisa aguardar a conclusão do processo administrativo instaurado junto ao IBAMA para deflagrar a respectiva ação penal.**
>
> **3. Isso porque as esferas administrativa e penal são independentes, razão pela qual o Parquet, dispondo de elementos mínimos para oferecer a denúncia, pode fazê-lo, prescindindo-se da apuração dos fatos pelo órgão administrativo competente.** 4. Eventual celebração de termo de ajustamento de conduta não impede a persecução criminal, repercutindo apenas na dosimetria da eventual pena a ser cominada ao autor do ilícito ambiental. Precedentes (HC 160.525, de 05.03.2013).

> ▸ **Qual o entendimento do STJ sobre o assunto?**
>
> **O cumprimento de Termo de Ajustamento de Conduta deve ser regido pelo Código Florestal vigente à época da celebração do acordo.** REsp 1.802.754-SP, Rel. Min. Herman Benjamin, Segunda Turma, por unanimidade, julgado em 08/10/2019, DJe 11/09/2020.

19. DOS CRIMES CONTRA A FAUNA

Os crimes contra a fauna estão previstos no Capítulo V, Seção I, da Lei 9.605/1998. O delito capitulado no **artigo 29**, da Lei 9.605/1998, protege genericamente os animais integrantes da fauna silvestre, assim considerados todos aqueles pertencentes às espécies nativas, migratórias e quaisquer outras, aquáticas ou terrestres, que tenham todo ou parte de seu ciclo de vida ocorrendo dentro dos limites do território brasileiro, ou águas jurisdicionais brasileiras, *não se aplicando aos atos de pesca*:

TIPICIDADE	PENA
Matar, perseguir, caçar, apanhar, utilizar espécimes da fauna silvestre, nativos ou em rota migratória, sem a devida permissão, licença ou autorização da autoridade competente, ou em desacordo com a obtida	Detenção de seis meses a um ano, e multa

Foi prevista a possibilidade de concessão de perdão judicial na hipótese de guarda doméstica de espécie silvestre não considerada ameaçada de extinção, bem como uma causa de aumento até o triplo da pena, no caso de exercício de caça profissional.

> **Como esse assunto foi cobrado em concurso?**
>
> **(2018/CESPE/PC-MA/Delegado de Polícia Civil/adaptada)**
>
> É cabível o perdão judicial em caso de guarda doméstica de animal silvestre, mesmo tratando-se de espécie ameaçada de extinção.
>
> Questão errada

Por sua vez, o **artigo 30** objetiva proteger os anfíbios e os répteis:

TIPICIDADE	PENA
Exportar para o exterior peles e couros de anfíbios e répteis em bruto, sem a autorização da autoridade ambiental competente	Reclusão, de um a três anos, e multa

Já o **artigo 31** tem o desiderato de manter o equilíbrio dos ecossistemas brasileiros, que poderá estar ameaçado com a inserção não autorizada de um animal exótico (de outro ecossistema):

TIPICIDADE	PENA
Introduzir espécime animal no País, sem parecer técnico oficial favorável e licença expedida por autoridade competente	Detenção, de três meses a um ano, e multa

O **artigo 32** visa à proteção de todos os animais vertebrados contra os maus-tratos ou mesmo a morte, tendo em vista se tratarem de seres vivos que sentem dor:

TIPICIDADE	PENA
Praticar ato de abuso, maus-tratos, ferir ou mutilar animais silvestres, domésticos ou domesticados, nativos ou exóticos	Detenção, de três meses a um ano, e multa

> **Como esse assunto foi cobrado em concurso?**
>
> (2018/CESPE/PC-MA/Delegado de Polícia Civil/adaptada)
>
> Conforme a referida lei, a tipificação da prática de maus tratos contra animais restringe-se aos animais silvestres.
>
> Questão errada

Vale frisar que estão sujeitos à mesma pena quem realiza experiência dolorosa ou cruel em animal vivo, ainda que para fins didáticos ou científicos, quando existirem recursos alternativos, assim como a morte do animal elevará a pena de um sexto a um terço.

▸ **Como esse assunto foi cobrado em concurso?**

No concurso da UFMT para Analista Judiciário do TJMT em 2016, foi considerada correta a letra C: O renomado Professor Dr. Tibélio, em seu magistério, costuma realizar com fins didáticos dissecação de animais silvestres vivos, por entender mais conveniente apesar de existirem recursos alternativos viáveis cientificamente. É correto afirmar que o ato do Professor Dr. Tibélio

A) não se enquadra no crime de maus-tratos, disposto no Art. 32 da Lei de Crimes Ambientais, uma vez que havia fins didáticos.

B) só se enquadraria no crime de maus tratos se fossem animais domésticos.

C) enquadra-se no crime de maus-tratos, disposto no Art. 32 da Lei de Crimes Ambientais.

D) só se enquadraria no crime de maus tratos se fossem animais em extinção.

No entanto, o Superior Tribunal de Justiça vem amenizando a imposição legal, pois possui precedente que assegura a manutenção da guarda doméstica de animal silvestre sem autorização ambiental, desde que de boa-fé e com bons cuidados.

▸ **Qual o entendimento do STJ sobre o assunto?**

Informativo 550– DIREITO AMBIENTAL. POSSE IRREGULAR DE ANIMAIS SILVESTRES POR LONGO PERÍODO DE TEMPO. **O particular que, por mais de vinte anos, manteve adequadamente, sem indício de maus-tratos, duas aves silvestres em ambiente doméstico pode permanecer na posse dos animais.** Nesse caso específico, aplicar o art. 1.º da Lei 5.197/1967 ("Os animais de quaisquer espécies, em qualquer fase do seu desenvolvimento e que vivem naturalmente fora do cativeiro, constituindo a fauna silvestre, bem como seus ninhos, abrigos e criadouros naturais são propriedades do Estado, sendo proibida a sua utilização, perseguição, destruição, caça ou apanha") e o art. 25 da Lei 9.605/1998 ("Verificada a infração, serão apreendidos seus produtos e instrumentos, lavrando-se os respectivos autos") equivaleria à negação da sua finalidade, que não é decorrência do princípio da legalidade, mas uma inerência dele. A legislação deve buscar a efetiva proteção dos animais.

Assim, seria desarrazoado determinar a apreensão dos animais para duvidosa reintegração ao seu *habitat* e seria difícil identificar qualquer vantagem em transferir a posse para um órgão da Administração Pública. Ademais, no âmbito criminal, o art. 29, § 2.º, da Lei 9.605/1998 expressamente prevê que "no caso de guarda doméstica de espécie silvestre não considerada ameaçada de extinção, pode o juiz, considerando as circunstâncias, deixar de aplicar a pena". Precedente citado: REsp 1.084.347-RS, Segunda Turma, DJe 30/9/2010. **REsp 1.425.943-RN, Rel. Min. Herman Benjamin, julgado em 02.09.2014.**

Por força da **Lei 14.064/2020**, quando se tratar de cão ou gato, a pena para as condutas descritas será de reclusão, de 2 (dois) a 5 (cinco) anos, multa e proibição da guarda, tendo, portanto, sido criado um **tipo qualificado**.

O **artigo 33** veicula um delito de poluição bem específico que tem o desiderato de proteger os espécimes da fauna aquática:

TIPICIDADE	PENA
Provocar, pela emissão de efluentes ou carreamento de materiais, o perecimento de espécimes da fauna aquática existentes em rios, lagos, açudes, lagoas, baías ou águas jurisdicionais brasileiras	Detenção, de um a três anos, ou multa, ou ambas cumulativamente

Já o **artigo 34** busca punir a pesca praticada em locais ou períodos proibidos (normalmente durante o período de reprodução), sendo necessário um complemento do Poder Público para o fechamento do tipo (norma penal em branco), pois o dispositivo não especifica o impedimento da pesca:

TIPICIDADE	PENA
Pescar em período no qual a pesca seja proibida ou em lugares interditados por órgão competente	Detenção de um ano a três anos ou multa, ou ambas as penas cumulativamente

▸ **Qual o entendimento do STJ sobre o assunto?**

O STJ que "embora o delito tenha ocorrido em rio interestadual, na espécie, os danos ambientais decorrentes da prática da pesca predatória possuem apenas dimensão local, restringindo-se ao Município de Coromandel/MG, motivo pelo qual deve ser aplicada a regra da competência da jurisdição estadual" (3ª Seção, AgRg no CC 145487, de 28/9/2016).

Vale ressaltar que, de acordo com o artigo 36, da Lei 9.605/1998, para efeitos criminais, "considera-se pesca todo ***ato tendente*** a retirar, extrair, coletar, apanhar, apreender ou capturar espécimes dos grupos dos peixes, crustáceos, moluscos e vegetais hidróbios, suscetíveis ou não de aproveitamento econômico, ressalvadas as espécies ameaçadas de extinção, constantes nas listas oficiais da fauna e da flora".

Assim, a tentativa de retirada de vegetais da água, peixes, moluscos e crustáceos é suficiente para que haja a consumação do crime do artigo 34, da Lei 9.605/1998, razão pela qual ele não admite tentativa (delito de atentado ou empreendimento).

De seu turno, o **artigo 35** pune mais gravemente a pesca promovida com o manejo de explosivos ou substâncias tóxicas, em razão da maior lesividade ambiental:

TIPICIDADE	PENA
Pescar mediante a utilização de: I – explosivos ou substâncias que, em contato com a água, produzam efeito semelhante; II – substâncias tóxicas, ou outro meio proibido pela autoridade competente	Reclusão de um ano a cinco anos

Por fim, o **artigo 37** prevê hipóteses de exclusão da ilicitude da conduta nos crimes ambientais, **não sendo considerado delito contra o meio ambiente** o abate de animais quando realizado:

- Em estado de necessidade, para saciar a fome do agente ou de sua família;
- Para proteger lavouras, pomares e rebanhos da ação predatória ou destruidora de animais, desde que legal e expressamente autorizado pela autoridade competente;
- Por ser nocivo o animal, desde que assim caracterizado pelo órgão competente.

20. DOS CRIMES CONTRA A FLORA

Os crimes contra a flora estão previstos no Capítulo V, Seção II, da Lei 9.605/1998. O **artigo 38** confere proteção penal às florestas situadas em APP, ou seja, as vegetações arbóreas densas das áreas dos artigos 4.º e 6.º do Código Florestal de 2012:

TIPICIDADE	PENA
Destruir ou danificar floresta considerada de preservação permanente, mesmo que em formação, ou utilizá-la com infringência das normas de proteção	Detenção, de um a três anos, ou multa, ou ambas as penas cumulativamente

Ainda é prevista a modalidade culposa (dano culposo), com pena reduzida à metade.

▸ **Como esse assunto foi cobrado em concurso?**

No concurso da FCC para Juiz do Amapá em 2010, foi considerada correta a letra B: A conduta consistente em destruir ou danificar floresta de preservação permanente é

A) atípica, sem também ensejar infração administrativa.

B) objeto de tipo penal autônomo.

C) circunstância agravante do crime de dano a unidade de conservação.

D) circunstância agravante do crime de dano a reserva legal.

E) atípica, consistindo apenas em infração administrativa.

Já o **artigo 38-A**, inserido pela Lei 11.428/2006, é específico para a **proteção do Bioma Mata Atlântica**. Em decorrência do Princípio da Intervenção Mínima, o artigo 38-A, da Lei 11.428/2006, apenas protege a Mata Atlântica primária e secundária em estado avançado e médio de regeneração:

TIPICIDADE	PENA
Destruir ou danificar vegetação primária ou secundária, em estágio avançado ou médio de regeneração, do Bioma Mata Atlântica, ou utilizá-la com infringência das normas de proteção	Detenção, de 1 (um) a 3 (três) anos, ou multa, ou ambas as penas cumulativamente

Ainda é prevista a modalidade culposa (dano culposo), com pena reduzida à metade.

Já o **artigo 39**, da Lei 9.605/1998, é específico para a proteção de árvores situadas em florestas de preservação permanente, sendo especial com relação ao tipo do artigo 38:

TIPICIDADE	PENA
Cortar árvores em floresta considerada de preservação permanente, sem permissão da autoridade competente	Detenção, de um a três anos, ou multa, ou ambas as penas cumulativamente

Os **artigos 40 e 40-A** protegem as unidades de conservação, tanto as de *proteção integral* (Estações Ecológicas, Reservas Biológicas, Parques Nacionais, Monumentos Naturais e Refúgios de Vida Silvestre) quanto as de **uso sustentável** (Áreas de Proteção Ambiental, Áreas de Relevante Interesse Ecológico, Florestas Nacionais, Reservas Extrativistas, Reservas de Fauna, Reservas de Desenvolvimento Sustentável e Reservas Particulares do Patrimônio Natural).

TIPICIDADE	PENA
Causar dano direto ou indireto às Unidades de Conservação e às áreas de que trata o art. 27 do Decreto 99.274, de 6 de junho de 1990, independentemente de sua localização	Reclusão, de um a cinco anos

Ainda é prevista a modalidade culposa (dano culposo), com pena reduzida à metade.

O **artigo 41** tem o propósito de tutelar as matas e florestas contra os incêndios causados dolosamente, sendo que o delito admite modalidade culposa, mas com pena de detenção de seis meses a um ano, e multa:

TIPICIDADE	PENA
Provocar incêndio em mata ou floresta	Reclusão, de dois a quatro anos, e multa

Já o **artigo 42** criminaliza a conduta daqueles que soltam, fabricam, transportam ou vendem balões, pois há um elevado risco de incêndio tanto em áreas urbanas quanto em rurais:

TIPICIDADE	PENA
Fabricar, vender, transportar ou soltar balões que possam provocar incêndios nas florestas e demais formas de vegetação, em áreas urbanas ou qualquer tipo de assentamento humano	Detenção de um a três anos ou multa, ou ambas as penas cumulativamente

O delito do **artigo 43** foi vetado.

Por sua vez, o **artigo 44** contempla um tipo especial de extração de recursos minerais desautorizada, mas apenas em áreas públicas ou de preservação permanente:

TIPICIDADE	PENA
Extrair de florestas de domínio público ou consideradas de preservação permanente, sem prévia autorização, pedra, areia, cal ou qualquer espécie de minerais	Detenção, de seis meses a um ano, e multa

O **artigo 45** objetiva evitar que as madeiras mais nobres sejam transformadas em carvão, mas ainda não tem aplicabilidade, pois inexiste na atualidade um ato do Pode Público listando as madeiras de lei:

TIPICIDADE	PENA
Cortar ou transformar em carvão madeira de lei, assim classificada por ato do Poder Público, para fins industriais, energéticos ou para qualquer outra exploração, econômica ou não, em desacordo com as determinações legais	Reclusão, de um a dois anos, e multa

Já o **artigo 46** criminaliza a conduza daqueles que recebem, adquirem, vendem, compram, guardam ou transportam produtos de origem vegetal não beneficiados, especialmente a madeira, sem a licença ou autorização ambiental:

TIPICIDADE	PENA
Receber ou adquirir, para fins comerciais ou industriais, madeira, lenha, carvão e outros produtos de origem vegetal, sem exigir a exibição de licença do vendedor, outorgada pela autoridade competente, e sem munir-se da via que deverá acompanhar o produto até final beneficiamento. Incorre nas mesmas penas quem vende, expõe à venda, tem em depósito, transporta ou guarda madeira, lenha, carvão e outros produtos de origem vegetal, sem licença válida para todo o tempo da viagem ou do armazenamento, outorgada pela autoridade competente.	Detenção, de seis meses a um ano, e multa

O crime do **artigo 47** foi vetado.

O delito do **artigo 48** criminaliza a conduta daqueles que impedem ou dificultam a regeneração natural da vegetação de maneira clandestina, a exemplo da construção de prédio ou do lançamento de sementes na área em que poderia ocorrer a regeneração:

TIPICIDADE	PENA
Impedir ou dificultar a regeneração natural de florestas e demais formas de vegetação	Detenção, de seis meses a um ano, e multa

O crime do **artigo 49** objetiva proteger as plantas de ornamentação. Entende-se que tipificar essa conduta viola o caráter fragmentário do Direito Penal e o Princípio da Proporcionalidade, especialmente por existir uma modalidade culposa (pena de um a seis meses, ou multa) sendo um exagero do legislador:

TIPICIDADE	PENA
Destruir, danificar, lesar ou maltratar, por qualquer modo ou meio, plantas de ornamentação de logradouros públicos ou em propriedade privada alheia	Detenção, de três meses a um ano, ou multa, ou ambas as penas cumulativamente

Por seu turno, no **artigo 50** o legislador objetivou proteger florestas que fixam dunas ou mangues, mas não houve definição do que é "objeto de especial preservação":

TIPICIDADE	PENA
Destruir ou danificar florestas nativas ou plantadas ou vegetação fixadora de dunas, protetora de mangues, objeto de especial preservação	Detenção, de três meses a um ano, e multa

O **artigo 50-A** foi inserido através da Lei 11.284/2006 e objetiva a proteção de florestas públicas especialmente na Amazônia:

TIPICIDADE	PENA
Desmatar, explorar economicamente ou degradar floresta, plantada ou nativa, em terras de domínio público ou devolutas, sem autorização do órgão competente	Reclusão de 2 (dois) a 4 (quatro) anos e multa

De efeito, há uma causa de aumento de pena para os desmatamentos acima de 1.000 ha, de um ano para cada milhar de hectare desmatado.

Por sua vez, ainda foi prevista uma excludente especial de ilicitude, não sendo crime a conduta praticada quando necessária à subsistência imediata pessoal do agente ou de sua família.

O **artigo 51** criminaliza a conduta daqueles que comercializam motosserras ou as utilizam em vegetação sem autorização ou licença ambiental:

TIPICIDADE	PENA
Comercializar motosserra ou utilizá-la em florestas e nas demais formas de vegetação, sem licença ou registro da autoridade competente	Detenção, de três meses a um ano, e multa.

No **artigo 52** foi cristalizado um delito de perigo, pois a mera ameaça às unidades de conservação foi criminalizada através da seguinte conduta:

TIPICIDADE	PENA
Penetrar em Unidades de Conservação conduzindo substâncias ou instrumentos próprios para caça ou para exploração de produtos ou subprodutos florestais, sem licença da autoridade competente	Detenção, de seis meses a um ano, e multa

▸ **Como esse assunto foi cobrado em concurso?**

(2019/CESPE/PGM CAMPO GRANDE/PROCURADOR) Portando uma arma de fogo, mas sem licença de autoridade ambiental competente, João penetrou em uma unidade de conservação. **Assertiva**: Ainda que não abata nenhum animal nem mesmo tente fazê-lo na referida unidade de conservação, João cometeu um crime ambiental.

Gabarito: certo

Finalmente, o **artigo 53** instituiu causas de aumento de pena para os crimes contra a flora de um sexto a um terço, que apenas serão aplicadas quanto não constituírem ou qualificarem os delitos para que não haja *bis in idem*:

- Do fato resulta a diminuição de águas naturais, a erosão do solo ou a modificação do regime climático;
- O crime é cometido: no período de queda das sementes; no período de formação de vegetações; contra espécies raras ou ameaçadas de extinção, ainda que a ameaça ocorra somente no local da infração; em época de seca ou inundação; durante a noite, em domingo ou feriado.

21. DOS CRIMES DE POLUIÇÃO E OUTROS CRIMES AMBIENTAIS

O crime de poluição e outros delitos contra o ambiente estão previstos no Capítulo V, Seção III, da Lei 9.605/1998. Já no **artigo 54** foi capitulado um dos crimes ambientais mais importantes, o de poluição.

Por óbvio, apenas será considerada criminosa a poluição ilícita, ou seja, a que não está amparada em licenciamento ambiental ou é promovida em desconformidade com a licença ou autorização ambiental obtida.

Ademais, apenas a poluição mais grave foi tipificada, em quatro núcleos alternativos do tipo penal:

TIPICIDADE	PENA
Causar poluição de qualquer natureza em níveis tais que resultem ou possam resultar em danos à saúde humana, ou que provoquem a mortandade de animais ou a destruição significativa da flora	Reclusão, de um a quatro anos, e multa

▸ **Como esse assunto foi cobrado em concurso?**

(2018/CESPE/PC-MA/Delegado de Polícia Civil/adaptada) Caracteriza crime ambiental a conduta daquele que produz sons e ruídos em quaisquer atividades, desrespeitando as normas de silêncio.

Questão errada

▸ **Qual o entendimento do STJ sobre o assunto?**

Existia controvérsia no STJ sobre a necessidade de perícia oficial para demonstrar a tipicidade da conduta deste delito. A 3ª Seção, no julgamento do EREsp 1.417.279-SC, Rel. Min. Joel Ilan Paciornik, por unanimidade, julgado em 11/04/2018, decidiu que o delito previsto na primeira parte do artigo 54 da Lei n. 9.605/1998 possui **natureza formal**, sendo suficiente a potencialidade de dano à saúde humana para configuração da conduta delitiva: "Cinge-se a controvérsia a saber se é necessária a realização de perícia técnica para a comprovação do dano efetivo à saúde humana no que tange à caracterização de crime ambiental consubstanciado em causar poluição de qualquer natureza. Quanto ao ponto, o acórdão embargado entendeu que "o delito previsto na primeira parte do art. 54 da Lei n. 9.605/1998 exige prova do risco de dano, sendo insuficiente para configurar a conduta delitiva a mera potencialidade de dano à saúde humana". Já para o acórdão paradigma, "o delito previsto na primeira parte do artigo 54, da Lei n. 9.605/1998, possui natureza formal, porquanto o risco, a potencialidade de dano à saúde humana, é suficiente para configurar a conduta delitiva, não se exigindo, portanto, resultado naturalístico e, consequentemente, a realização de perícia" (AgRg no REsp 1.418.795-SC, Rel. Ministro Marco Aurélio Bellize, Rel. para acórdão Regina Helena Costa, Quinta Turma, DJe 7/8/2014). **Deve prevalecer o entendimento do acórdão paradigma e nos casos em que forem reconhecidas a autoria e a materialidade da conduta descrita no art. 54, § 2º, V, da Lei n. 9.605/1998, a potencialidade de dano à saúde humana é suficiente para configuração da conduta delitiva, haja vista a natureza formal do crime, não se exigindo, portanto, a realização de perícia"** (Informativo STJ 624).

▸ **Qual o entendimento do STJ sobre o assunto?**

As condutas delituosas previstas nos artigos 54, § 1º, I, II, III e IV e § 3º e 56, § 1º, I e II, c/c 58, I, da Lei n. 9.605/1998, que se resumem na ação de causar poluição ambiental que provoque danos à população e ao próprio ambiente, em desacordo com as exigências estabelecidas na legislação de proteção, e na omissão em adotar medidas de precaução nos casos de risco de dano grave ou irreversível ao ecossistema, são de natureza permanente, para fins de aferição da prescrição. AgRg no REsp 1.847.097-PA, Rel. Min. Joel Ilan Paciornik, Quinta Turma, por unanimidade, julgado em 05/03/2020, DJe 13/03/2020

Esta infração penal ainda admite a modalidade culposa, com pena de detenção, de seis meses a um ano, e multa. Ainda foi previsto o delito de *poluição qualificada* pelo maior desvalor do resultado:

TIPICIDADE	PENA
Se o crime: tornar uma área, urbana ou rural, imprópria para a ocupação humana; causar poluição atmosférica que provoque a retirada, ainda que momentânea, dos habitantes das áreas afetadas, ou que cause danos diretos à saúde da população; causar poluição hídrica que torne necessária a interrupção do abastecimento público de água de uma comunidade; dificultar ou impedir o uso público das praias; ocorrer por lançamento de resíduos sólidos, líquidos ou gasosos, ou detritos, óleos ou substâncias oleosas, em desacordo com as exigências estabelecidas em leis ou regulamentos	Reclusão, de um a cinco anos

Existe também um tipo *omissivo formal* com a mesma pena do tipo qualificado para quem deixar de adotar, quando assim o exigir a autoridade competente, medidas de precaução em caso de risco de dano ambiental grave ou irreversível.

De sua vez, colaciona-se abaixo a conduta criminalizada e as penas dos demais delitos capitulados na Seção III:

ARTIGO	TIPICIDADE	PENA
55	Executar pesquisa, lavra ou extração de recursos minerais sem a competente autorização, permissão, concessão ou licença, ou em desacordo com a obtida Nas mesmas penas incorre quem deixa de recuperar a área pesquisada ou explorada, nos termos da autorização, permissão, licença, concessão ou determinação do órgão competente	Detenção, de seis meses a um ano, e multa
56	Produzir, processar, embalar, importar, exportar, comercializar, fornecer, transportar, armazenar, guardar, ter em depósito ou usar produto ou substância tóxica, perigosa ou nociva à saúde humana ou ao meio ambiente, em desacordo com as exigências estabelecidas em leis ou nos seus regulamentos	Reclusão, de um a quatro anos, e multa
	Modalidade culposa	Detenção, de seis meses a um ano, e multa
60	Construir, reformar, ampliar, instalar ou fazer funcionar, em qualquer parte do território nacional, estabelecimentos, obras ou serviços potencialmente poluidores, sem licença ou autorização dos órgãos ambientais competentes, ou contrariando as normas legais e regulamentares pertinentes	Detenção, de um a seis meses, ou multa, ou ambas as penas cumulativamente
61	Disseminar doença ou praga ou espécies que possam causar dano à agricultura, à pecuária, à fauna, à flora ou aos ecossistemas	Reclusão, de um a quatro anos, e multa

▸ **Qual o entendimento do STJ sobre o assunto?**

Embora os recursos minerais sejam originariamente bens da União, a atual posição do STJ prevê que este delito do **artigo 55 da Lei 9.605/98 é de competência da Justiça Estadual**, mas, apenas pela conexão com o delito do artigo 2º da Lei 8.176/91, será atraído para a Justiça Federal: "A denúncia relata a prática dos crimes previstos nos arts. 55 da Lei n. 9.605/98 e 2º da Lei n. 8.176/91, este de competência da Justiça Federal, aquele de competência da Justiça Estadual. A conexão entre ambas as condutas impõe o processamento do feito perante a Justiça Federal, a teor do que preceitua a Súmula n. 122 do STJ (RHC 50160 / MG, de 16/9/2014).

▸ **Qual o entendimento do STJ sobre o assunto?**

Para o Superior Tribunal de Justiça, no julgamento do *Habeas Corpus* 147.541, de 16.12.2010, "para a caracterização do delito previsto no art. 60 da Lei 9.605/1998, a poluição gerada deve ter a capacidade de, ao menos, poder causar danos à saúde humana".

▸ **Como esse assunto foi cobrado em concurso?**

No concurso do CESPE para Juiz Federal da 5ª Região em 2011, foi considerada correta a seguinte questão: O delito ambiental consistente em instalar, sem licença dos órgãos ambientais competentes, em qualquer parte do território nacional, estabelecimento potencialmente poluidor só se configura se a poluição gerada tiver potencial de, ao menos, causar danos à saúde humana.

Vale frisar que os crimes ambientais dos **artigos 57 e 59** foram vetados pelo Presidente da República. Já o **artigo 58** instituiu causas de aumento de pena para os crimes ambientais da Seção III:

- De um sexto a um terço, se resulta dano irreversível à flora ou ao meio ambiente em geral;
- De um terço até a metade, se resulta lesão corporal de natureza grave em outrem;
- Até o dobro, se resultar a morte de outrem.

22. DOS CRIMES CONTRA O ORDENAMENTO URBANO E O PATRIMÔNIO CULTURAL

Na Seção IV foram protegidos pela norma penal os bens integrantes do meio ambiente cultural e artificial:

ARTIGO	TIPICIDADE	PENA
62	Destruir, inutilizar ou deteriorar: bem especialmente protegido por lei, ato administrativo ou decisão judicial; arquivo, registro, museu, biblioteca, pinacoteca, instalação científica ou similar protegido por lei, ato administrativo ou decisão judicial	Reclusão, de um a três anos, e multa

ARTIGO	TIPICIDADE	PENA
62	Modalidade culposa	De seis meses a um ano de detenção, sem prejuízo da multa
63	Alterar o aspecto ou estrutura de edificação ou local especialmente protegido por lei, ato administrativo ou decisão judicial, em razão de seu valor paisagístico, ecológico, turístico, artístico, histórico, cultural, religioso, arqueológico, etnográfico ou monumental, sem autorização da autoridade competente ou em desacordo com a concedida	Reclusão, de um a três anos, e multa
64	Promover construção em solo não edificável, ou no seu entorno, assim considerado em razão de seu valor paisagístico, ecológico, artístico, turístico, histórico, cultural, religioso, arqueológico, etnográfico ou monumental, sem autorização da autoridade competente ou em desacordo com a concedida	Detenção, de seis meses a um ano, e multa
65	Pichar ou por outro meio conspurcar edificação ou monumento urbano	Detenção, de 3 (três) meses a 1 (um) ano, e multa
	Se o ato for realizado em monumento ou coisa tombada em virtude do seu valor artístico, arqueológico ou histórico Tipo qualificado	Pena de 6 (seis) meses a 1 (um) ano de detenção e multa

Vale frisar que a Lei 12.248/2011, que alterou a redação do artigo 65, da Lei 9.605/1998, passou a prever que não constitui crime a prática de grafite realizada com o objetivo de valorizar o patrimônio público ou privado mediante manifestação artística, desde que consentida pelo proprietário e, quando couber, pelo locatário ou arrendatário do bem privado e, no caso de bem público, com a autorização do órgão competente e a observância das posturas municipais e das normas editadas pelos órgãos governamentais responsáveis pela preservação e conservação do patrimônio histórico e artístico nacional.

Mesmo antes dessa inovação, o grafite artístico com autorização do Poder Público ou do proprietário do bem não constituía crime ambiental, pois a ilicitude da conduta era excluída pelo exercício regular do direito, pois admitida pelo ordenamento jurídico.

▸ Como esse assunto foi cobrado em concurso?

No Exame de Ordem da FGV em 2016, foi considerada correta a letra C: Pedro, em visita a determinado Município do interior do Estado do Rio de Janeiro, decide pichar e deteriorar a fachada de uma Igreja local tombada, por seu valor histórico e cultural, pelo Instituto Estadual do Patrimônio Histórico-Cultural – INEPAC, autarquia estadual. Considerando o caso em tela, assinale a afirmativa correta.

A) Pedro será responsabilizado apenas administrativamente, com pena de multa, uma vez que os bens integrantes do patrimônio cultural brasileiro não se sujeitam, para fins de tutela, ao regime de responsabilidade civil ambiental, que trata somente do meio ambiente natural.

B) Pedro será responsabilizado administrativa e penalmente, não podendo ser responsabilizado civilmente, pois o dano, além de não poder ser considerado de natureza ambiental, não pode ser objeto de simultânea recuperação e indenização.

C) Pedro, por ter causado danos ao meio ambiente cultural, poderá ser responsabilizado administrativa, penal e civilmente, sendo admissível o manejo de ação civil pública pelo Ministério Público, demandando a condenação em dinheiro e o cumprimento de obrigação de fazer.

D) Pedro, além de responder administrativa e penalmente, será solidariamente responsável com o INEPAC pela recuperação e indenização do dano, sendo certo que ambos responderão de forma subjetiva, havendo necessidade de inequívoca demonstração de dolo ou culpa por parte de Pedro e dos servidores públicos responsáveis.

23. DOS CRIMES CONTRA A ADMINISTRAÇÃO AMBIENTAL

Na Seção V foram capitulados os delitos praticados contra a Administração Pública Ambiental:

ARTIGO	TIPICIDADE	PENA
66	Fazer o funcionário público afirmação falsa ou enganosa, omitir a verdade, sonegar informações ou dados técnico-científicos em procedimentos de autorização ou de licenciamento ambiental	Reclusão, de um a três anos, e multa
67	Conceder o funcionário público licença, autorização ou permissão em desacordo com as normas ambientais, para as atividades, obras ou serviços cuja realização depende de ato autorizativo do Poder Público	Detenção, de um a três anos, e multa
67	Modalidade culposa	De três meses a um ano de detenção, sem prejuízo da multa
68	Deixar, aquele que tiver o dever legal ou contratual de fazê-lo, de cumprir obrigação de relevante interesse ambiental	Detenção, de um a três anos, e multa
	Modalidade culposa	De três meses a um ano, sem prejuízo da multa
69	Obstar ou dificultar a ação fiscalizadora do Poder Público no trato de questões ambientais	Detenção, de um a três anos, e multa

ARTIGO	TIPICIDADE	PENA
69-A	Elaborar ou apresentar, no licenciamento, concessão florestal ou qualquer outro procedimento administrativo, estudo, laudo ou relatório ambiental total ou parcialmente falso ou enganoso, inclusive por omissão	Reclusão, de 3 (três) a 6 (seis) anos, e multa
69-A	Modalidade culposa	Detenção, de 1 (um) a 3 (três) anos
	Se há dano significativo ao meio ambiente, em decorrência do uso da informação falsa, incompleta ou enganosa	Aumento de pena de 1/3 a 2/3

▸ Como esse assunto foi cobrado em concurso?

No concurso da FUNCAM para a Prefeitura de Santa Maria de Jetibá em 2016, foi considerada correta a letra C: A Lei nº 9.605, de 12 de fevereiro de 1998, dispõe sobre as sansões penais e administrativas derivadas de condutas e atividades lesivas ao meio ambiente. De acordo com essa lei é correto afirmar que:

A) é permitido construir, reformar, ampliar, instalar ou fazer funcionar, em qualquer parte do território nacional, estabelecimentos potencialmente poluidores, sem licença, desde que em área de terreno inferior a 1000 (mil) metros quadrados.

B) será permitido promover construção em solo não edificável em razão de seu valor paisagístico, somente se a construção se destinar à moradia de interesse social.

C) fazer o funcionário público afirmação falsa ou enganosa, omitir a verdade, sonegar informações ou dados técnico-científicos em procedimentos de autorização ou de licenciamento ambiental está sujeito a uma pena de reclusão de um a três anos e multa.

D) a pesquisa, lavra ou extração de recursos minerais, só poderá ser efetuada, sem a competente autorização, para empresas já cadastradas no CONAMA.

E) destruir, danificar, lesar ou maltratar, por qualquer modo ou meio, plantas frutíferas em passagens de pedestres ou em propriedade privada está sujeita a uma detenção de 4 a 8 meses, ou multa no valor de 101 UFIR'S.

▸ Como esse assunto foi cobrado em concurso?

No concurso do MP SP para Promotor de Justiça em 2008, foi considerada correta a letra D: Indique a conduta que NÃO ESTÁ descrita na Lei 9.605/1998 como crime contra o meio ambiente.

A) Extrair de florestas de domínio público ou consideradas de preservação permanente, sem prévia autorização, pedra, areia, cal ou qualquer espécie de minerais.

B) Causar dano direto ou indireto às Unidades de Conservação e às áreas de que trata o artigo 27 do Decreto 99.274, de 6 de junho de 1990, independentemente de sua localização.

C) Introduzir espécime animal no País, sem parecer técnico oficial favorável e licença expedida por autoridade competente.

D) Fazer ou usar fogo, por qualquer modo, em floresta ou nas demais formas de vegetação, ou em sua borda, sem tomar as precauções necessárias para evitar propagação.

E) Comercializar motosserra ou utilizá-la em florestas e nas demais formas de vegetação, sem licença ou registro da autoridade competente.

24. TABELA-SÍNTESE DOS PONTOS PRINCIPAIS DO CAPÍTULO

Responsabilidade penal de pessoa jurídica por delito ambiental	É possível, desde que atendidos **simultaneamente** os seguintes pressupostos: - nos casos em que a infração seja cometida por decisão de seu representante legal ou contratual, ou de seu órgão colegiado; - nos casos em que a infração seja cometida no interesse ou benefício da sua entidade.
Denúncia apenas ajuizada contra a pessoa jurídica	É admitida pelo STF e também para a atual jurisprudência do STJ.
Pessoa jurídica como paciente em *habeas corpus*	O STF e o STJ não admitem, pois o *habeas corpus* objetiva apenas tutelar a liberdade de locomoção.
Princípio da insignificância	Vem sendo aplicado pela jurisprudência do STF e do STJ.
Garantidor	Quem, de qualquer forma, concorre para a prática dos crimes previstos nesta Lei, incide nas penas a estes cominadas, na medida da sua culpabilidade, bem como o diretor, o administrador, o membro de conselho e de órgão técnico, o auditor, o gerente, o preposto ou mandatário de pessoa jurídica, que, sabendo da conduta criminosa de outrem, deixar de impedir a sua prática, quando podia agir para evitá-la.
Competência para o julgamento	Em regra, da Justiça Estadual. Somente competirá à Justiça Federal processar e julgar os crimes ambientais praticados em detrimento de bens, serviços ou interesse da União ou de suas entidades autárquicas ou empresas públicas; a bordo de navios e aeronaves; os crimes ambientais previstos em tratado ou convenção internacional, quando, iniciada a execução no País, o resultado tenha ou devesse ter ocorrido no estrangeiro, ou reciprocamente.
Liquidação forçada da pessoa jurídica	A pessoa jurídica constituída ou utilizada, preponderantemente, com o fim de permitir, facilitar ou ocultar a prática de crime definido nesta Lei terá decretada sua liquidação forçada, seu patrimônio será considerado instrumento do crime e como tal perdido em favor do Fundo Penitenciário Nacional.
Ação penal	Pública incondicionada.

Apêndice
Súmulas Ambientais do STJ

SÚMULA 467

Prescreve em cinco anos, contados do término do processo administrativo, a pretensão da Administração Pública de promover a execução da multa por infração ambiental.

SÚMULA 613

Não se admite a aplicação da teoria do fato consumado em tema de Direito Ambiental. **Primeira Seção, aprovada em 09/05/2018, DJe 14/05/2018.**

SÚMULA 618

A inversão do ônus da prova aplica-se às ações de degradação ambiental. **Corte Especial, julgado em 24/10/2018, DJe 30/10/2018.**

SÚMULA 623

As obrigações ambientais possuem natureza *propter rem*, sendo admissível cobrá-las do proprietário ou possuidor atual e/ou dos anteriores, à escolha do credor.

SÚMULA 629

Quanto ao dano ambiental, é admitida a condenação do réu à obrigação de fazer ou à de não fazer cumulada com a de indenizar.

Bibliografia

ALEXY, Robert. *Constitucionalismo discursivo*. Porto Alegre: Livraria do Advogado, 2007.

ALMEIDA, António. Como se posicionam os professores perante manifestações culturais com impacto na natureza. Resultados de uma investigação. *Revista Electrónica de Enseñanza de las Ciencias*, v. 8, n. 2. Lisboa, 2009. Disponível em: ‹http://reec.uvigo.es/volumenes/volumen8/ART15_Vol8_N2.pdf.›. Acesso em: 24 nov. 2009.

ALMEIDA, Gregório Assagra de. *Direito processual coletivo brasileiro*. São Paulo: Saraiva. 2003.

AMADO, Frederico Augusto Di Trindade. A prescrição da pretensão sancionadora da Administração Pública federal diante da consumação de ilícito administrativo-ambiental. Disponível em: ‹www.jus.com.br›. Acesso em: 19 jan. 2008.

_________. *Direito ambiental*: questões comentadas de concursos públicos. São Paulo: Método, 2010.

_________. *Direito ambiental esquematizado*. São Paulo: Método, 2013.

_________. *Sinopse de direito ambiental*. São Paulo: Método, 2011.

_________. O Estado de Direito Ambiental brasileiro e a inconstitucionalidade material dos artigos 1.290/1.293 do Código Civil do Brasil. Disponível em: ‹www.juspodivm.com.br›. Acesso em: 15 dez. 2009.

_________. Peculiaridades da responsabilidade civil por danos ambientais. Disponível em: ‹www.supremoconcursos.com.br›. Acesso em: 10 nov. 2009.

ANTUNES, Paulo Bessa. *Direito ambiental*. Rio de Janeiro: Lumen Juris, 2005.

_________. Rio de Janeiro: Lumen Juris, 2008.

ARAGÃO, Alexandra. Direito constitucional do ambiente na União Europeia. In: CANOTILHO, José Joaquim Gomes; LEITE, José Rubens Morato (Org.). *Direito constitucional ambiental brasileiro*. São Paulo. Saraiva, 2007.

ARAÚJO, Ubiracy. A repartição constitucional de competências em matéria ambiental. Brasília, 1997. Disponível em: ‹http.www.aprodab.org.br›. Acesso em: 1.º nov. 2006.

ATALIBA, Geraldo. *Hipótese de incidência tributária*. São Paulo: Malheiros, 1999.

BANDEIRA DE MELLO, Celso Antônio. *Curso de direito administrativo*. São Paulo: Malheiros, 2001.

BARROSO, Luís Roberto. Fundamentos teóricos e filosóficos do novo direito constitucional brasileiro (pós-modernidade, teoria crítica e pós-positivismo). In: ------ (Org.). *A nova interpretação constitucional*: ponderação, direitos fundamentais e relações privadas. 2. ed. Rio de Janeiro: Renovar, 2006.

_________. Gestação de fetos anencefálicos e pesquisas com células-tronco: dois temas acerca da vida e da dignidade na Constituição. *Leituras complementares de constitucional*. Salvador: Juspodivm, 2006.

BECHARA, Erika. *Licenciamento e compensação ambiental*. São Paulo: Atlas, 2009.

BELTRÃO, Antônio F. G. *Curso de direito ambiental*. São Paulo: Método, 2009.

BENJAMIN, Antônio Herman. Direito constitucional ambiental brasileiro In: CANOTILHO, José Joaquim Gomes; LEITE, José Rubens Morato (Org.). *Direito constitucional ambiental brasileiro*. São Paulo. Saraiva, 2007.

_________. Introdução ao direito ambiental brasileiro. In: ANAIS DO 3.º CONGRESSO INTERNACIONAL DE DIREITO AMBIENTAL. Brasília, 1999.

BITENCOURT, Cezar Roberto. *Manual de direito penal*. São Paulo: Saraiva, 2000.

CARVALHO FILHO, José dos Santos. *Direito administrativo*. 17. ed. Rio de Janeiro: Lumen Iuris, 2007.

CAVALIERI FILHO, Sergio. *Programa de responsabilidade civil*. 3. ed. São Paulo: Malheiros, 2002.

COSTA, Flávio Dino de Castro (obra conjunta). *Crimes e infrações administrativas ambientais*. Brasília: Brasília Jurídica, 2001.

CUNHA JÚNIOR, Dirley da. *Curso de direito constitucional*. Salvador: Juspodivm, 2008.

DASHEFSKY, H. Steven. *Dicionário de ciência ambiental*. 3. ed. São Paulo: Gaia, 2006.

DESTEFENNI, Marcos. *A responsabilidade civil ambiental e as formas de reparação do dano ambiental*. São Paulo: Bookseller, 2005.

DI PIETRO, Maria Sylvia Zanella. *Direito administrativo*. São Paulo: Atlas, 2003.

FERREIRA, Aurélio Buarque de Holanda. *Dicionário Aurélio básico da língua portuguesa*. Rio de Janeiro: Nova Fronteira, 1988.

FERREIRA, Heline Sivini. Competências ambientais. In: CANOTILHO, José Joaquim Gomes; LEITE, José Rubens Morato (Org.). *Direito constitucional ambiental brasileiro*. São Paulo. Saraiva, 2007.

FINK, Daniel. *Aspectos jurídicos do licenciamento ambiental*. São Paulo: Forense, 2000.

FIORILLO, Celso Antonio Pacheco. *Curso de direito ambiental brasileiro*. São Paulo: Saraiva, 2008.

FREITAS, Vladimir Passos de. *A Constituição Federal e a efetividade das normas ambientais*. São Paulo: RT, 1993.

_________; FREITAS, Gilberto Passos de. *Crimes contra a natureza*. 8. ed. São Paulo: RT, 2006.

GALDINO, Valéria Silva; WEBER, Gisele Bergamasco. Protocolo de Quioto: mecanismo de desenvolvimento limpo e sequestro de carbono. *Revista de Direito Ambiental*. São Paulo: RT, v. 51, 2008.

GIANNASI, Fernanda. Morte lenta. A exposição ao aminado ou abesto como causa de câncer ocupacional no Brasil. Disponível em: ‹www.jus.com.br›. Acesso em: 02 dez. 2009.

GOMES, Luiz Flávio. Texto sobre a suspensão condicional do processo nos crimes ambientais. Disponível em: ‹ https://www.wikipedia.org/›. Acesso em: 10 out. 2008.

GRECO, Rogério. *Curso de direito penal* – parte geral. 5. ed. Rio de janeiro: Impetus, 2005.

GRINOVER, Ada Pellegrini; BENJAMIM, Antônio Herman de Vasconcellos; FINK, Daniel Roberto; FILOMENO, José Geraldo Brito; WATANABE, Kazuo; NERY JUNIOR, Nelson; DENARI, Zelmo. *Código Brasileiro de Defesa do Consumidor*. São Paulo: Forense Universitária, 2001.

HERRMANN, Hildebrando; POVEDA, Eliane Pereira Rodrigues; SILVA, Marcus Vinicius Lopes. *Código de Mineração de "A" a "Z"*. Campinas: Millennium, 2009.

IBGE. *Vocabulário básico dos recursos naturais e meio ambiente*, 2004.

KRELL, Andreas J. Licença ou autorização ambiental? Muita discussão em torno de um falso dilema. *Revista de Direito Ambiental*, São Paulo: RT, v. 49, 2008.

LEMOS, Patrícia Faga Iglecias. *Meio ambiente e responsabilidade civil do proprietário*. São Paulo: RT, 2008.

LITTLE, Paul E. *Políticas ambientais no Brasil*. São Paulo: IEB, 2003.

MACHADO, Paulo Affonso Leme. *Direito ambiental brasileiro*. São Paulo: Malheiros, 2003.

_________. *Direito ambiental brasileiro*. São Paulo: Malheiros, 2009.

_________. Federalismo, amianto e meio ambiente: julgado sobre competência. In: CANOTILHO, José Joaquim Gomes; LEITE, José Rubens Morato (Org.). *Direito constitucional ambiental brasileiro*. São Paulo. Saraiva, 2007.

MARINONI, Luiz Guilherme; ARENHART, Sergio Cruz. *Manual de processo de conhecimento*. São Paulo: RT, 2003.

MILARÉ, Édis. *Direito do ambiente*. São Paulo: RT, 2005.

_________ (obra conjunta). *Direito penal ambiental*. Campinas: Millennium, 2002.

MIRRA, Álvaro Luiz Valery. *Ação civil pública e a reparação do dano ao meio ambiente*. São Paulo: Juarez de Oliveira, 2002.

. A noção de poluidor na Lei 6.938/81 e a questão da responsabilidade solidária do estado. *Leituras complementares de direito ambiental*. Salvador: JusPodivm, 2008.

MORAES, Luís Carlos Silva de. *Código Florestal comentado*. São Paulo: Atlas, 2002.

_________. _________. São Paulo: Atlas, 2009.

PINTO, Luiz Paulo de S. (obra conjunta). Mata Atlântica: ciência, conservação e políticas. Disponível em: ‹www.aliancamataatlantica.org.br/limites.html›. Acesso em: 5 nov. 2008.

POMPEU, Cid Tomanik. *Direito de águas no Brasil*. São Paulo: RT, 2006.

PRADO, Luiz Regis. Apontamentos sobre o ambiente como bem jurídico-penal. *Revista de Direito Ambiental*, São Paulo: RT, v. 50, 2008.

_________. *Direito penal do ambiente*. São Paulo: RT, 2009.

REZEK, J. F. *Direito internacional público*. São Paulo: Saraiva, 2002.

RIBEIRO, Wagner Costa. *A ordem ambiental internacional*. São Paulo: Contexto, 2008.

ROCHA, Ibraim José das Mercês. Órgão ambiental competente para licenciamento de obra localizada nas margens de rio federal. Disponível em: ‹http.www.jus.com.br›. Acesso em: 1.º nov. 2006.

SÁNCHEZ, Luis Enrique. *Avaliação de impacto ambiental*. São Paulo: Oficina dos Textos, 2006.

SANTOS, Rozely Ferreira dos. *Planejamento ambiental*: teoria e prática. São Paulo: Oficina dos Textos, 2004.

SILVA, Américo Luís da. *Direito do meio ambiente e dos recursos naturais*. São Paulo: RT, 2005. v. I.

_________. São Paulo: RT, 2005. v. II.

_________. São Paulo: RT, 2006. v. III.

SILVA, Daisy Rafaela. Patrimônio cultural imaterial - a tutela em face do direito ambiental brasileiro. *Leituras complementares de direito ambiental*. Salvador: JusPodivm, 2008.

SILVA, José Afonso da. *Curso de direito constitucional positivo*. São Paulo: Malheiros, 2002.

_________. *Direito constitucional ambiental*. São Paulo: Malheiros, 2009.

SILVA, Vicente Gomes da. Parecer 1206/02 - PROGE/IBAMA. Disponível em: ‹http.www.ibama.gov.br/proge›. Acesso em: nov. 2006.

SIRVINSKAS, Luís Paulo. *Manual de direito ambiental*. 6. ed. São Paulo: Saraiva, 2008.

SOUZA, Jorge Henrique de Oliveira. *Tributação e meio ambiente*. Belo Horizonte: Del Rey, 2009.

THEODORO JÚNIOR, Humberto. *Curso de direito processual civil*. São Paulo: Forense, 1999. v. 1.

TÔRRES, Heleno Taveira. Da relação entre competências constitucionais tributária e ambiental - os limites dos chamados "tributos ambientais". In: ______. (Org.). *Direito tributário ambiental*. São Paulo: Malheiros, 2005.

TORRES, Ricardo Lobo. Princípios e teoria geral do direito tributário ambiental. In: TÔRRES, Heleno Taveira (Org.). *Direito tributário ambiental*. São Paulo: Malheiros, 2005.

TRENNEPOHL, Terence Dornelles. *Direito ambiental*. Salvador: Juspodivm, 2008.

TRINDADE, Gustavo. Parecer 312/CONJUR/MMA/2004. Disponível em: ‹http.www.mma.gov.br›. Acesso em: nov. 2006.

VARELLA, Marcelo Dias. O acúmulo de lógicas distintas no direito internacional: conflitos entre comércio internacional e meio ambiente. Disponível em: ‹www.planalto.gov.br/ccivil_03/revista/rev_71/Artigos/artigo_Marcelodias.htm›. Acesso em jul. 2009.

EDITORA JusPODIVM
www.editorajuspodivm.com.br

Impressão e Acabamento:
EXPRESSÃO & ARTE
EDITORA E GRÁFICA
www.graficaexpressaoearte.com.br